貨幣與金融體系

賈昭南 博士 著

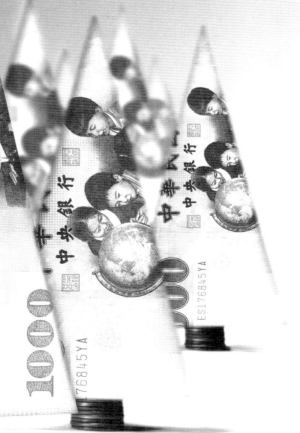

三民書局

國家圖書館出版品預行編目資料

貨幣與金融體系 / 賈昭南著.－－初版一刷.－－臺
北市：三民，2006
　　面；　　公分
　　ISBN 957–14–4431–6　（平裝）

　　1.貨幣 2.金融

561　　　　　　　　　　　　　　　　　　95007674

© 　貨幣與金融體系

著作人　　賈昭南
發行人　　劉振強
著作財
產權人　　三民書局股份有限公司
　　　　　臺北市復興北路386號
發行所　　三民書局股份有限公司
　　　　　地址／臺北市復興北路386號
　　　　　電話／(02)25006600
　　　　　郵撥／0009998–5
印刷所　　三民書局股份有限公司
門市部　　復北店／臺北市復興北路386號
　　　　　重南店／臺北市重慶南路一段61號
初版一刷　2006年8月
編　　號　S 552200
基本定價　拾　　元
行政院新聞局登記證局版臺業字第○二○○號

ISBN　957–14–4431–6　（平裝）

http : // www.sanmin.com.tw　三民網路書店

謹以此書獻給母親

于潔女士

序

　　貨幣銀行學是大專學生進入財務金融領域前的一門準備課程，引領學生一窺現代貨幣與金融體系的全貌，並為爾後修習金融市場、投資學、國際金融與財務管理等課程鋪路。筆者在淡江大學國際貿易學系擔任本課程的教學工作多年，始終以英文教科書為主要用書，原因不外希望學生能夠同時加強英文的閱讀能力，然而教學中也始終為無法引領學生知悉我國的金融體系感到困擾。只有自行蒐集資料撰寫講義，以為補救。

　　近十年來，我國的貨幣與金融體系在全球化風潮下，與國際逐漸接軌，亦呈現出極大的變動，使得整理講義事務應接不暇。三年前承三民書局邀約撰寫供貨幣銀行課程使用的教科書，乃下定決心利用這個機會，將國內的金融環境做一次徹底的整理，期使讀者能夠了解並掌握國內的金融情勢發展。

　　參照當前大專院校金融市場與投資學的教學內容，本書的編排與設計主要是以提供上述課程完整的背景知識為目的。此外，在分工愈趨精細下，若干商管相關科系並不開設上述金融市場與投資學，使得後續財務管理課程的教學倍感困擾，本書也針對此，力求擴大相關內容的介紹，期使讀者能夠跨越上述二課程，逕行進入財務管理的領域。

　　三民書局編輯部在後續排版與校對時，提供許多寶貴的建議，使得本書更趨完善，在此特致謝誠。本書若有任何疏漏或不足處，皆由筆者負完全責任，仁人君子若有任何寶貴的建議，亦祈不吝指正。

賈昭南

淡江大學國際貿易學系

民國九十五年六月三十日

貨幣與金融體系

目次 Contents

第十章　中央銀行

第十一章　貨幣供給的來源與控制

第十二章　執行貨幣政策

緒 論

每 天翻閱報章雜誌所刊登的財經新聞時，關於貨幣，股票、債券、外匯以及中央銀行、商業銀行、投資銀行、證券商等金融市場的消息，幾乎佔了 70% 以上的版面。這些貨幣與金融方面的活動，似乎已經成為吾人經濟活動的主流。在整個經濟體系的運作上，金融體系究竟佔有何種地位？這一點應該是從事金融行業者必須了解的事情，本章第一節對此加以說明。

金融體系以貨幣為中心。究竟貨幣對整個經濟活動的重要性為何？研究貨幣經濟時，其焦點問題為何？貨幣與金融體系經濟學如何由淺入深？各階段的重點為何？本書在貨幣經濟學中的定位為何？這些問題分別在第一、二節中加以釐清。

金融交易涉及款項收付與資金借貸事務，交易雙方資訊不對稱，成為妨礙交易順利進行的阻力。1960 年代興起的資訊經濟學，提供貨幣金融經濟學家一套非常有用的分析工具。第三節針對資訊不對稱所引發的不利選擇與道德危害問題，加以簡單的闡述，提供爾後閱讀本書的基礎背景。

二十世紀結束前，發展近半個世紀的資訊革命終於到了開花結果的時候，建立在資訊基礎上的金融體系，同樣遭受到前所未有的衝擊。究竟資訊革命所帶來的衝擊為何？第四節引述著名銀行家對未來二十年金融市場發展所作的預言。

1.1　貨幣與金融體系在經濟活動中的地位

重‧點‧摘‧要

以貨幣為中心的金融體系，在整個經濟活動中所扮演的角色是將經濟體系儲蓄的稀有資源有效的轉移給需求者使用，以發揮物盡其用的功能。

在一個簡單的經濟體系中，經濟活動以家庭消費與企業生產為核心。企業支付工資、租金、利息與利潤，在要素市場雇用由家庭所提供的勞動與儲蓄之資源，進行生產活動，然後將其生產成果於商品市場銷售取得收入，作為支付使用家庭資源的款項來源。家庭則以提供上述生產要素，賺取所得，除了用以滿足消費需求外，又將儲蓄的資源重新注入生產行列。如此生生不息，維繫著經濟活動持續運轉，並不斷的創造出新財富。

以上簡單的經濟體系，隨著政府部門與國外部門加入，而趨於複雜。然而，整個經濟體系創造財富的基本原理則不變。在一個複雜的經濟體系內，生產與消費的所得創造循環流程，顯示於圖 1.1 中。

在圖 1.1 所示的經濟體系內，每當接收一元的原始支出注入後，即可經由生產創造出一元的家庭所得。家庭所得分割成消費與儲蓄二部分：前者繼續注入商品市場，創造新的所得；後者則成為所得創造循環流程中的漏損。除非透過特定管道將漏損部分引導並重新注入循環流程中，否則最初的原始注入即逐漸耗蝕，直到完全消失為止。在較複雜的經濟體系中，構成原始注入的因素計有家庭消費、企業投資、政府支出以及外國人購買本國產品的支出或本國出口收入等項，凡此皆須動用到某些資源；至於構成漏損的因素則有家庭儲蓄、企業保留盈餘、政府財政收入以及購買外國產品的進口支出。前三項漏損因素通常透過圖中要素市場內的可貸資金市場，再度注入循環流程，繼續創造新所得。

可貸資金市場使經濟體系內的資金透支者與資金剩餘者相

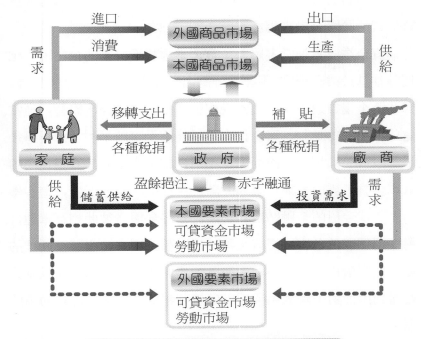

進口
消費
外國商品市場
出口
生產
需求
供給
本國商品市場

家 庭
移轉支出
各種稅捐
政 府
補 貼
各種稅捐
廠 商

供給
儲蓄供給
盈餘挹注
赤字融通
投資需求
需求

本國要素市場
可貸資金市場
勞動市場

外國要素市場
可貸資金市場
勞動市場

圖 1.1　總體經濟體系內所得創造循環流程

互交流，確保漏損情事不致發生，對於維持經濟活動持續不輟，有舉足輕重的地位。最後一項購買外國產品的進口支出一項，則可以被本國出口收入因素所抵消。倘若進口大於出口的貿易逆差發生時，漏損的抵消即不完全；倘若進口小於出口的貿易順差發生時，則不僅漏損完全被抵消，尚可自國外引進額外的注入因素。對一個開放型的經濟而言，國際金融市場或外國要素市場中的可貸資金市場，提供了另一種資金融通的管道。

　　在可貸資金市場內，資金剩餘者握有高度流動性的資產，資金透支者則以發行其他各種流動性較差的金融資產並付出一定的代價與之交換，以實現提前支出或透支的目的。在一個貨幣經濟中，貨幣是具有最高流動性的資產，了解其創造的過程為本書的重要主題之一。以實現消除所得創造循環流程漏損因素為目的，而產生貨幣與其他資產的交換過程以及其詳細內容，為本書所欲探討的第二個主題。在當今國際金融體系高度整合的環境下，國內外通貨相互交換，實為從事國際商業活動的第

一步，本書對於買賣外國貨幣的外匯市場，乃至從事國內外資金借貸的國際金融市場亦有所介紹。

資金透支者通常多屬為了實現某種投資計劃的企業家，他們往往基於業務機密，不願將計劃內容完全透露給資金提供者，因此資金借貸過程中，後者受到資訊不對稱問題所影響，通常處於較不利的地位。資金提供者可能遭受事前不利選擇與事後道德危害二類損失，故而裹足不前，嚴重影響剩餘資金運用的效率。為了克服資訊不對稱問題，各種機制應運而生，這些機制即構成今日的金融體系。金融體系各參與者彼此相互牽連，對任何個體的危害一經發生後，迅即蔓延開來，引發全面性的金融與經濟危機。有關金融避險的措施，以及各國政府以安定金融為由而對金融體系所採取的管制措施，即為本課程的第四個主題。

最後，與整體經濟活動密切關聯的貨幣政策，其內容與制訂、執行過程以及對總體經濟的影響，則為本課程的第五個主題。

1.2　研究貨幣金融體系的理由

重·點·摘·要

實證觀察貨幣與國民所得和物價水準這二項影響人們福祉的經濟變數，保持密切的關聯。研究貨幣與金融體系的目的在了解金融面的運作，以為深入研究貨幣經濟的基礎。

貨幣的發明與使用，被公認為是人類文明史中，具有與語言和文字並駕齊驅的地位。貨幣提高物品交換的效率，促進更進一步的生產分工，因此開展了經濟快速成長的契機。貨幣能夠交換許多物品，主要在於其本身具有交換價值，無論其交換價值源自何處，維持供給數量的稀少性，則為維護其價值的千古不變真理。當可供使用的貨幣數量過多，而可供交換的物品數量過少時，代表萬物價格的物價水準，必定上升；反之，若貨幣的數量不足時，則物價水準必定下降。因此，貨幣數量與經濟成長和物價水準二者之間，應當有著密切的關聯性。

　　圖 1.2 分別顯示自民國 71 年至 93 年間，我國 M2 貨幣總數與國內生產毛額 (GDP)、消費物價指數 (GPI) 二者的時間序列統計資料。由統計資料觀察，貨幣與國民經濟中的二個最重要的經濟變數，國民所得與物價水準之間，皆存在著高度的正相關，相關係數分別為 99.25 與 97.27。這種高度相關的現象，並非我國所獨有，而是放諸四海皆準的共同現象。換言之，在所得愈高的國家內，其貨幣供給量或貨幣存量亦愈多；另一方面，貨幣供給量或存量愈多的國家，其物價水準往往亦愈高。

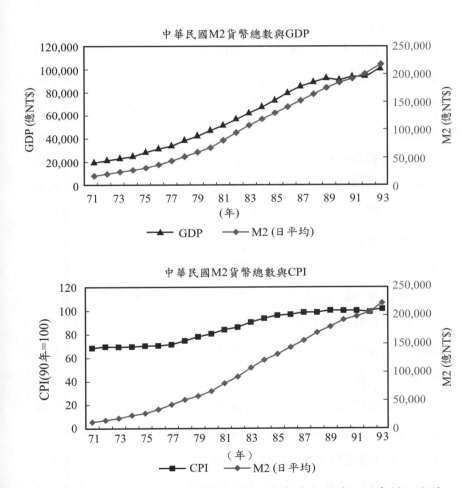

資料來源：中央銀行編各期《金融統計月報》與行政院主計處編國民所得與物價統計資料庫。

圖 1.2　貨幣總數與國內生產毛額及物價水準的關聯性

　　若同意貨幣與所得和物價水準間有密切的相關，則引發以下一連串有趣的問題：三者間的因果關係為何？吾人能否藉改變貨幣的數量，以提高國民所得？能否藉穩定貨幣數量，以穩定物價水準？若上述問題的答案為肯定，在決定如何利用貨幣作為推動經濟成長與穩定物價的工具之前，又必須先回答下列三個問題：什麼是貨幣？貨幣的數量可否或應如何加以控制？以及貨幣數量受到嚴密控制下，金融體系如何運作，以有效的運用稀有貨幣？以上前三個問題，屬於總體經濟學的範圍，本書於最後一章加以探討，後三個問題則為本書大部分章節所要探索的主題。

　　在一個貨幣經濟體系內，即時的大額款項收付為不可或缺之事，用以擔負款項支付的工具與方式，皆屬建立金融體系的當務之急，否則所有其他金融交易皆屬空談。這一點亦為本書主題之一。

　　水能載舟亦能覆舟，人類發明了一種非常有用的工具，理應無限制的提供，弔詭的是，這個工具的價值維持，卻又必須建立在其稀有性的基礎上。究竟合理的貨幣數量如何訂定？如何控制？應屬政府制訂與執行貨幣政策的事務。至於金融體系如何發揮其功能，以克服貨幣稀有性所帶來的困擾，則可由民間組織或機構創造各種貨幣代替品，以補真實貨幣發行量不足的缺口，以及發展金融工具並為其建立功能健全的市場，以利資金剩餘者與資金透支者互通有無，以便稀有的貨幣發揮最大的效用與效率。

　　在資金融通的過程中，剩餘者將其視為財富的立即可用資金交付給透支者，換取後者於未來依特定條件償還的承諾。例如,將貨幣與銀行這類中介機構換取得以隨時提領的活期存款，或換取某特定企業所發行象徵所有權的股票或象徵債權的各式債券。這些還款承諾通稱為有價證券，其實質價值取決於所作承諾是否履行。若承諾獲得履行，則借貸雙方皆大歡喜；然而，一旦承諾無法履行，輕則資金剩餘者遭致實質損失，重則重創

整個金融體系。承諾能否圓滿履行，端視透支者是否於事前擁有經良好規劃的投資計劃？是否於事後依原先規劃切實執行？外在環境是否發生不利計劃執行的重大變遷？凡此皆非資金剩餘者所能完全掌控，因而引發資訊不對稱問題。對於回收投資本金的不確定性，影響剩餘者提供資金的意願，亦影響稀有寶貴資金的有效運用。這種不確定性在快速自由化的環境，以及隨之而來的多次金融風暴陰影下，有如雪上加霜。如何克服資金借貸雙方資訊不對稱問題，並協助投資者規避投資風險，即成為金融體系藉著促進資金流通營利時的重要事務。

此外，資金剩餘者所儲存的財富中，有一部分是基於預防意外事故發生之需而為，無論將之交付何者運用，他們一致希望遇事故發生時，可以立即將手中的有價證券變現，以應緊急之需，亦即重視所持有價證券的流動性。

依據以上簡單說明，一個完整而健全的金融體系，實即建立在流動性、風險分擔與資訊提供三者之上，而以資訊問題凌駕一切。以下第三節簡單介紹 1970 年代中期以後，在經濟學領域中新崛起的資訊經濟學大要。

1.3　資訊不對稱問題

資訊不對稱 (information asymmety)

指從事交易活動的雙方對於交易內容的認知不一。

諾貝爾經濟獎得主阿卡洛夫 (George Akerlof) 於 1970 年發表一篇探討二手車市場的論文，首先揭示市場買賣雙方因為對於交易內容有著資訊不對稱的現象，導致二手車市場充斥著「檸檬車 (lemon)」，終於引發該市場缺乏效率，以致交易清淡的後果❶。該論文開啟了資訊經濟學這個新領域。此後，經濟學家針對許多涉及長期合約的交易項目，擴大探討資訊不對稱所引發的種種經濟問

重·點·摘·要

商業交易的買賣雙方所擁有交易內容的資訊並不相等，由此產生事前的不利選擇和事後的道德危害二種問題，嚴重影響交易活動的順暢，並不利分工體系的運作。這些問題在金融市場中更加重要，如何克服資訊不對稱所引發的問題，有助於提升交易效率與人類福祉。

---

❶　George Akerlof (1970), "The Market for 'Lemons': Quality, Uncertainty

檸檬車市場問題是資訊不對稱最常見的應用。

主人 (principal)

契約中之委託人。

契約 (contract)

針對長期交易事項書明交易雙方權利與義務的文件。

代理人 (agent)

契約中之受託人。

不利選擇 (adverse selection)

因資訊不對稱導致交易前作成引重大損失的錯誤選擇。

道德危害 (moral hazard)

因資訊不對稱導致交易後發生損失的風險。

題，也改變了許多傳統理論的論述。

所有依賴長期合約方式進行的交易項目，通常由稱為主人的一方擬訂言明交易雙方權利與義務的契約，經徵得稱為代理人的對方同意後，完成簽約，並將契約所載的經濟活動完全託付代理人執行。這種經由簽約的程序，委託代理人全權處理的契約，在真實世界中不勝枚舉；例如，產品保證與售後服務契約、工程合約、勞動契約、公司經理聘書等等。這些契約一經簽訂後，成敗的後果完全由作為主人的購物者、工程發包人、部門主管、公司股東承擔，而所選任擔任代理人的銷售者、承包商、公司員工、總經理的能力與執行態度等人格特質，則與任務的成敗息息相關。代理人的人格特質，不但難以事前充分了解，又無法於事後完全掌握。又因為契約中僅得以對可以經仲裁者證明的事項 (verifiable variables)加以約束，因此凡是涉及主人與代理人或主從關係的契約中，遇主人與代理人間出現利益衝突時，許多無法於契約中事先規範的事項，即可能引發出事前的不利選擇與事後的道德危害兩大問題，導致簽約雙方裹足不前。

消費為經濟活動的最後目的，貨幣扮演交換中介的角色。持有貨幣與其他金融資產皆屬暫時擱置購買力，最終仍然會經由消費而支付出去。金融市場即在這一段過渡期間內，引導暫

and the Market Mechanism," *Quarterly Journal of Economics*, vol. 84, pp. 488–500. 標題中「檸檬」一詞，指品質不良的二手車。二手車的買賣雙方，參考由中立機構所提供的二手車維修紀錄報告，決定出價與要價。維修紀錄中所呈示者，為車輛品質的平均資料，而無法完整顯示品質的分配狀況。價格與品質呈正向關係，而只有車主真正的了解所欲出售二手車的品質。因此，當一車主發現自己所擁有的「檸檬」受到高度評價時，必定願意以超出應有價位的價格求售；反之，當一個擁有高品質車的車主，發現其愛車受到低度評價時，必定不願意出售之，於是二手車市場充斥著低品質的求售車輛，終於導致該市場交易萎縮。

時擱置的資金進入所得創造的循環流程中，以積蓄更高的生產力。資金供給者以高度流動性的資金，與資金需求者發出的特定求償權 (claim) 互相交換，並約定於未來特定時日由後者贖回這些求償權，即完成交易。資金需求者為實際資金運用者，而成為上述主從關係中的代理人；資金供給者為基於報酬而託付其資金，則為交易的主人。在交付資金予需求者使用前，代理人不會，也不可能將全部資訊提供主人審閱，有時甚至還會避重就輕；而主人於交付資金予代理人後，無法也不可能隨時監視代理人的一舉一動是否完全以其利益為依歸。例如，人壽保險契約的投保人可能於事前隱匿其健康狀況，投保後又疏於照顧被保險者的健康，而成為保險契約賣方的主人所擔負的隱憂。其他金融交易中，銀行存款人為主人，銀行為代理人；而銀行將款項貸放出去時，又成為借款人的主人，借款人則為代理人。這種資金供給者為主人，資金需求者為代理人的主從關係，為所有金融交易的共同特徵。金融體系的發展，就是建立在改善資金供給者與資金需求者間的主從關係基礎上。金融體系如何改善因資訊不對稱所產生的主從關係？如何克服事前不利選擇的難題？如何克服事後道德危害的問題？

此外，交易的一方可能擁有重要的專屬私人資訊，如何經由參加交易的過程傳送出去？因而產生信號發送的問題。例如，生產廠商利用其商譽或附加的產品保證措施讓消費者安心、公司員工設法讓雇主知悉其工作能力。探討金融體系時，借款人如何取信於貸款人？亦為必須了解的論題。

信號發送 (signaling)

泛指代理人向主人發送對他有利的訊息。

1.4 科技發展與金融業務創新

自古以來，科技發展為改進生產活動的主要來源。然而直到 1990 年代電腦與通訊結合而發展出來的網路科技，始為金融服務業帶來直接而且深遠的影響。

重·點·摘·要

資訊科技快速發展，使得資產估價、資金流通、風險規避與資訊處理等事務更加便捷，未來的金融市場建立在一本完整記載所有資產與負債的財富帳上。

銀行家信託公司
www.bankerstrust.com

財富帳 (wealth account)

記載個人全部資產與負債並隨時顯示其真實價值的帳冊。

前銀行家信託 (Bankers Trust) 理事主席山弗 (Charles S. Sanford, Jr.) 於 1993 年發表的一篇演講稿中指出，新興科技正在推動前所未有的變革❷。資訊科技正以改進資料蒐集、計算、通訊與風險控制的方式，協助人們加速並提高融通的功能。他預言在 2020 年到來時，這些工具會更為價廉物美。

所有金融求償權（包括對價格波動的求償權）都會以記帳的方式出現，而其所有權的轉移，亦得以透過全天候的多元通貨收支系統 (multi-currency payment systems)，隨時在世界各地進行，如此影響交易流通瓶頸的清算風險即得以免除。此對於反覆運用資本和降低交易成本上，會帶來重大的影響。這個新系統的關鍵處就是用來登錄個人或公司資產與負債的「財富帳」。這個帳戶中包括今日視為流動性較低的資產，例如建築與運輸設備，以及股票、債券、其他有價證券與各式新型的金融求償權。這個帳戶內也包含所有的負債項目。

電腦隨時追蹤並記載財富帳中各項目的數量變動狀況，也隨時依據市場行情顯示資產與負債的價值，以維持各項目的有效流動性。個人財富帳中各項目的簡單總和即為淨值。這些帳戶透過金融機構加以整合處理，其方式就如同今日的支票存款或共同基金。各財富帳藉由「財富卡 (wealth cards)」隨時清理。例如，人們可以提取所擁有財富中別墅的一部分，作為支付購買敞篷車的價款。

財富帳戶只是信用的代表，將今日的房屋與各式權益的信用發揮到極致。以財富帳的當前價值作為擔保，每一家公司和個人隨時可以動支他的信用額度。投資人或中央銀行會為其設定擔保的限度。某些投資人依據個人的預期未來所得水準，繼續擴大無擔保信用。

---

❷　刊載於 Charles S. Sanford, Jr. (1994). "Financial Market in 2020," Federal Reserve Bank of Kansas City, *Economic Review*, vol. 70, pp. 19–28.

財富帳的所有人可以利用自動化分析工具的協助，決定他們對風險與報酬率的胃納，並且提出達成目標必須採取何種行動的建議。經過其所有人同意後，財富帳戶會自動執行，以實現其規劃的目標。當然，對於較複雜與較大額的交易，某些人還是寧願相信「人」的建議，聆聽專家的判斷，以求心安理得。自動化分析工具提供常規性的投資管理，使得財富帳的功能遠大於今日的共同基金。個人得以藉此管理他們自己的投資基金。

所有金融求償權的需求者都了解，為了充分運用金融市場，他們必須隨時負責並合法的清理他們的財富帳。任何相關人士都可以直接或透過電腦化的分析程式，處理這些財富帳。個人隱私會與今日的支票存款一樣的受到重視。

買賣雙方透過全球化的電子布告欄為主要中介，發布他們所需，並完成交易。許多金融求償權（包括今日所稱的貸款與有價證券）都會依最低交易成本，在這些電子布告欄中拍賣，並完成買賣，而無須假任何中間人（商業銀行或投資銀行）之手。

今天只有少數知名的徵信業。到了 2020 年時，會有好幾百甚至好幾千家專門提供新聞、資料、與分析的專業徵信業者，他們針對每一位具有特定風險考量的顧客，經由電子布告欄相互聯繫後，隨時在線上提供合乎需要的即時資訊。

由於每一個人都可以經由雙向電視和個人數位助理機 (PDA)，與金融資產的供給者直接接觸，零售式的金融分支機構已經不再有存在的必要。真正洲際銀行的時代終於來到了。或者更準確的說，真正「全球銀行」的時代降臨了，而每一個家計單位則成了其中一個「分支」。

2020 年的一項主要特徵就是，幾乎所有的事情，都可以在合理的收費下，加以剪裁，以滿足客戶的需要與意願，其中包括由金融公司提供的高度個人化服務。廠商只在一個市場中銷售商品。

除了提供任何付費者使用的電子布告欄外，金融求償權的

需求者與供給者，可經由網路的聯繫，在線上交換資料與文件
（電腦對電腦），自動執行大多數的例行性交易，並且可以透過
電子會議互相商議。在任何一項交易中，廠商不僅只是與正常
的競爭者相互競爭，他們也和他們自己的客戶彼此競爭。事實
上，所有金融服務幾乎都是免費提供。由於任何機構或個人都
可以回覆張貼在電子布告欄中的需求，金融服務不再僅限於所
謂的「金融機構」。換言之，專業於金融事務的機構會經常發現，
與他們直接競爭的對手竟是他們自己的客戶。

2020 年金融世界的其他方面就難以預測了。竊盜與詐欺會
以何種型態出現呢？人性不會有所改變，今日一般違背誠信的
事，在 2020 年仍會繼續出現。聲音辨識、DNA 指紋和資料密
碼的安全裝置，會在交易發生時，立即予以證實，以預防今日
所見的種種騙局發生。但是新型的「資訊罪犯」還是會不斷的
出現。

地理位置的限制會大幅縮小。公司的雇員分散在各地，例
如，從事資料處理者（以成本因素為考量）、從事銷售或行銷業
務者（以接近顧客為考量）、以及從事針對地方特性處理地方性
事務者。但是，負責創造產品與制訂決策的人員，仍會留在大
都市內，如此他們才得以面對面的與出身於不同背景、文化以
及不同專業（藝術家、科學家、商人、律師）的人士保持接觸。

1.5　結　語

貨幣本身並非財富。但是，透過貨幣的潤滑，加速物品的
交易過程，促進生產的效率。因此，貨幣的發明與使用，對於
創造人類文明，功不可沒。貨幣功能的發揮，建立在貨幣價值
的穩定上，保持其稀有性，則為千古不變的法則。人們藉著相
互融通，克服稀有性所造成的困擾。金融體系則是在貨幣稀有
的前提下，利用資訊提供、風險分擔與流動性三項特徵，進一

步促進分配資源效率的產物。

　　水能載舟，亦能覆舟。過去三十餘年來，透過研究不時發生的金融風暴，經濟學家對於金融的本質更加了解，亦帶動了金融體系呈現出前所未有的快速發展；近十年來資訊科技更大幅改變了許多傳統的融通方式。所有這些變化，促成了金融工程這個新學門的建立，金融商品的開發一日千里，令人目不暇給。貨幣與金融市場（或貨幣銀行學）是繼經濟學原理後，引領學習者進入財務金融領域的第一門科目，也是作為一個現代經濟人所必須經過的一道門檻。

複習題

1. 假設交付一元資金給一個家庭，試依下列情況說明所得如何創造出來：

   ⑴家庭將該筆資金的 70% 用來購買本國產品，其餘儲蓄下來。

   ⑵家庭將該筆資金全數消費出去。

   ⑶家庭將該筆資金全數儲蓄下來。

   ⑷家庭將該筆資金全數用來購買外國產品。

   ⑸家庭將該筆資金全數移轉到外國的可貸資金市場。

2. 資訊經濟學由討論二手車市場開啟，試討論新車市場是否存在資訊不對稱問題。

3. 試將課文中所舉主人與代理人的例子中，說明可能產生不利選擇與道德危害的來源。

4. 在資金借貸的過程中，何者為交易的主人？何者為代理人？

5. 試比較存款帳與財富帳的差別。利用存款帳的特徵說明財富帳如何運作？

Chapter

02

貨幣與金融體系總覽

觀察人類經濟活動的演進，始於魯賓遜式的自給自足式經濟，然後進入分工合作式的交換經濟時代，生活水準自此開始獲得大幅改善。然而，物物交換的經濟型態，受制於交易雙方在商品種類與時間意願不一致的困擾，仍有其不足之處。記帳賒借式的信用交易，雖然克服了意願不一致的難題，卻又受制於伴隨信用交易而產生的流動性與資訊不對稱問題，只能算是解決一小部分的難題。直到發明並採用貨幣為交換的中介後，因為貨幣所具有的高度流動性與資訊透明化特性，交易活動始得以順遂，人類的文明自此向前邁進一大步。以貨幣為標的的借貸關係發展出來後，種種不便終於再進一步得到改善。

貨幣能夠擔負交換中介的功能，並具有與其他商品相互交換的價值，首先必須滿足稀有性 (scarcity) 的條件。換言之，供作商品交換中介的貨幣供給數量，永遠必須低於其需求量。人類發明了一種提高經濟效率的工具，卻又不能充分供應該種工具，而且尚須另行規劃如何有效的使用這種工具，實在是一件弔詭的發明。

使用貨幣代表將購買力暫時擱置 (temporary aboding of purchasing power)，擱置的時間有長有短。較長時間的擱置，形同資源儲蓄，亦為累積資產的主要來源。儲蓄構成國民經濟活動中的「漏損」，有壓縮經濟成長的作用。將儲蓄的資源，再度導入經濟活動中，使成為「注入」因素，並生生不息，即得以穩定經濟或進一步創造經濟成長，應該是一件非常有意義的活動。整個以貨幣借貸為核心的金融體系，於是次第發展並建立起來，最後成為經濟活動中的重要一環。

當分工的經濟體系由小區域逐漸擴大後，國與國間的國際商業活動亦跟隨而來，並且日益頻繁，國際貨幣與金融體系隨之建立起來。國際貨幣體系的核心問題，在於如何為象徵主權的各國

貨幣建立交換制度，以利商業交易的進行；國際金融體系則就各國現有狀況，依優勝劣敗的進化原則，趨向整合統一的境界。事實上，這種由分散而集中的發展，曾經數度在歷史上反覆重演。

　　早在二十世紀之前，當一國的貨幣體系是由許多不同銀行所發行的鈔券同時流通，並且彼此相互交換的自由銀行制度時期，貨幣兌換問題即已存在。因此，研讀貨幣與金融體系的發展歷史，同時有助於了解當前國際貨幣與金融體系的現況，與未來發展趨勢。

　　本章由貨幣的功能以及重要特徵開始，簡單而全面性的依序說明整個貨幣與金融體系的發展，最後介紹臺灣地區當前的貨幣與金融體系。

2.1　貨幣的功能與特徵

重·點·摘·要

任意一種為人們共同接受作為交換過程中暫時擱置購買力的東西，皆可稱為貨幣。這些作為貨幣的東西因流動性不同而異。貨幣對經濟活動的主要貢獻在其所提供交易活動潤滑劑的功能，並大大的提高了交易效率。

貨幣 (money)

指任意一種為人們共同接受作為交換過程中暫時擱置購買力的東西。

流動性 (liquidity)

指以一種資產交換另一種資產時的容易程度。

　　貨幣指任意一種為人們共同接受 (general acceptability)，作為交換過程中暫時擱置購買力的「東西 (thing)」。換言之，任何一種被人們普遍接受的「東西」，都可以視為貨幣，其種類可謂繁多。每一個獨立的經濟體，都因地制宜，發展並建立適合本身使用的貨幣。隨著歷史的演進，這種被一部分人普遍接受作為交換中介的「東西」，隨著交易活動擴大，而呈現出由繁而簡逐漸趨向統一，以黃金與白銀等貴重金屬作為貨幣使用即為一例。第一次世界大戰後，貨幣的種類又隨著民族國家興起由簡而繁；1970 年代金融自由化下的種種創新活動，將多元化的趨勢帶進最高峰。近年來國際金融整合之勢不可擋，再拜電腦與通訊結合之賜，大幅提升了資料處理的效率，發揮了降低交易成本的功效，引領出各式新興的電子貨幣，再度呈現出由繁入簡的趨勢。

　　長時間持有貨幣，形同視貨幣為資產的一種。貨幣與其他資產的最主要差別，在於不同資產所具有的流動性高低不相同。一種資產的流動性，指以該資產交換其他物品時的「容易 (ease)」與否。將「容易」的概念具體化，就是指資產持有人能

夠依指定的價格，在短時間內迅速處分資產。該資產須能夠大眾所廣泛接受、交易時不會引發大額交易成本、以及必須能夠長久確保其名目價值穩定。換言之，除了廣泛的接受性外，流動性又指將使用時所連帶發生的名目價值損失或風險，降至最低程度。

經濟活動以生產與消費二種活動為核心，在生產活動的過程中，透過層層的交換活動，最後實現經濟活動的最終目的：經由消費而提高生活水準。要了解貨幣的功能，最好的方式，就是將貨幣經濟與無貨幣的經濟相互比較。在一個沒有貨幣的經濟體系中，所有交換都經由以物易物的方式達成。物物交換容易因為「交易雙方意願不一致（包括數量、品質或時間等方面）」，從而提高交易成本與搜尋時間。稍稍運用想像力加以思考，不難發現下列物物交換的其他缺點：

以物易物 (barter)

商品的供需雙方直接交換物品。

(1)缺乏一般購買力的儲存方法。

(2)缺乏用以衡量價值的共同單位。

(3)缺乏簽訂未來付款合約的特定計值單位。

綜觀文明發展的過程，人類設立交易站 (trading-post) 以為改善物物交換缺失的第一步發展。定期舉行的市集，將買賣雙方集中在一個特定處所，互相交換手中所持有的商品。如此可以節省四處尋找的時間與成本。但是，「交易雙方意願不一致」的困擾依然存在，表示交易方式仍有改善空間。雖然人們亦開始利用賒借的信用方式，克服種種不便。然而，受到資訊不對稱與缺乏流動性所影響，除非能夠建立克服這種缺失的機制，信用交易的基礎薄弱，並非穩定可靠的交易型態。貨幣的使用應運而生，並大大的改善了此一缺失。

(一)貨幣的功能

貨幣是一種促進交換活動的輔助工具。一種「東西」能夠成為貨幣，必須發揮下列功能：

1.作為物品交換的中介 (medium of exchange)

使用一種或多種為大眾普遍接受的交換中介，一方面節約交換活動的尋找成本，一方面降低交易成本，使得交換活動得以活絡，亦促進了專業分工的進行，生產力與生活水準都因而大幅提升。因此，使用貨幣堪稱為人類文明史上，僅次於語言和文字的第三大發明。

2. 作為計值的單位 (unit of account)

以一單位商品所能換取貨幣數量的多寡，來顯示有形或無形物品的價值，就是價格。以單一的貨幣單位列示所有商品的價值，便於比較與辨識不同物品的相對價值，有利交易活動的進行。設想一個 n 種商品交換的市場中，每個人依據他所熟悉的一種商品作為計值單位，市場價格的種類即有 n(n−1) 種。若統一以一種眾人皆熟悉的商品作為貨幣，然後將所有其他 n−1 種商品的價值，以這個商品為單位數顯示時，市場中僅有 n−1 種價格。這個兼負貨幣任務的商品，其本身在人們心目中的價值或其與「所有」其他商品的交換價值，必須保持穩定，方得以竟其功。換言之，這種商品的供需，必須與「所有」其他商品的供需變動保持同步，尋找適當貨幣的過程頗費周章。若能夠再進一步以一種經由公權力建立的抽象式東西作為貨幣，即可免除尋找的難題。

3. 作為價值儲存的工具 (store of value)

物品交換的順遂與否，受到供需雙方在時間上是否一致所影響，貨幣具有價值儲存的功能，交易的過程中，交易雙方可以藉著暫時持有貨幣的方式，克服實質商品供需雙方時間不一致所產生的困擾。例如，一個養豬的人，希望用生產的豬肉換得理髮師的服務，而唯一的理髮師，卻因為宗教理由本日齋戒不吃豬肉，則雙方不可能完成交換活動。若養豬人將已經切割下來的豬肉，留到理髮師齋戒過後，再與他交換理髮服務，屆時豬肉的價值又隨著新鮮程度下降而下跌。如此，養豬人一方面無法立即享受服務，一方面又須面臨商品貶值的困擾；理髮師的境遇亦同。若養豬人能夠另外找到一個願意購買豬肉的消

費者,將所生產的豬肉與他換得貨幣,再持貨幣找理髮師,則可以解決有需求無供給的問題。理髮師願意收受貨幣,不致因齋戒而影響其生產活動,將收到的貨幣留存到齋戒過後,或留待他日無人購買其商品與服務時使用。為了實現價值儲存的功能,作為貨幣的「東西」,本身必須具有保值的特性。如此,可免除需求時間不一致的困擾,一方面促進交換的進行,一方面又得以進一步發展成為信用授受的基礎,使得大量生產與交易成為可能。此外,貨幣作為價值儲存的工具,使得人們可以藉儲蓄,而累積儲存消費能力,以便他日購買價值昂貴的複雜商品之用,亦可促進複雜或高價值商品的開發與生產。

4. 作為遞延支付的標準 (standard of deferred payment)

　　許多大規模或複雜的商業交易活動,其成交 (deal) 與交割 (delivery) 間的生產過程,往往曠日費時,因此必須簽訂契約,以明示交易雙方的權責。因為貨幣具有穩定計值的功能,利用貨幣作為訂定買賣契約時的計值標準以及將來交割時的交付工具,使得能夠發揮效率的大規模交易活動或複雜商品的交易活動得以進行,更進一步提升人們的生活品質。此外,貨幣又為信用交易時,用以顯示債權與債務的標的,使得融通有無得以順利進行。

　　以上四種功能中,前二種功能是貨幣的基本功能,後二種功能則是伴隨前二者而來,是為衍生功能。

　　在歷經長久的尋找後,貨幣的種類終於在十八世紀時集中由單純的貴重金屬所主導;爾後隨著交易量增加與交易範圍擴大,又發展出易於攜帶的兌現紙幣;到了第二次世界大戰後,由主權國家立法強制採用象徵國家主權的不兌換貨幣,方告問世。無論是貴金屬主導或政府不兌換貨幣時期內,銀行業以其為顧客保管錢財之便,開發出貨幣代替品的支付工具營利。近年來,再隨著電腦科技的發展,乃至今日普遍使用的信用貨幣與電子貨幣,在在都以節省搜尋時間與降低交易成本為依歸。

(二)貨幣的特徵

欲求貨幣發揮應有的功能，人類不斷尋求並創造更便捷的貨幣，貨幣的型態亦不斷的改變，惟下列應具備的特徵，則屬千古不變。

1.可攜性 (portability)

隨著交通日益發達，人類從事交易活動的空間，亦達無遠弗屆的境地。貨幣既然扮演交易中介的角色，自應易於攜帶，而且其使用能夠被各地人士所接受，以克服交易的空間障礙。黃金與白銀二種貴重金屬，能夠在十八世紀脫穎而出，成為世人共同接受的交易中介，即是隨著交易範圍擴大，而自然形成的結果。貴金屬不易攜帶的困難，終於被銀行鈔券與匯票所取代。及至不兌換貨幣時代，各國相互簽署貨幣交換協定，確保各國貨幣交換時的款項清算事宜。爾後，銀行體系發展並建立國內外款項收付清算系統，再加上電子訊息傳輸科技的應用，已經將攜帶問題降至最低點。

款項收付清算系統 (payments and clearing system)

銀行業為了提高款項輸送效率所發展出來的記帳系統，其定時清理各參加銀行的帳戶的機制，可以實現監督銀行財務狀況之效。

2.保值性 (durability)

貨幣既然擔負交易中介與計值單位的任務，其本身的價值必須穩定。確保價值穩定的最重要因素，莫過於維持其數量的稀少性。黃金與白銀等貴金屬，因生產量不多而且需求有限，價值自然穩定，因此雀屏中選，應非意外。在貨幣稀少的情況下，金融體系遂發展出貨幣的借貸機制，以克服因稀少而影響交易的缺失。貨幣借貸機制的發展，代表長期凍結債權人的購買力，更須建立在貨幣保值性之上，應毋庸置疑。由此，保值性不但使貨幣成為資產的一種，亦成為克服交易的時間障礙，促進大型交易活動的規劃與進行的先決條件。近年來各國負責貨幣發行的主管當局，亦以維持幣值穩定為其首要之務。

3.可分割性 (divisibility)

交易商品種類繁多，價值差異又大。為便於廉價商品的價值顯示與交易，貨幣必須能夠易於在不損及價值下進行分割。黃金與白銀具有質軟的物理性質，易於精確分割，成為普遍接

受的貨幣，其來有自。鑽石不具有貨幣的功能，應不難理解。

4.可標準化 (standardizability)

　　作為計值單位的貨幣，其本身的品質必須劃一，以避免計值時的困擾。黃金更是具有穩定的化學特性，製作金幣時以其易於標準化，而風光一時。

5.易辨性 (recognizability)

　　無論黃金或白銀的物理與化學性質多麼優異，在貴金屬貨幣時代，統治者利用註記的方式，將特定重量的黃金與白銀，製成不同價值的硬幣，以便於辨識貨幣的真偽，仍是不可或缺的步驟。當人們開始使用鈔券代替金銀幣時，則利用特定的紙張、印刷油墨以及暗藏特定符號與浮水印等方式，防止偽鈔。後來更進一步將貨幣發行權逐漸集中，在在都是以發揮貨幣的易辨性為依歸。電子化時代所發展出來的電子貨幣，更是以精心規劃的辨識密碼為核心。

　　以上說明貨幣特徵時，主要以黃金與白銀為對象。事實上，這二種金屬貨幣已不再被人們使用。今日人們普遍使用由政府集中發行的鈔券，則都能夠滿足上述特徵。而新型的信用貨幣與電子貨幣的普及，同樣都以能夠滿足以上特徵為前提。以下第二節介紹貨幣的種類以及發展經過。

2.2　貨幣種類的發展與演變

　　貨幣形式的發展，由實體貨幣而代用實體貨幣，再進化到今日使用的不兌換紙幣與存款貨幣，以及晚近的電子貨幣與網路貨幣。這些發展雖然不是全部，絕大部分則是在進一步節省交易時間與交易成本的前提下，反映上述特徵的強化。圖 2.1 顯示貨幣種類的發展與演變。

重·點·摘·要

人類使用的貨幣由各式不同的特定商品開始，逐漸縮小範圍到黃金與白銀等貴重金屬的商品貨幣，再而以紙鈔與較輕質的代幣取代貴金屬，最後在第二次世界大戰結束後全面以政府獨占發行的不兌換貨幣為主。

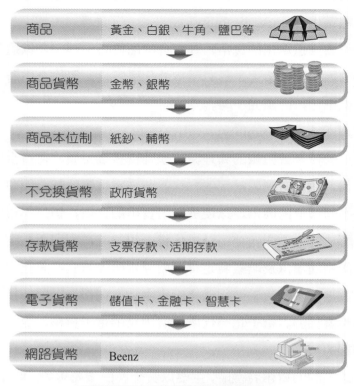

商品	黃金、白銀、牛角、鹽巴等
商品貨幣	金幣、銀幣
商品本位制	紙鈔、輔幣
不兌換貨幣	政府貨幣
存款貨幣	支票存款、活期存款
電子貨幣	儲值卡、金融卡、智慧卡
網路貨幣	Beenz

圖 2.1　貨幣種類的發展與演變

■ ■ 2.2.1　與商品保持直接聯繫的貨幣體系

以某一種特定的物資兼作貨幣用途，除了作為貨幣外，該物資本身亦為商品的一種，是為商品貨幣。貨幣價值與商品價值相同，正是商品貨幣的主要特徵。古代社會以實物作為貨幣使用，被選為貨幣的物質，可謂千奇百怪，舉凡貝殼、牛角、鹽巴、煙草等等，都曾經在某一個時期內，被某些地區居住的人們當作貨幣使用。後來隨著經濟活動範圍擴大，用作貨幣的物質，逐漸集中並且被黃金與白銀這二種貴重金屬所取代。十八世紀末期，因為在世界各地從事貿易活動的大英帝國，以黃金作為製造貨幣的物資，黃金遂隨著英國的貿易擴張而逐漸被世界各國普遍接受，成為國際商業交易的清算工具，進入了為

現代交易使用新臺幣，那古代呢？

早期使用稀有的物品，如黃金、牛角等，後來因為攜帶性的要求開始出現匯票，為了能夠更普遍的使用則有統一發行的政府貨幣開始出現持續演化至今。

商品貨幣 (commodity money)

貨幣本身亦為一種商品，其價值等於貨幣價值。

時長達二百年的國際金本位制度時代。黃金能脫穎而出，除了本身能夠滿足第一節所述貨幣必須具備的特徵外，部分亦因為黃金在其他方面的用途有限所致。早期除了作為裝飾品外，黃金甚少被使用於工業用途。

最初的貨幣是以實體貨幣 (full bodied money) 形式出現，亦即以經公正人士註記認證過的黃金與白銀實體，製作成金銀幣的形式流通。然而，當經濟活動的範圍不斷擴展，交易金額又日漸龐大後，為了交易而搬運巨額黃金，不僅費時費事，亦容易遭受盜匪所覬覦，引發交易成本上升。一種新興的行業，也就是一般所謂的「錢莊」或「銀號」出現，職司今日稱為「匯兌」的貨幣運送業務。這些資金運送行業，於接受顧客委託運送貨幣時，發行一種兼作取款憑據的收條（今日所稱的「匯票」或「鈔券」），交付托運人。當托運人無意間以此收條為付款工具後，逐漸演變成為人們共同接受的交易中介，經濟體系亦自此進入了代用實體貨幣 (representative full bodied money) 或商品本位制度時代，人們採用可以十足兌換主流貨幣的象徵式貨幣 (token) 作為付款工具。早期的銀行業，即依賴發行鈔券，作為其營業資金的主要來源。

代用實體貨幣是一種象徵式的貨幣，其存在確實優於實體貨幣，然而，為了發揮其作為貨幣的功能，發行量受到發行者持有貴金屬數量限制，發行者必須隨時保有「足夠」的貴金屬準備，以供兌換其所發行的鈔券。然而，一旦代用實體貨幣開始廣泛為人們所接受後，惰性使得人們逐漸忽略發行者是否持有足夠供兌換用的貴金屬，鈔券發行者的信用，反倒成為人們決定接受某一特定鈔券與否的重要基礎。當交易金額再進一步擴大後，這些鈔券的發行數量，一方面因為貴金屬產量增加有限，一方面又受到貴金屬在其他工業方面的使用日漸擴大的雙重影響，鈔券或貨幣的供給量，即難以隨交易量的增加，保持相同步調。為免通貨緊縮，壓抑生產活動，代用貨幣的發行量，逐漸由十足準備制，進入部分準備制，鈔券發行額逐漸超出庫

國際金本位制度 (international gold standard)

國與國之間商品交易以黃金為最後清算的工具。

商品本位制度 (commodity standard)

貨幣是以特定商品或以此為基礎所發行的可兌換代用鈔券。

十足準備制 (fully reserved system)

指貨幣發行須以百分之百的特定準備金為準備。

部分準備制 (partially reserved system)

指貨幣發行依準備金的一特定倍數為之。

存貴金屬的數量，以應社會需要，這就是信用擴張的由來。此時，人們對於某一種鈔券的接受度，更加取決於該鈔券發行者的信用狀況。由信用卓著的大型銀行所發行的鈔券，得能在較為廣大的地區流通；而小型銀行的鈔券，則僅得以在較狹小的區域內使用。

一方面地區性小銀行所發行的鈔券，不易為其他地區民眾接受；另一方面在部分準備發行制度下，鈔券發行銀行可能面臨鈔券持有人同時要求兌換貴金屬的擠兌危機，為昭公信以示財務健全，銀行體系乃共同出資建立鈔券清理與結算 (notes clearing and settlement) 中心，供民眾將所持有鈔券，兌換為發行準備所使用的貴金屬，例如黃金，或其他民眾願意接受的其他銀行鈔券。藉著迅速清算的機制，發行銀行的財務狀況，可以立即向廣大的民眾展現，同時亦抑制銀行信用過度膨脹，降低擠兌的風險。提供款項收付清算系統的任務，往往由設在大城市信用卓著的大型銀行擔負。此時，許多鄉下地區的小銀行即陸續將其所持有貴金屬的一部分，存放在這些設址於城市的大銀行，以供兌換或款項調撥時結算之用。後來更直接以存放在這些大銀行的存款，與其所持有的大型發行銀行的鈔券，作為發行準備，發行本身的鈔券。同時，為了降低民眾兌換的頻率，小銀行亦轉向以發行供地區性小額零星交易使用的小面額鈔券為主。

■■ 2.2.2　不兌換貨幣體系

顧名思義，不兌換貨幣就是貨幣發行量不再與任何貴金屬或實體物資保持連繫，貨幣的面值遠高於貨幣本身材質的價值為其主要特徵。自從法國於 1936 年放棄金本位制度後，除了少數國家或地區外，今日世界多數主權國家所使用的貨幣，多為這種形態❶。例如，我們手中所持有的千元大鈔，可以用於兌

擠兌 (bank run)

指貨幣持有人爭相兌換發行準備，或銀行存款人爭相提領存款。

不兌換貨幣 (fiat money)

指貨幣不依特定商品為準備，發行者亦不負兌換特定商品之責。

---

❶　目前存在的貨幣發行制度尚有通貨發行局制度與美元化制度二種，

換（購買）價值千元的物資，而用於印製大鈔的紙張與油墨與之相比，則明顯的微不足道。不兌換貨幣的存在，一方面固然顯示人們對發行者的信任，但是多數仍是經由立法程序，以確定其具有法償幣的地位。所謂法償幣，指國家法律明訂其作為統轄範圍內，償付債務的最終手段。換言之，任何債權人不得拒絕債務人以此種貨幣作為償還所欠債務的工具。民國 24 年至 31 年間，我國政府實施法幣政策，規定由中央銀行、中國銀行、交通銀行、農民銀行四家銀行所發行的鈔券，同時具有法償幣的地位。自民國 31 年中以後，貨幣發行權始交由政府出資開設的中央銀行統一辦理，正式進入不兌換貨幣時代。

法償幣 (legal tender)

法律賦予其具有償付債務最後手段的貨幣。

為什麼貨幣是由政府發行？

因為政府有公信力，同時鑄幣權也是一種統治權的象徵。

(一)政府獨占貨幣發行的由來

在實體貨幣時代，政府即利用其公信力 (fiduciary)，獨攬鑄幣權 (seigniorage)。此一鑄幣權後來發展成為一種統治權的象徵，而為各國政府所重視。政府藉統攬鑄幣權，收取費用，又成為財政收入的來源之一。政府鑄幣的公信力，建立在政府可以命令這種由政府所鑄造的貨幣作為繳稅的標的。如此使得這種貨幣得以流通。到了代用實體貨幣時代，政府將所收到的稅款（黃金或白銀）存入一家特定銀行，再以這家銀行所發行的鈔券作為支付工具。這家接受政府存放款項的銀行，亦成為經理政府財政收支事務的銀行，因此大幅提高了其所發行鈔券的流動性。在金融風暴發生期間，這一家銀行因為代理國庫，成為較不受風暴影響的銀行，後來更扮演前述銀行界鈔券清理與結算功能的角色，使得這家銀行所發行的鈔券，成為其他銀行發行鈔券的發行準備。此一地位於戰爭時期更加明顯，政府先

前者以香港的通貨發行局最著名，通貨發行量依貨幣主管機構所持有的特定國家貨幣（例如，美元外匯準備）的固定比例為依歸；後者則逕自以另一國的貨幣為流通貨幣，例如，阿根廷自西元 2000 年以後所採行的制度。多數主權獨立與經濟體質健全的國家，多建立本身的貨幣。

以其所發行的鈔券支付戰費，並以命令暫時禁止持有人提示兌換（黃金），最後更進一步將鈔券發行權完全集中，交由這一家銀行負責，以交換非常時期（例如，戰時）取得財政融通的管道。這種禁止兌換的措施，通常不會在非常狀態結束時立即取消，久而久之，民眾開始對這種獨家發行的貨幣習以為常，為不兌換貨幣制度奠定了基礎。

當貨幣的演進進入不兌換貨幣時代後，一方面政府擁有無可比擬的公信力，再加上立法規定政府發行的貨幣具有無限法償的地位後，貨幣發行權終於完全集中到政府手中。目前世界各國的通貨發行權，多數由各國政府單獨設立的中央銀行掌理。許多西方國家的中央銀行，早期都是商業銀行，後來以某種條件與政府交換（例如，協助政府籌措財源）取得鑄幣權，終於成為中央銀行，例如，英格蘭銀行 (Bank of England)。為了確保貨幣的最高交換價值，貨幣發行者依邊際收益等於邊際成本的原理，決定最大利潤下的發行量。

無限法償 (unlimited legal tender)

法律規定償付債務時不限數量的貨幣。

㈡不兌換貨幣時代的各種代替貨幣

在政府獨占貨幣發行權下，只要適度維持其稀有性，即得以持續享有獨占發行的利益。因此，吸引民間機構亟思研發政府貨幣的代替品，以分享貨幣發行的利益。初期，銀行藉著代顧客保管貨幣之便，將存放銀行的閒置貨幣（資金）貸放出去，賺取利息，開啟了信用擴張之門。不兌換貨幣實行後，銀行開辦支票存款業務，並建立供支票清理與結算的票據交換所，提供存款人一種流動性僅次於通貨的支票作為支付工具，以吸收營運資金，並於進行信用擴張時，將貸款金額，轉入借款人的支票存款帳戶中，供其隨時提領之用。這種因擴大授信而創造的存款貨幣，由是得名。

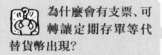

為什麼會有支票、可轉讓定期存單等代替貨幣出現？

銀行為了分享政府的貨幣發行權，提高資金運用效率，所以會積極研發代替貨幣。

早期的存款貨幣，僅限於支票存款，後來為了提高其他活期性存款的流動性，銀行開始應用現代電腦科技，廣設自動櫃員機 (automated teller machine, ATM)，便利顧客存提款項，也提

存款貨幣 (deposit money)

指銀行活期性存款。

高了其他活期存款的流動性。同時，又為定期存款規劃存單質押借款制度，與開辦可轉讓定期存單，以提高各種定期存款的流動性。存款貨幣的規模更進一步擴大，亦更加為人們所樂意接受。

在不兌換貨幣時代，銀行須持續保有相當數量的政府發行通貨，作為準備貨幣，藉此維持存款貨幣的公信力，以利其流通,此點與金本位時代貨幣發行人須保有足夠數量的黃金庫存，道理相同。須注意的是，此處所謂「足夠」並非百分之百之意，而是指足夠應付存款顧客隨時得能提領款項之需。這是維持存款貨幣的公信力，也是銀行能否繼續獲取貨幣發行利益，所不可或缺的要件。此外，因為銀行存款具有支付工具的功能，銀行必須保障存款的名目價值；然而銀行放款的名目價值卻無法同等有效的獲得保障，一旦借款人喪失償債能力，放款即成為呆帳；若銀行資本又不足以彌補損失時，存款人的債權即無法確保，銀行經營亦無以為繼。當銀行喪失公信力時，擠兌成為無可避免的結果。擠兌勢必造成周轉不靈 (default)，銀行危機由是發生。

準備貨幣 (reserve money)
可供作為其他貨幣發行準備的貨幣。

存款貨幣以票據的形態流通後，銀行接受顧客委託，代為收取由其他銀行付款的各式票據，彼此間產生票據代收代付事務，於是他們共同建立了一套供銀行票據交換與款項清算的收付系統，除了簡化票據收付與資金調撥事務的進行，使有限的資金發揮最大的效用，同時藉此提高存款貨幣的流動性與銀行財務訊息的透明度。參加票據交換的同業會員，除了訂定入會規章，以排除不良銀行外，又建立互助的保障機制，以避免受到外部性影響，而發生擠兌的情事。

臺灣地區票據交換所於民國 40 年前後成立,分別辦理各地區之票據交換結算。民國 90 年 11 月，原有 16 家票據交換所改制設立財團法人台灣票據交換業務發展基金會，基金會下設台灣票據交換所，繼續辦理原有業務。而中央銀行為改善金融同業資金調撥效率，切實掌控銀行同業的資金動態，著手籌建中

央銀行同業資金電子化調撥清算作業系統,並於民國 84 年 5 月起上線運作。當上述自動櫃員機普及後,除了供取存款項外,其服務範圍亦擴大及於跨行轉帳,相關資金的轉移事務亦更加繁瑣,銀行同業乃另行規劃資金移轉管道,以利作業進行。民國 86 年財政部為推動金融業務自動化,以非循環基金組織型態設立金融資訊服務中心,辦理有關業務金融資訊服務中心,並於民國 87 年底完成改制為民營之財金資訊股份有限公司,負責跨行通匯系統的營運。

圖 2.2 顯示目前我國款項收付系統的運作,以及分工狀況。款項收付系統的周邊為銀行所組成的分支網。銀行接受顧客委託,執行金融卡跨行小額提款或轉帳、大額匯款以及票據託收業務。當其他銀行客戶利用本行提款機提領款項時,首先須透過一個電腦網路系統進行查核,以及自存款帳戶扣款等手續,財金資訊系統即擔負此一聯繫事務,使提款者可以盡速自提款機領取款項。該筆提領款項是由提款機所屬銀行代墊,必須向原存款銀行取回。財金資訊系統定時結帳,清算各銀行代收代付款項餘額,然後由各銀行主動或被動運用其在中央銀行的準備金帳戶撥付應付淨額,結清帳戶❷。

銀行接受顧客委託匯款時,同樣利用財金資訊系統先行記帳撥付予收款人,再定時結算帳務。遇款項金額龐大時,亦可直接利用中央銀行同資系統直接撥款,委由收款銀行轉入收款人帳戶中。對於受託代收之他行付款票據,則利用每日定時票據交換,至台灣票據交換所所屬各地交換地點,與其他銀行所收本行付款之票據進行集體交換,交換完畢後,由交換所製作結算清單,逐向中央銀行辦理款項撥收事務。

---

❷ 目前我國各銀行在中央銀行開有準備金甲戶與乙戶,前者為供資金調撥使用的交易帳戶,後者為依法提撥之存款準備金帳戶。中央銀行對後者支付利息。

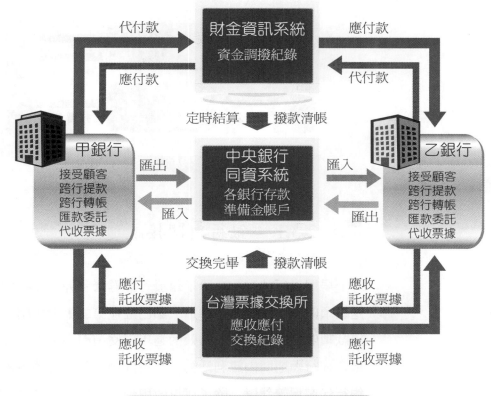

圖 2.2 中華民國臺灣地區款項收付系統

2.3 金融體系的形成

　　因為流動性最高的政府貨幣，永遠不會足量發行，資金供需永遠處於超額需求的不平衡狀態。金融體系的主要功能，就是提供最有效的方式，填補資金超額需求的缺口。經濟體系每一個人的消費時間偏好不同，隨時都有眾多的資金剩餘者與資金透支者，因此填補資金缺口的途徑，則透過將剩餘者的資金融通予透支者的方式實現，透過特定管道，將供給者的寶貴資金，運用到獲利最高的用途；同時使需求者以最低的代價，取得所需資金。圖 2.3顯示金融體系的概況。

重・點・摘・要

政府為了保持貨幣的價值，刻意保持貨幣的稀少性，銀行因而開發出存款貨幣以填補貨幣不足的缺口，並利用俱樂部的組織發揮間接融通的功效，以擴大存款貨幣的使用機會，並由此謀取發行貨幣的利益。爾後銀行以外的其他金融機構再以直接融通的方式介入，終於發展出今日規模龐大的金融體系。

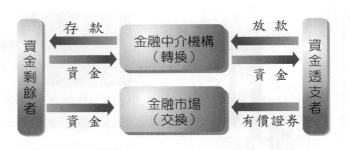

圖 2.3　金融體系的組成概況

2.3.1　銀行與間接融通

早期銀行的業務，除了藉發行鈔券營利外，以提供代客運送款項收取手續費為主，這一點已經在第二節中說明。銀行利用款項收付的時間差，有效的運用已交運而尚未支付的代管款項，進行短期間內謀利活動，終於演變成為銀行的主流業務。銀行代客保管錢財，除了可以收取保管費外，同樣可以運用所代管的錢財謀利。當信用需求更進一步擴大後，銀行始發展成為主要的金融中介者；一方面由資金剩餘者處吸收（借入）資金，再將之轉交（貸放）予資金透支者使用，賺取借貸利率差成為銀行收入的主要來源。由銀行居間，將儲蓄者的閒置資金，轉到透支者手中，完成資金融通事宜，其間中介者自行負擔貸款損失，並對儲蓄者存入的資金負完全償還責任，這種資金融通的方式稱為間接融通。

在各國政府將貨幣發行權，統一由新設的中央銀行或委由一家特定的銀行集中辦理之前，銀行業已經發展出將貨幣發行準備存放在一家大銀行，然後據此作為發行本身鈔券的準備金的經營型態。到了不兌換貨幣時代，他們同樣以政府統一發行的貨幣，作為擴張信用的準備，惟此時他們改以發行支票存款代替鈔券。存款人將款項存入銀行，開立支票存款帳戶，銀行交付他們一本供提領款項用的支票簿，存款人須支付款項時，

金融中介者 (financial intermediary)

一方面支付特定報酬吸收資金，另一方面收取報酬貸放資金以賺取利差者。

間接融通 (indirect financing)

資金剩餘者與透支者經由第三者居間完成融通程序。

可以逕行開立支票作為付款工具。銀行承作放款時，同樣為貸款人開立支票存款帳戶，再將承貸的款額撥付入帳，貸款人同樣開立支票提領款項。至於支票的收款人，則將支票直接委託其往來銀行代為收取款項。為了加速收款程序，以安收款人之心，同時亦有利於銀行推展支票存款業務，銀行業乃集資開設「俱樂部」式的票據交換所，並以存放在中央銀行的準備金帳戶，作為票據交換款項結算的處所。而當民眾開始普遍接受支票這種支付工具後，支票存款儼然成為一種新式的貨幣，稱為存款貨幣。

金融活動是一種最容易受到資訊不對稱影響，而於決定運用資金途徑時，作成不利選擇以及事後遭致道德危害的產業。銀行業更是面對雙重資訊不對稱的經濟主體；銀行一方面扮演資金剩餘者的代理人，另一方面則是資金透支者的主人。銀行利用資金剩餘者對其信任，創造流動性不同的各式存款，提供固定的報酬（無價格風險），以聚少成多的方式，吸收小額儲蓄者的游資，扮演代理人的角色；然後依賴其專業能力，運用分散投資的原理，克服作為資金透支者的主人所可能遭遇的種種不利選擇與道德危害困擾，將資金分散貸放予資金透支者或投資到其他資產，以降低風險並賺取最大利潤。其經營良窳，除了影響銀行本身的獲利與存續外，尚影響其所代理之廣大存款人的生計，以及整個經濟體系內款項收付功能的運作。歷史上銀行危機事件屢見不鮮，其週期大約每十至二十年發生一次，近年來發生週期更有縮短之勢。每一次危機發生，固然與景氣循環有密切的關聯性，但是銀行危機發生後，往往連帶導致整體國民經濟活動進一步受挫。因此，銀行業成為特許行業，各國對於銀行的申設，亦訂有嚴格的限制。

金融活動的隱形殺手!?

資訊不對稱是影響金融機構在處理資金運用決策的重要因素。

綜觀銀行危機發生時，應歸咎於銀行本身的因素，不外為了逐利而過度信用擴充，與資金運用未能有效分散風險二者。當景氣全面下降，或某一產業經營受挫等外部性 (externalities) 因素出現時，貸款人的償債能力遭到存款人質疑，於是啟動擠

兌行動，銀行即陷入周轉不靈的困境。一旦一家銀行出現危機後，由於銀行業務的同質性，以及彼此因擔負款項收支功能而建立的密切聯繫關係，迅速蔓延及於整個銀行體系，終於演變成不可收拾的局面。為了防範銀行危機的發生，各國總是針對原因，於事後訂定種種因應措施，期能避免事件再度發生。這些因應措施，可以分事前的監督與防範，以及事後的補救與保障二大類。基於利益衝突與某種「感情」因素，這些防範與補救措施，宜由一個公正無私的單位負責執行，而不宜由金融界自行辦理，政府自然成為最理想的執行單位。關於政府干涉整體金融體系或銀行的機制，留待第四小節再介紹。

避免銀行過度競爭，為眾多防範措施中的一種，其內容包括限制銀行家數以保持其寡占的優勢、限定給付存款利率的上限以穩定營運成本等等。這些措施使得銀行成為擁有特權，享有暴利的營利事業。與貨幣的發展經過相同，代替行業應運而生，代替之道在於取代其中介地位。方法之一就是設立非銀行機構，變相經營吸金與投資活動（例如，地下錢莊），此種方式易引發爭議，甚至有違法之虞。爭議性較小的方法，就是設法切斷由銀行業所主導的間接融通方式，另起爐灶發展，並建立全新的直接融通管道。

■ 2.3.2　直接融通

直接融通 (direct financing)

資金剩餘者與透支者直接經由有價證券買賣程序完成融通。

直接融通指資金的供需者，不經中介機構居間，而藉著直接交換代表債權或其他權利的金融憑證與資金的方式，以實現融通的目的。以直接融通取代金融中介機構所執行的間接融通功能，除了須保留中介機構所提供的高度流動性、風險承擔與資訊透明化三項功能外，尚須進一步改善或提高這些功能，方得以竟其功。

發展直接融通時，首要之務就是規劃各種代表債權的憑證或工具，其次依據上述三項功能，建立這些憑證交易的市場與

交易制度，並發展完備的各式周邊支援設施。

金融憑證通稱為有價證券，主要可以分為所有權 (equity) 與債權 (debt) 憑證二大類。所有權憑證主要是表彰持有人對特定物或主體所擁有的處分權；最常見的為代表公司股份的普通股與特別股二種股票 (stock)。債權憑證通稱為「借據 (I owe you, IOU)」，由資金需求者開立，交由資金供給者收存，以為將來特定時日收取利息與本金的憑據。為了便於區分，人們依照「借據」的發行者，以及依到期的期限長短，賦予不同的名稱。表 2.1 列示常見的「借據」種類。表中的長短期限通常以一年為分界點；一年以內到期者，稱為短期票券；而期限超過一年以上者，稱為長期債券；近年來，許多企業多傾向發行三至七年期的中期債券，以節約發行成本。

有價證券 (security)

明示債權債務或所有權者權利與義務的證明書。

短期票券 (bill)

發行期限在一年以內的債務憑證。

長期債券 (bond)

發行期限為一年以上的債務憑證。

中期債券 (notes)

發行期限為三年以上七年以下的長期債券。

表 2.1 常見的借據種類

發行者	長期限	短期限
政府	公債	國庫券
公司行號	公司債	商業本票
銀行	金融債券	可轉讓定期存單

有了供交易的工具後，主事者必須提供有效率的初次分配與爾後的次級交易管道，以發揮融通的功效。金融市場的建立，應屬最具有效率的資金分配途徑。初級發行市場提供有價證券首次公開發行 (initial public offering, IPO) 之分配事宜；次級流通市場則以提供發行在外有價證券的流動性為依歸。專業的金融機構以其掌握資訊的優勢，協助供給者與需求者的經紀服務。他們開設店頭市場為買賣雙方個別撮合；共同設立證券交易所 (security exchange) 提供場地與設備，將買賣方集中交易。在價廉且迅捷的電腦科技協助下，二者在撮合交易的效率上，無分軒輊。當交易量愈趨龐大後，市場分工的時機成熟時，金融市場又依有價證券期限的長短分工，其中提供長期證券交易者，稱為資本市場；提供短期債務憑證交易者，稱為貨幣市場。當

金融市場 (financial market)

供金融及相關商品交易的市場。

初級發行市場 (primary market)

供初次公開發行新證券交易的市場。

次級流通市場 (secondary market)

以促進已發行證券流動性為目的的市場。

店頭市場 (over-the-counter market)

非集中交易的金融市場。

資本市場 (capital market)

供長期證券交易的市場。

貨幣市場 (money market)

供短期票券交易的市場。

市場創造者 (market maker)

依掛牌價格無限量買進或賣出特定商品者。

經紀商 (broker)

在信用授受的過程中擔任居中介紹者。

共同投資基金 (mutual investment fund)

通常由投資顧問公司的專業經理號召，藉發行可轉讓或可兌現的憑證募集固定或非固定金額的資金，將之投資到特定資產，並由投資人自負盈虧的金融工具。

衍生式金融商品 (financial derivative)

依既存金融商品而發展出來的附屬金融商品。

投資銀行業務 (investment banking)

泛指各種與證券投資活動相關的經紀、交易、顧問、信託、融通、保管與帳務處理業務。

然，以上市場可以再進一步分割為：專為股票交易開設之股票市場，與專為各式票債券交易開設之票債券市場。

市場的表面功能為提供狹義的流動性，若無其他配套設施，仍不足以吸引資金剩餘者進場。若發行證券之成本所費不貲，同樣難望吸引資金需求者運用。致力於發揮規模經濟，是降低成本的必要步驟。主事者亦可扮演市場創造者或經紀商的角色，藉提供資訊與風險分擔機制，以吸引人氣，並提高效率；前者依較為固定的公告價格，隨時與買方和賣方單獨交易，然後就買賣餘額進行整批調節；後者則依其專業能力居間介紹，或依顧客的指示代其執行；二者都必須具備充分的專業能力，以提供有用的資訊，供顧客參考（固定不變的價格也是一種有用的資訊）。近年來，證券投資信託公司與顧問公司陸續開設，他們利用其專業能力，依顧客的特殊需求，規劃新的投資方式，以及開發新的投資工具，供顧客選用。這些新興的服務，除了同樣以流動性與資訊提供為基本骨幹外，其附帶的風險分擔功能，更成為金融不穩定時期的主流商品；例如，提供代客操作的各種共同投資基金，向投資人募集資金，由特定經理人依基金設置目的，進行投資活動；除了扮演金融中介的功能外，許多開放型的共同基金更兼具款項支付的功能；代理規劃與管理退休基金 (pension fund)；為提供避險工具而開發各式遠期契約、期貨契約、選擇權等衍生式金融商品與相關的交易管道。此外，為了促進交易，直接融通的主事者又集資提供融資與融券業務，供投資人貸借資金購買證券，或貸借證券出售；證券集中保管業務，更提高投資人保管投資標的時的便捷性，在在都以活絡證券交易為著眼點。

以上直接融通各種業務活動，通稱投資銀行業務，為商業銀行業務活動以外各種與證券有關業務活動的總稱。主事者除了必須建立供交易的各式工具與市場外，舉凡款項與票券收付、

清算與保管、資訊提供以及風險分擔等事務，都須有完整的規
劃，方得以建立一個具有廣度與深度的產業，用以取代原已存
在的間接融通機制。近年來，這方面的發展更進入利用資產組
合與各式衍生商品，為顧客量身訂做的財務工程時代，金融體
系亦更加專業化。此外，金融界早在 1960 年代即已向國際化發
展，更於 1990 年代網際網路所帶動的資訊革命下，以其價廉與
迅速性，發展出無遠弗屆的全天候電子金融 (e-finance) 業務。

財務工程 (financial engineering)

針對顧客的偏好為其量身訂做特定金融商品供其使用。

　　其他金融市場則為服務特殊金融商品交易而成立；例如，
為兌換外國通貨的外匯市場；專供銀行同業資金調度的銀行同
業拆款市場。這些設施相輔相成，於 1970 年代金融自由化的呼
聲下，陸續建立起來，更於 1980 年代快速發展，不但使得直接
融通的管道更加完備，同時亦對傳統銀行業務的經營造成嚴重
的威脅，演變成為金融反中介的局面。銀行業在飽受威脅下，
亦不斷的尋求新的發展方向與目標，1990 年代起各國開始重新
修改銀行與相關金融法規，允許銀行跨足證券與保險業。換言
之，在不久的將來，銀行業與其他金融業將合為一體，提供全
方位的金融服務。「銀行」一詞可能會從此消失不見，惟其功能
則將會更為完備。

外匯市場 (foreign exchange market)

供外匯交易的市場。

銀行同業拆款市場 (bank call loan market)

供銀行同業相互調撥資金的市場。

金融反中介 (financial disintermediation)

指直接融通盛行影響及於金融中介地位的現象。

2.3.3　其他金融機構

1. 保險公司

　　基於特定意外事故發生的機率與損失，而由可能因該特定
事故受到傷害的眾人，依互助的精神，集資以供損害彌補之用，
就是保險。保險公司針對各種不同的意外事故，開發不同的保
險契約，出售以籌集賠償基金。保險責任未結束前，該筆基金
必須妥為保管，並且加以運用孳息；一方面供保險公司營運之
用，一方面亦可用以挹注賠償基金，強化其理賠能力。保險基
金具有中長期性質，為降低交易成本，運用時多以中長期投資
工具為標的，因此成為中長期資金市場的主力。

保險公司 (insurance company)

針對各種不同的意外事故，開發不同的保險契約，出售以籌集賠償基金。

保險公司依承保標的，可以分為產物、意外、人壽三大範疇，涵蓋範圍廣闊。產物與意外保險期間多為一年以內。人壽保險所規劃的各式年金 (annuities) 契約，又兼具儲蓄性質，往往與退休基金互補，成為民眾平時蓄積養老資金的來源。年金是一種定期或長期繼續支付的現金給付，給付受益人可以每年、每半年、每季、每月或每週領取。不僅可以避免一次給付時，因受益人運用不當遭致損失，遇通貨膨脹而致貨幣貶值時期，尚可依照規定，按年調整給付金額，以保障年金受益人的生活需要。

保險公司訂定保單質借措施，提高其流動性，以吸引民眾參加。許多民眾更充分利用保險的節稅功能，將之列為重要的理財項目。近年來保險公司開始擺脫購置不動產的經營方針，進入各式融資領域，保險界的金融中介性質，逐漸浮現出來。

2.信託投資公司

投資績效優越而且信用卓越的金融機構，接受民眾委託，代為管理與運用各式財產。信託投資公司開辦之普通信託資金業務，實質上與一般儲蓄存款業務並無不同，而信託憑證質借辦法與活期信託資金，使得信託資金成為流動性僅次於活期存款的交易帳戶。我國銀行法中，將信託投資公司與商業銀行和專業銀行並列為三類銀行之一。

3.基層金融機構：信用合作社、農漁會信用部

由一群特定職業、地區或團體人士，基於互助貸款的目的，而共同出資或以眾人的名義發行有價證券籌措資金，作為資金來源的機構，通稱為信用合作社。我國各地區農漁會，則以其固有的農漁民會員為基礎，設立信用部，辦理存放款業務，對居金融弱勢之農漁民，提供簡易金融服務，在銀行尚未普及的時代，對繁榮農村有其不容抹滅的功勞。這些基層金融機構，將股權完全分割為以一元為單位，對會員發行股份 (share) 集資，定期或隨時收回舊股份與發行新股份，使得這些代表會員權利的股份無異於一般銀行存款。

信託投資公司 (trust and investment company)

投資績效優越而且信用卓越的金融機構，接受民眾委託，代為管理與運用各式財產。

信用合作社 (credit union)

由一群特定職業、地區或團體人士，基於互助貸款的目的，而共同出資或以眾人的名義發行有價證券籌措資金，作為資金來源的機構。

4.金融公司

經濟體系內有為數眾多的弱勢主體，他們受制於財富規模與信用不足，難以在傳統的金融體系內獲得融通，於是許多各式的金融公司 (finance companies)，利用自有資金，或憑藉其與銀行的密切關係，自銀行處取得資金，以這些金融弱勢族群為對象，提供融資協助。這些金融公司填補了大型金融機構活動的空隙，對安定社會有其不容輕忽的功能。以下略述幾種常見的金融公司。

(1)提供本公司產品分期付款銷售融資；例如，美國通用汽車公司自行籌資設立通用汽車承兌公司 (General Motor Acceptance Corporation, GMAC)，協助無法自行獲得銀行貸款的購車人，取得購車融資。百貨業龍頭席爾斯所設立的 Sears Roebuck Acceptance Corporation，曾經快速發展，儼然成為金融界的驕子。

美國通用汽車承兌公司
www.gm.com/company/financi
al_svc/
美商花旗銀行
www.citibank.com

(2)消費金融公司以最低的審查標準，為無法自他處獲得融資的資金需求者提供小額貸款。美國花旗集團 (Citigroup) 的子公司 Person-to-Person Finance Company 遍布全美各地。近年來，國內銀行盛行的現金卡，允許持有人得於特定額度內支領現金，循環使用，亦為消費金融的一種。

(3)收購中小企業的應收帳款，或對其因營業或從事國際貿易而收到之商業匯票貼現，使其提前收到銷貨款項之應收帳款融資公司 (factoring) 與貼現商。

(4)街頭常見到的當舖，提供簡易的動產質押貸款；美國法院四周常見專以公債為標的，貸借予亟須尋找司法保釋金的人士。此外，報紙分類小廣告中所見各式未向政府立案的融資機構或地下錢莊，他們利用簡易的手續，以自有資金提供弱勢者資金融通，以解其燃眉之急。

5.郵政儲金

在銀行設置不普及的時期，政府為協助偏遠地區民眾儲存剩餘資金，以實現儲蓄建國的目的，乃委託分支機構遍及全國

各地的國營郵政局，開辦儲金與匯兌業務，將所收得的資金轉交國庫集中運用。此項措施在財稅制度尚未上軌道，政府稅收不足，而國內金融市場又不發達時，確實發揮了融通政府財政的重大功能。日本郵政儲金部門，擁有超過 300 兆日圓（約 3.2 兆美元）資產，堪稱全世界最大的金融機構。

6.租賃公司

租賃公司以自有資金購買生財器具，出租予需要的生產廠商使用，提供企業廠商另一種取得生財器具的途徑。例如，近年來許多公司行號，逐漸改以租用之汽車，作為公務車使用，一方面得以節省自購公務車的許多固定開支，另一方面又可以隨時換得新車使用。租賃公司以自有資金購買各式生財器具，供承租人使用，經由專業管理，發揮規模經濟的效用。近年來許多租賃公司進一步利用其對企業生財器具之專業，辦理融資性租賃服務，買進企業原有生財器具，再出租予同一企業使用。

7.資產管理公司

1980 年代銀行風暴不斷下，一種以收購銀行不良資產為主要業務的資產管理公司興起。他們協助銀行快速解決懸而未決的壞帳問題，以利其進行重整事務，並防止擠兌風潮、避免信用緊縮、改善金融中介機構經營效率以及建立有利於吸引新資本的環境。1990 年代以來，在國際清算銀行所推動的資本適足性要求下，任何有意涉足國際金融體系的銀行，皆須滿足 BIS 所訂的資本適足率以及公認的投資報酬率。許多經營成效不良的銀行亟需進行內部重整，以因應國際市場嚴苛的競爭。資產管理公司標購銀行不良資產協助銀行迅速打消呆帳，將已無利息收入而又懸在資產帳面上的資產盡速剔除，可立即提高其資產報酬率，有利於吸引新股東投資，並擴大營業規模。

資產管理公司可分公營與民營二種型態。前者通常由政府撥款設置金融重建信託機關，針對淨值已達負數，或資產已經低於負債的問題金融機構，利用重建基金填補其資金缺口，然後轉售予有興趣接管的其他金融機構。著名的例子有：1995 年

租賃公司 (leasing company)

以自有資金購買生財器具，出租予需要的生產廠商使用，提供企業廠商另一種取得生財器具的途徑。

資產管理公司 (Asset Management Company, AMC)

以收購銀行不良資產，協助其快速處理不良資產為主要業務的公司。

 銀行業的清道夫 ——吞下不良資產 的資產管理公司

特色：
1.臨時性的編制
2.雄厚的財力
3.需要政府法令的配合

墨西哥政府設置的 FOBAPROA、1987 年菲律賓政府設置的
Asset Privatization Trust、1977 年西班牙政府設置的 Deposit
Guarantee Fund 與 1989 年美國政府設置的 Resolution Trust cor-
poration。1997 年亞洲金融風暴後，南韓、泰國、印尼等國政府，
亦設置由政府出資的資產管理公司，協助因股市與房地產泡沫
破滅所引發的銀行危機。其中瑞典政府於 1992 年所設置的
Securum成效最顯著，接管 Nordbanken 與 Gotha Bank 二家銀
行，並將其不良資產的價值提升至最高點，成為政府協助民營
銀行重整成功的最佳範例❸。

　　民國 88 年我國銀行體系同樣受到經濟蕭條所波及，並於年
底發生本土型金融風暴，其中基層金融機構所受衝擊尤烈，主
管機關除了協助安排經營優良的商業銀行加以合併外，另籌資
設置金融重建基金 1,400 億，用以改善問題金融機構的財務狀
況，以利爾後轉手。此後更於民國 89 年公布「金融機構合併法」，
其中第十五條規定資產管理公司以收購金融機構不良債權為目
的以及其處理金融機構之不良債權的方式。此一法條給予民營
資產管理公司營運的空間。民營資產管理公司多由投資銀行業、
發生不良貸款的金融機構本身或私募的避險基金規劃設立。例
如，Morgan Stanley（摩根史坦利）、Merrill Lynch（美林）、
Deutsche Bank（德意志銀行）、Lend Lease、Cerberus、Colony、
中華開發資產管理公司、台灣金聯資產管理公司等等。

　　資產管理公司通常為臨時性的任務編組，以其雄厚的財力，
於金融風暴後的短期間內收購銀行的整批不良資產，使銀行迅
速進行重整事務，恢復正常營運。資產管理公司利用其專業能
力，逐一對收購的不良資產進行司法訴訟、清算、拍賣事務。
政府必須為其修訂司法程序與制訂強制執行等相關的配套措

❸　參閱 Daniela Klingebiel (2000), "The Use of Asset Management
Companies in the Resolution of Banking Crises: Cross-Country Experi-
ence," *World Bank Policy Research Paper*, No. 2284 (Washington:
World Bank).

施，以利其於最短期內處分所收購之銀行不良資產，方足以吸引資產管理公司進駐，同時有利於銀行依盡可能高的價格出售其不良資產。

8.金融控股公司

為了發揮規模經濟的利益，許多不同地區的銀行或不同業別的金融機構，經由控股公司 (bank holding company) 合併，集中管理，共享資源，以實現降低成本、提高競爭力與利潤的經營目的。1950 年代美國銀行在單一銀行制的限制下，銀行基於推動業務需要，透過控股公司的方式，實現跨州開設分支行與跨業經營的目的。我國政府在國內銀行業經營困頓面臨危機下，於民國 89 年公布前述「金融機構合併法」，允許銀行透過合併度過難關，並提升競爭力。後來又於民國 90 年公布「金融控股公司法」，允許金融控股公司設置，使金融機構得以藉控股公司實現跨業經營。

金融控股公司法第三十六條規定金融控股公司得投資之事業計有：銀行業、票券金融業、信用卡業、信託業、保險業、證券業、期貨業、創業投資事業、經主管機關核准投資之外國金融機構以及其他經主管機關認定與金融業務相關之事業。目前國內計有 14 家金融控股公司，而許多其他金融控股公司亦在醞釀中。

圖 2.4 分別顯示我國金融體系直接與間接融通二個管道，所提供資金融通額的存量與流量比重。整體而言，間接融通所佔存量比重，至今仍保持在 70% 以上；民國 83 年為重大的轉振點，在此之前，間接融通所佔資金融通存量總額超過 90%，此後逐漸下滑。民國 90 年受到金融風暴所影響，間接融通流量比重連續二年大幅下滑，民國 91 年下降至個位數，並首次出現低於直接融通的現象。間接融通的流量比重於民國 92 年再度上升，並於民國 93 年恢復到民國 89 年以前的比率，可見金融風暴對金融中介機構的打擊非比尋常。

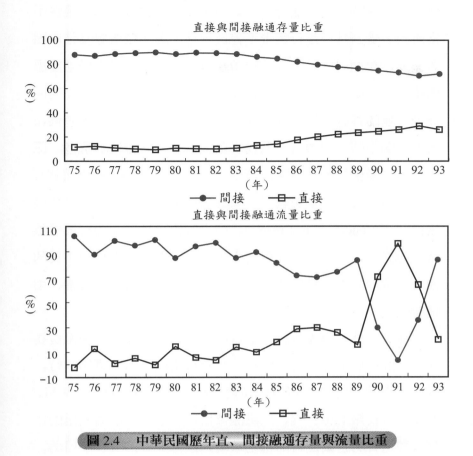

圖 2.4　中華民國歷年直、間接融通存量與流量比重

　　在融通管道轉向直接融通的金融反中介環境下，間接融通佔全體融通總額仍然居高不下，始終保持優勢，此亦為多數已開發國家共同的現象。此點與金融中介機構所具有的某些特徵，有密切的關聯，本書將於第八章詳細說明。

■■ 2.3.4　政府金融與監理機構

(一)中央銀行：銀行的銀行

　　銀行因某種特定原因，而發生擠兌情事，勢必導致周轉失靈，影響其營運，輕則造成巨額損失，重則危及存款大眾，更甚者藉由口耳相傳，擴散及於全體銀行體系，引發全面性的金

中央銀行
www.cbc.gov.tw

融危機。有時銀行危機的發生，未必全然因為銀行本身經營不當所致。受到其他銀行經營不善或種種大環境變遷等其他原因所波及，在遇到周轉不靈或流動性不足時，亟須資金融通度過難關，以免影響為數眾多的存款人。銀行同業間，基於互助而互通有無的拆款市場，應運而生。但是，若屬全面性的危機，人人自顧不暇，則須有一個代表最後希望的融資機構解危。既然危機的發生是因為缺乏法償幣，以應顧客提領款項之需而起，負責法償幣發行的中央銀行，順理成章的成為銀行最理想的最後貸款者 (lender of last resort)。中央銀行既然負有銀行最後貸款人的責任，當然也須擁有與之相對的權力；亦即貸或不貸的權力。基於防患未然的原則，中央銀行的金融業務檢查權，由是產生。

中央銀行 (central bank)

負責發行貨幣、擔任銀行的銀行與貨幣政策執行者的角色。

除此之外，中央銀行亦擔負維護一國幣值穩定與經濟成長等總體經濟目的之任務。中央銀行藉貨幣政策的制訂與執行，以實現交付的任務。簡而言之，貨幣政策就是藉管制貨幣數量，適度維持貨幣的稀有性，以維護幣值；藉適度的提供充足的貨幣，營造有利企業經營的穩定環境，以協助經濟成長的目的。中央銀行除了須節制由其所主控的通貨發行量外，必須擁有足以限制其他貨幣代替品創造的政策工具。中央銀行藉調整存款準備率、控制重貼現率以及公開市場操作等工具，以收限制銀行擴充信用之效。有關中央銀行控制信用擴充的詳細內容，俟第十章討論中央銀行時，再詳加細述。

(二)財政部

財政部 (Treasury Department)

掌理一國中央政府的財政收支事務。

財政部
www.mot.gov.tw

財政部掌理一國中央政府的財政收支事務。在中央銀行未問世前，財政部亦綜理一國金融法規制訂與貨幣監督與管理事務。本於此一傳統，當中央銀行設置後，財政部將部分與貨幣發行直接關聯的工作項目，轉移到中央銀行，而其他未轉移者，仍由其負責。民國 93 年 6 月前，我國財政部內設有金融局、保險司、證券管理委員會三個單位，與中央銀行分工合作，共同

實現穩定金融環境的目的。美國財政部的通貨監理署 (Office of the Controller of the Currency) 自建國起即為主管與監督貨幣機構的機關，位居美國中央銀行地位的聯邦準備體系 (Federal Reserve System) 則遲至 1913 年設立，方始加入金融監督的行列。

㈢存款保險公司

為了避免銀行擠兌與小額存款人的安全，1933 年美國銀行法規定，由聯邦政府出資設立聯邦存款保險公司，以保障特定存款人，開啟了存款保險之門。此後世界各國紛紛倣效美國的制度，開辦存款保險業務。開辦國家數於 1984 年時達 22 國。此一制度雖然遭人垢病為有鼓勵銀行從事高風險投資以及懲罰健全經營銀行之嫌，此等缺失依然抵擋不住 1980 年代的金融擾攘不安情勢，此後開辦國家數即快速上升至 1999 年的 68 國。

存款保險公司 (deposit insurance corporation)

接受銀行以特定金額存款額為標的投保的金融機構。

㈣專責金融監督管理機構

以上金融監理機構的設置，多屬特定機關之附屬單位，疊床架屋最後形成多頭馬車的管理架構，不僅無法防止銀行危機的發生，亦且影響原機關之功能，又因為管制法規互相矛盾，產生構成擾民或出現三不管的結果。1984 年英國的 Johnson Matthey 銀行倒閉後，英國政府重新檢討發現，民營英格蘭銀行所扮演的貨幣政策執行與銀行監督二種角色之間，往往彼此互相衝突，因而影響監督的效果，乃於 1986 年修訂並通過「金融服務業法案 (Financial Services Act)」，加強擴大對銀行的監督與管理。2000 年更通過「金融服務業與市場法案 (Financial Services and Market Act)」，單獨設置金融服務監理局 (Financial Services Authority)，與英格蘭銀行分工，共同辦理金融監督與管理事務。1990 年代日本銀行體系受到資產泡沫破裂的影響，經營狀況岌岌可危，1997 年亞洲金融風暴更點燃了一連串的銀行倒閉風潮。1998 年日本修訂日本銀行法案時，將原隸屬於財

務部下的金融監理廳 (Financial Supervisory Agency) 改隸首相府，並易名金融服務廳 (Financial Services Agency)，統攬銀行監督與管理事務。我國亦於民國 92 年 7 月立法通過，設置專責的「行政院金融監督管理委員會」，提高金融監理的層級。金融監理會於民國 93 年 7 月 1 日起正式啟動，將原來分散的監督管理權責集中，步向金融監理一元化的時代。

(五)政府融通

基於政策推行的目的，各國政府往往於必要時，編列預算，提撥專款或設置機關或交由其他金融機構辦理貸款，以協助特定經濟活動的進行。例如，民國 88 年 9 月，中央銀行利用郵政儲金轉存款的方式，提撥專款供指定銀行辦理 921 地震災民重建家園緊急融資；民國 84 年 11 月會同財政部與內政部，提撥 1,000 億元資金，供銀行辦理無自用住宅民眾首次購屋低利貸款；民國 87 年 11 月起，中央銀行提撥郵政儲金轉存款 300 億元，供本國銀行辦理中小企業購買機器設備或周轉金貸款；民國 89 年 10 月依據行政院指示，由中央銀行與財政部共同辦理總額達 1.4 兆元之傳統產業專案貸款與信用保證專案，針對傳統產業直接提供短中期周轉融資以及資本性支出融資。遇企業廠商擔保品不足時，可以據此獲得信用保證借款，保證成數最高為貸款額度之八成，另以優惠利率，協助傳統產業取得營運資金。

2.4 我國的貨幣與金融體系現況總覽

本節介紹我國貨幣與金融體系之現況,以下依貨幣機構、保險公司與退休基金以及從事與證券業務相關聯的其他金融機構三大部分,分別說明。圖 2.5 顯示我國經濟體系內金融機構部門之各種機構種類。

 重・點・摘・要

我國的貨幣與金融體系包含存款機構、保險公司、證券公司以及相關的周邊輔助機構。

貨幣機構
- 中央銀行
- 存款貨幣機構
  - 本國一般銀行
  - 外國銀行在臺分行
  - 中小企業銀行
  - 信用合作社
  - 農會信用部
  - 漁會信用部

金融機構部門

保險公司及退休基金
- 人壽保險公司
- 產物保險公司
- 中央存款保險公司
- 社會保險
  - 公保
  - 勞保
  - 健保
- 退休基金
  - 勞退基金
  - 退撫基金

其他金融機構
- 中華郵政公司儲匯處
- 信託投資公司
- 證券金融公司
- 金融公司
- 證券投資信託公司
- 證券及期貨業
- 其他金融及輔助業

圖 2.5 中華民國金融體系

2.4.1 貨幣機構

貨幣機構指業務項目與一國貨幣供給有直接關聯的機關，包括負責通貨發行的中央銀行，銀行法中得以經營存款業務的本國商業銀行與外國銀行在臺分行，以及依據信用合作社法、漁會信用部業務管理辦法、農會信用部業務管理辦法設立的信用合作社與農、漁會信用部三種。這些金融機構向廣大的民眾吸收存款，並以收得的資金承作貸款。通常貸出的款項大部分以存款的形式，存放於銀行體系，因此創造出具有交換中介功能的存款，故稱為存款貨幣機構。

2.4.2 保險公司與退休基金

行政院金融監督管理委員會
保險局
www.ib.gov.tw

1. 保險公司

我國保險法第十三條規定，保險分為財產保險及人身保險二類；財產保險包括火災保險、海上保險、陸空保險、責任保險、保證保險及經主管機關核准之其他保險；人身保險包括人壽保險、健康保險、傷害保險及年金保險。第一三八條規定，同一保險業不得兼營財產保險與人身保險業務。

保險提供社會一種安定的機制，保險公司經營良窳與否，影響社會安定至巨，使得保險事業成為受到政府嚴密監管的機構。我國保險法第一四一條規定保險業應按資本或基金實收總額15%，繳存保證金於國庫；另於第一四三條之一規定，為保障被保險人之權益，並維護金融之安定，財產保險業及人身保險業應分別提撥資金，設置安定基金，保險公司並須於年度終了時，依第一四五條的規定提存各種責任準備金，其中包括責任準備金、未滿期保費準備金、特別準備金及賠款準備金，記載於特設之帳簿。

保險業所收資金之運用規定，於保險法第一四六條，包括

⑴存款、⑵有價證券、⑶不動產、⑷放款、⑸辦理經主管機關核准之專案運用及公共投資、⑹國外投資、⑺投資保險相關事業、⑻經主管機關核准從事衍生性商品交易以及⑼其他經主管機關核准之資金運用。第一四六條對於以上各運用項目，另訂有嚴格限制。

保險公司主要分產物、人壽、再保險三類，產物與人壽保險已於第三節介紹金融機構時提及。

此外，保險法第三十九條說明保險人以其所承保之危險，轉向他保險人為保險之契約行為，稱為再保險。我國政府為加強再保險制度，促進國內保險事業之健全發展，於民國 57 年 10 月 31 日由財政部設立「中央再保險公司」，依據「中央再保險公司條例」之規定，承受與轉分國內、外各種產、壽險的再保險業務。該公司為配合政府機關民營化政策，自民國 86 年 9 月開始推動公司民營化事宜，民國 91 年 7 月 11 日成為民營化型態之公司。

2.中央存款保險公司

民國 74 年 9 月 27 日，財政部與中央銀行依據銀行法第四十六條：「為保障存款人之利益，得由政府或銀行設立存款保險之組織」，共同出資成立「中央存款保險股份有限公司」，是為我國辦理存款保險的唯一專責公營機構，並於民國 88 年將要保機構全面納保。依據「存款保險條例」規定，中央存款保險公司的宗旨為⑴保障所有金融機構存款人的利益、⑵鼓勵儲蓄、⑶維護金融市場的信用秩序、⑷促進金融業務的健全發展。

存款保險費率由中央存保公司擬訂，報經財政部核定實施。要保機構每半年繳付一次存款保險費，其適用費率自民國 89 年 1 月 1 日起，係依據「存款保險差別費率實施方案修正案」之規定，依「資本適足率」以及「檢查資料評等綜合得分」為風險指標，將費率分為三級，分別為萬分之五、萬分之五點五、萬分之六。

依存款保險條例第三條規定，凡經依法核准收受存款或受

託經理具保本保息之代為確定用途信託資金之金融機構，均應參加存款保險。存款保險之對象，大致可分為下列四大類：(1)包括本國境內開業之銀行、(2)郵政儲金匯業局、(3)信用合作社、與(4)設置信用部之農、漁會。

存保公司對每一存款人在同一家要保機構存款本金最高保額為新臺幣 100 萬元。但是經金融重建基金核准處理之經營不善金融機構，則於基金設置期間，不受原訂保額新臺幣 100 萬元之限制。

中央存保公司依據存款保險條例第二十一條、「財政部委託中央存款保險公司檢查基層金融機構業務辦法」、「金融檢查委員會第八次會議決議」及行政院農業委員會之委託，對要保機構及基層金融機構電腦共用中心辦理金融檢查。截至民國 93 年 3 月底止，由中央存保公司檢查之機構計 337 家，包括本國銀行 16 家、信託投資公司 2 家、信用合作社 35 家、農會信用部 253 家、漁會信用部 25 家、以及各電腦共用中心 6 家。

3.社會保險

(1)公保

公務人員保險制度創始於民國 47 年 9 月，其目的在於保障公務人員的生活，增進其福利，以提高工作效率。以考試院銓敘部為主管機關，中央信託局為承保機關，並於民國 50 年 6 月 1 日為因應業務之擴展，正式成立「公務人員保險處」，專責辦理公保業務。民國 84 年 3 月 1 日全民健康保險開辦前，原承辦公務人員保險、私立學校教職員保險、退休人員保險（民國 74 年 6 月 30 日前依法退休或資遣未領養老給付者）、公務人員眷屬疾病保險、私立學校教職員眷屬疾病保險暨退休公教人員及其眷屬疾病保險等六種保險之醫療給付業務，以及前三項保險之現金給付等相關業務。惟全民健康保險開辦後，僅賡續辦理公務人員保險、私立學校教職員保險及退休人員保險之現金給付等相關業務，各類保險之醫療給付業務則移歸中央健康保險局辦理。

中央健康保險局
www.nhi.gov.tw

民國 84 年 1 月 5 日公保主管機關銓敘部鑑於公務人員保
險與私立學校教職員保險之主管機關、承保機關暨保險權
利義務、給付項、給付方式、給付條件均相同，基於精簡
保險法規與整合保險制度暨契合保險原理與追求經濟效益
之考量，由考試院會銜行政院報請立法院，將公務人員保
險法和私立學校教職員保險條例合併修正為「公教人員保
險法」，經立法院於民國 88 年 5 月 11 日完成三讀之立法程
序，同年 5 月 29 日由總統令修正公布。

⑵勞保

勞工保險局全球資訊網
www.bli.gov.tw

我國勞工保險於民國 39 年開辦，其保障的範圍包括傷害、
殘廢、生育、死亡以及老年五種給付，並規定各種給付得
視實際需要情形分期實施。民國 45 年 7 月，開始辦理疾病
住院給付；民國 59 年 1 月辦理疾病門診給付。此外，民國
57 年勞工保險條例第一次修正時，增列「失業給付」一種，
並規定其實施地區、時間、與辦法，由行政院另以命令訂
之，但是，失業保險的舉辦，必須與就業輔導及職業訓練
互為配合，故法雖有規定，因配合措施尚待加強，故始終
未予推動。民國 68 年勞工保險條例第三次修正時，又增列
普通疾病補助費一項，並將給付名稱改為生育、傷病、醫
療、殘廢、失業、老年、死亡七種。民國 77 年第四次修正
勞工保險條例時，再度增加醫療給付項目，增列職業病預
防檢查，並將精神病納入醫療給付範圍；此外，對於生育
給付，除將早產列入給付範圍外，並放寬流產的給付條件，
以及加保年資的規定；老年給付之條件以及計算給付之年
資規定亦予放寬，使勞工獲得更多的保障。民國 84 年 2 月
第五次修正勞工保險條例，依照新修正條例規定，勞工保
險各項給付，除普通事故保險之醫療給付業務移轉中央健
康保險局辦理外，仍繼續辦理普通事故保險之生育給付、
傷病給付、殘廢給付、老年給付、死亡給付及職業災害保
險之各種給付。民國 87 年 7 月 1 日，政府為因應高齡化社

會的來臨，保障高齡者就業的安全，開辦已領取勞工保險
老年給付再受雇勞工，得自願參加職業災害保險業務，以
保障高齡人口的就業安全。近年來，由於勞工意識覺醒、
就業輔導與就業訓練機構已漸能發揮其功能，因此，於民
國 88 年 1 月 1 日正式開辦勞工保險失業給付業務。

截至民國 93 年 12 月底止，勞保基金共積存基金總額約
4,597億 2,350 萬元，其運用途徑與比例為：投資購買公債
佔 1.36%、投資購買公司債佔 0.37%、存放銀行佔 54.61%
（其中 80 億 2,800 萬元，配合政府政策及勞工需要，存儲
土地銀行作為三年期定期儲蓄存款，供勞工住宅貸款之
用）、投資短期票券佔 2.72%、投資金融債券佔 8.37%、投
資股票及受益憑證佔 17.52%、投資經建貸款佔 4.86%、投
資不動產佔 0.44%、農保借款佔 0.86%、投資國外有價證券
佔 0.83%、委託經營佔 5.05% 以及用於紓困貸款佔 2.98%。

⑶健保

民國 77 年，行政院經濟建設委員會成立專責規劃小組，民
國 79 年 7 月由行政院衛生署接手規劃，於民國 82 年 12 月
29 日成立「中央健康保險局籌備處」，積極進行全民健康
保險的前置作業。民國 83 年 7 月 19 日立法院三讀通過全
民健康保險法，8 月 9 日由總統公布；10 月 3 日公布增訂
強制參加全民健康保險條文；12 月 30 日中央健康保險局
組織條例正式公布，並於民國 84 年 1 月 1 日成立「中央健
康保險局」，負責籌辦全民健康保險業務，民國 84 年 3 月
1 日全民健康保險正式開辦。在此之前雖然有公保、勞保、
農保、軍人醫療照護制度等十種健康保險制度，但是僅 59%
的國民享有健康保險的照顧，全國還有八百多萬人口未能
獲得健康保障，其中大部分為十四歲以下的孩童及六十五
歲以上的老人。

全民健保是一種強制性的社會保險，是為了提供全民平等
就醫的權益，凡是中華民國國民，在臺灣地區設有戶籍滿

四個月以上，都必須依法參加全民健保；另外，領有臺灣
地區居留證件之非本國籍人士，在臺灣居留滿四個月，也
應該參加健保。

4. 退休基金

(1)勞工退休基金

民國 73 年 7 月 30 日，我國首部規範勞工福利措施的「勞
動基準法」，經立法通過並公布實施，其中第五十六條規定
雇主應按月提撥勞工退休準備金，專戶存儲，……。雇主
按月提撥之勞工退休準備金匯集為勞工退休基金，由中央
主管機關設勞工退休基金監理委員會管理之；其組織、會
議及其他相關事項，由中央主管機關定之。基金之收支、
保管及運用，由中央主管機關會同財政部委託金融機構辦
理。最低收益不得低於當地銀行二年定期存款利率之收益；
如有虧損，由國庫補足之。基金之收支、保管及運用辦法。
由中央主管機關擬訂，報請行政院核定之。雇主所提撥勞
工退休準備金，應由勞工與雇主共同組織勞工退休準備金
監督委員會監督之。

依據此一法條，分別擬訂勞工退休準備金提撥及管理辦法
與勞工退休基金收支保管及運用辦法。勞工退休準備金提
撥及管理辦法第二條規定勞工退休準備金由各事業單位依
每月薪資總額 2%～15% 範圍內按月提撥之。勞工退休基
金收支保管及運用辦法第三條規定基金之收支、保管及運
用，委託中央信託局辦理，其保管、運用，並得委託其他
金融機構辦理；並由行政院勞工委員會、財政部及其他有
關機關會同組設勞工退休基金監理委員會，負責審議、監
督及考核。第六條規定基金之運用範圍如下：存放於金融
機構、以貸款方式供各級政府或公營事業機構辦理有償性
或可分年編列預算償還之經濟建設或投資支出之用、購買
上市、上櫃公司股票、證券投資信託基金之受益憑證或認
購上市、上櫃公司之現金增資股票及初次上市、上櫃公司

之承銷股票、購買公債、金融債券或公司債、購買短期票券、投資外幣存款、國外有價證券或國外衍生性金融商品、以及其他經監理會審議通過,並報請行政院核准有利於本基金收益之運用項目。

民國 90 年代國內景氣衰退之際,企業關廠事件增加,許多遭資遣的勞工突然發現資方過去並未依照規定提撥退休金,引發激烈的勞資紛爭。政府乃重新研擬「勞工退休金條例」,於民國 93 年 6 月經立法通過,並自民國 94 年 7 月 1 日開始實施。此一新制允許現職勞工自行選擇繼續延用勞動基準法之退休辦法或採用新制,而新進勞工則完全依據新制。第六條與第十四條規定雇主應為適用本條例之勞工,按月提繳至少薪資總額 6% 的退休金,合併勞工自願提繳之部分,儲存於勞保局設立之勞工退休金個人專戶。除本條例另有規定者外,雇主不得以其他自訂之勞工退休金辦法,取代前項規定之勞工退休金制度。上述勞工退休金專戶,並不因離職而消失。

截至民國 93 年 6 月底止勞工退休基金總額約有 3,500 億元,據估計新制開始實施時,應可立即增加 2,000 億元。如此龐大的資金,其動向必定對金融市場造成重大的衝擊,如何有效運用將成為國內金融界的大事。

⑵公務人員退休撫卹基金

我國公務人員退休撫卹制度,創立於民國 32 年,初期所規劃之整體結構與原則皆維持由政府負擔退撫經費之「恩給制」;自民國 60 年起始基於政治、經濟、社會環境急遽變遷,而更改為當前的「儲金制」,由政府與公務人員共同撥繳費用,建立退撫基金並成立公務人員退休撫卹基金管理委員會與公務人員退休撫卹基金監理委員會二個機關並合稱基金會,分別負責退撫基金管理與監督等相關事項。

基金費用之撥繳,按軍公教人員本俸加一倍後的 8%～12% 之費率計算(現行係採 8% 之最低費率),其中由政府撥繳

65%，軍公教人員自繳 35%。撥繳期滿後免再撥繳，並由政府負最後支付責任。

退撫基金自民國 84 年 7 月成立至民國 91 年 12 月底之累計實現收益數為 475 億 8,124 萬元，超過法定最低收益數（依基金管理條例第五條第三項規定，係指依台灣銀行二年期定期存款利率計算之收益）315 億 2,552 萬元，計 160 億 5,572 萬元；平均已實現收益率為 7.827%，超過法定最低收益率 5.255%，計 2.572%。

截至民國 94 年 6 月底止，退撫基金共積存基金總額約 2,790 億 6,570萬元，其運用途徑與比例為：投資購買國內外政府公債佔 7.71%（國內 4.72%，國外 2.99%）、投資購買國內外公司債佔 1.05%（國內 0.76%，國外 0.29%）、存放銀行佔 24.96%、投資短期票券佔 19.42%、投資股票及受益憑證佔 20.57% 以及委託經營佔 24.82%。

為配合國家財政金融政策，推動資產管理業務，退撫基金依照證券交易法第十八條之三，以及考試院與行政院所頒退撫基金委託經營辦法規定，訂定公開徵求受託機構及保管機構作業須知等規範，分別於民國 90 年 7 月 16 日及民國 91 年 3 月 26 日，辦理二次國內委託經營業務（各撥付 150 億元，合計 300 億元），委由 11 家投信公司受託操作。退撫基金之委外代客操作業務，為政府基金中，率先配合財政部之委託經營政策，進入實質操作階段者，具有劃時代之指標意義。

■ 2.4.3 其他金融機構

證券機構通稱為投資銀行業，指協助規劃與建立並提供直接融通服務管道的各式金融機構。由最核心的證券經紀商與自營的交易商，逐漸擴大服務範圍的綜合證券商，以及提供周邊服務的證券保管、結算、融資與融券、顧問以及專事信用評等

的機構皆屬之。本書第四章對上述其他金融機構有詳細介紹。

2.5　結　語

　　本章全面介紹貨幣與金融體系的發展。綜合以上所述，在現代的貨幣經濟社會中，政府所發行的貨幣構成金融體系的核心。貨幣發行者為了確保貨幣的價值，以實現發行貨幣的利益，必須刻意維持其稀有性，使得政府貨幣的發行量永遠低於需求量。民間的金融機構出現，他們設法將資金的剩餘者（儲蓄者）的資金與資金透支者的需求加以撮合。銀行利用其提供款項收付的特別功能，開發貨幣的代替品，以圖發行貨幣之利。

　　基於擔負款項收付的重責大任，以及其以小額存款人的資金運用，銀行成為特許的寡占行業。於是誘發出各種其他的金融機構與金融工具，圖分享銀行的利潤。無論是開發貨幣代替品的銀行，或是擬取代銀行的其他金融機構，都是以經濟體系儲蓄者的資金為運作中心。為求順利取得這些資金，他們必須克服流動性、風險分擔、資訊提供這三大問題，方得以取信於儲蓄者。

　　金融體系這三大問題的解決，固然應由參與的民間機構基於利人利己的精神，共同實現。然而，其間難免因種種不可預見的外部性，遭遇挫折。由於其影響面廣闊，各國往往立法指定由政府擔任救火員的角色，於是政府的監督管理以及政府救援的機制，亦一一建立起來，期使一個健全穩定的金融體系，在整體經濟活動中能夠扮演一個優秀的配角。本書後面章節，依上述發展順序，再進一步詳述。

1. 何謂物物交換？試舉例說明物物交換之不便處。

2. 貨幣的四種功能中，交換的中介與計值的單位二者稱為主要功能，而價值儲存的工具與遞延支付的標準則為衍生功能，試闡述其意。

3. 試述貨幣應具備的各種特徵。各種特徵中，試討論何者應屬最重要者。

4. 試由效率性與便捷性二個角度說明款項收付系統的重要性。

5. 何謂商品貨幣？何謂不兌換貨幣？二者的主要差異為何？

6. 何謂存款貨幣？其來源為何？

7. 何謂間接融通？何謂直接融通？

8. 試說明銀行、保險公司、共同基金這三種間接融通機構的資金來源與運用途徑。

9. 資金剩餘者與資金透支者無論是經由間接融通管道或直接融通管道相互交易，皆涉及金融資產的交換。常見的金融資產種類有那些？

10. 資訊不對稱所引發的不利選擇與道德危害所指為何？試以金融交易為例說明之。金融體系如何克服資訊不對稱的問題？

11. 何謂銀行擠兌？其發生原因為何？

12. 何謂投資銀行業？

13. 試利用網路尋找一家具有代表地位的信託投資公司網站，其主要業務活動為何？

14. 試利用網路尋找一種共同基金的網站，詳細記錄其操作內容與操作成果。

15. 在金融體系中活動的政府機構有那些？試利用各該機構的網站，討論這些機構間彼此的關係。

Chapter

03

貨幣的定義

貨幣是推動人類文明進程中的一項重要發明。然而，為了維持貨幣的交換價值，貨幣的數量自古即受到嚴加控制。人們必須尋找相對較稀有的物資充當貨幣使用。近代不兌換貨幣體系下，政府利用貨幣作為糾正不正常經濟情勢的工具，其數量由政府嚴加管制。若謂任何一個經濟體系隨時皆處於貨幣不足的狀況下，絲毫不為過。在窮則變的原則下，人類以其聰明才智不斷的尋求滿足對貨幣需求的慾望，新式的代替品或代替方式日新月異，在在影響貨幣政策的效果，貨幣政策制訂者必須對此發展嚴加注意，以確實掌握影響國計民生的貨幣數量。

本章第一節先介紹實務上對於貨幣定義的理由與學說，第二節介紹美國中央銀行對貨幣總數的定義，第三節介紹我國中央銀行目前對貨幣的定義方式，第四節介紹近年來逐漸形成的電子貨幣種類。本章亦對包含於各種貨幣定義中的代替性金融資產略予說明。

3.1　需要貨幣定義的理由與學說

貨幣政策為現代政府推動經濟建設的一項重要措施。在貨幣理論與總體經濟學中，通常以貨幣供給量的增加或減少，作為貨幣政策的指標或中間目標，期能藉此影響總體經濟活動的最終目的。理論中的貨幣，究竟在實務應用上所指為何物？換

彙總原則 (aggregation)

運用統計方法依特定標準將貨幣性不同的資產設定權數然後予以加總。

交易學說 (transaction approach)

視具有交易中介功能的資產為貨幣。

言之，當我們要將貨幣理論所提供的指引付諸實施前，必須先確認真實世界中那些「東西」可以稱為貨幣，否則必定無所適從。因此，對「貨幣」加以明確的定義，實為推動貨幣政策前之首要工作。

在一個簡單的經濟體系中，貨幣完全由政府所發行的鈔券與硬幣所組成，因此無論是數量統計或控制上皆易於達成。但是，在一個替代性貨幣的種類繁多的複雜體系內，對於貨幣的正確統計就不再如此單純。首先，我們必須依據貨幣的特徵與功能，辨識出所有貨幣代替品的種類。由於代替品究竟與原品有所差別，其次必須將其間差異性加以區分。最後再訂出若干滿足需要的彙總原則，依照特定原理將這些不同的貨幣加以合併，方能得到一個合理而有用的貨幣統計量。

學理上對於貨幣定義的確定，應該循下列步驟建立：
(1)依據學理擬定貨幣的特性，並據以篩選適當的貨幣性資產。
(2)將選出的各種貨幣資產，依某種標準，分別賦予適當的權數；例如，依目的而探索其與國民所得或物價水準間的穩定關係，或代替品與真實貨幣間的代替關係。
(3)依據上述標準所擬定的權數，將不同的貨幣資產加總。

然而，目前世界各國的貨幣統計方式，大多仍然停留在視各種貨幣資產為完全同質性，而僅以簡單加總的方式彙總。經濟學家曾經不斷的嘗試依不同的原則，探討合理權數的設定；其中最為廣泛探討的方向，是依據各種貨幣資產間的代替彈性，或依照各種貨幣資產的周轉率，區分其貨幣性 (moneyness) 差異。應注意的是，合理的定義，往往也增加應用上的複雜性與困難度，此點在以「控制」貨幣數量為目的時，最為明顯。以下說明目前用以定義貨幣的二個主要學說。

1. 交易學說

交易學說強調貨幣作為交易中介的功能。貨幣與其他資產間的主要區別就是貨幣可以作為支付的工具，因此只有兼具支

付工具的高度流動性資產，方得以視為貨幣。依據此說，可以
作為貨幣的資產計有通貨（包括鈔券與硬幣）與支票存款。然
而，電腦通訊科技的發展以及金融操作方式的變遷，用作交易
中介的工具日新月異，貨幣總數的定義亦須隨時修正。由貨幣
政策的觀點，此說強調貨幣與支出間的關係，認為只有因交易
動機而持有貨幣資產的多寡，與國民經濟息息相關。

2. 流動性學說

　　流動性學說強調資產的流動性，通貨是最具流動性的資產，
金融體系內尚有許多流動性非常高的其他資產，同樣具備通貨
的功能，因此，凡是流動性接近通貨的資產，皆可視為貨幣。
流動性一詞指資產與通貨間轉換的難易，以及可以依較低的交
易成本與確定的名目價格進行之意。此說亦留意到貨幣具有價
值儲存的功能。依據此一主張，任何一種具有固定名目價格，
以及活躍交易市場的資產，皆得視為貨幣；例如，定期存款或
任何短期有價證券皆屬之。

流動性學說 (liquidity approach)

視具有高流動性功能的資產為貨幣。

　　由於各國金融體系發展的深度與廣度不同，民眾的使用習
慣亦有別，各國中央銀行通常根據國內的發展形勢與現況，選
擇不同的貨幣性資產，予以加總成多種貨幣統計量，供執政時
參考。

3.2　美國的貨幣定義

　　本節以美國這個金融體系最複雜的國家為例，
說明其貨幣主管當局如何定義其國內的貨幣組數。
美國聯邦準備體系（中央銀行）目前所採用的貨幣
定義有以下五類：

重・點・摘・要

美國貨幣定義
1. 貨幣基數
2. M1
3. M2
4. M3
5. L

1. 貨幣基數 (monetary base)

　　貨幣基數 = 在中央銀行外流通的通貨發行額
+ 銀行體系存放在中央銀行的存款。

中央銀行負責通貨發行事宜，通貨一經發行後即成為中央銀行的負債（通貨發行額）。在民眾手中流通的通貨，再經各商業銀行吸收成為存款後，再將一部分轉存入中央銀行的帳戶中，供票據清算或跨行轉帳撥款之用，此一部分構成中央銀行的庫存現金，以便與負債中各銀行在中央銀行的存款相對應。此外，基於法律提存存款準備金的規定，銀行業往往存放若干款項於其在中央銀行的帳戶中。

2. M1

M1=流通於銀行體系以外的通貨

+ 交易性存款（計有活期存款與其他可以開立支票提領款項的存款（例如，NOW a/c, ATS a/c））

+ 旅行支票。

(1)交易性存款 (transactions account)：指存放在商業銀行，隨時得以提領的活期性存款，一般指支票存款與活期存款。

(2) NOW a/c (negotiable order of withdraw account)：依據 1933 年美國銀行法的規定，銀行不得對所收受之支票存款支付利息。1970 年代中期金融自由化方興未艾之際，位於美國東北部新英格蘭地區的商業銀行，為了因應貨幣市場的強力競爭，乃開發此項支付利息的支票存款業務，惟限定存款客戶必須遵守保留最低餘額，或每月開出支票張數等限制，方得以享有利息之利。

(3) ATS a/c (automatic transfer service)：因應客戶理財的需要，允許客戶將不付利息的支票存款帳戶餘額保持零餘額（通常存款帳戶的餘額為零時即須取消該帳戶），每日依實際到行提示之支票總額，授權銀行自動由客戶的活期存款帳戶中撥付，這些活期存款享有利息收入之利。

(4)旅行支票 (traveler's check)：通常由銀行代售知名金融機構，例如，美國運通銀行 (American Express)，所發行之旅行支票，供外出旅遊時付款之用。銀行於出售時要求顧客於支票上預留的位置先行簽妥姓名，持有人使用付款時再

於另一指定位置重複簽名，經收款者核對無誤後，即完全視同現金，使用上非常方便，更甚於信用卡。因為顧客於選購時，已經將款項交付發票銀行，因此已經自流通中的現金或銀行存款中轉出，成為銀行的另一種未計入貨幣統計的流動負債，故統計貨幣存量時予以另行增列。目前世界各國僅美國將此列入貨幣統計中，主要反映美國人的習慣。

3. M2

M2＝M1

   ＋ 所有存款機構的儲蓄存款與小額（十萬美元以下）定期存款

   ＋ 商業銀行隔夜附買回協定

   ＋ 美國居民所持有存放於聯邦註冊銀行在加勒比海地區分行的隔夜歐洲美元

   ＋ 非法人機構之貨幣市場共同基金餘額

   ＋ 貨幣市場存款。

(1)存款機構 (depository institute)：指得以合法經辦存款業務的機構。在美國僅指商業銀行。銀行對於顧客所開立之儲蓄存款帳戶，往往基於其存提次數受限，而得以降低經營成本，故願意支付較高的利息。定期存款亦因與銀行簽訂有於特定的存款期間不得提領的協議，而支付較高的利息。這些存款的流動性顯然較其他活期存款為低。通常定期存款又另設有「存單質借」措施，允許存款人支付若干額外利息，以存單設質獲得暫時融通。

(2)商業銀行隔夜附買回協定 (repurchase agreement, RPs)：銀行將所持有的政府債券，暫時（一晚）出售予往來的大客戶，於出售時約定次日依另一較高的價格再予以買回的協定。交易發生後，銀行資產負債表中債券資產與存款負債等額減少。因為是屬於隔夜的交易，次一營業日即恢復原狀，具有高度流動性，因此仍應視同為貨幣。

(3)聯邦註冊銀行在加勒比海地區分行的隔夜歐洲美元：美國

許多商業銀行為規避銀行法或政府法規對其經辦業務的限制，而尋找金融管制程度較低的加勒比海地區開設分行，由這些分行經營國內法規所不允許經營的業務或規避繁瑣的管制措施。事實上，這些分行的營運皆由總行代行，僅將資金存放於這些分行帳下，故於每日營業結束前撥付，並於次日再度回到總行手中。這些設址在美國領土以外地區銀行所收受的美元存款，通稱為歐洲美元 (euro dollar)，屬於流動性極高的美元資金。

(4)貨幣市場共同基金 (money market mutual fund)：通常是由證券投資信託公司或投資銀行專業經理人號召募集，以投資貨幣市場工具為主，並由投資人自負盈虧的投資方式。此類共同基金通常屬於開放型基金，亦即投資人得以隨時增加或減少其投資額。為便於提領款項，通常投資人領有與支票類似的空白提款憑證，隨時開具領用。

(5)貨幣市場存款 (money market deposit)：由商業銀行開辦，依每日特定貨幣市場利率支付利息的一種存款。此為規避銀行法限制銀行支付存款利率上限的一種措施，用於資金市場利率超過該上限時期。

4. **M3**

M3=M2
  + 所有存款機構大額定期存款（通常以可轉讓定期存單形式存在）
  + 商業銀行與儲貸機構之定期附買回協定
  + 定期性歐洲美元存款
  + 機構法人持有之貨幣市場共同基金餘額。

(1)可轉讓定期存單 (negotiable certificate of deposit, NCD)：商業銀行為提高定期存款的流動性，以吸引大額存款，乃規劃這種可轉讓的定期存款業務。流動性的提升，主要是建立健全的次級市場。

(2)定期附買回協定 (term repurchase agreements)：指較長期限

之定期附買回協定。

⑶定期性歐洲美元存款 (term euro dollar deposits)：指存放於設址美國本土以外地區銀行的三或六月期美元定期存款。

⑷貨幣市場共同基金餘額 (money market mutual funds)：指專以投資短期貨幣市場證券為主的共同基金。

5. L（所有流動性資產）

　　L=M3
　　　　+ 銀行以外的美國居民所持有定期性歐洲美元
　　　　+ 銀行承兌匯票
　　　　+ 商業本票
　　　　+ 國庫券
　　　　+ 財政部發行的其他有價證券
　　　　+ 儲蓄券。

⑴銀行承兌匯票 (banker's acceptance)：商業交易的賣方（或國際貿易的出口商），通常於交貨時隨貨開出請求買方（或進口商）支付款項的對己商業匯票 (bill of exchange)。這種匯票必須經由付款人承兌 (accept)（承諾兌現之意）後方具法律效力，若經由信譽卓著的商業銀行承兌者，稱為銀行承兌匯票，可以非常容易的在貼現市場出售，故屬於流動性高的票據。

⑵商業本票 (commercial paper)：由企業界以籌措短期（一年內到期）周轉資金為由而發行之有價證券，擁有非常健全的次級市場。

⑶國庫券 (treasury bill)：財政部為融通國庫季節性資金短缺而發行者。

　　以上票券在一個金融體系完備的國家內，都擁有制度健全與交易活絡的次級市場，因此變現性頗強。但是，交易時所產生之手續費與各種稅捐，以及交易價格隨市場利率波動而呈現不穩定，故不為多數開發中國家採用作為貨幣的一環。

⑷財政公債 (treasury bonds)：財政部為融通政府長期資本支

出而發行之有價證券。

(5)儲蓄券 (savings bonds)：多為三十年期的不附息債券，通常
由中央銀行發行，以小額儲蓄者為對象，用以吸收市場游資。

3.3　我國中央銀行採行的貨幣定義與統計量

重・點・摘・要

我國貨幣定義
1. 通貨淨額
2. 存款貨幣或貨幣性存款
3. 準貨幣或準貨幣性存款
4. 存款貨幣機構的存款準備金
5. 準備貨幣
6. 貨幣供給額 M1A
7. 貨幣供給額 M1B
8. 貨幣供給額 M2

基於國內金融市場的發展狀況，以及金融工具的廣度與金融市場的深度不同，每個國家都訂定有適合本身的貨幣定義。以下列示我國中央銀行金融統計所採用的各種貨幣定義。

1. 通貨淨額

指貨幣機構以外各部門持有的通貨餘額。

通貨淨額＝央行通貨發行額－貨幣機構庫存現金。

2. 存款貨幣或貨幣性存款

指企業或個人在貨幣機構之支票存款、活期存款及活期儲蓄存款。存款貨幣機構包括本國一般銀行、外國銀行在臺分行、中小企業銀行、信用合作社、農會信用部及漁會信用部。

3. 準貨幣或準貨幣性存款

指企業或個人在貨幣機構之定期存款（包括一般定期存款及可轉讓定期存單）、定期儲蓄存款（包括郵匯局轉存款）、外幣存款、外匯信託資金及外幣定期存單。此外企業及個人持有之金融債券、央行發行之儲蓄券及乙種國庫券亦包括在內。民國 80 年 1 月起又包括郵匯局（中華郵政公司儲匯處）存放在一般銀行之定期性存款、購買央行發行之定期存單及國庫券。自民國 93 年 10 月起增列貨幣市場共同基金。

4. 存款貨幣機構的存款準備金

包括存款貨幣機構之庫存現金、存入央行準備金帳戶之存款、存入台銀經央行認可之同業帳戶存款、撥存金融資訊中心基金專戶之存款以及央行委託各地台銀分行、合庫支庫收管準

備金帳戶存款。

5. 準備貨幣

　　係中央銀行的貨幣性負債，包括存款貨幣機構存款準備金以及通貨發行淨額，又稱強力貨幣 (high-powered money) 或貨幣基數 (monetary base)。

6. 貨幣供給額 M1A

　　等於通貨淨額 ＋ 企業與個人在貨幣機構之支票存款及活期存款。

7. 貨幣供給額 M1B

　　等於通貨淨額＋存款貨幣，或 M1A＋企業及個人在貨幣機構之活期儲蓄存款。

8. 貨幣供給額 M2

　　等於 M1B＋準貨幣。

　　以下表 3.1 以及圖 3.1 與圖 3.2 列示我國各種貨幣總數及

表 3.1　我國各類貨幣總數日平均統計值

單位：新臺幣億元，%

民國 (年)	通貨淨額		準備貨幣		M1A		M1B		M2	
	金額	年增率	金額	年增率	金額	年增率	金額	年增率	金額	年增率
79	3,515	–	11,296	7.69	11,609	−0.45	18,734	−2.80	57,834	12.85
80	3,726	6.00	12,160	7.89	11,669	0.52	19,833	5.87	67,281	16.33
81	4,165	11.78	13,373	12.31	12,646	8.38	22,895	15.44	80,694	19.94
82	4,513	8.36	14,661	10.53	13,411	6.05	24,777	8.22	93,951	16.43
83	5,007	10.95	16,207	13.46	15,076	12.41	28,975	16.94	109,260	16.29
84	5,203	3.92	17,191	8.69	15,089	0.08	30,355	4.76	121,924	11.59
85	5,253	0.96	16,419	5.63	15,013	−0.50	31,608	4.13	133,183	9.23
86	5,325	1.37	16,954	7.30	16,176	7.74	35,978	13.82	144,179	8.26
87	5,408	1.56	16,460	4.78	16,239	0.39	36,885	2.52	156,805	8.76
88	5,445	0.68	15,187	5.37	16,740	3.09	40,526	9.87	169,862	8.33
89	5,615	3.12	15,668	5.00	17,973	7.36	44,815	10.58	181,826	7.04
90	5,550	−1.16	15,391	1.13	17,130	−4.69	44,358	−1.02	192,360	5.79
91	5,538	−0.22	14,174	1.78	18,600	8.59	51,904	17.01	199,183	3.55
92	5,976	7.91	14,923	5.28	20,699	11.28	58,039	11.82	206,698	3.77
93	6,719	12.43	16,622	11.38	25,066	21.10	69,054	18.98	222,093	7.45

資料來源：中央銀行編各期《金融統計月報》。

其年成長率的統計資料。

　　表 3.1 以及圖 3.1 與 3.2 列示並繪製十年來我國各類貨幣統計量與其變動率，我們可以很明顯的看出，M2 貨幣統計量較其他統計量穩定。換言之，貨幣在民眾心目中實兼具資產與交易中介的功能。準備貨幣自民國 83 年以後即呈現穩定狀態，而 M1 與 M2 統計量則持續增加，此應為銀行體系創造信用的結果。這些特徵都是許多進步國家的共同現象。

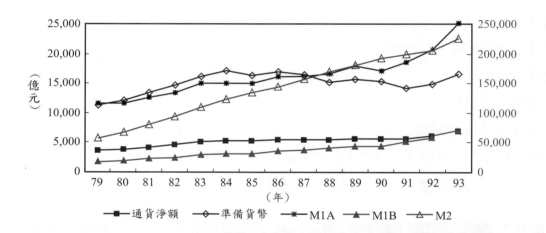

圖 3.1　我國各類貨幣總數統計（日平均）

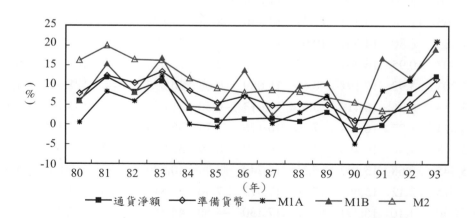

圖 3.2　我國各類貨幣總數年增率統計值（日平均）

3.4　電子款項收付系統與電子貨幣

款項收付系統為加速資金移動所必須的設施，此一設施的建立，使得資金得以集中管理，加強了稀有資金的有效運用。1990 年代結合通訊與電腦科技的網際網路順利開發，大幅度降低了網路的使用成本，同時大幅提升資金運送效率。金融體系亦順勢規劃電子款項收付、電子銀行業、與電子交易系統，將融通的功能擴大提升到一個嶄新的境界。本節介紹近年來逐漸發展成熟的款項收付系統。

重·點·摘·要

電子款項收付系統與電子貨幣
1.現金與自動櫃員機
2.支票與電子支票提示
3.信用卡
4.金融卡
5.電匯與自動清算系統
6.電子貨幣

1.現金與自動櫃員機

現金仍為交易中使用最為廣泛且金額最大的工具。自動櫃員機 (automated teller machine, ATM) 的顧客，可以憑提款卡以及設定的密碼，於任意一處提款機上自其存款帳戶中支領現金，而省卻往返銀行之苦。參與 ATM 運作之人員包括顧客、發卡銀行、櫃員機的所有者、以及提供櫃員機與銀行電腦連線之網路提供者。

2.支票與電子支票提示

支票的使用仍然為商業交易中款項支付的主要工具。收到支票作為支付工具者，必須向付款銀行提示，領取現金；亦可逕自將支票存入其存款帳戶中，由受託銀行代為提示。銀行先將收到客戶存入的支票，依付款銀行別加以分類整理，然後整批的向付款銀行提示。票據交換所的設置，將各銀行定時集中於一處，相互交換所持有別家銀行為付款人的支票，然後辦理結清欠溢款之事宜。然而對於遠地付款銀行之款項收取事宜，仍受限於郵件轉寄費時，難免延宕時日。電子支票提示系統 (electronic check presentment, ECP) 將上述提示取款過程，經由電腦掃描與網路傳遞的方式完成。處理時有須由受託放款銀行

於日後將支票補寄送付款銀行者，亦有無須補寄支票者（稱為 truncation）。近年來拜網際網路快速發展之助，美國聯邦準備體系已經開始嘗試將支票利用影像傳輸技術，送達到付款銀行之可行性。下一個步驟，則是完全取消紙面支票的使用，使支付工具完全電子化。

3. 信用卡

美商萬事達卡國際股份有限公司
www.mastercard.com
美商維信國際威士卡股份有限公司
www.visa.com.tw
美商美國運通銀行股份有限公司
home.americanexpress.com
大萊卡國際股份有限公司
www.dinersclub.com
www.discovercard.com

信用卡 (credit card) 的使用逐漸普遍，近年來電子商務的發展更加速信用卡的使用。信用卡的使用涉及持卡人、商店、發卡銀行、商人銀行、以及信用卡公司。著名的信用卡公司有 MasterCard、VISA、American Express、Discover 與 Diners Club。

信用卡公司的主要角色是提供促銷，開拓接受簽卡付帳的店家。發卡銀行自信用卡公司取得發卡權，提供本身顧客使用。商人銀行則負責各發卡銀行間之款項結算事宜，此一結算工作有時亦由信用卡公司自行擔任。商店於接受顧客提出信用卡付款時，須驗對顧客身分，使用額度，並要求顧客於帳單上簽名，然後將所收帳單視同票據，存入銀行帳戶中，由往來銀行代收款項。往來銀行將帳單轉向商人銀行請款，商人銀行則將各銀行所轉來之帳單分類，送發卡銀行向持卡人收款。發卡銀行須負其所發行信用卡之付款保證責任。因此，接受信用卡的商店無須顧慮持卡人不付款之風險。

信用卡的使用須有完善的通訊系統，持卡人信用額度的確認與超額使用之授權，以及每次交易時帳單寄送與商品輸送，都須另外提供個人住址等資料，可謂繁瑣不堪，加上商店對不同信用卡的接受度不同，都構成信用卡使用上的困擾。因此，出現了電子荷包 (electronic wallets) 之議，將個人基本資料存放於卡片之內，以免除每次查詢與填寫資料之累。然而，因為此舉涉及個人隱私，並

電子商務配上信用卡的使用，使得消費更容易。

不為持卡人樂意接受。

4.金融卡

　　金融卡 (debit card) 的使用與 ATM 相同，透過電腦網路自付款人帳戶中即時 (on-line) 轉帳存入收款人帳戶中，以完成款項收付事務。款項收付亦可透過離線作業完成，其程序與信用卡相同。

　　近年來美國政府更利用此一方式，定期將撥付無銀行帳戶貧窮家庭之福利金或食物券，利用類似金融卡之電子福利轉移 (electronic benefit transfer, EBT)，交付接受補助的人於指定之銀行或雜貨店使用。

5.電匯與自動清算系統

　　銀行為顧客或本身業務需要，須不時與其他銀行進行款項轉移事務。在銀行家數不多的情況下，各銀行間彼此建立通匯關係，預先在其他銀行開立存款帳戶，預存資金，以為資金撥付之準備，俟需要匯款時，當即以電訊通知對方銀行撥款，完成款項運送服務，稱為電匯 (wire transfer)。此一方式一方面迫使銀行將珍貴的資金存置他處，無法充分運用，另一方面在銀行家數眾多且幅員廣大的國家，所須存置資金不貲，浪費寶貴的資源。因此，一種協助銀行達成匯款目的，同時又可節省資金的自動清算系統 (automatic clearing house, ACH) 開始建立起來。在這種清算系統下，營業時間內，銀行間的匯款業務，先透過清算系統內的銀行帳戶相互轉帳即告完成；每日訂定結算時間，在結算時間未屆前，銀行可以自該帳戶內透支，以利款項撥付進行。所有發生透支的銀行，必須於結算前尋求資金剩餘銀行貸借款項補足；而資金剩餘的銀行，亦必須將餘款提領結清。這種自動清算系統，通常設於一國的中央銀行之內，利用網路系統與各會員銀行連線作業。世界上著名的自動清算系統，有設於美國聯邦準備銀行供美國國內銀行資金撥補的 Fedwire，與設於紐約聯邦準備銀行供全世界美元交易清算的 CHIPS (Clearing House Interbank Payment System)，歐洲中央銀

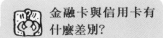
金融卡與信用卡有什麼差別？

行的 TARGET (Trans-European Automated Real-time Gross Set-tlement Express Transfer System) 與十五個歐元區中央銀行的款項清算系統連線，以及第二章介紹的我國中央銀行同資系統，都屬於相同的款項清算系統。

　　電子帳單提示與付款 (electronic bill presentment and payment, EBPP) 為近年來所建構,供銀行以外的商業顧客直接運用的系統，兼具電子郵件與電子付款功能。另一種新的嘗試是利用掃描的方式，將付款支票及內容傳送付款銀行，完成轉帳交易的支票兌現 (check conversion) 方式。

6. 電子貨幣

Flooz 數位現金公司
www.flooz.com
Beenz 數位現金公司
www.beenz.com

　　儲值卡 (stored-valued card) 與電子現金 (e-cash) 為兩種典型的電子貨幣 (e-money)，前者將預先支付款項的資料儲存於一張卡片的磁帶中，後者則儲存於一部特定的電腦中，供單一或多用途使用。常見的單一用途的儲值卡有捷運卡、電話卡、影印卡、以及電子禮物等。供多用途使用的電子現金，又稱為智慧卡 (smart card)，則是在卡片上附加一電腦晶片，儲存個人相關資料，如此可以兼具金融卡、大眾運輸付費、停車費、繳交罰單、看病用的健保卡等等。

　　近年來許多電腦網站開發出一種僅供在該網站線上購物付款使用的數位現金，例如，由 Flooz.com 所提供之 Flooz，以及由 Beenz.com 所提供之 Beenz。這些網路公司允許登記之網路使用者，以其所提供之「點數」，在該網站所提供之網路購物處交換商品。作為網路貨幣的「點數」，可以由每次上網瀏覽後自動獲得，或以現金加成換取（形同享有折扣優待）。此外，前面曾經提及的 e-check 亦由許多銀行、政府機構、和其他金融機構共同開發，由 Financial Services Technology Consortium 公司所規劃的電子支票，亦將於不久的將來問世。

3.5 結 語

　　貨幣統計量為貨幣政策執行時的一項重要參考資料，各國都由負責執行貨幣政策的中央銀行編製，並公布供民眾參閱。在一個複雜的經濟體系中，貨幣的代替品種類繁多，如何將眾多的代替品合併，是一件非常有意義與重要的事務。

　　依據貨幣的主要功能，將貨幣分為交易中介與流動性資產二大類，並選取相關性質接近的資產，然後將各項目的餘額簡單加總而得數種不同的統計量，為當前各國普遍採用的方式。本章介紹美國與我國貨幣主管當局所編製貨幣統計量的內容，供讀者比較。

　　科技發展促成了經濟活動的繁榮，然而直到結合電腦與通訊產業而成的網際網路開花結果前，科技發展甚少影響及於金融業。在新式科技下，金融業首度面臨重大的變革，利用電子通訊進行款項收付事務的電子貨幣時代已經來臨。網際網路除了改善並提高傳統款項收付的速度與便捷性外，目前網路系統中亦已發展出一種獨立的貨幣，專供網友們使用。此種網路貨幣應該是自從支票存款發明以來，金融體系最為劃時代的創新，隨著電子商務的開發與普及，這種專供網路內使用的貨幣有朝一日終將成為主要的支付手段。

1. 何謂貨幣統計的交易學說?

2. 何謂貨幣統計的流動性學說?

3. 貨幣作為交易中介與資產二者是否有明確的界線?

4. 既然若干具有固定名目價值的資產已被融入貨幣統計中,試討論名目價值不定的更多資產,是否有朝一日亦可被融入貨幣統計中?為實現此一目的,當前所欠缺者為何種措施?

5. 1970 年代開始,M2 貨幣統計量開始成為各國貨幣政策的主要參考資料,此所反映的背景為何?近年來我國中央銀行又將債券型基金的餘額併入 M2 統計量中,何謂債券型基金?中央銀行何以將其列入貨幣政策的參考資料?

6. 利用信用卡支付款項,已經日益普遍。試討論信用卡是否應該列入貨幣統計中?若否,理由何在?若是,應該如何列入?

7. 許多網路遊戲中皆有各式「寶物」作為參與遊戲者的犒賞或實現目的所必須具備的道具。近年來許多參賽者,將所贏得的寶物彼此交換。試討論這種寶物發展成為網友普遍接受交易中介的可能性及欲發展成為普遍交換中介所須具備的條件為何?

8. 試討論類似 Beenz 或 Flooz 等以點數為計算單位的網路貨幣,其發行者的利基何在?

Chapter

04

金融市場、金融工具與金融機構

第 二章介紹貨幣與金融體系時提到，現代金融體系是以政府獨占發行的通貨為核心。基於保障通貨價值的理由，政府不會提供足夠的通貨供需求者使用，於是具有代替性的存款貨幣（工具）由銀行開發出來，以填補資金不足的缺口。銀行開發支付工具吸收資金，擔負經濟體系款項收付的重任，成了分享發行貨幣利益的特權機構，取代銀行業存款的各種其他金融工具，又被非銀行的機構次第發展出來，提供資金剩餘者與透支者直接聯繫的管道。資金供需者經由特定管道，直接或間接達成資金授受的目的，使得稀有的貨幣，得以發揮潤滑經濟活動的最大功能。欲達成此目的，無論銀行或非銀行金融機構，都必須提供金融工具的流動性、風險分擔、資訊透明化三種功能。

資金授受又稱信用交易，本章延續第二章金融體系以貨幣為中心的信用交易，詳細說明信用交易的本質，並介紹組成金融體系內的各種外圍機制與其內容，以及各種金融機構如何發揮這三大功能。第一節總覽金融體系內的授信活動內容；第二節介紹金融市場中的初級市場與次級市場，特別強調滿足效率分配的交易方式；第三節介紹各種類別的金融工具或商品，特別強調其特徵；第四節介紹各種環繞在金融市場周邊的金融機構以及其特殊功能。

4.1　信用授受活動與金融體系

重·點·摘·要

信用授受過程最易為資訊不對稱問題所困，金融體系的建立即在以克服這些困境為依歸。

金融體系內的資金剩餘者與資金透支者相互交換資金與有價證券的交易活動，稱為信用授受。授信涉及時間因素，除了考慮報酬外，尚須考慮流動性與風險二項因素。流動性就是變現性，其實現可以依賴一個有效率的(次級)市場機能協助達成。投資人面對的風險，大致上可分為債務人喪失償債能力的風險與價格風險二類。降低風險一方面有賴完整而正確的資訊提供，另一方面亦可以經由發展各種避險措施以實現。尋找最高報酬與最低風險的所在，以及保有高度流動性，都是費時費事的事務。在信用授受的過程中，信用授予者除了事前須了解接受者的信用狀況外，完成授信事務後尚須隨時掌握受信者的狀況；而受信者事前必定會盡力提高其信用能力（有時還會盡量隱瞞其缺點），其事後的動態更難掌握，因此授信工作先天上即具有資訊不對稱的特徵，非常容易發生資訊經濟學中所謂的不利選擇（指事前的錯誤決定）與道德危害（指事後的言行不一）等引發高風險的後果。授信者對於相關資訊的提供、風險分擔、以及促成高度流動性三方面的需求，引發了信用市場以及金融中介機制的建立，藉此達成省時省事以及降低風險的目的。

本金 (principal)

泛指信用授受之金額。

利息 (interest)

經由信用授受過程所獲得的報酬或支付的代價。

期限 (term)

信用授受的期間。

到期日 (maturity)

信用受授的終止日期。

在一個信用市場內，信用授受的金額稱為本金；而授予信用所獲得的報酬，或接受信用所支付的代價，稱為利息；信用授受期限的終止日，稱為到期日。信用的供給者與需求者，於一個市場內，聚集在一起互相競價，前者將儲蓄資金以最高價貸出，後者以最低價取得所需資金，期使稀有的資金發揮最大效用。此處所謂的「最高價」，指高於由供給者自行運用剩餘資金時，所能得到的最高報酬；「最低價」指低於需求者犧牲自己當期支出時，所發生的最低損失。換言之，儲蓄者以最高價貸

出剩餘資金，以獲取「生產者剩餘」；而需求者以最低價取得資金，以獲取「消費者剩餘」。由此，信用市場的存在，使得資金供需者藉著特定方式聚集在一起，可收降低蒐尋有關報酬與風險資訊的成本，以及提高流動性，大幅提高儲蓄資金的運用效率，有助於提升整體經濟的福利水準。資金供需者在市場內以金融工具 (financial instruments) 為交易標的；資金需求者針對資金供給者的偏好，設計不同形式的金融工具以達成資金融通的目的。

最後，信用授受並非要以貨幣為標的，但是不使用貨幣為中介時，物物交換的種種缺失又會再現。若將信用授受的標的，統一以貨幣單位表示，或以貨幣的收受代表時，信用授受事務即可大幅簡化。貨幣作為延期支付的標準功能在此發揮出來。

信用代表現在取得資金的使用權，並於將來歸還的一種承諾。供給者與需求者之間相互信任，為信用授受過程中最重要的因素。信用市場效率的發揮，需要有多數人參與。由於人數眾多，其間難免良莠不齊，信任的基礎也較為薄弱，此無形中提高了資訊成本。法律適度的保障，為克服這方面障礙所不可或缺。另一種有效保護信用授受雙方的方式，就是透過中介機構來實現。一般而言，中介的方式有二：純粹居間經紀與市場創造。資金供需者出現的時間未必一致，導致撮合不易，以及交易不連續與效率不彰。市場創造者一方面在批發市場依特定價格從事整批大量的買賣活動，另一方面則於零售市場依較固定的公告價格與零售顧客進行交易，如此降低交易成本並維持交易的順暢，發揮市場效率。例如，商業銀行將存放款利率以掛牌方式公告，並依此一利率與一般零售客戶進行吸收存款與承作放款的交易。公告利率通常不會任意更動。至於其在批發市場的整批交易，通常金額龐大且有特定管道進行，單位交易成本較低，足以彌補資料蒐尋的高成本，故價格隨市場供需而起伏不定。例如，銀行同業間為相互調撥資金，而進行交易的銀行同業拆款市場。

對於小額的儲蓄者而言，一方面資訊成本昂貴，非其所能負擔，另一方面無足夠財力以實現風險分散之利。金融中介機構的存在，經由聚少成多再加以分散投資的間接融通方式，可以克服這些缺失，使得小額儲蓄者亦得能享受投資之利。這就是銀行這類金融中介機構存在的理由。金融中介機構的經營良窳，影響眾多存款人的生活至大，種種以追求安定為目的的金融管制措施，一一經立法程序推出。當人們的財富累積逐漸擴大後，資金流通量增加，一方面使得單位資訊成本得以降低，一方面投資風險亦得以分散，加上規範金融市場的種種制度逐漸完成，銀行的功能即隨之逐漸消逝。資金供需者逕自於金融市場直接交手，直接融通開始成為主流。1970 年代中期以後這種趨勢浮現出來，銀行業不得不改弦更張，開發新式服務，以尋求第二春。我國的金融體系也於 1980 年代中期以後呈現此一現象。另一方面，金融工具的開發一日千里，令人目不暇給，提供資金剩餘者更多元的投資選擇。

表 4.1 列示我國金融體系自民國 82 年至 93 年間接與直接融通存量概況。間接融通佔資金融通總額的比例，由民國 82 年的 90%，持續下降到民國 92 年底的 71%；而同時期內直接融通的比例則由 21% 上升到 43%。然而各種融通途徑中，仍以金融中介機構的放款所佔比重最高，股票融通居次。民國 93 年放款比重為 57%，而且仍在持續上升中；直接融通各項目中，除了海外債的比重增加外，其餘各項目都下滑。由長短期債務所構成的直接融通合計不到 8%，可見債務融通市場仍由金融中介機構的放款所主導，而直接融通市場的發展並不平衡。

隨著直接融通成為主流後，銀行開始感覺到過去許多因管制而來的保護措施（例如，限制存款利率上限）反而成為影響發展的障礙，因此一方面尋求業務創新，另一方面則要求金融自由化或解除管制，以利競爭。

在直接融通下，資金供給者須獨自面對較高的風險，對避險 (hedge) 的需求上升，針對特定資產而發展出來的金融避險

● 表 4.1　中華民國金融體系間接與直接融通存量比重

單位：%

| 民國(年) | 金融機構[a] (間接融通) (1) | | | 證券發行 | | | | | | 證券發行[a]減金融機構投資 (直接融通)[d] (2) | 合計 (3)=(1)+(2) |
	小計	授信 放款	投資	小計	上市(櫃)股票[b]	短期票券[c]	公司債	海外債[c]	政府債券		
82	90.08	78.85	11.23	21.15	7.86	5.72	0.53	0.44	6.61	9.92	100.00
83	88.99	78.88	10.11	21.12	8.15	5.49	0.53	0.82	6.13	11.01	100.00
84	87.27	76.47	10.79	23.53	10.03	6.17	0.62	0.87	5.84	12.73	100.00
85	85.47	71.78	13.69	28.22	11.45	8.25	1.51	0.89	6.12	14.53	100.00
86	82.75	70.17	12.58	29.83	14.00	7.53	1.70	1.03	5.56	17.25	100.00
87	80.00	66.29	13.71	33.71	16.64	8.51	2.45	0.92	5.19	20.00	100.00
88	78.68	65.35	13.33	34.65	18.04	6.71	2.63	1.06	6.22	21.32	100.00
89	77.07	64.02	13.05	35.98	20.18	5.26	2.94	1.26	6.34	22.93	100.00
90	75.86	61.44	14.41	38.56	21.47	4.53	3.30	1.48	7.78	24.14	100.00
91	74.21	58.74	15.47	41.26	22.10	3.49	4.01	2.14	9.53	25.79	100.00
92	71.44	56.97	14.47	43.03	21.77	3.03	4.37	3.92	9.84	28.56	99.91
93	71.84	57.68	14.16	42.90	21.08	2.68	4.16	4.55	10.21	28.16	99.79

註：(a)金融機構包括：全體貨幣機構、郵匯局、信託投資公司及人壽保險公司等。

(b)股票(含金融機構發行)存量資料包括上市(櫃)公司之股票面值加現金增資及承銷部份。

(c)短期票券包括商業本票及銀行承兌匯票；政府債券包括公債及國庫券。海外債包括 GDR 及海外可轉換公司債。

(d)民國 93 年 1 月起銀行債券附賣回投資 (RS) 由「證券投資」改列「放款」，直接金融之減項原應不含銀行 RS 交易餘額，準民國 92 年以前銀行未填報 RS 相關資料，無法追溯，為使與民國 92 年比較基礎一致，因此民國 93 年直接金融變動數份扣除銀行 RS 交易餘額變動數。

說明：本表之數字均為過去至今的累積數，主要在觀察市場結構變化情況，適合長期分析之用。因數據採樣四捨五入法之方式呈現，故最終加總可能不為 100。

資料來源：中央銀行網站，www.cbc.gov.tw。

工具，通稱為衍生式的金融工具，幾乎在同一時間內逐漸開發上市；各種金融期貨與選擇權皆屬於這類商品。此外，財務管理的重要性亦開始受到重視。除了單純的避險工具應用外，理財技術與觀念也由對個別資產的投資，進入到強調資產組合的方式。資產組合針對各種資產報酬率與風險不同的特性，利用特定方式將各種資產拼組成為有別於個別資產的特定資產形式。各種由專業投資經理人所經營的開放型與封閉型共同基金紛紛出籠，提供了另一種投資管道。

綜合上述，金融體系提供資金授受的服務，資金授受的過程經由妥善設計的金融工具與資金的交換以實現。在交換的過程中，專業的金融中介機構協助相關資訊的蒐集與提供，以及各式促進流動性與風險分擔的實質與顧問服務，以加速交換的效率。依資金供需者的聯結方式可分為：

(1)間接融通

　　透過金融中介機構，例如商業銀行、保險公司、各種投資基金等機構，藉著吸收零星小額資金，利用風險分散的原則進行投資。其優點是借助於專家經營，可發揮規模經濟降低資訊成本之效；因為這些金融中介機構通常為特許行業，利潤受到法律保障，以致形成獨佔或寡佔市場，易引發中間剝削，此為間接融通的缺點。

(2)直接融通

　　1970年代金融反中介發生，正是對間接融通下市場不完全的反制。受到高利潤的誘因，以直接金融為導向的金融業務創新，藉著降低資訊成本、新式降低風險的操作、提供高流動性機制的新式金融工具開發，以瓜分中介機構的利潤。

資產組合 (portfolio)

針對各種資產報酬率與風險不同的特性，利用特定方式將各種資產拼組成為有別於個別資產的特定資產形式。

4.2　金融市場與交易

資金的供給者與需求者通常以特定憑證與資金相互交換，實現資金授受事宜。在授信的過程中，供需雙方處於資訊不對稱的態勢，而供給者更是居於劣勢地位。因此，除了事前可能發生的不利選擇外，事後仍然需要面對道德危害的困擾。欲求金融市場充分發揮分配的效率，首先必須克服借貸雙方資訊不對稱的問題。金融體系利用各種不同的管道，克服資訊不對稱問題，本節介紹金融市場依不同的交易方式以實現上述目的。

重·點·摘·要

金融市場提供信用工具交易，如何實現有效分配稀有資金實為其首要之務。

■■ 4.2.1　有價證券的初級（發行）市場及其交易方式

民營企業首次公開發行新證券時，通常透過信譽良好的投資銀行業協助與輔導，並訂定首次公開發行價格，經政府證券主管機關核准後，以代銷 (best effort) 或包銷 (underwriting) 的方式發售，期能減輕投資人的疑慮以利流通；其中包銷更形同對該證券的品質與銷售額提供擔保。近年來，許多金融機構或承銷商，更於銷售期間，把握利率低迷之際，將全部待銷的證券全數買進，爾後再俟機分批出售予其他投資人。

以上所述指一般民營機構發行長期新證券的方式，至於一年內到期的短期有價證券與政府機構所發行的債券，因為較無資訊不對稱的問題，通常以公開競價標售 (competitive bidding) 的方式出售。

1. 英國式拍賣 (British auction)

英國式拍賣是由競標者將所出價格 (bid) 和欲購買數量書明於投標單上，開標時由主持者依出價高低排序，依次分配予

首次公開發行 (initial public offering, IPO)

公司將股份首次公開上市發行。

英國式拍賣 (British auction)

標售商品時依投標價格高低依次分配並繳款的拍賣方式。

中籤者；中籤者須依照所出價格支付款項，直到所有證券分配完畢為止。英國式拍賣中，所有出價高於最低中籤價者易產生勝者的失落感 (winner's curse)，因此誘使投標者心存觀望，或發生集體串通綁標的情事，不易掌握最高價，目前已經甚少為金融資產拍賣會所採用。

2.荷蘭式拍賣 (Dutch auction)

荷蘭式拍賣 (Dutch auction)

標售商品時依投標價格高低依次分配，但是依最低得標價格繳款的拍賣方式。

荷蘭式拍賣是由競標者將所出價格和欲購買數量書明於投標單上，開標時由主持者依出價高低排序，依次分配予中籤者；所有中籤者僅須依最低中籤價支付款項。因為得標者未必須依所出價格支付款項，荷蘭式拍賣可以誘導競標者將心目中願意出示的最高價格寫出，因此適用於整批標售的拍賣活動，中籤者可能獲得意外的驚喜，絕不會有失落的情事發生，拍賣者同時亦得藉此一窺市場意向。目前各國財政部標售公債與國庫券，以及中央銀行標售可轉讓定期存單時，多採用荷蘭式拍賣法。1990 年俄羅斯中央銀行為掌握盧布與美元合理匯價時，曾經撥出美元準備，利用荷蘭式拍賣法出售，目的在了解民眾對美元的需求，以為制訂官方匯率之參考。

以上拍賣會進行時，往往允許非競標者一起參加。他們並不直接參加競標，但是可以在每一標開出後，依當時的開標價插隊決定買進數量。

4.2.2 有價證券的次級（流通）市場及其交易方式

次級市場的建立，以提高有價證券的流動性為依歸，通常由有組織的交易所（由參與直接融通業務的投資銀行業共同出資組成），訂定各種上市與交易規則加以規範，期能發揮分配效率，並使投資風險降至最低。

1.集中市場

凡公開上市的股票，必須先向特定的股票或證券交易所

(organized exchange) 辦理註冊登記，並接受其監督與管理，方得以在該交易所掛牌公開進行買賣。這種公開買賣的過程，透過分散各地的證券經紀商接受投資人委託，然後將委託訊息傳送到交易所，由駐在交易所的交易人員在營業大廳公開喊價 (例如紐約股票交易所 (NYSE))，或利用交易所的電腦系統 (例如臺灣證券交易所)，依照一定的程序與規則，統籌撮合，稱為集中市場交易。

民國 91 年 7 月起，臺灣證券交易所集中交易開盤、盤中、以及收盤皆採行集合競價方式、盤中瞬間價格穩定措施、收盤改採五分鐘集合競價，並自民國 92 年 1 月起揭露未成交的最佳五檔買賣價量資訊等四項措施。所謂集合競價指交易撮合以間隔時間的方式進行，在等待時間內將所有買進委託由高而低排列，並將賣出委託由低而高排列優先順序，而於等待時間終止時依次撮合，期使出價最高者 (需求意願最強者) 與要價最低者 (供給意願最強者) 優先獲得撮合。盤中瞬間價格穩定措施，指若盤中成交價超過 3.5% 時，即將撮合時間自動延後二至三分鐘，等待更多委買委賣資料進來後再行撮合，以避免突發性的委託買賣造成市場過度波動。每一次撮合完成後，同時公布未經撮合的次高五檔買進委託與次低五檔賣出委託訊息，供投資人下單時參考。

為應付龐大數目的股票種類以及交易量，紐約股票交易所進一步依產業類別將交易廳分隔為若干專區，分別由專業交易商負責買賣撮合的經紀事務，遇買賣委託價格出現歧異時，他們會適時填補空隙，扮演交易的對手，經由增減本身的存貨方式促成交易，此舉對於活絡交易與穩定價格有莫大的貢獻。此外，許多交易所為免大股東於盤中大量買賣而影響一般交易或行情，往往訂有盤後交易的措施。盤後交易通常依當日收盤價直接進行有價證券換手作業。

目前在臺灣證券交易所參加集中交易市場上市交易之有價證券，包括股票、指數股票型基金 (exchange traded fund, ETFs)、

專業交易商 (specialist)

紐約證券交易所內專業從事特定行業證券之自營商。

封閉型基金、債券換股權利證書、可轉換公司債、公債、受益憑證、認購權證、以及臺灣存託憑證等。迄民國 94 年 6 月底止，上市公司計有 698 家，資本總額 5 兆 1,080 億餘元，市價總額 14 兆 4,553 億餘元。民國 93 年度全年成交金額 24 兆 1,778 億餘元，其中股票交易計 23 兆 8,754 億餘元，佔全體交易之 98.75%。

2. 櫃檯市場

總是聽到「那斯達克指數」，他是怎麼來的呢？

櫃檯市場又稱店頭市場，理論上在集中市場以外進行的證券交易皆屬之。早期店頭市場是由證券經紀商代客經理，或由自營商與投資人直接洽商議定。他們利用電話或以電腦連線方式互相聯繫，對未上市證券進行買賣中介。這種交易方式最為人們詬病處，就是無法將相關資訊充分揭露。1971 年全美證券自營商協會（National Association of Securities Dealers，NASD）開發出一套應用電腦操作的全美證券自營商自動化報價系統 (National Association of Securities Dealers Automated Quotation System, NASDAQ)，將全美國的未上市證券交易集中進行。NASDAQ 更於 1998 年與以中小型企業股票為主而為全美第二大的美國股票交易所 (AMEX) 合併，後來又於 2001 年與以新興半導體產業股票為主的費城交易所 (PHLX) 合併，而成為集中市場與店頭市場於一體的交易系統，使得 NASDAQ 指數成為代表新興科技股價的代名詞。

我國店頭市場最早可以追溯到民國 42 年，民國 51 年代表集中市場的臺灣證券交易所設立後，政府即將原有的店頭市場關閉，直到民國 77 年 3 月 1 日，始再度恢復股票店頭市場。此後政府於民國 83 年 9 月 26 日為健全資本市場，提高店頭市場的功能，設立財團法人中華民國證券櫃檯買賣中心，並於同年 11 月 1 日接辦證券櫃檯買賣業務，提供興櫃股票與第二類股票的合法交易管道。民國 89 年 3 月 1 日正式公告實施，並將第二類股票正式命名為 TIGER（Taiwan Innovative Growing Entrepreneurs，臺灣創新成長企業類股），象徵其為充滿活力及朝氣之成長性市場。為將未上市櫃股票交易納入制度化管理，

復於民國 91 年 1 月 2 日建制已經申請公開發行上市或上櫃,並經輔導滿二年的興櫃股票交易市場。店頭市場與集中市場同步於民國 91 年 7 月 1 日實施「收盤價格改採五分鐘集合競價」措施。

同時為促進債券市場的交易效率與價格形成的合理性,督導櫃檯買賣中心自民國 91 年 7 月 1 日起,實施指標公債電腦議價制度,將債券自營商間的指標公債買賣斷交易,全面透過電腦議價系統進行線上報價與成交,建立市場即時、透明的公債殖利率曲線。

迄民國 94 年 7 月底止,股票上櫃買賣之公司計有 497 家,金額約 6,708 億 7,700 萬元,總市值為 1 兆 3,808 億元。興櫃股票公司 275 家,金額約 4,003 億元。民國 93 年全年度股票成交總額約有新臺幣 3 兆 4,755 億元,債券櫃檯買賣總額約有新臺幣 222 兆 4,989 億元。

3.市場創造者

有價證券自營商或金融機構,依其所公告的價格,隨時向顧客無限制買進或賣出金融工具,以促進交易效率,稱為市場創造者。商業銀行依牌告利率,接受存款或經辦放款;票券金融公司依牌告利率,將標購得之政府公債,轉手銷售與一般投資大眾,或自投資大眾處買進公債。市場創造者填補買賣雙方出現時間不一致的空隙,對於零售市場的發展有無可比擬的功勞。

4.2.3 專業金融市場

以上所述為金融市場的一般型態,當某類有價證券的流通量逐漸龐大後,為發揮分工的效率或易於辨識,而有各種專業性的金融市場出現。

1.資本市場 (capital market)

提供長期證券交易之專業市場;例如,股票市場、公 (司)

債、金融債券市場。

　2.貨幣市場 (money market)

　　　提供短期證券交易之專業市場；例如，銀行同業拆款市場，商業本票、可轉讓定期存單、國庫券市場。

　3.抵押市場 (mortgage markets)

　　　針對土地與房屋融通時，將這些不動產設定抵押之擔保融通，以彌補融資人信用不足之困擾。

　4.質押市場 (collateral market)

　　　以動產設質作為擔保品，以獲得融通；例如，以股票或企業產品交付貸款人質押，並依質押物市價一定比例承作之放款。

　5.承兌市場 (acceptance market)

　　　對因商業交易所產生之商業匯票，提供承兌服務。經承兌後之匯票可以在貼現市場取得資金融通。(詳見第二章的說明)

　6.貼現市場 (discount market)

　　　對經承兌之匯票、企業應收帳款、遠期支票，依折現方式進行買賣斷交易之專業市場。

　7.票券市場 (notes market)

　　　以各種短期債務憑證為交易標的之專業市場。

　8.債券市場 (bond markets)

　　　以各種中長期債務憑證為交易標的之專業市場。

　9.股票市場 (stock market)

　　　以公司股份為交易標的之專業市場。

　10.遠期契約、期貨、與選擇權市場 (forward contracts, futures markets, and options markets)

　　　以衍生商品為交易標的之專業市場。

4.3　金融工具：有價證券

供融通交易的工具，通稱有價證券，可以分為
三大類：第一類是代表公司組織所有權或決策權，
以及財產與利潤分配權的各類所有權憑證，例如普
通股；第二類是各種長短期債務憑證，例如各種債
票券與銀行存放款；第三類則是以避險或方便理財為目的所衍
生出來的工具。

重・點・摘・要

表彰信用的金融工具往往依其內容與
性質而個別命名，以利於辨識。

融通方式可以分為(1)經由中介機構實現的間接融通，與(2)
資金供需者直接買賣有價證券而實現的直接融通。二種方式具
有互補的功能。財務健全而且信用良好的借款人，通常可以利
用直接融通方式，在免除中介機構的剝削下，以較低的代價取
得資金融通；資金供給者亦可以不經中介機構之手獲得較優厚
的收益。直接融通的缺點則是蒐集有關債務人狀況的資訊成本
昂貴，使得小額儲蓄者不易參與，而須借助其他證券相關業者
的協助；而資金需求者則必須支出一筆不小的發行費。因此，
直接融通的發展，亦造就專司資訊提供與專業服務行業的設置。

為昭公信以及防止偽造，有價證券通常都經過精心設計，
供投資人持有。近年來在電子化交易的推動下，許多政府債券
陸續改以無實體的形式發行，不但投資人可以透過電子通訊的
方式下單買賣，所購得的證券亦以帳載方式，記入特定帳戶中，
交易後的交割手續，悉以轉帳方式完成。我國財政部所發行之
中央公債，已自民國 86 年 9 月起，全面改為中央登錄公債，後
來又自民國 88 年 1 月起，接受民眾將尚未到期之實體公債，更
改為中央登錄公債。國庫券則自民國 90 年 10 月起，改以無實
體的登記形式發行。經理國庫的中央銀行為此，於民國 90 年 3
月建立了中央登錄債券系統，此後舉凡公債與國庫券之標售、
付息、還本、轉讓等事務，一律經由電腦網路連線處理，並與

有價證券 (securities)

可以分為三大類：第一類是代
表公司組織所有權或決策權，
以及財產與利潤分配權的各類
所有權憑證；第二類是各種長
短期債務憑證；第三類則以避
險或方便理財為目的所衍生出
來的工具。

央行同資系統連線完成款項收付事務。

■■ 4.3.1　所有權憑證

1. 普通股 (common stock)

表彰擁有發行公司所有權之憑證。普通股東擁有公司決策的投票權、利潤分配權以及剩餘財產分配權；其對公司債務所負責任僅以出資額為限。

2. 優先股 (preferred stock)

表彰擁有優先分配盈餘權利或優先獲得財產處分分配權利的憑證，惟上述優先權是介於債權人與普通股東之間。優先股東通常不擁有公司決策的投票權。

■■ 4.3.2　債務憑證

(一) 短期憑證 (short term instruments)

到期日在一年內之證券，通常依競價拍賣的方式，針對特定專業證券自營商為對象，標售新證券。1990 年代起荷蘭式拍賣法已經普遍被各方所採用，作為短期債務憑證的發售方式。次級市場則由自營商與投資人，在集中市場或店頭市場，相互進行大額交易，或由自營商擔任市場創造者，與小額投資人直接交易。

1. 銀行同業拆款 (call loan)

銀行同業間為因應準備金不足，而彼此互相融通之極短期（不得超過六個月）資金；例如，隔夜拆款。

2. 存款 (deposits)

商業銀行專屬吸收資金的工具，常見的有支票存款、活期（儲蓄）存款、定期（儲蓄）存款、外匯存款、公庫存款等。

3. 放款 (loans)

由銀行等金融中介機構，直接對資金需求者進行的不具流動性授信活動稱之。這些中介機構可以利用近年來逐漸普及的資產證券化措施，將各種長短期貸款包裹，並整批轉手出售予其他金融機構或投資人。

4. 商業本票 (commercial paper, CP)

信用卓著的大型民間企業，為籌措短期營運周轉金，而發行之證券；可以再分為經金融機構擔保或未經擔保的融資性商業本票（簡稱 CP2）與依據商業行為為基礎所簽發之交易性商業本票（簡稱 CP1）二種；前者最長不得超過一年，後者則不得超過六個月。商業本票早為美國企業普遍使用的短期融資工具，1980 年代以後開始流傳入其他國家，並逐漸取代歐洲國家所普遍使用的承兌匯票。

5. 可轉讓定期存單 (negotiable certificate of deposits, NCD)

1971 年由美國花旗銀行首先推出，為便於大額存款人獲得流動性，而發行之短期存款憑證。目前我國銀行所發行的可轉讓定期存單依面額發售到期本息一次償付，利息部分得享有 20% 的分離課稅優惠。我國中央銀行目前發售 500 萬、1,000 萬、1 億元三種面額可轉讓定期存單，以為調節金融之用，其期限有 14、28、91、182、364 天、2 年期六種。

6. 承兌匯票 (accepted bill of exchange)

商業匯票主要用於國際貿易中，由出口廠商向進口商請求支付貨款時開出。若契約中付款的方式屬於 D/P（document against payments，付款後交單）時，這種匯票一經向付款人提示付款後，即告消失。若付款方式屬於 D/A（document against acceptance，承兌後交單）時，進口商經於匯票上簽註承諾於到期時付款的字樣後，該匯票的法律效力即告成立，稱為商業承兌匯票 (trader's acceptance)，可以用以向貼現商辦理貼現（折價出售）。承兌人若為銀行者，稱為銀行承兌匯票 (banker's acceptance)，到期時由承兌銀行擔任付款人，是銀行的一項或有

負債。承兌匯票的期限最長為六個月。

7. 國庫券 (treasury bills, TB)

政府財政主管機關為因應季節性資金調度的需要，而依不附息方式所發行的固定面額短期債券稱之。我國的中央銀行曾為穩定金融目的，而依拍賣方式發行國庫券(稱為乙種國庫券)，惟此項措施已經取消，另以可轉讓定期存單代替。國庫券的發行期限，通常以 13 週為基數，依其倍數訂定；計有 91 天（13週）、182 天（26 週）、273 天（39 週）、364 天（52 週）期四種。近年來又有 56 天（8 週）、63 天（9 週）、112 天（16 週）期的國庫券。

8. 美國聯邦資金 (federal fund)

指美國聯邦準備會員銀行存放於聯邦準備銀行的準備金帳戶餘額，通常由擁有超額準備的銀行，對準備金不足銀行承作的緊急隔夜貸款。

㈡長期憑證 (long term instruments)

到期日在一年以上之證券，通常透過專業證券公司以承銷或包銷的方式發行新證券，並於集中市場進行次級市場交易。

1. 公司債 (corporate bonds)

民間企業為籌措中長期資金，而發行之證券。通常依面額發行，並附有固定或浮動利息條件，以確保投資人的收益；亦可另外附加其他條件，供投資人依喜好選擇。

2. 可轉換公司債 (convertible bonds)

指公司債中附加允許持有人於特定時日，依特定條件，將債券轉換為普通股份或其他發行公司證券的公司債。1980 年代當日本股市狂飆之際，日本企業利用外國投資人急欲購買日本公司股份之際，大量發行這種公司債，以降低利息負擔，而聲名大噪。然而，當持有者得以轉換股份的時刻來臨時，日本股市已經崩潰，投資人紛紛要求還款贖回，許多日本發行公司在現金準備不足下，頓時陷入財務困境。近年來，我國亦有多家

企業遭到相同的命運，結果迫使發行企業陷入財務困境。

3. 金融債券 (financial bonds)

金融機構為籌措長期一般或特種資金（例如，輸出入銀行或外匯銀行籌措某一特定幣別的資金），而發行之債券。

4. 政府債券 (government bond)

各級政府為籌措長期經費所發行的證券，一般用於具有自償性 (self liquidation) 的公共建設事務，而由主管財政之政府機關出面所發行之長期限債券稱之。通常又分期限一至七年的中期公債 (notes) 與七年以上的長期公債 (bonds)。英國政府於十九世紀初與法國交戰時，曾經發行一種永久公債 (consol)，以籌措對拿破崙戰爭的經費。

5. 附資產擔保所發行的有價證券 (asset-backed security)

債券發行須支付利息以為投資人的報酬，發行者為求降低利息負擔，必須設法降低投資人對於標的物的風險顧慮。利用提供各種擔保品的方式，降低投資人的疑慮，可以減輕利息負擔。作為擔保品的標的，通常為價值穩定或較無貶值之虞的不動產，亦常見以其他優良企業發行的債務憑證為擔保者。美國聯邦政府為協助專門辦理住屋貸款的金融機構籌措資金，設置了 Government National Mortgage Association、Federal National Mortgage Association、與 Federal Home Loan Mortgage Corporation 三個機構，由政府提供擔保發行長期債券籌措資金，供所轄金融機構辦理房屋抵押貸款之用。1992 年墨西哥政府遵照布雷迪方案之規定，以 25 億美元折價購買面額數百億元之三十年期美國政府儲蓄公債，然後以此為擔保發行面額高達 200 億美元之三十年期墨國政府公債，用以償還過去所積欠的外債。許多 1980 年代遭遇債務危機的國家陸續仿此一模式，償還舊欠。此類債券通稱為布雷迪債券 (Brady Bonds)，其本金部分受到擔保品美國政府債券的保護，成為幾無風險的投資工具，又能享有墨西哥政府於信用市場借貸而須支付高利息之利，為當今國際債券市場的熱門商品。

6. 資產證券化受益憑證 (beneficiary certificate)

證券化 (securitization)

依資產價值發行受益憑證將資產所有權分散予有興趣的投資人。

匯集一群不具流動性的資產或權利，將其現金流量分離，重新包裝後委託特定金融機構管理，然後加以分割為特定數量的受益憑證，依原價或折價方式出售，此一過程稱為證券化。例如，將土地或不動產經由證券化分割為小額受益憑證後，化整為零有利於銷售，稱為不動產投資信託 (real estate investment trusts，REITs)。不動產所有人將龐大的不動產證券化後，大大的提高了其流動性，並將不動產可能遭遇的貶值風險分散出去；投資人則可以享有過去所不可得之租金與土地增值的利益。1980 年代以後，許多銀行將已經逾期的企業貸款、消費貸款、信用卡應收款等資產進行證券化，出售並攤銷呆帳，以加速改善財務狀況的步調。爾後許多信譽良好的銀行，不時將所持有之非流動性資產證券化，以提高資產的流動性。近年來資產證券化的發展，更大舉進入無形資產的領域，各式具有價值的有形或無形資產，都成為證券化之標的。例如，將某名歌星、藝術家、作家的未來預期收入資本化 (轉換為現值)，然後加以證券化，使其提前取得未來的收入。證券化能否順利執行，端賴所依附資產價值的資訊透明化，這些資訊公開的難題，都在電腦資訊處理快速與價廉的前提下，順利克服，又是一項網路時代的金融業務創新。

7. 巨災債券 (catastrophe bonds, CAT)

1990 年代保險公司亦開始將各種財產保險與人壽保險或年金保單證券化，轉換為債券的型式售予投資人❶。對保險公司而言，保單相當於其或有負債，因此這種證券化的過程，實相當於將（或有）負債證券化，較上述資產證券化更進一步演進。首先是再保險公司將所承受之巨額天然災害（例如，地震

---

❶ 有興趣進一步了解保險契約證券化主題的讀者，可以參閱 Cowley, Alex and J. David Cummins (2005), "Securitization of the Insurance Assets and Liabilities", *Journal of Risk and Insurance*, vol. 72, pp. 193–226.

或颱風）再保險的一部分，依照優於一般市場的利率，轉換為巨災債券，銷售予投資人。再保險公司將收得的款項，轉投資到安全性較高的有價證券（例如，財政公債）。巨災債券平時定期支付債息。若發行期間內債券所陳述的災難未發生，則屆期還本；若所陳述的災難發生，則再保險公司即出售前所購買的政府公債，籌措理賠資金，並視情況停止支付全部或一部分巨災債券的本息。這種巨災債券於 1977 年首度由 Winterthur Re、USAA、Swiss Re 等保險公司發行。除了再保險公司外，一般保險公司或非保險公司也可以自行發售這種債券。1999 年日本的 Oriental Land Company Ltd. 成功的發行與東京地震事件相連繫的巨災債券。

8.垃圾債券 (junk bonds)

　　經債券評等機構評定為風險極高（Baa 以下等級）的債券稱之。因為風險高其售價必低，然而發行者卻可獲得起死回生的機會，一旦實現後，該等債券的價格必定暴漲，因此具有高度的投機性，而為投機客所喜愛。

9.歐洲通貨存款 (eurocurrency deposits)

　　泛指以一國之通貨存放於發行國以外地區銀行之存款；例如，存放於美國以外地區銀行的美元存款稱為歐洲美元 (eurodollar)；通常多為三個月期定期存款。這種由大型跨國銀行業開辦，以外國通貨為標的的存款，於 1960 年代金融管制的時代，基於規避管制與追逐高利而興起，主要供融通開發中國家貿易所需的交易中介，然而 1982 年拉丁美洲國家債務危機發生後，終於亦折損了許多大型跨國經營銀行。

10.歐洲通貨債券與股份 (eurocurrency bonds and equities)

　　以一國之貨幣為面額發行債券或股份，並於該國以外地區發售者稱之。例如，臺灣某公司以美元為面額發行公司債，並於英國或日本等地金融中心發售之歐洲美元公司債。歐洲通貨債券是 1980 年代中期以後的產物，主要是承接上述跨國銀行業折損後，以外國通貨為融通標的之直接融通方式。歐洲通貨股

份主要由歐洲共同市場會員國國家所發行，並在共同市場內流通，1990 年代國際金融整合益趨密切下，各國股票市場亦開放外國公司以存託憑證方式，直接發行股份，歐洲股份並不多見。

■ 4.3.3　衍生式金融工具

衍生式金融工具指附屬於其他有價證券存在的前提下，所發行的憑證，通常以契約的形式存在。

1. 避險憑證 (hedging instruments)

各種遠期交易契約 (forward contract)、期貨契約 (futures contract)、選擇權 (options) 等，都是基於協助投資人規避投資標的之價格波動風險，而發展出來的金融工具。遠期與期貨二類契約都是以所載有價證券為買賣主體，因此其價格或利率與各該有價證券市價或當前利率水準間，有密切的關聯性。選擇權的買賣主體為一種可以選擇依指定條件買進或賣出有價證券的權利 (right)，權利的價值取決於特定事項發生的可能性，除了與契約內所載交易主體的種類與市價有關聯外，亦隨指定條件的優劣而異。（本書第七章對這些衍生式工具有詳細說明）

2. 附買回協定 (repurchase agreements, RPs 或 repos)

1969 年推出的金融商品，主要供極短期理財目的而發展之工具，簽約賣出證券的一方，同意於特定時日（例如，次日）後，依特定價格將所出售的債券向原來的買方買回，使短期理財者穩當的獲取額外的報酬。自從停發乙種國庫券以來，近年來附買回協定已成為中央銀行調節（季節性）金融的主要工具。附買回協定的賣出與買回債券價差，即為附買回協定的價格 (repo rate)，除了反映投資債券應得之利息外，尚包含提前收取利息之資金流量成本與利率風險二項因素。發行附買回契約的金融機構，亦可發行附賣回（reverse repo 或 resell）契約，由持有債券的投資人處買進債券，並約定特定時日後依約定的價格賣回原持有者。

3. 契約交換 (swaps)

擁有不同性質金融負債或資產的雙方，基於理財的需要，彼此互相交換所持有的契約。利率交換 (interest rate swap) 與通貨交換 (currency swap)（換匯）為常見的契約交換種類。換約價格 (swap rate) 由相互交換二種商品的價值差決定。(本書第七章對這些工具有詳細介紹)

4. 認股權證 (warrants)

代表於未來依特定條件，認購發行公司股份的權利表徵。我國於民國 86 年 6 月開放認購權證市場，並自民國 92 年 1 月起開放認售權證發行之申請。認售權證是發行人發行一定數量、具特定條件的一種權利契約式證券。投資人於付出權利金取得該有價證券後，有權利（而非義務）在未來某特定日期（或未來某段期間內），以預先設定的價格（履約價格或執行價格）向發行人賣出一定數量的特定標的證券。與認購權證不同之處，在於認購權證屬於「買權」，其持有人（即投資人）有權利在特定期間內（美式）或到期日（歐式），依約定的履約價格向發行人購入一定數量的特定股票，或以現金結算方式收取差價之有價證券。事實上，認股權證即為一種特定股票的選擇權。

5. 存託憑證 (depository receipts, DR)

當外國公司股份擬在本國股票市場發行流通時，為配合本國交易法規（將外幣面額折換本國貨幣面額），而將股份交由具公信力的證券金融公司保管，另由該證券金融公司發行存託憑證，作為本國市場交易的標的。1927 年美國銀行家 J. P. Morgan 首創全世界第一個存託憑證，其目的是讓美國的投資人在國內直接投資外國證券，以降低直接投資國際股市的風險。存託憑證是一種可轉讓的有價證券。先由發行公司或出售股東，將公司股票交付信託機構收存保管，再經存託機構發行表彰該股票權利的憑證，使合乎當地證券市場上市的規定，以便於掛牌售予所在地市場上有意購買之投資人。依存託憑證發行地不同區分：例如在美國市場發行者稱 ADR、在日本發行者稱為 JDR、

在臺灣發行者稱為 TDR。在全球各地發行流通者，則通稱為 GDR (Global DR)。通常再依發行公司有否參與發行，區分為參與型存託憑證與非參與型存託憑證二種；前者由發行公司與存託機構簽訂存託契約，規範彼此之間，以及與存託憑證持有人之權利義務關係。發行公司受契約規範，須遵守上市國的監督與管理規定，定期提供各項財務、業務資訊予存託機構，對投資人較有保障。目前發行之臺灣存託憑證，以參與型為限。TDR之持有人為外國發行公司之實質股東，得經由存託銀行對其所表彰原股之外國公司，主張利息、紅利、剩餘財產分配等股東應享權利。扣除交易成本後，一家企業於母國所發行的股份價格，與同一股份在海外所發行的存託憑證價格，理應維持一對一的關係。

6. 長期債券息票 (STRIPS)

指長期債券持有人，將未來逐期可以收取的固定票面利息，與原債券分離提前出售之謂。1982 年美林證券公司以所持有之長期政府債券所附之固定息票為擔保，折價發行一序列面額等於息票金額之不同期限金融工具 TIGR (Treasury Investment Growth Receipt) 供投資人選用。1984 年美國財政部做此發行 STRIPS (Separate Trading of Registered Interest and Principal of Securities)，將原附息之公債分割為本金與各種期限之利息不附息債券，以增加投資人多樣選擇。

7. 保險契約 (insurance policy)

由保險公司依據危險分散的原則，集眾人之力，規劃並銷售特定保險契約，以保障投保人因特定財產損失或人身傷害，所發生的財務損失。保險契約，應以保險單或暫保單為之。保險契約分不定值保險契約，及定值保險契約。年金型 (annuity) 人壽保險契約兼具儲蓄性質，是一種定期或長期繼續支付的現金給付，給付受益人可以每年、每半年、每季、每月或每週領取。不僅可以避免一次給付因受益人資金運用不當所發生的損失，而為因應通貨膨脹，避免貶值，尚可依照規定，按年調整

給付金額，以保障年金受益人的生活需要。

4.4 金融機構與功能

凡從事第二節所介紹之金融工具交易的金融中介機構，與提供交易所需周邊服務的投資銀行機構，構成大部分的金融機構主體。這些金融機構的主要功能在提供流動性、風險分擔、相關資訊，降低投資者因資金借貸雙方因資訊不對稱所面臨的道德危害與不利選擇等困境，以利稀有資金流通，促進經濟活動。此外，金融機構於必要時，加入借款公司董事會，以降低由資訊不對稱所引發的主從問題。本節分金融中介機構與投資銀行機構，分別對此加以闡述。

重·點·摘·要

金融機構為建立金融體系的推手，各種金融機構彼此相互分工，並於各個金融領域發揮所長。

4.4.1 金融中介機構

金融中介機構，規劃不同功能的金融商品吸收游資，積少成多，然後依風險分散的原則，將所收資金運用於直接貸放，或投資各式不同資產，以獲取利差為主要收入來源。銀行與保險公司為歷史悠久的金融中介機構，銀行所規劃的各式存款，更成為一國貨幣供給的主要項目，因此其經營成敗影響一國的款項收付事務與經濟活動運作至巨。1930 年代經濟大蕭條時期，美國修改銀行法，確立了商業銀行不得兼營投資銀行業之規範，並予銀行業高度的保護。然而，1970 年代自由化潮流所引發金融反中介的環境下，由投資銀行業所開發的貨幣市場基金，開始蠶食鯨吞傳統銀行存款的大餅，迫使銀行業尋求投資高風險資產。爾後陸續爆發的銀行危機，更使銀行業感受到內外交迫的困境，目前世界各國已經重新修改銀行法與其他相關法規，或制訂金融控股法，開放銀行業跨足證券服務業，允許

全能銀行業 (universal banking)

指經營金融業務種類不受任何限制的銀行。

其他金融機構跨足過去為銀行所獨佔的短期融通市場，因此，金融中介機構正逐漸由分散而集中，朝向全能銀行業的方向走去。換言之，本節以下所介紹的各種分立的專業金融機構，很快即會併入一個規模龐大的金融控股系統內，提供應有盡有的金融百貨式服務。

(一)銀　行

最早期的銀行業務以代客保管財物，或運送財物，以收取保管費以及運送費。如我國早期遍布各地的錢莊，與歐洲的金匠。此項業務發展至今，即成款項收支與匯兌業務。然而隨著時代的進展，這些服務性質的業務反而成為次要的業務。但是，若缺少這些服務性質的業務吸引顧客，其他今日視為主要的存放款業務也就無從順利推展。歷經長時間的經營，為推動匯兌業務而遍布各地的分支機構，反而成為銀行業在今日面臨各種新興金融機構強烈競爭下，仍然能夠保持不敗的基礎。另外，在法令的特許之下，銀行經營支票存款業務，在支票普遍成為交易的支付工具時，銀行業也建立了票據交換制度，以加速票據的流通能力。因此，雖然許多其他金融機構陸續出現，他們的交易活動仍有賴銀行的支援。

銀行經由對客戶保管錢財之便，將客戶閒置不用之資金加以運用，以獲取額外利益。其運用的途徑不外投資營利資產，例如放款或有價證券等。此一運用的結果就是所謂的信用擴充。

(1)緣由：貨幣供給不敷所需與獨佔利潤的存在。

(2)方式：以閒置資金從事放款與投資活動。

我國銀行法第三條規定，銀行得以經營的業務，計有①收受支票存款、②收受其他各種存款、③受託經理信託資金、④發行金融債券、⑤辦理放款、⑥辦理票據貼現、⑦投資有價證券、⑧直接投資生產事業、⑨投資住宅建築及企業建築、⑩辦理國內外匯兌、⑪辦理商業匯票承兌、⑫簽發信用狀、⑬辦理國內外保證業務、⑭代理收付款項、⑮承銷及自營買賣或代客

買賣有價證券、⑯辦理債券發行之經理及顧問事項、⑰擔任股票及債券發行簽證人、⑱受託經理各種財產、⑲辦理證券投資信託有關業務、⑳買賣金塊、銀塊、金幣、銀幣及外國貨幣、㉑辦理與前列各款業務有關之倉庫、保管及代理服務業務、㉒經中央主管機關核准辦理之其他有關業務。

我國銀行法第二十條將銀行分為商業銀行、專業銀行、與信託投資公司三種。

1.商業銀行

我國銀行法第七十條規定，商業銀行以收受支票存款、活期存款、定期存款，供給短期、中期信用為主要任務之銀行。商業銀行又稱存款機構，是法律上唯一允許吸收存款，承作放款的金融機構。其基本特色為大多數的營運資金皆來自向廣大存款人所吸收的存款，為保障存款人存款的安全，營運上受到貨幣主管機構嚴密的管制與法規的限制。

商業銀行辦理放款以短期為原則，其所辦理中長期放款餘額不得超過定期存款餘額。此外法律對於商業銀行承作之不動產信用、有價證券融通、與各種投資活動皆定有上限之規定。

2.專業銀行

我國銀行法第八十八條規定專業信用分為工業信用、農業信用、輸出入信用、中小企業信用、不動產信用、以及地方性信用六類。

(1)工業銀行以供給工、礦、交通及其他公用事業所需中、長期信用為主要業務。工業銀行收受存款，應以其投資、授信之公司組織客戶、依法設立之保險業與財團法人及政府機關為限。

(2)農業銀行以調劑農村金融，及供應農、林、漁、牧之生產及有關事業所需信用為主要任務。農業銀行得透過農會組織吸收農村資金，供應農業信用及辦理有關農民家計金融業務。

(3)輸出入銀行以供給中、長期信用，協助拓展外銷及輸入國

內工業所必需之設備與原料為主要任務。

(4)中小企業銀行以供給中小企業中、長期信用，協助其改善
生產設備及財務結構，暨健全經營管理為主要任務。

(5)不動產信用銀行以供給土地開發、都市改良、社區發展、
道路建設、觀光設施及房屋建築等所需中、長期信用為主
要任務。

(6)供給地方性信用之專業銀行為國民銀行。國民銀行以供給
地區發展及當地國民所需短、中期信用為主要任務，而國
民銀行應分區經營，在同一地區內以設立一家為原則。

專業銀行以供給中期及長期信用為主要任務者，得發行持
有人受償順序次於銀行其他債權人之二年期以上金融債券，而
依發行金融債券募得之資金，應全部用於其專業之投資以及中、
長期放款。

3.信託投資公司

信託投資公司指以受託人之地位，按照特定目的，收受、
經理及運用信託資金與經營信託財產，或以投資中間人之地位，
從事與資本市場有關特定目的投資之金融機構。

信託投資公司應以現金或中央銀行認可之有價證券繳存中
央銀行，作為信託資金準備。其準備與各種信託資金契約總值
之比例，由中央銀行在 15%～20% 之範圍內定之。但其繳存總
額最低不得少於實收資本總額 20%。

信託投資公司得經營下列信託資金：由信託人指定用途之
信託資金以及由公司確定用途之信託資金。信託投資公司對由
公司確定用途之信託資金，得以信託契約約定，由公司負責，
賠償其本金損失。信託投資公司對應賠償之本金損失，應於每
會計年度終了時確實評審，依信託契約之約定，由公司以特別
準備金撥付之。前項特別準備金，由公司每年在信託財產收益
項下依主管機關核定之標準提撥。信託投資公司經依規定十足
撥補本金損失後，如有剩餘，作為公司之收益；如有不敷，應
由公司以自有資金補足。

　　截至民國 93 年底止，我國境內計有本國銀行 49 家、外國銀行 35 家、信用合作社與農漁會信用部等基層金融機構 311 家、以及信託投資公司 3 家，其分行數分別為 3,189 處、67 處、1,185 處、以及 26 處。銀行的密度不可謂不高。有關銀行的業務，在第八章會詳細介紹。

(二)保險公司

　　我國保險法第十三條規定，保險分為財產保險及人身保險二大類。財產保險，包括火災保險、海上保險、陸空保險、責任保險、保證保險及經主管機關核准之其他保險。人身保險，包括人壽保險、健康保險、傷害保險及年金保險。保險公司不得跨業經營。保險業的設立形式，可分為股份有限公司與互助保險 (mutuals) 二種；多數保險業屬於前者；後者則類似合作社的性質，依互助的原理集合有相同保險需求者而成。保險契約分不定值保險契約與定值保險契約二種；前者為契約上載明保險標的之價值，須至危險發生後估計而訂之保險契約；後者為契約上載明保險標的一定價值之保險契約。以下簡單介紹財產保險與人壽保險業。

1.財產保險 (property insurance)

　　保險標的，得由要保人，依主管機關核定之費率及條款，作定值或不定值約定之要保。保險標的，以約定價值為保險金額者，發生全部損失或部分損失時，均按約定價值為標準計算賠償。保險標的未經約定價值者，發生損失時，按保險事故發生時實際價值為標準，計算賠償，其賠償金額，不得超過保險金額。

2.人壽保險 (life insurance)

　　被保險人在契約規定年限內死亡，或屆契約規定年限而仍生存時，依照契約負給付保險金額之責。人壽保險保單大致可分為二種: 永久式與短暫式。永久式人壽保險於其存續期間內之保險費為固定額，因此，因為投保初期死亡率較低，其所繳保費通

常高於支付保險事故所需之額度，而超過之額度隨著時間逐漸
降低。此類保單之持有者，得就其所超繳之部分之現金價值，向
保險公司借款，或取消保險而向保險公司追索。定期式的保險，
因為所繳保費乃配合要保金額而訂，因此隨時間延續而逐步提
高。1960 年代以後，受到投資報酬偏低所影響，美國的人壽保
險業務大幅縮水；保險公司乃於 1970 年代時重新調整經營方
針，轉向經理退休基金，並規劃各種年金，始獲得重生。

　　截至民國 93 年底止，我國境內保險公司家數總計有 57 家，
其中 17 家為財產保險公司，21 家為人壽保險公司，17 家外商
保險公司與在臺辦事處，另有 2 家再保險公司。表 4.2 列示過
去十年來保險業資產佔金融機構資產的比例。過去十年來整個
保險業的資產佔金融機構資產的比例由民國 83 年的 7% 持續
上升到民國 93 年的 17%，主要成長來源為人壽保險業，由民國
83 年的 6% 上升到民國 93 年的 16%；財產保險業的資產值始
終未曾超過 1%，值得注意的是，財產保險業的資產比例於民國
91 年後有大幅下降之趨勢，此趨勢或許是受到國內景氣低迷所
影響。

表 4.2　保險業資產佔金融機構資產比例表

民國 (年)	金融機構 資產總額	保險業		產險業		壽險業	
		資產總額	%	資產總額	%	資產總額	%
83	15,444,700	1,062,788	6.88	107,049	0.69	955,739	6.19
84	16,799,200	1,252,902	7.46	126,167	0.75	1,126,735	6.71
85	18,013,550	1,467,943	8.15	139,860	0.78	1,328,083	7.37
86	19,822,760	1,748,550	8.82	167,101	0.84	1,581,449	7.98
87	21,575,640	2,037,605	9.44	179,922	0.83	1,857,683	8.61
88	23,201,110	2,375,186	10.24	204,047	0.88	2,171,139	9.36
89	24,664,180	2,743,977	11.13	212,199	0.86	2,531,778	10.26
90	26,093,760	3,056,435	11.71	224,769	0.86	2,831,666	10.85
91	27,984,220	3,593,244	12.84	196,867	0.70	3,396,377	12.14
92	31,199,810	4,830,466	15.48	202,479	0.65	4,627,987	14.83
93	34,327,980	5,724,701	16.68	219,416	0.64	5,505,284	16.04

資料來源：行政院金融監督管理委員會保險局。

表 4.3　人壽保險業資金運用表

單位：新臺幣百萬元

民國（年）	88 金額	88 %	89 金額	89 %	90 金額	90 %	91 金額	91 %	92 金額	92 %	93 金額	93 %
銀行存款	405,030	20.19	357,370	15.24	334,828	12.66	265,206	8.32	180,810	4.29	200,012	4.02
有價證券	602,627	30.04	806,890	34.40	868,085	32.83	1,257,902	39.44	1,743,124	41.33	2,251,456	45.28
公債及庫券	221,021	11.02	364,495	15.54	466,481	17.64	751,808	23.57	1,031,339	24.45	1,322,955	26.61
股票	126,876	6.32	135,209	5.76	124,713	4.72	171,922	5.39	273,632	6.49	317,924	6.39
公司債	50,731	2.53	49,733	2.12	97,633	3.69	95,510	2.99	88,101	2.09	118,741	2.39
受益憑證（含其他）	34,266	1.71	44,179	1.88	93,015	3.52	118,598	3.72	139,430	3.31	80,358	1.62
短期投資	169,733	8.46	213,274	9.09	86,243	3.26	120,064	3.76	210,622	4.99	411,478	8.28
不動產投資	159,637	7.96	185,281	7.90	177,539	6.71	193,901	6.08	221,781	5.26	230,343	4.63
壽險貸款	265,952	13.26	332,212	14.16	364,888	13.80	383,911	12.04	430,427	10.21	429,675	8.64
擔保放款	424,534	21.16	469,159	20.00	475,369	17.98	472,336	14.81	439,964	10.43	431,951	8.69
國外投資	83,655	4.17	108,405	4.62	329,534	12.46	523,773	16.42	1,110,983	26.34	1,347,990	27.11
專案運用及公共投資	64,690	3.22	86,072	3.67	93,691	3.54	92,063	2.89	90,450	2.14	80,813	1.63
資金運用總額	2,006,125	100.00	2,345,389	100.00	2,643,934	100.00	3,189,092	100.00	4,217,539	100.00	4,972,240	100.00

資料來源：民國 92 年以前資料來自財團法人保險事業發展中心；民國 93 年資料來自中華民國人壽保險公會。

表 4.4　財產保險業資金運用表

單位：新臺幣百萬元

民國（年）項目	88		89		90		91		92		93	
	金額	%	金額	%	金額	%	金額	%	金額	%	金額	%
銀行存款	53,889	46.41	53,320	42.02	47,690	36.71	46,489	40.52	41,137	31.85	41,415	26.81
有價證券	44,716	38.51	55,453	43.70	63,189	48.64	47,926	41.77	58,669	45.43	87,755	56.81
公債及庫券	16,538	14.24	25,193	19.86	32,336	24.89	22,269	19.41	19,499	15.24	25,980	16.82
股票	23,055	19.86	25,263	19.91	25,311	19.48	22,206	19.35	17,399	13.47	27,662	17.91
公司債	5,123	4.41	4,997	3.94	5,542	4.27	3,451	3.01	6,680	5.17	19,220	12.44
受益憑證（含其他）									15,091	11.69	14,893	9.64
短期投資												
不動產投資	13,502	11.63	13,729	10.82	14,253	10.97	14,874	12.96	17,546	13.59	16,156	10.46
擔保放款	4,008	3.45	4,381	3.45	4,778	3.68	5,445	4.75	5,731	4.44	5,513	3.57
專案運用及公共投資									6,058	4.69	3,634	2.35
資金運用總額	116,115	100.00	126,883	100.00	129,910	100.00	114,734	100.00	129,141	100.00	154,474	100.00

資料來源：財團法人保險事業發展中心。

　　表 4.3 與 4.4 分別列示民國 88 年至 93 年底止人身保險業與財產保險業的資金運用表。保險業資金運用途徑，受到保險法第一四六條的限制與規範。過去五年來，受到利率大幅下降的影響，無論財產保險或人身保險業的銀行存款餘額皆大幅下降，而投資有價證券的資金佔最大比例，幾達總資金的 50%。因為意外事故發生的機率較難估計，財產保險業的銀行存款所佔比例較高。投資有價證券各項目中，財產保險業較偏愛股票投資，而人身保險業則較偏愛政府公債與庫券投資。此外，人身保險業亦分別承作壽險貸款與擔保放款業務，二項目的比例於近二年來卻呈現大幅度下降，由過去約 30% 下降到 20% 左右。近年來二者的國外投資亦呈現大幅度增加之勢。

　　保險業應屬最容易發生不利選擇與道德危害的產業；一方面保險公司資金運用與銀行授信業務相同；另一方面保險公司亦須面對投保人以投保為後盾，而疏於防範危險，或虛保保險事故等，所產生的道德危害與不利選擇。保險公司亦自行發展出許多自保之道，例如，利用各種查詢管道或要求要保人體檢等方法，對於要保人進行詳細篩選；或依據投保風險程度訂定不同的保險費；或於保單上附加特別限制條款；或保留隨時取消保單的權力；或允許投保人對保險事故發生時自行負責部分損失。近年來，許多人建議保險公司降低承保金額，提高投保人的責任，以促使投保人注意事故的發生。

(三)退休基金

　　退休基金提供民眾退休後繼續獲取所得的來源。基金的來源多由企業與其員工於發薪時共同撥繳，因此是一種平時儲蓄供養老的措施。退休基金的主要區別在其屬於定額貢獻方案或定額收益方案。

　　定額貢獻方案依據投資的損益狀況，決定發放退休金的多寡；若投資獲利時，可獲得較高額的所得；若投資發生虧損時，可以獲得的收入即較低。許多退休基金投入雇主所發行的有價

退休基金 (pension fund)
設計各種退休金規劃供人們選擇的中介機構。

定額貢獻方案 (defined contributions plan)
退休金之領取依實際投資收益狀況發放。

定額收益方案 (defined benefits plan)
退休金之領取依事先規劃之金額發放。

證券，一方面儲蓄員工的退休基金，一方面亦提高雇主的生產力，並由員工分享生產成果。

定額收益方案通常為工會團體所規劃的退休金計劃，其未來支付額依照預先確定的額度發放。此種方案下，又可分為足額提撥式與不足額提撥式二種款項提撥方式；前者指各期的貢獻與收入足敷支付事先預定的給付額；後者指每期提撥額低於到期所須支付的給付額。不足額提撥式通常由雇主或主辦機關就當期的收入撥款支付，若不足時負責另尋財源補足之；至於基金運用收入若超過支付額時，則歸主辦者所有。由於許多採取不足額提撥方式的民間退休金計劃，時常發生詐欺與不當運用情事，導致受保障員工的權益受損，美國國會於 1974 年時制訂職工退休收入安全法案 (Employee Retirement Income Security Act) 對此加以規範，規範內容包括資訊公開、規範最低服務年限、限制最低提撥額、以及資金運用途徑等之最低標準。同時設置類似存款保險公司的退休金收入保證公司 (Pension Benefit Guarantee Corporation)。

許多退休基金的主辦者規定，員工須在職滿若干年後，方得享有在職期間每期所提撥的退休金。民國 94 年 7 月 1 日開始施行的我國勞工退休新制，則以專設個人退休金帳戶的方式保障員工的權益。

退休基金通常交由銀行、人壽保險公司或特設的監督管理委員會操作。我國政府所舉辦的勞工與公教人員退撫方案，已經於第二章介紹，此處不再重複。

㈣共同基金

證券投資信託公司以發行受益憑證之方式，募集成立證券投資信託基金，並運用證券投資信託基金投資證券及其相關商品，投資所得之利益由受益憑證持有人（即受益人）共享，其目的在於集合多數投資人之資金，組成共同基金，委由專業機構負責經理，並由銀行負責保管該基金資產，以兼具專業經營、

足額提撥式 (fully funded)

指退休基金各期的貢獻與收入足敷支付預定的給付額。

不足額提撥式 (underfunded)

指退休基金各期的貢獻與收入低於支付預定的給付額，其不足部分由雇主或主辦機關另行補足。

分散投資風險之特質，其負責經理基金之專業機構即為證券投資信託公司，在國外亦稱為基金經理公司。共同基金依其資本額固定與否，以及公開招募或私下招募，可以分為封閉型基金、開放型基金，與避險基金三大類。

1. 封閉型基金 (close-end funds)

凡共同基金之籌募與運用總額固定不變者稱之。此類共同基金所發放之受益憑證，通常於股票市場掛牌上市，受益憑證的價格隨時反映基金操作之損益狀況，投資人得於次級市場隨時變現。封閉型共同基金適用於投資標的以長期證券或財產為主，而流動性較差的基金。

2. 開放型基金 (open-end funds)

凡共同基金之籌募與運用總額不定者稱之。此類共同基金通常以類似存摺式的憑證交予投資人，並委託特定銀行代為收付投資款項。美國許多開放型基金甚至印製名為「股份 (share)」的「支票」交由投資人，作為提款之用。開放型基金通常適用於投資標的以短期證券為主，而流動性較高的基金，例如貨幣市場共同基金。

3. 避險基金 (hedge funds)

通常由著名的經理人，利用私下募集方式，以每股 1,000 萬美元以上的價位，向富有人士募集設置之投資基金，早在 1950 年代即已存在。1998 年由二位諾貝爾經濟獎得主 Robert Merton 與 Myron Scholes，加上前聯邦準備副主席 David Mullins 與華爾街名債券交易商 John Meriwether 四人共同發起組成的長期資產管理 (Long Term Capital Management，LTCM) 投資失利，而引起世人注意。LTCM 向投資人徵收 2% 的資產管理費，以及抽取 25% 的利潤。基金操作通常應用槓桿原理，以高達所收資本五十倍的金額，從事買空賣空並進（對沖）的無價格風險操作。這種稱為市場中性策略 (market neutral strategy) 或對沖式的操作手法，是以買賣價差縮小或擴大作為利潤來源。1997 年亞洲金融風暴初起時，他們預期美國政府公債將跌價而放空

封閉型基金 (close-end funds)

共同基金所募集的資金額固定不變。

開放型基金 (open-end funds)

共同資金允許投資人隨時增減投資額。

避險基金 (hedge funds)

泛指未經公開私下募集的共同基金。

(short) 此一債券，同時預期美國公司債與歐洲國家政府債券將漲價而叫進 (long) 該等債券，並期待買賣價差縮小時獲利。然而，亞洲金融風暴擴大後，許多知名的跨國大企業受到影響，在投資人擔憂受波及下，紛紛拋售後者，並搶購前者，反而造成價差擴大，事態的演變與最初的期待相違背，終於遭致重大損失。1998 年 9 月俄羅斯債券市場崩潰，更迫使 LTCM 必須立即清算其所持有價值高達 800 億美元的有價證券，以及名目價值達 1 兆美元的衍生商品的命運，亦迫使紐約聯邦準備銀行出面，召集債權人共同研商籌措高達 36 億美元的救援方案。另一個由 George Soros 經理的量子基金 (Quantum Funds)，於 1992 年歐洲貨幣體系危機時，成功的放空英鎊，而獲利達 1 億美元之多。

■ 4.4.2　投資銀行業

投資銀行業泛指推動直接融通相關服務業務之金融機構，包括經紀、信託、顧問、金融、保管與清算等服務類別。目前世界著名的投資銀行業者有 Merrill Lynch（美林）、Salomom Smith Barney（所羅門）、Morgan Stanley（摩根史坦利）、Dean Witter、Goldman Sachs（高盛）、Lehman Brothers（黎曼兄弟）、與 Credit Suisse First Boston（瑞士信貸第一波士頓）。

(一)證券商

我國證券交易法第十五與十六條規定，經營(1)有價證券之承銷及其他經主管機關核准之相關業務（承銷商）、(2)有價證券之自行買賣及其他經主管機關核准之相關業務（自營商）、(3)有價證券買賣之行紀、居間、代理及其他經主管機關核准之相關業務者（經紀商），稱為證券商。

證券交易法第六十條規定，證券商不得收受存款、辦理放款、借貸有價證券及為借貸款項或有價證券之代理或居間。但

經主管機關核准者，得為(1)有價證券買賣之融資或融券，與(2)有價證券買賣融資融券之代理。第七十一條規定，證券承銷商包銷有價證券，於承銷契約所訂定之承銷期間屆滿後，對於約定包銷之有價證券，未能全數銷售者，其剩餘數額之有價證券，應自行認購之。證券承銷商包銷有價證券，得先行認購後再行銷售或於承銷契約訂明保留一部分自行認購。第七十二條規定，證券承銷商代銷有價證券，於承銷契約所訂定之承銷期間屆滿後，對於約定代銷之有價證券，未能全數銷售者，其剩餘數額之有價證券，得退還發行人。承銷期間，不得少於十日，多於三十日。

至民國 93 年 6 月底止，國內證券商計 145 家，其中經紀商計有 106 家、自營商 97 家、承銷商 58 家、投資信託業 45 家、投資顧問業 219 家。

㈡投資信託公司

我國證券投資信託及顧問法第三條規定，證券投資信託公司發行受益憑證向不特定人募集證券投資信託基金，或以受益憑證向特定人私募證券投資信託基金，從事於有價證券、證券相關商品、或其他經主管機關核准項目之投資或交易。證券投資信託事業經營之業務種類為(1)證券投資信託業務、(2)全權委託投資業務、(3)其他經主管機關核准之有關業務。證券投資信託事業經營之業務種類，應報請主管機關核准。

截至民國 93 年 12 月底止，計核准 45 家證券投資信託公司設立，共募集發行四百六十六種基金，淨資產總值合計 2 兆 4,813 億餘元，其中專業投資國內證券市場者計有三百六十九種，其淨資產總值達 2 兆 3,441 億餘元；專業投資國外證券市場者計三十五種，淨資產總值達新臺幣 424 億餘元；投資國內外有價證券者計六十二種，淨資產總值達新臺幣 947 億餘元。

(三)投資顧問公司

我國證券投資信託及顧問法第四條規定，證券投資顧問指直接或間接自委任人或第三人取得報酬，對有價證券、證券相關商品、或其他經主管機關核准項目之投資或交易有關事項，提供分析意見或推介建議。證券投資顧問事業經營之業務種類為(1)證券投資顧問業務、(2)全權委託投資業務、(3)其他經主管機關核准之有關業務。證券投資顧問事業經營之業務種類，應報請主管機關核准。近年來企業購併盛行，投資顧問公司更扮演重要的角色。

截至民國 92 年 12 月底止，計核准 208 家證券投資顧問公司，接受投資人委託提供證券投資顧問服務；核准 37 家證券投資顧問公司提供八百一十八種海外基金顧問業務；核准大華證券投資顧問股份有限公司、統一證券投資信託股份有限公司及中國信託等 82 家公司辦理全權委託投資業務。

(四)證券金融公司

依據我國證券金融業管理辦法第五條規定，證券金融事業經營下列業務：(1)有價證券買賣之融資融券、(2)對證券商或其他證券金融事業之轉融通、(3)現金增資及承銷認股之融資、(4)對證券商辦理承銷之融資、(5)其他經證期會核准之有關業務。換言之，證券金融公司提供投資人融資與融券服務，以促進證券交易。

目前我國共有四家證券金融公司，其民國 93 年度證券信用交易之概況如下：

　(1)上市證券融資交易累計金額為 12 兆 8,891 億元（不含資券相抵），佔上市證券成交總金額的 28.59%。上櫃證券融資交易累計金額為 1 兆 4,043 億元（不含資券相抵），佔上櫃證券成交總金額的 20.30%。

　(2)上市證券融券交易累計金額為 1 兆 1,103 億元，佔上市證

券總成交值的 2.71%。上櫃證券融券交易累計金額為 1,390 億元，佔上櫃證券總成交值的 2.00%。

㈤證券及票券集中保管與結算公司

證券集中保管劃撥交割制度之設計，是一種投資人可以在證券商開設證券保管劃撥帳戶，委託證券商將自己持有的證券送交集保公司集中保管，並利用電腦自動撥帳功能，完成證券買賣有關交割結算工作，並可簡化發行公司、證券商以及集保公司對股務作業手續。

截至民國 94 年 7 月底止，臺灣證券集中保管公司業務概況列述如下：

⑴連線證券商 829 家，電腦連線單位數 1,462 家，保管帳戶開戶數累計為 1,269 萬餘戶。

⑵證券集中保管之股票中，上市股票部分計 441,165,838 千股，佔上市發行總股數 84.88%，上櫃股票部分計 61,143,646 千股，佔上櫃發行總股數 91.91%，興櫃股票部分計 15,515,624 千股，佔興櫃發行總股數 38.76%。

在票券交易快速成長下，由各銀行與票券商集資設立的臺灣票券集中保管與結算公司，所附屬的票券保管結算交割系統，已經於民國 93 年 4 月 1 日正式啟動。這個票券集保結算新制，主要特色與上述證券集保相同，希望達成票券交易無移動化的目標，以提高票券交易安全化、效率化及便利化，亦可防止連續性的違約交割、降低系統風險，並符合與國際接軌目標。

各種金融機構的主要功能，為提供資金供需者風險分擔、流動性與相關資訊。表 4.5 綜合列示主要金融機構所提供之上述三種功能。

表 4.5　各種金融機構在提供風險分擔、流動性、資訊功能的服務

金融機構	風險分擔	流動性	資訊提供
商業銀行	提供多樣化的資產組合，降低小額儲蓄者交易成本	提供不同程度流動性的資產求償權	為多數儲蓄者與借款人提供較金融市場為低的交易與資訊成本；專業於解決資訊問題（不利選擇與道德危害）
保險公司	藉風險分散的原則，提供因死亡或突發事件所產生財務危機之解決	－	蒐集並監督有關契約持有人與較不知名借款廠商的資訊
退休基金	為退休儲蓄提供經多樣化投資組合的求償權	－	－
投資銀行	－	參與證券買賣	於包銷過程中評估證券的好壞，提供廠商外部融通的諮詢
證券公司	除了在貨幣市場交易外，餘與銀行相同	參與證券買賣，對貨幣市場與資本市場工具提供流動性	－
共同基金	除了在貨幣市場交易外，餘與銀行相同	對貨幣市場與資本市場工具提供流動性	
金融公司	－	－	為借款人提供信用分析而蒐集資訊
證券主管機關	－	監督有組織的交易所或貨幣市場內交易的進行	強制資訊公開

4.5　結　語

　　為了維持價值穩定以發揮貨幣應有的功能，作為交換中介與價值儲存工具的政府貨幣發行量，必須保持稀有性。經濟活動以創造並有效分配稀有物資為宗旨，金融體系即為針對貨幣稀有性而發展建立。就創造的觀點而言，以創造政府貨幣的代替品為主；就分配的觀點而言，則以在資金剩餘者與透支者之間建立信用授受的管道為主。信用授受過程受到交易雙方資訊

不對稱問題所影響，欲求順利分配首先須克服此一問題所造成的障礙，然後建立不受人為干預的自由化金融市場，以實現有效分配的目的。因此，金融體系必須滿足流動性、風險分擔與資訊提供三大功能，否則難以竟其功。

　在金融市場中，資金剩餘者以所持有的高度流動性政府貨幣與透支者所發行的各種信用工具交換，完成信用授受。市場利用不同的方式，務求滿足有效分配的目的。市場買賣的標的物通稱有價證券，必須依據資金剩餘者的偏好加以規劃。金融機構則成為整個金融體系的支柱，他們基於提供流動性、建立風險分擔機制、提供資訊的原則，開發各式金融工具，並為之建立交易的市場。

複習題

1. 試申述信用授受的過程中，資金剩餘者與透支者的特殊偏好。
2. 信用授受的過程中，往往需要第三者的協助，此第三者通常必須提供何種功能以利授信活動？
3. 何謂直接融通？何謂間接融通？試舉例說明？
4. 試述金融市場的種類。試分組就本章第二節所列示之金融市場詳加討論。
5. 英國式拍賣與荷蘭式拍賣有何不同？
6. 何謂金融工具？試區分所有權憑證與債權憑證之主要內容。
7. 何謂衍生式的金融工具？試舉例說明「衍生式」一詞的意義。
8. 何謂金融中介機構？
9. 我國銀行法將銀行分為哪三類？其主要差異為何？
10. 保險公司亦屬於金融中介機構之一種，試述其與銀行的不同處。
11. 何謂退休基金？何謂共同基金？
12. 何謂投資銀行業？
13. 試列舉說明金融中介機構在提供流動性、風險分擔、與提供資訊三方面的功能。

Chapter 05 利率與其決定因素

資金借貸的過程中，貸款者因犧牲了當前支用資金所獲得的享受或利益，而要求借款者給予補償，此一補償額即為利息，其相對於本金的比例稱為利率 (interest rate)。除了補償外，尚有許多其他影響實際利率的因素。

　　本章由經濟體系的整體儲蓄與投資開始，仔細討論利率的決定過程與其中所包含的因素。第一節討論利率與信用的供需，利用一個經濟體系的可貸資金概念，介紹其來源與去處。此一部分的討論主要集中於一個經濟體系實質面的儲蓄與投資，因此所產生的利率即為實質利率。第二、三節介紹利率的種類與算術，分別說明實務界沿用各種利率的名稱與計算方法。第四節說明市場利率的內容，此即為通常新聞媒體中所報導的名目利率中所包含的其他訊息，計有（預期）通貨膨脹率、各種風險指標、期限與流動性等。第五節綜合上述，說明影響利率變動的因素，分別介紹可貸資金理論、資產理論與流動性偏好理論，並闡述利率變動的過程。

5.1　利率與信用（可貸資金）的供需

重·點·摘·要

經濟體系資源剩餘者依所收到的補償高低決定提供可用資源的數量，透支者依所支付的代價大小決定取得額外資源的數量，雙方在可貸資金市場經由各式債務憑證與資金的交換完成資源轉移，因此而獲得的補償與支付的代價稱為實質利率。

可貸資金 (loanable fund)

泛指經濟體系內可供使用的資源。

實質利率 (real interest rate)

信用受授過程中所支付的代價與收到的補償依實物的數量而訂定。

利率為信用授受的報酬與代價，在信用為稀有資源的前提下，透過市場機制進行分配，應為最有效率的分配方式。信用是一個抽象名詞，以具體的方式顯示其供需時，稱為可貸資金。一個經濟體系內可貸資金的來源為整體儲蓄，或過去儲蓄所累積而成的財富中尚未使用的部分。授予信用，代表供給可貸資金；而接受信用，代表對可貸資金的需求。

整體儲蓄指整體所得中未經消費的部分。在經濟分析中，當期的消費水準，受到消費的時間偏好以及代表儲蓄增殖的增殖率二種因素所影響。正常情況下，增殖率愈高時，當期消費的機會成本或損失愈高，故消費水準即愈低，而儲蓄水準則愈高。因為儲蓄的增殖是以實物表示，此處所謂增殖率，通常稱為實質利率。因此，信用的供給與實質利率水準之間，呈正向關係。

另一方面，信用需求者的時間偏好與供給者恰好相反，增加當期的消費可以為他們帶來較高的效用，因此他們希望增加當期的消費。他們願意支付若干代價，取得額外的資源提高當期的支出，必定是因為他們可以運用此一額外的支出，來創造更高的未來收益所致。未來收益的創造，通常來自好的投資機會。信用需求者為了提前支出而願意支付的代價，同樣是以實物的形式顯示，與上述的實質利率相同。因此，信用的需求與實質利率水準之間，呈反向關係。

表 5.1 列示一個經濟體系內可貸資金的來源（供給）與去處（需求）。

來　源	去　處
家庭儲蓄	家庭透支
企業儲蓄（保留盈餘）	企業投資
政府預算剩餘	政府預算赤字
貨幣供給增加額	貨幣供給減少額
外國人貸款予本國人（貿易逆差）	外國人向本國人借款（貿易順差）

表 5.1　經濟體系可貸資金的來源與去處

　　總體經濟學將經濟體系分為四個大的實質部門：家計單位、企業部門（包含公、民營企業）、政府部門、國外部門。再加入一個金融體系後，即構成為一個完整的貨幣經濟體系。可貸資金的主要來源，為各部門的收入扣除支出後的剩餘部分，而其去處則為各部門的支出扣除收入後的不足部分。家計單位的收入為其所得，扣除消費後的剩餘部分，即為家庭儲蓄。儲蓄以各種資產的形式保有，亦即儲蓄者將可用資金授予各類資產的供給者或資金的需求者，以交換各類資產。資產的種類可分為非金融資產與金融資產二大類；前者如房屋、土地以及各種耐久財等實質資產；後者如國內外各種通貨、銀行存款、債券、股票等通稱為金融求償權的金融資產。一般而言，家計單位為經濟體系可貸資金的主要供給者。家計單位同樣會發生透支的情事，惟個別家庭的透支額度有限，整體家計單位出現透支更屬不尋常。即便透支情事發生時，其資金取得的方式，亦多以銀行或私人借貸為主。

金融求償權 (financial claims)

泛指各種表彰資金授受者權利與義務的證明。

　　居經濟體系資金剩餘者地位的家計單位，選擇以購買並持有各種金融資產，來運用他們的剩餘資金。金融資產的發行者以企業、政府及金融機構為主。他們為因應對資金的需求，發行長短期債務憑證或股份憑證。在永續經營的前提下，企業經營的收入，扣除必要的支出後，尚須為因應將來擴充以及彌補生財器具汰舊換新之需，預留若干資金。此一預留的部分，即為企業的保留盈餘。此外，在企業的經營過程中，又基於營運的需要，產生對短期營運周轉金的需求。此一部分的需求，除

了利用自有資金外，企業通常會基於財務管理的考量，利用各種直接或間接融通管道，尋找所需資金。

政府機關是如何運用資金？

政府機關運作，除了一般經常性的開支外，尚以提供公共建設或公共財為由，產生資本性支出。所需資金的來源，主要為開徵各種稅捐與規費收入。公營事業盈餘繳庫與公賣利益收入，往往佔政府收入的極大比重。所有政府活動皆須編列預算，並經民意機關事先審核的程序，方得以執行。當稅收不敷支出以致財政出現赤字時，政府與一般企業或家庭一樣，必須依賴舉債來籌措資金。此時政府成為整體經濟中可貸資金的需求者；反之，當財政收支呈現盈餘時，政府固然不宜扮演債權人的角色，直接將剩餘資金貸放出去；但是，政府將收到的資金分散存放於各金融機構，而成為金融機構的營運資金，亦間接的成為整體經濟體系可貸資金的供給者。

在現代不兌換貨幣金融體系中，中央銀行為法定唯一的貨幣發行機構，商業銀行則開發各種具有代替貨幣功能的存款，吸收民間大眾的資金，再以此為基礎，從事貸放業務，進而創造存款貨幣。政府發行的通貨與銀行創造的存款貨幣，合稱為貨幣供給。中央銀行利用所掌握的各種政策工具，影響供商業銀行體系據以創造信用貨幣的強力貨幣或貨幣基數，實現增減貨幣供給的目的。作為交易中介的貨幣，自為發生透支的經濟主體所爭相企求，當然也成為可貸資金市場內一項重要的供給來源。

在一個開放的經濟體系中，一國居民所從事交易活動的空間，並不侷限於一國疆界之內，國際商品與勞務、投資以及金融交易不可免，在在都產生資金供需的結果。國際經濟活動涉及使用外匯或外國貨幣，其相關資料可自一國的國際收支帳 (balance of payments) 中窺見。國際收支帳記載特定期間內，一國居民與外國居民間所有交易活動，其內容分為經常帳 (current account)、資本帳 (capital account)、金融帳 (financial account) 三大項目，採複式簿記的原則記載交易事項。經常帳記載包含商

品與服務項目的進出口交易、各種所得的匯進匯出以及具有慈善救助與經濟援助性質的單方面給付項目。資本帳記載非金融性之資本設備移轉項目。金融帳記載包括直接、間接投資、短期金融性交易等涉及資金移動的交易項目。以上國內外民間的商業交易活動，可以分為實質交易與金融交易二部分，基於借貸平衡的原理，除了少數單方面轉移的交易項目外，任何實質交易的對方即為金融交易。因此，實質交易順差（逆差），必有金融交易逆差（順差）相伴隨。實質交易順差代表本國提供較多的資源供外國人使用，因而產生整體正儲蓄。然而，實質交易順差的另一面，正是金融交易逆差，代表國內民間儲蓄的資源以外國資產增加的形態儲存，亦即提供外國人資金融通之用。簡言之，貿易順差導致將本國儲蓄轉移供融通外國人使用，而貿易逆差則代表自國外取得資金融通。

　　以上說明可貸資金的供需，表 5.2 上半部列示民國 82 年至 92 年間，中華民國臺灣地區各部門資金剩餘與不足概況，以及各部門對於可貸資金供需淨額佔國內生產毛額 (GDP) 的比例。表中所列資料，實即為各部門對可貸資金的供需淨額。茲列舉重要項目說明如下：

　(1)歷年來資金供給的來源，以每年高達 1.3 兆餘元，約佔 GDP 14% 的家庭儲蓄為主。近年來，我國家庭儲蓄已有明顯下降的趨勢，而國際貿易順差擴大又形成大量對外融資之勢。

　(2)民國 89 年以前主要資金需求的來源為民營企業，但是這方面的需求於過去三年內顯現出嚴重下降之勢。民國 91 與 92 二年民營企業反而成為資金的重要供給者，顯示企業的投資淨額為負數。

　(3)公營企業資金透支額逐年萎縮，此反映民營化的結果。

　(4)政府預算赤字逐年擴大，成為重要的資金需求來源。民國 90 年曾一度增加超過民國 89 年的一半，此係景氣蕭條導致稅收減少所致。

　(5)金融機構所創造的信用，隨景氣循環波動。

(6)最後一列「全體部門」項目為整體資金來源扣除國內支出使用後的淨額，此一數字代表國內儲蓄供外國人使用，也是國際收支的順差部分。過去十年來，我國每年皆有大量資金提供國外資金需求者使用，此應該是反映國內資本形成不足的結果。最近三年來，此一現象在企業需求不足下，更加明顯。

表 5.2 下半部列示各年度之二種長短期平均利率、平均股價指數與美元平均匯率水準，四個不同的金融價格指標。茲將這些代表資產價格的統計結果及其彼此間的互動性，歸納如下：

(1)長短期利率同方向變動。除了民國 86 與 87 二年外，短期利率皆低於長期利率水準。

(2)在穩定的家庭儲蓄下，長短期利率水準自民國 85 年起逐年上升，而自民國 88 年以後逐年下降，此應與國內企業對資金需求由強轉弱或景氣循環有密切關聯。

(3)股價指數的變動則較不規則，民國 86 年亞洲金融風暴後，先是受到景氣衰退影響而下降，而於民國 90 年再受到企業投資衰退影響出現大幅下降。一般認為股票與債券是互相代替性的金融工具，此點可以自表中資料略見端倪。換言之，當股市不振時，資金移向債券市場，導致債券價格上漲與利率下降的結果。

(4)同一時期內，新臺幣兌美元的匯率則呈現連續四年貶值之勢，此應是反映國內需求不足下，資金轉向國外尋求投資機會的結果。

由以上對信用供需的討論，我們可以得到一個結論：假設由儲蓄所累積的財富，會依特定比例分配於各種具有價值儲存功能的資產，均衡的實質利率水準，即由信用（可貸資金）的供給與需求情況共同決定。換言之，在可貸資金市場內，交易的一方提出可用資源（通常為流動性最高的貨幣），另一方則提出一種信用憑證（有價證券），相互交換完成融通交易。

1.信用的具體化：信用工具

表 5.2　中華民國臺灣地區各部門資金剩餘與不足概況表

民國（年）	82	83	84	85	86	87	88	89	90	91	92
金額（億元）											
企業部門	−6,280	−6,741	−7,071	−6,873	−9,107	−10,567	−8,614	−7,851	−310	1,685	1,574
民營企業	−5,437	−6,378	−6,774	−6,537	−9,033	−10,481	−7,710	−7,039	112	2,200	1,869
公營企業	−843	−363	−297	−336	−74	−86	−904	−812	−422	−515	−295
政府部門	−1,781	−1,883	−2,574	−3,699	−3,087	−2,346	−4,710	−4,359	−6,104	−4,354	−3,905
金融機構	562	951	850	592	941	928	1,602	1,788	917	394	831
家庭部門	9,379	9,417	10,298	12,804	13,209	13,075	14,376	13,144	11,612	11,089	11,527
全體部門	1,880	1,744	1,503	2,824	1,956	1,090	2,654	2,722	6,115	8,815	10,026
佔名目 GDP 比率 (%)											
企業部門	−10.61	−10.43	−10.07	−8.95	−10.94	−13.76	−9.27	−8.12	−0.33	1.73	1.60
民營企業	−9.19	−9.87	−9.65	−8.51	−10.85	−13.65	−8.30	−7.28	0.12	2.26	1.90
公營企業	−1.42	−0.56	−0.42	−0.44	−0.09	−0.11	−0.97	−0.84	−0.45	−0.53	−0.30
政府部門	−3.01	−2.91	−3.67	−4.82	−3.71	−3.06	−5.07	−4.51	−6.46	−4.47	−3.97
金融機構	0.95	1.47	1.21	0.77	1.13	1.21	1.72	1.85	0.97	0.40	0.84
家庭部門	15.85	14.57	14.67	16.68	15.86	17.03	15.47	13.60	12.29	11.39	11.71
全體部門	3.18	2.70	2.14	3.68	2.34	1.42	2.85	2.82	6.47	9.05	10.18
利率（年平均，%）											
銀行同業隔夜拆款利率	6.41	6.13	6.19	5.44	6.86	6.56	4.77	4.73	3.69	2.05	1.10
政府公債利率（十年期）	−	7.24	6.79	6.04	6.14	5.99	5.80	5.63	4.53	3.46	2.16
股價指數（年平均，民國 55 年 =100）											
發行量加權指數	4,214.8	6,253.0	5,543.8	6,003.7	8,410.6	7,737.7	7,426.7	7,847.2	4,907.4	5,225.6	5,253.8
匯率（年平均，NT$/US$）											
美元匯率	26.387	26.457	26.486	27.458	28.703	33.456	32.266	31.225	33.800	34.575	34.418

註：(1)表中數字部分，正數代表資金剩餘，負數代表資金不足。

　　(2)「全體部門」之資金剩餘代表對外貸出淨額，亦即表示本國剩餘資金提供外國使用之金額。

資料來源：(1)中央銀行經濟研究處編印之各期《中華民國臺灣地區資金流量統計》。

　　　　　(2)中央銀行經濟研究處編印之各期 *Financial Statistics, Taiwan District, The Republic of China*。

　　在信用市場內，資金授受往往以交付信用工具為條件，故信用交易亦可視為信用工具的買賣行為。信用工具可以是有實體的與無實體的有價證券二類；前者如各種債券，具有利於辨認的特徵，以及便利的次級市場供其交易之用；後者如以帳面記載為主的存放款。近年來，一方面為了追求流動性，而藉證

券化將各種資產實體化，另一方面又配合電子化交易的發展，為降低交易成本，而將實體的各種有價證券無實體化。

債務憑證大致可以分為附息債券與不附息債券二類。前者附有息票，供持有者定期（每半年或每一年）向債務人求取固定利息之用。附息條件亦可依某一具有指標作用的利率為基準，再予以加碼若干而得，是為浮動利率債券。後者則將利息反映於債券出售時的折價中，稱為折價債券。期限較長的中長期債券，通常多居附息債券；而一年內到期的票券，則多以不附息債券的折價方式發行。債券發行時尚可附加其他條件於其上，例如，可轉換債券、附認股權債券、可召回債券等等，這些附加的各種不同條件，當然也造成債券價值不一。1970 年代通貨膨脹嚴重的時期，英國政府為吸引投資人的注意，於發行公債中增列利率指數化的條件，明示支付之利息隨物價指數變動而十足調整，使投資人得以享受固定的實質報酬；同時，由於 1970 年代以來利率漲多跌少，浮動利率債券適時推出，並成為熱門投資標的。1980 年代股市飆漲時期，可轉換債券與附認股權債券風行一時。

2.價格機能：分配效率

藉市場機能的運作，最大的分配效率於信用供需均衡處實現；亦即資金供給者以最高的增殖率貸放出多餘的資金，而信用需求者以最低的代價取得所需的資金，如此將有限的資源（資金）投入具有最大使用效率之處。這種分配的功能，即為個體經濟學中所謂的價格機能。

附息債券 (coupon bonds)

附有定期支付固定利息的債券。

不附息債券 (zero coupon bonds)

債券利息依銷售時之折價值而定。

浮動利率債券 (floating rate bonds)

債券之付息依特定條件改變。

折價債券 (discount bonds)

指不附息債券。

利率指數化 (indexed)

債券支息時依特定物價指物數調整利率。

5.2　利率的種類

　　在信用市場中交易的商品，通稱為信用工具或
金融工具。因為工具發行者本身的條件，以及金融
工具所附加的條件，不盡相同，信用工具通常不為
同質商品，因此價格亦不會相同。然而，若依據某
些標準，將信用工具加以分類；例如，依受到法律
保障之程度、依所附帶之額外保證或依信用期間之
長短等因素，仍可歸納為若干類，每一類所對應之利率水準不
盡相同。利率水準的高低反映整體信用市場的鬆緊狀況，債券
通常都會明示其面額，以彰顯到期時發行者必須償還的本金額。
若供給者依拍賣 (auction) 的方式發行債券，則最後成交的價格
必定低於面額，二者之差即為買方所獲得的利息。因此，債券
的價格愈高，表示利率水準愈低；反之，債券的價格愈低，則
反映利率水準愈高。債券價格與利率水準之間具有反向關係。

　　拍賣的缺點是籌資者較不易精確掌握所能籌到資金的總
額，另外二種常見的方式就是依面額出售，同時聲明到期時依
面額的若干倍償還本利，或於債券上附加息票，定期發放固定
金額的利息，以降低市場利率太高所產生的大幅折價。無論以
何種方式出售債券，債券利息都不會與市場利率脫節。例如，
若某一債券所附的固定利率高於市場利率水準，則該債券必定
吸引投資者搶購，使得售價高出面額，稱為溢價；若所附固定
利率低於市場利率水準，則必定乏人問津，因此必須折價出售。
市場利率變動，帶動債券價格改變，債券持有者因而發生資本
利得或資本損失，進而影響投資報酬。受到債券價格變動影響
而發生的損失，稱為利率風險，是影響債券投資人購買意願的
一項重要因素。

　　利率種類繁多，投資人往往希望能夠利用觀察少數具有指

重・點・摘・要

債務憑證所附帶的利率因人、因事、因
時、因地而異，其中銀行基本放款利率、
政府公債利率與銀行同業拆款利率則
具有特定的指標意義。

溢價 (premium)

債券附息大於市場利率時，依
高於面額銷售。

折價 (discount)

債券附息低於市場利率時，依
低於面額銷售。

資本利得 (capital gain)

因利率下降導致債券價格上升
而獲得之額外投資報酬。

資本損失 (capital loss)

因利率上升導致債券價格下降
所產生之投資損失。

利率風險 (interest rate risk)

因利率改變導致債權人或債務
人發生額外損失。

標性的利率，作為決定投資決策的參考，以下介紹三種市場中常見的利率，以及其反映市場情勢的代表性。

1. 基本放款利率

由金融中心所在地的大銀行，不定期公布的一種標準貸款利率，稱為基本放款利率，適用對象為信用最佳的客戶，故亦稱為最低銀行放款利率。基本利率一經公布後，通常即在該水準維持一段時間不變，此亦為銀行扮演市場創造者的一種表徵。銀行通常依客戶的過去信用狀況、所經營事業種類與貸款用途等項目，訂定不同的風險代碼，於實際貸款時依當時的基本利率另外加碼計息。

基本放款利率 (prime rate)

商業銀行對信用條件最優顧客放款所收取之利率。

事實上，基本放款利率甚少變動，因此所含信息平時並不具有太多的參考意義。然而，當此一利率經調整變動後，即反映某種趨勢已經成形。此外，銀行承作貸款時，往往有要求客戶提供補償性存款餘額的習慣，此即為我國銀行界所稱的「放款回存」，將放款金額的一部分保留在存款帳戶中不予動支，此舉實質上等於變相的提高放款利率。若欲以銀行利率作為資金鬆緊之指標時，除觀察基本利率外，仍須將這種補償性存款列入計算，而這項資料通常屬於銀行的業務機密不易取得。若放款回存比例固定不變，基本放款利率變動時，仍可顯示扮演市場創造者的銀行，已經確認金融情勢變動屬於永久性，因此仍具有某種程度的參考價值。

補償性存款餘額 (compensating balance)

又稱放款回存，指銀行要求貸款者將貸放款項之一定比例留存在不付息的活期存款帳戶內變向提高放款利率。

2. 政府公債利率

政府公債代表一種長期無倒閉風險的有價證券。因此，其利率高低往往顯示中長期資金的鬆緊狀況。許多國家的中央銀行，為了減輕政府財政負擔，經常會在新債券發行時，藉著市場操作先將利率水準壓低。此為參考政府債券利率時，應特別注意處。一般公司債含有發行公司個別的風險因素在內，其利率的變動，可能是因為風險因素改變所致，因此不具指標意義。

3.銀行同業拆款利率

　　銀行同業拆款市場為專供銀行同業間資金調撥的市場，所進行信用交易的期間通常極短，幾乎不包含任何風險因素在內，故對於短期信用市場的情況，最具有代表性，亦為許多短期貨幣市場工具訂定利率時之參考指標。

　　以上三種利率經常為人們提及，主要是因為其具有某種指標的意義，故成為許多債務憑證訂定利率時的參考標準。表 5.3 列示，近三年來我國貨幣市場利率的變化情形。

> 基本放款利率、補償性存款餘額以及銀行同業拆款利率，具有什麼樣的指標意義？

表 5.3　我國貨幣市場平均利率

單位：年利率 (%)

項　目	期　間	民國 91 年	民國 92 年	民國 93 年
金融業拆款	隔夜	2.046	1.097	1.061
商業本票（次級市場）	1–30 天	2.00	1.00	0.95
	31–90 天	2.03	1.05	0.99
	91–180 天	2.14	1.16	1.09
可轉讓定期存單（次級市場）	1–90 天	2.02	1.05	0.97
	91–180 天	2.08	1.10	1.02
銀行承兌匯票（次級市場）	1–30 天	2.02	1.00	0.95
	31–90 天	2.14	1.06	0.97
	91–180 天	2.58	1.19	1.00
國庫券（初級市場）	92–182 天	–	1.06	1.15
	183–364 天	2.16	1.05	1.22
央行可轉讓定存單（初級市場）	1–30 天	2.11	1.15	1.08
	31–91 天	2.09	1.31	1.15
	92–182 天	2.12	1.18	1.09
公債附條件交易（次級市場）	1–30 天	1.67	0.82	0.78
	31–90 天	1.77	0.92	0.88
	91–180 天	1.89	1.05	1.01

資料來源：中央銀行編各期《金融統計月報》。

5.3 利率的算術

重·點·摘·要

理財事務首重精打細算，相關的計算方法為全體投資人皆須具備的技能。

持有信用工具是投資行為的展現，投資者通常注重的一項重要因素就是金融資產的報酬 (return) 或收益 (yield)，選擇投資標的時，往往須經過比較的程序。比較首重基礎相同，各種有價證券期限 (term) 不同，因此比較前須將各計算得之報酬率，轉換成相同期限，通常以「年」為比較單位。此外，有價證券亦常按標售價格間接的顯示其報酬率，不同報酬率下所對應的價格亦不相同。以下介紹用以顯示報酬率的常用術語及其演算式。

1. 名目收益

長期債券通常附有固定金額之息票，依息票與面額所衡量的收益率，稱為名目收益率 (nominal yield)。

名目收益率＝年利息收入／面額。

假設某面額為 500 萬元之長期債券，附有每年支付 25 萬元之息票，則名目利率為 0.05 （＝ $25 萬／$500 萬）。

2. 當前收益

債券一經發行後，其價格必隨市場利率變動而改變。次級市場的投資者，則依取得債券所支付的實際價格，衡量其收益率，稱為當前收益率 (current yield)。

當前收益率＝年利息收入／售價，或

＝（面額 － 售價）／售價。

若前述面額 500 萬元之債券於次級市場依 450 萬元出售，投資者所獲得之當期收益率即為 0.056 （＝ $25 萬／$450 萬）。

此外，短期不附息票券往往以拍賣的方式發售，而於到期時依面額取回本金，而售價與面額之差即為投資收益，其收益率為

當前收益率＝（面額－售價）／售價。

3. 長期債券持有到期收益（有效收益）

長期債券投資人，甚少有連續持有到期者，而債券出售價格又受到出售時的利率水準影響，難以事先認定，唯一能夠確定的是持有到期所能獲得的收益，故一般以持有到期收益率或殖利率列示。計算長期債券的持有到期收益率，須利用折現值的計算公式進行，說明如下：

持有到期收益率 (yields to maturity)

又稱殖利率，指依據債券的售價與各期收益額計算取得日與到期日間的收益率。

(1)折現值

假設已知未來 n 期每期的利息收入為 R_i，以 F 代表到期時可以收回之面額，投資者所期望的收益率為 r，則該投資之折現值 (discounted present value) P，可依下式計算：

$$P = \frac{R_1}{(1+r)} + \frac{R_2}{(1+r)^2} + \cdots + \frac{R_n + F}{(1+r)^n}。$$

若市場利率為 2.5%，前述債券距到期日尚餘三年，則今日之售價應為 537.5 萬元；

$535.7 萬

$$= \frac{\$25 萬}{(1+0.025)} + \frac{\$25 萬}{(1+0.025)^2} + \frac{\$25 萬 + \$500 萬}{(1+0.025)^3} ❶。$$

若債券為不附息者，其價值可以下式計得，

$$P = \frac{F}{(1+r)^n}。$$

假設市場利率為 5%，某期限為三十年，面額為 10,000 元之儲蓄券，今日之售價應為 $2,313.77 = $10,000/(1.05^{30})$。期望的收益率不能偏離市場利率，故以上公式顯示以下重要定律：

①債券距到期期限愈短者（n 愈小），其價格受利率變動的影響愈小。

②到期期限與面額皆相同的附息與不附息債券間，附息債券的價格受利率變動的影響較大。

---

❶ 讀者可以試用 Excel 軟體中的財務函數 PV(0.025, 3, 250,000, 5,000,000) 計算折現值。

③相同的附息債券中，附息愈低者，其價格受到利率變動的影響愈小。

最後必須一提的是，附息債券每屆期所領取的固定利息，實相當於一種零息債券到期所領取的面額，因此，附息債券的價值，應等於一序列零息債券的價值之和。事實上，美國財政部鑑於此一事實，於 1985 年允許將附息記名債券的固定金額息票，與債券本體分離並單獨交易，稱為STRIPS。

⑵折現率

若價格 P 為已知，且未來持有期間的利息收入分別為 R_i，則持有前述證券到期時可以實現之報酬率 r（殖利率）亦可依相同公式推算。假設前述債券的到期期限為三年，則其折現率或到期收益率 $r_m = 8.95\%$，可以自下式中求得，

$$\$450\ 萬 = \frac{\$25\ 萬}{(1 + r_m)} + \frac{\$25\ 萬}{(1 + r_m)^2} + \frac{\$25\ 萬 + \$500\ 萬}{(1 + r_m)^3}\ ❷\ 。$$

英國政府在十九世紀初的拿破崙戰爭時期，曾經發行過一種永遠無到期日的債券，稱為永久公債 (consol)。該債券至今仍繼續付息。永久公債的價格仍為有限數值，如下：

$$永久公債的價格 = \$ 利息收入 / r,$$

r 代表市場利率 ❸。

4.國庫券利率

金融市場對於新發行國庫券之公告利率，習慣上依下式計算：

$$r_B = \frac{F - P}{F} \times \frac{360}{n},$$

STRIPS(Separate Trading of Regestered Interest and Principal Securities)

將附息債券所附各期固定金額的利息與債券分離並依折價出售。

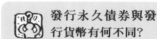
發行永久債券與發行貨幣有何不同？

---

❷ 讀者可以試用 Excel 軟體中的財務函數 IRR 計算折現率。先將 −4,500,000, 250,000, 250,000, 5,250,000 四個數字填入 B1 到 B4 的儲存格內，然後鍵入 IRR(B1:B4) 即可。

❸ 每年利息收入為一元的永久公債，其折現值為 $P = \dfrac{1}{r}$ $= \lim\limits_{n \to \infty} \sum\limits_{i=1}^{n} \dfrac{1}{(1 + r)^i}$。

F 為面額，P 為售價，n 為距離到期之期限。而中長期債券之利率，則依下列公式計算：

$$r_Y = \frac{F-P}{F} \times \frac{365}{n}。$$

二者相互比較，公告利率通常較為偏低。我國金融市場，目前除了銀行承兌匯票貼現息仍然維持以一年 360 天的基礎計息習慣外，其餘貨幣市場利率皆以一年 365 天為計息基礎。

5. 短期有價證券次級市場價格

根據 $r_Y = \frac{F-P}{P} \times \frac{365}{n}$，可推得，

$$P = \frac{F}{(r_Y \times \frac{n}{365}) + 1}。$$

由此，債券或國庫券距到期期限愈短者，其價格因利率波動影響而波動的幅度愈小。國庫券通常到期期限最短，其價格波動最小，因此被視為利率風險最低的有價證券。

5.4　市場利率的內容

第一節由儲蓄與投資的角度，分析實質利率的意義。然而，經濟體系內尚有許多其他的變數存在，使得平時我們所見到的市場利率，與前述實質利率有所不同。以下分別對這些影響市場利率的因素加以說明。

重·點·摘·要

資金剩餘者提供可用資金予透支者時，為了確保所獲得的實質補償外，通常針對其對通貨膨脹的預期、借款人的經營良窳、市場結構與借貸期間的長短等因素，附加額外的補償。市場利率就是合併所有這些補償下的結果。

■ 5.4.1　名目利率與實質利率

利率代表犧牲目前消費所獲得的實質補償，也是提早消費所應付出的代價。當衡量利息是以貨幣單位顯示時，稱為名目利率；將名目利率依據貨幣購買力的變化加以調整後，即為實質利率。二者的差別在於所代表的貨幣購買力不相同。固定的

名目利率 (nominal interest rate)

以貨幣單位顯示之利率。

實質利率，表示所收入利息的購買力不變。在通貨膨脹的環境下，依固定的名目利率所收到利息的購買力，則每況愈下。因此，在其他條件不變下，名目利率與實質利率之差，即反映通貨膨脹率。

在通貨膨脹的環境下，一個要求獲得實質利率的資金供給者，必定依照他對通貨膨脹率的預期，要求較高的名目利率，以補償資金回收時可能發生的購買力損失。因此，名目利率 i、實質利率 r 與預期通貨膨脹率 π^e 三者間的關係，應為

$$1 + i = (1 + r)(1 + \pi^e),$$

此即為著名的費雪方程式，將之簡化可得

$$i \approx r + \pi^e;$$

亦即，名目利率等於實質利率加預期通貨膨脹率。

費雪方程式 (Fisher equation)

顯示實質利率、名目利率與通貨膨脹率三者間的關係。

物價上漲不等同於通貨膨脹，此點可以由下列說明中看出。一般而言，在物價水準連續上升的通貨膨脹時期，名目利率會隨預期物價水準持續上升而提高。但是，在物價上漲發生的初期，因為通貨膨脹的預期尚未形成，名目利率未必會立即上升，此時即可能導致事後實現的 (realized) 實質利率水準下降，甚且還會出現負值。1973～1981 年二次石油危機的通貨膨脹期間，美國國內的實質利率水準即曾經一度出現負值的情形。換言之，儲蓄者在 1973～1976 年間，非但未能因利息收入而獲益，反而因物價上漲而遭到懲罰。但是，1976 年以後當通貨膨脹預期形成後，名目利率水準開始大幅上升，經濟蕭條亦進入最嚴重的階段。同理，在物價開始下降的初期，因為通貨膨脹的預期仍未消失，名目利率仍會居高不下，以致實現的實質利率高漲。1983～1985 年間，美國即曾經歷此一現象的出現，直到國際油價大幅下滑後，名目利率水準方始下降。當時美國國內相對較高的實質利率，吸引了國外資金大量流入，促成了美元不正常的大幅升值。2005 年國際油價再度暴漲，沉寂已久的通貨膨脹再度出現許多國家的實質利率水平亦再度呈現負值。

 物價上漲就等於通貨膨脹嗎？

　　1970 年代通貨膨脹嚴重時期，英國政府首先發行指數型公債，將公債所附利息與本金，隨物價水準變動同比例調整。此後，澳洲、加拿大、瑞典等國亦跟進。美國財政部於 1997 年 1 月正式標售實質利率債券 (real interest rate bonds)，將本金與利息隨消費物價指數升降，每日調整。

指數型公債 (indexed bonds)
債券到期實際支付的本金與利息依物價水準變動調整，以維持其購買力不變。

5.4.2　利率的風險結構

　　信用工具的另外二項重要特徵就是風險與期限。二者間固然具有某種程度上的相關性，然而亦各有其獨特的一面。所謂「風險」泛指對於資產未來價值的不確定性。影響債券價值的不確定因素，計有債務人喪失償債能力的風險、因為利率上升而導致價格下降的風險，以及政府財稅部門對利息課稅的認定改變而提高利息收入者稅負的風險。「期限」指信用授受的期間，期限長短直接影響資金的流動性。長期限除造成儲蓄者的不便外，亦增加其不確定性。

　　風險高低影響最後的投資報酬，信用供給者於授信時，必定會要求被其認定風險較高的借款人，支付較高額的風險補償或風險升水，稱為利率的風險結構。以下先討論影響利率的風險因素，以及規避這些風險的措施。

風險補償 (risk compensation)
利率依債務人所面臨喪失償債能力的可能性高低加碼。

利率的風險結構 (risk structure of interest rates)
實際利率中所含的風險因素。

1.喪失償債能力的風險

　　當債務人喪失償債能力 (default) 時，債權人極有可能血本無歸，而遭致嚴重的損失。依據可能承擔風險的高低，反映於不同借款人須支付不同利率之上。因此，貸款人對於借款人償債能力相關資訊的需求，非常迫切。目前許多中立的信用評等機構，例如美國的 Moody（穆迪）與 Standard & Poor（史坦普）二家專事信用評等的機構，定期發布的信用評等 (credit rating) 資料，已經普遍的為多數投資人所採用，因而成為訂定風險升水的主要參考資料。能夠獲得優良評等的企業，往往可以依低廉的代價發行債務憑證。許多國家的金融法規中，亦常見到禁

止金融機構將大眾的存款資金，投資於評等等級低於特定等級
（例如，BB 以下等級）機構所發行債券的規定。近年來這二家
信用評等機構的公信力已經逐漸建立起來，在金融國際化的風
潮下，他們亦陸續擴大評等的範圍與地區，而其定期評等的結
果，往往亦成為最受國際金融界重視的指標。

表 5.4　Moody 與 Standard & Poor 兩種債券評等說明

Moody's		Standard & Poor's	
等　級	說　明	等　級	說　明
Aaa	最佳等級	AAA	最佳等級
Aa	高等級	AA	高等級
A	中上等級	A	中上等級
Baa	中等級	BBB	中等級
Ba	具有投機性質	BB	中下等級
B	缺乏可以作為投資標的的特徵	B	投機性
Caa	劣等，可能喪失償債能力	CCC–CC	完全投機性
Ca	高度投機性，通常會喪失償債能力	C	保留供收益債券 (income bonds) 用
C	最劣等，前景非常差	DDD–D	已經喪失償債能力

以下表 5.5 列示信用評等對利率的影響實例。

表 5.5　2003 年 7 月 8 日五年期債券利率

債券種類與等級	利　率	邊際值
美國財政公債	2.54%	–
Aaa 級公司債	2.67%	0.13%
Aa 級公司債	2.70%	0.03%
A 級公司債	3.01%	0.31%
Baa 級公司債	4.20%	1.19%
Ba 級公司債	7.12%	2.92%
B 級公司債	8.20%	1.08%

資料來源：bonds.yahoo.com/rates.html.

　　風險發生往往都是在款項已經貸放出去後，為了避免這種
道德危害問題，許多貸款契約上，往往附加要求貸款人的財務

狀況必須保持一定標準的條款。有價證券集中市場，更嚴格訂定合乎上市的標準，以保護債權人，並利於市場運作。近年來，許多保險公司亦推出放款保險的契約，供債權銀行投保。

　　過去五年來，整體存款利率水準大幅下降，固然是因為過去快速經濟成長所帶動儲蓄快速增加所致，但是直接金融以及銀行資本管制法規，引導銀行體系逐漸失去金融中介的光彩。銀行不再依賴民眾存款為資金的主要來源，而銀行亦在逐漸失去過去貸款主流的大企業客戶後，開始將業務重心轉向消費型貸款。在強烈競爭下，將授信對象的年齡大幅降低，以致授信風險高漲，風險加碼亦大幅升高，因此諸如信用卡、現金卡等的使用者，須支付高達 20% 的利率水準，實不足為奇。

2. 流動性風險

　　流動性包含變現能力與變現費用二項因素。當金融市場受到外來影響，以致金融工具的變現能力與變現費用提高時，稱為流動性風險。變現能力視次級市場的健全與否所決定；變現費用除了受到交易時的直接成本影響外，尚受到利率的變異性高低所影響。這些因素往往都與市場結構是否完全有關。因此，市場健全與否可以影響證券發行者的成本，一個健全的金融市場則有助於降低證券購買者的風險。流動性風險起自金融市場發生劇變，因此多屬於國家風險。近年來，許多信用評等機構或知名的管理團體，定期公布他們所作的國家信用評等，供國際投資人參考。國際性的債權債務契約內，亦常見國家信用評等改變後，利率須依一定的幅度調整的條款。

> **流動性風險 (liquidity risk)**
> 指債券喪失流動性所可能引發的損失。

3. 稅負風險

　　利息代表投資者的收入，也是借款者的支出，二者受到稅法的影響甚巨。若利息收入免課稅或適用較低的稅負，即得以吸引眾多投資人 (有價證券的需求者)。若利息支出得以在帳上列計費用支出，亦可吸引眾多借款人 (有價證券的供給者)。這種差別性的租稅措施，直接影響債券的需求或供給，因此成為影響利率水準高低的重要因素。最重要的是，稅法是由人所訂

稅負風險 (differential tax treatment risk)

指利息收入者面臨稅法變更可能遭受負稅額提高的損失。

收益曲線 (yield curve)

同種債券支付利率依到期期限長短所繪製之圖形。

利率的期限結構 (term structure of interest rates)

利率因到期期限長短而呈現的差異。

定，也可以隨時由立法者加以修改。當稅法改變後，投資人必定受到影響，若因此而受害，則稱為稅負風險。影響一國稅法修訂的因素，例如政府的財政收支狀況，即構成投資人的一項潛在風險，也是投資人必須注意的事項。實務上，許多金融工具交易所產生的利息，多採固定比例的分離課稅方式，由付息的一方代為扣除利息所得稅並代繳稅捐單位後，利息收入者無須再將此一收入併入個人綜合所得稅中申報。我國稅法中的分離課稅率多為 20%，因此，成為必須負擔高所得稅者用以避稅的管道。許多國際債券或借貸契約中，都訂有利息稅完全由債務人承擔，或稅率上升後新增的稅負由債務人無條件承擔等條款，以保障債權人。

■■ 5.4.3　利率的期限結構

　　將同一種債權憑證，依不同的期限列示，並繪製於一座標圖中，即稱為收益曲線。收益曲線的形狀與變動形態，即稱為利率的期限結構。研究利率的期限結構時，通常多以國庫券與公債利率為對象繪製收益曲線，主要是避免資料受到風險因素影響而扭曲，以便於觀察期限不同下的利率行為❹。理論上，收益曲線並無特定形狀，可以是上升狀、下降狀、水平狀、拋物線狀或倒拋物線狀等等。然而，經濟學家實證發現下列二種普遍的現象：

⑴收益曲線大多呈上升狀，亦即短期債券的利率多數時候低於長期債券的利率。

⑵一旦利率變動時，收益曲線多以平行的形態移動，亦即各種期限的利率同時同方向變動。

---

❹　經濟學家對於利率期限結構的研究，主要的動機在將各式長短期債券彙總 (aggregation)，以利經濟分析之用。

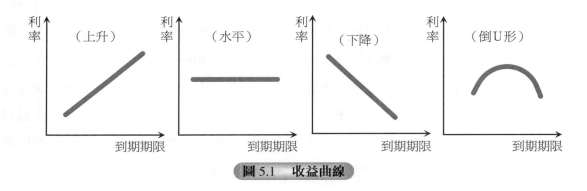

圖 5.1 收益曲線

以下三種理論針對這二種實證現象，而發展出來。

1. 區隔市場假說

區隔市場假說 (segmented markets hypothesis) 假設不同類別的投資人，對於長短期債券，各有其獨特的偏好；亦即長短期債券間完全不具有替代性，例如，受到本身經營業務的特性所使然，商業銀行多偏重於投資短期債券，而保險公司則較偏好長期債券。因此長短期債券各自擁有特定的投資人，長短期利率也在各自獨立的市場中分別決定。

由前面的說明知，期限較短的債券其價格波動較小，故較為一般投資人所偏愛，因此短期債券的需求較大；另一方面，債務人又較願意發行長期債券以減輕發行費用的負擔，因此短期債券的供給會傾向較少，故短期利率多低於長期利率。如此說明了為什麼長期利率多數時候高於短期利率，使收益曲線呈上升狀。然而，區隔市場假說無法解釋長短期債券市場的供給或需求會同時朝同一方向變動，以致長短期利率會同時同方向變動。

2. 純預期假說

純預期假說 (pure expectations hypothesis) 假設投資人視長短期債券為完全替代品，而且投資人為風險中性者（投資決策僅考慮報酬而不考慮風險）。

假設市場中有兩種債券，期限分別為一年期與二年期，其年利率分別以 R_0^1 與 R_0^2 代表，其中下標數字代表起息時間（0 為

今日，1 為一年後)，上標數字代表期限。假設投資人擁有一元可供投資二年運用的資金。若他選擇一次購買二年期債券，則到期收回之本利為 $(1 + R_0^2)^2$。他也可以選擇先投資一年期債券，俟期滿後，再將所獲本利投入另一個一年期債券。由於現在無法知悉一年後的一年期利率水準，因此只能利用其預期值進行評估。以 r_1^1 代表現在對一年後一年期利率的預期值，則採用第二種方式下，二年後預期可收回的本利為 $(1 + R_0^1)(1 + r_1^1)$。今若 $(1 + R_0^2)^2 > (1 + R_0^1)(1 + r_1^1)$，則所有投資人必定將剩餘資金投入長期債券，導致短期債券的需求下降，而長期債券的需求增加，終於使短期利率上升(短期債券價格下降)，而長期利率下降(長期債券價格上升)。因為投資人對長短期債券並無特別偏好，套利活動促使可貸資金脫離短期債券市場，流入長期債券市場，最後使得上述不等號消失，亦即，

$$(1 + R_0^2)^2 = (1 + R_0^1)(1 + r_1^1),$$

代表長短期債券市場達成均衡的狀況。將均衡條件式展開得，

$$1 + 2R_0^2 + (R_0^2)^2 = 1 + R_0^1 + r_1^1 + R_0^1 r_1^1,$$

式中 $(R_0^2)^2$ 與 $R_0^1 r_1^1$ 二項都是非常小的數值，可以剔除，因此均衡條件式可以簡化為

$$R_0^2 \approx \frac{R_0^1 + r_1^1}{2},$$

長期利率為短期利率與預期未來短期利率的 (算術) 平均數。

　　由以上公式中，我們可以歸納下列推論：

⑴若預期未來的短期利率 (4%) 大於當前的短期利率 (3%)，則當前的長期利率水準 (3.5%) 即高於短期利率，收益曲線呈上升狀。

⑵若預期未來的短期利率 (4%) 等於當前的短期利率 (4%)，則當前的長期利率 (4%) 即等於短期利率，收益曲線呈水平狀。

⑶若預期未來的短期利率 (2%) 小於當前的短期利率 (3%)，

則當前的長期利率 (2.5%) 低於短期利率，而收益曲線呈下降狀。

若上述均衡關係成立，則利用當前市場上的一年期與二年期利率，即可以推估市場人士對一年後一年期利率的預測值或均衡的遠期利率為

$$r_1^1 \approx 2R_0^2 - R_0^1。$$

若將以上簡單的二期關係擴大為 n 期，則我們可以由已知第 t 期的 n 年期利率 R_t^n 與 $n+1$ 年期利率 R_t^{n+1}，以及人們對 $t+n$ 期後一年期的預期利率 r_{t+n}^1，得到三者間的均衡關係，如下：

$$(1 + R_t^{n+1})^{n+1} = (1 + R_t^n)^n(1 + r_{t+n}^1)。$$

經相同的步驟簡化後，$t+n$ 期時，人們對一年期利率的預期值或遠期利率，可以下式表示：

$$r_{t+n}^1 \approx (n + 1)R_t^{n+1} - nR_t^n。$$

同理，第 n 期時，j 年期的遠期利率為

$$r_{t+n}^j \approx \frac{(n + j)R_t^{n+j} - nR_t^n}{j}。$$

根據過去觀察的結果，短期利率一旦上升後，通常人們習慣於預期其未來仍會繼續上升，因此長期利率會與短期利率同時上升，此說明為什麼長短期利率總是朝同方向變動。此外，若目前的利率水準偏低，則人們會產生未來短期利率上升的預期，故長期利率即出現高於短期利率的現象；反之，若目前的利率水準偏高，則人們預期未來的短期利率會下降，故長期利率低於短期利率。以上純預期理論對於收益曲線的形狀與變動方向二個實證現象，提出可能的解釋，但是仍然無法說明為何收益曲線多數都是呈上升狀的現象。

3.期限偏好理論

期限偏好理論 (preferred habitat theory) 又稱期限升水理論 (term premium theory)，是一個綜合前述兩種理論的結果。假設投資人視長短期債券間具有高度替代性，惟非完全替代。因此，即使長短期利率間的關係，如純預期理論所述的均衡狀態時，

投資人仍然較偏愛短期債券。只有當長期利率超過短期利率的幅度，達到一特定水準時，二者間才會無差別。此一令投資人視為無差別的長短期利率差，稱為期限升水。如此，即使當前的短期利率水準偏高，或預期未來短期利率會下降，只要期限升水大於預期未來短期利率下降的幅度，期限偏好理論所推論的收益曲線，仍然呈現上升狀，因此收益曲線多數時間呈上升狀。在理性預期的假設下，預期誤差的平均數為零，因此期限升水是一個固定數，與到期期限的長短並無關聯。

期限升水 (term premium)

長期債券所須支付之較高利率。

另外一個與期限偏好理論相近的流動性升水理論 (liquidity premium theory)，是針對利率風險而來。長期下，利率變動的可能性，大於短期內的變動性，除非給予投資人適當的補償，否則他們不會願意購買長期債券。因此，長期利率大於短期利率應屬常態，二者之差稱為流動性升水。流動性升水隨到期期限的長短而不同；到期期限愈長者，流動性升水愈大；反之，到期期限愈短者，流動性升水愈小。

流動性升水 (liquidity premium)

因投資人偏愛短期債券所導致長期利率超過短期利率的部分。

綜合以上二種理論，長期利率中除了包含當前與預期未來的短期利率外，尚包含期限或流動性升水因素，如下：

$$R_0^2 \approx \frac{R_0^1 + r_1^1}{2} + t,$$

t 代表期限或流動性升水因子，為到期期限的遞增函數。

圖 5.2 顯示加入期限或流動性升水後，收益曲線多數時候呈現上升狀的結果。只有在預期理論中預測收益曲線呈現大幅

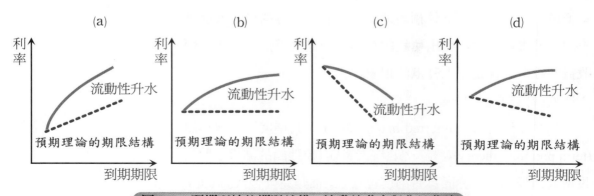

圖 5.2　預期理論的期限結構、流動性升水與收益曲線

下降的情況下，我們能夠觀察到下降收益曲線，如圖中(c)所示；
其他情況下所觀察到的收益曲線，則都為上升狀。

5.5　利率決定理論

本節綜合以上各節討論的結果，介紹三種探討
利率變動時常用的分析工具。這三種工具分別為可
貸資金理論、資產市場理論與流動性偏好理論。這
三種理論本質上完全相同，各有其適用的範圍。

重・點・摘・要

經濟學家由不同的角度分析金融市場
以探討利率的決定問題，這些理論的應
用各有優劣，然而所得到的結論殊途同
歸完全相同。

■■ 5.5.1　可貸資金理論

第一節我們介紹可貸資金市場時提及，信用的供給與利率
水準呈正向關係，信用需求則與利率水準呈反向關係。因此，
可貸資金市場的供給與需求，共同決定均衡的利率水準，如圖
5.3 所示。

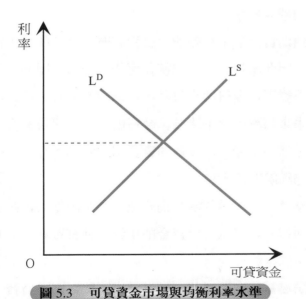

圖 5.3　可貸資金市場與均衡利率水準

理論上，若暫時不論貨幣供給改變的影響，可貸資金為實

質流量變數所組成，因此以上均衡利率稱為實質利率。舉凡影響第一節所述家計單位的消費與儲蓄、企業的投資活動、政府部門的預算收支以及經濟體系國外部門交易活動的因素發生變動後，可貸資金的供給與需求即受影響，而致供給與（或）需求曲線位置移動，並影響均衡實質利率水準，進而影響市場利率。以下列示各種影響可貸資金供需的常見因素。

(一)影響可貸資金供給的因素

如第一節所述，家庭儲蓄為各種可貸資金供給中最重要的來源。根據經濟理論，決定家庭消費與儲蓄的主要因素，以及其對可貸資金供給的影響，分述如下：

1.財富與所得水準

人們基於追求穩定消費型態的理由，遇財富與所得發生變化時，利用儲蓄作為吸震器 (shock absorber)。財富與所得往往隨景氣循環而有所增減；景氣繁榮時，財富與所得得以增加，必致儲蓄或可貸資金供給增加，在其他條件不變下，實質利率水準下降；反之，遇景氣低迷時，實質利率即上升。

2.資產的預期報酬

當預期資產的未來報酬率會提高時，資產的未來價值即隨之下降，因此壓抑今日的儲蓄，可貸資金供給因而下降，在其他條件不變下，今日的實質利率水準因而上升。反之，當預期資產的未來報酬率會下降時，今日的儲蓄與可貸資金供給即增加，其他條件不變下，今日的實質利率水準下降。

3.資產的風險與流動性

當整體資產市場的風險提高或流動性降低時，投資資產的損失因而提高，降低可貸資金的供給，使實質利率上升。

4.儲蓄率的影響

邊際儲蓄傾向改變後，若儲蓄率下降，則可貸資金供給必定下降，而利率水準則上升。

除了家庭儲蓄外，舉凡影響企業的保留盈餘與政府的財政

收支剩餘的因素，都成為可貸資金的供給變動的原因。一旦外來因素導致這些收支剩餘增加後，利率水準即告下降。此外，對一個國際貿易有逆差的國家而言，其國內總支出額大於國內的生產額，因此整個國家是處於負儲蓄的狀態，而負值的儲蓄所依賴的正是外國所提供的融通。換言之，來自外國的資金融通，同樣構成本國可貸資金的來源。當來自外國的資金融通額增加後，國內可貸資金的供給增加，會導致國內利率水準下降。

(二)影響可貸資金需求的因素

在資本主義的市場經濟體系內，企業為可貸資金的最主要需求者。企業引進資金進行投資活動，主要的考慮因素為投資機會的預期利潤率。在景氣繁榮時，預期利潤率高，投資資金需求提高，實質利率隨之上升；反之，景氣低迷時期的實質利率水準亦會下降。

其次，在政府部門的活動佔整體經濟活動的比重日益提高的情況下，財政赤字成為普遍的現象，此時可貸資金的需求日益擴大，實質利率水準隨之上升。同理，一國的國際貿易收支呈現順差時，代表國內總支出額低於國內總生產額，整體儲蓄增加，惟這種儲蓄並未能提供國內可貸資金需求者使用，因此形同外國人對本國的可貸資金需求，反而促成國內利率水準上升。

(三)影響可貸資金供給與需求的共同因素

以上討論可貸資金的供需模型中，若某一因素變動，僅只是單方面影響可貸資金的供給或需求者，其對利率水準的影響非常明顯，不會有曖昧不明的結果。然而，許多經濟變數變動後，其影響並非單方面。例如，財富增加後，固然引發可貸資金供給增加，然而財富增加後，消費水準亦隨之提高，有利於提升產業的預期利潤率，因此同時亦引發投資需求增加，導致可貸資金的需求增加，最後結果端視財富變動對家庭儲蓄與企

業投資的個別影響而定。因此，分析利率變動是一件複雜的任務。以下我們針對通貨膨脹的問題加以說明。

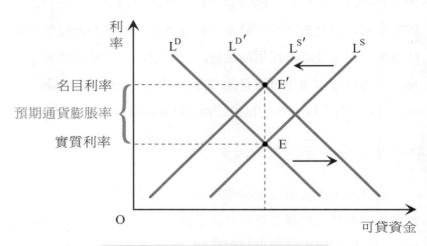

圖 5.4　可貸資金市場與均衡利率水準

　　當通貨膨脹率等於零時，實質利率等於名目利率。假設通貨膨脹率不為零。通貨膨脹導致名目資產與負債的價值下降，因此對資產持有人不利，而降低債務人的實質債務負擔。因此，在通貨膨脹的環境或通貨膨脹預期已經形成時，若其他條件不變，打擊可貸資金的供給者，而鼓勵可貸資金的需求者，於是供給曲線向左移動，而需求曲線向右移動，圖 5.4 中的均衡點由 E 移向 E′。因為圖中均衡交易量並未改變，E 點與 E′ 點所對應的利率水準，分別代表居核心地位的實質利率與加入預期通貨膨脹率後之名目利率。

■■ 5.5.2　資產市場理論

　　以上可貸資金模型是一種長期下的均衡利率水準，可以用來說明整體經濟體系的實質利率水準。事實上，金融體系每日利率水準的變動，直接受到債券市場的供給與需求變動所致。直接利用債券市場供給與需求模型討論利率水準的變動，可能更符合實際情況。歐美國家的債券市場，習慣以扣除利息後之

折價值報價。因為債券的折價值與利率呈反向關係，價格愈高表示利率愈低，反之價格愈低表示利率愈高。若視債券供給者即為可貸資金需求者，而債券需求者即為可貸資金的供給者，我們可以直接將圖 5.3 中的 L 改為 B，再將縱軸改為債券價格，即可複製債券市場的供需模型。圖 5.5 顯示債券市場的均衡狀況。圖中左邊的縱軸以價格為單位，右邊之縱軸以相對應之利率水準為單位，向上與向下箭頭分別表示所顯示的座標軸的數值，以橫軸為準由低而高以及由高而低漸次改變。

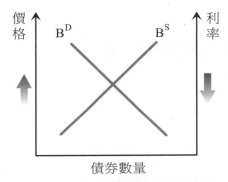

圖 5.5　債券市場與均衡利率水準

　　影響債券供需的外來因素，大致上與影響可貸資金者相同，此處不再重複。以下我們以二種債券的相對風險或流動性改變為例，說明資產供需模型的應用。假設甲與乙二種債券的均衡價格（與利率呈向變動），如圖 5.6 中的 P 所示。若甲債券因故而致風險提高或流動性降低，則在其他條件不變下，民眾改變資產組合，拋售甲債券並將資產轉移到乙債券，對甲債券的需求下降，價格由 P 下降到 $P_甲$；而對乙債券的需求增加，價格則上升到 P_Z。換言之，甲債券所須支付的利率上升到 $P_甲$ 所對應的水準 $R_甲$，而乙債券的利率則下降到 P_Z 所對應的水準 R_Z。圖中 $R_甲 > R_Z$ 二種債券的利率因風險因素或流動性因素改變，而出現高低差異，這個差異就是前面所稱的風險升水或流動性升水。

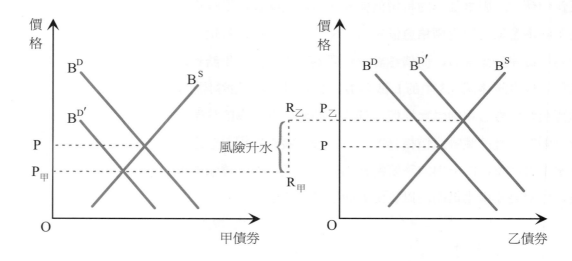

圖 5.6　不同債券的風險或流動性升水

5.5.3　流動性偏好理論

　　以上可外貸資金模型與單一資產供需模型中，未能提及貨幣這個資產。經濟學家凱因斯 (John Maynard Keynes) 提出一種簡單的短期一般均衡模型，將貨幣與債券合併探討利率的決定問題，此一理論稱為流動性偏好理論 (liquidity preference theory)。在這個模型中，民眾的手中同時握有貨幣與債券二種資產，二者之共同點為名目面額固定，因此都會因通貨膨脹而減損其實質價值；二者的差別在於後者可以獲得利息報酬，而前者則無任何附帶的報酬；但是前者的流動性則高於後者，貨幣持有者較易伺機而動，爭取獲利的時機。

　　假設任一時點的名目貨幣供給量，受到一國的貨幣當局控制並由其決定，為一個固定數。

　　對貨幣的需求，乃是基於交易、預防與投機三種動機而來。前二個動機視貨幣為交易的中介，其多寡取決於商品交易金額的大小；交易額愈大時，對貨幣的需求量亦愈大；反之，交易

額愈小時，貨幣需求量則愈小。投機的動機視貨幣為資產的一
種，利率愈高時，持有貨幣的機會成本愈高，人們為避免此一
損失，會將貨幣轉換為債券，因此對貨幣需求即愈小；同理，
利率愈低時，持有債券須付出流動性喪失的代價，因此對於具
有最高流動性的貨幣需求即愈大。對債券的供給和需求與前述
單一資產模型相同。在包含 n 種資產的一般均衡分析中，若 n–1
個資產市場達成均衡時，第 n 個市場亦必為均衡狀態，因此，
分析問題時可以排除第 n 個市場，不予討論❺。凱因斯選擇排
除債券市場，僅專注於貨幣市場。

　　以上交易額是物價水準與實質交易量的乘積，因為實質交
易量與實質所得水準間具有密切的關聯，一般以實質所得水準
代表交易量。因此，實質所得與物價水準二者，即為影響名目
貨幣需求的外生變數。圖 5.7 顯示貨幣市場的均衡狀況。

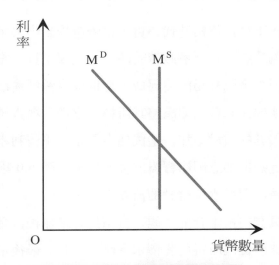

圖 5.7　貨幣市場與均衡利率水準

　　在流動性偏好理論中，舉凡影響貨幣需求與供給的外來衝
擊，都會導致利率水準變動。當實質所得水準或物價水準（景
氣繁榮時期的普遍現象）提高後，貨幣需求增加，貨幣需求曲
線向右方移動，若貨幣供給不變，人們必須變賣所持有之債券

---

❺　經濟學中稱此一簡化程序為華爾拉斯法則 (Walras' rule)。

取得所需資金，債券價格下跌，利率水準因而上升；反之，景氣蕭條時期，因為所得水準與物價水準同時下降，利率水準隨貨幣需求減少而下降。

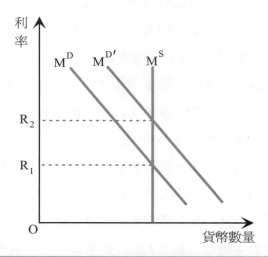

圖 5.8　實質所得或物價水準變動對利率的影響

在現代不兌換貨幣時代，貨幣供給量受到中央銀行嚴密的控制，成為政府執行經濟政策時的一種重要工具。當貨幣供給增加後，因為金融交易的交易成本遠低於實質經濟活動的交易成本，短期內民眾會立即調整其所持有之債券與貨幣二種資產組合。對債券的需求增加，造成債券價格上漲與利率下降。經濟學家稱此短期的立即影響為流動性效果。圖 5.9 顯示，貨幣供給增加後，利率水準變動的流動性效果。

流動性效果 (liquidity effect)

貨幣供給或需求改變對市場利率所產生的立即影響。

貨幣具有交換中介的功能，貨幣持有增加後，必刺激實質交易量，終於促成所得與物價水準雙雙上升，最後帶動貨幣需求增加。此時若貨幣供給不再配合繼續增加，利率水準即開始上升。換言之，貨幣供給增加所導致利率下降的流動性效果，隨後受到所得與物價二種因素開始作用的影響，而被抵消。最後結果，端視初始的流動性效果與後續的所得物價變動所產生的抵消效果，何者較大而定。圖 5.10 繪製長期利率水準隨貨幣供給增加後的三種變動情況。若政府希望藉寬鬆的貨幣政策，

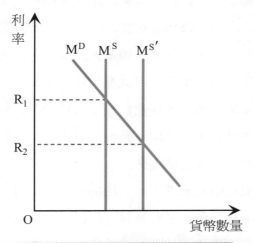

圖 5.9 貨幣供給變動的流動性效果

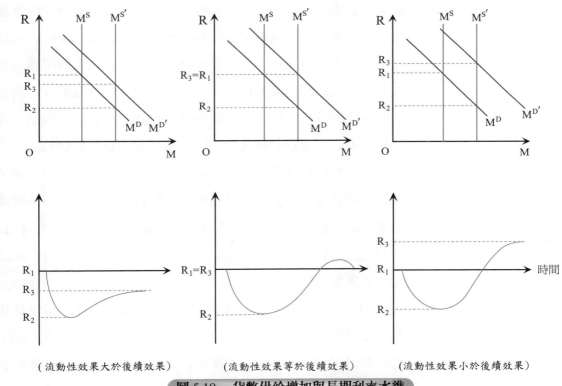

（流動性效果大於後續效果）　　　（流動性效果等於後續效果）　　　（流動性效果小於後續效果）

圖 5.10 貨幣供給增加與長期利率水準

以降低利率水準，達成刺激實質經濟活動的目的，則政策的效
果得以確保。圖中第一種情況中，流動性效果超過後續效果，
貨幣供給增加一次，即得以實現降低利率的效果。但是在圖中

第二、三兩種情況下，貨幣供給增加的流動性效果等於或小於後續效果時，利率下降僅為短暫現象，此時若政策目的尚未實現，則寬鬆的政策必須長期持續推動。換言之，貨幣供給必須長期維持特定的成長率，方得以竟其功，而物價水準亦會出現長期連續上漲的態勢。請注意，無論何種狀況，利率都會出現先下再上的波動，後二者的波動幅度更大。這一點是設計貨幣政策時，必須仔細探討的主題。

經濟學家稱物價水準連續上漲的現象為通貨膨脹。以單獨的名稱賦予一種現象，必有其特別的涵意。當物價水準連續上漲後，通貨膨脹預期開始形成，演變成為影響經濟活動的另一種重要因素。當通貨膨脹預期形成後，基於交易的需要，貨幣需求者必定增加貨幣持有，導致利率水準上升。經濟理論將通貨膨脹現象，解讀為過多的貨幣追逐太少的商品。因此，一旦通貨膨脹預期形成後，貨幣供給增加的同時亦被人們解讀為物價又將上漲，因此其初期的效果除了上述流動性效果外，尚有物價上漲的效果；後者帶動貨幣需求增加，不但立即將流動性效果抵消，在通貨膨脹嚴重的時期反而還超越流動性效果。換言之，在通貨膨脹問題出現後，通貨膨脹預期隨之產生，於是物價水準呈螺旋形上升日益嚴重，最後當貨幣供給增加的物價效果超過流動性時，利率水準非但不會隨貨幣供給增加而降低，反而隨之上升。圖 5.11 顯示，通貨膨脹嚴重時期，貨幣供給增加對利率的長短期影響。

1973 年第一次石油危機期間，物價水準大幅上升。受到長期物價穩定的影響，通貨膨脹預期遲至 1977 年左右方始形成，初時名目利率水準上升並不明顯，物價水準上升導致事後的實質利率呈現負值，人們方始感受到通貨膨脹時代已經來到，此後每當政府採行寬鬆貨幣政策拉抬下墜的經濟時，名目利率水準不但未能下降，反而大幅度上升。

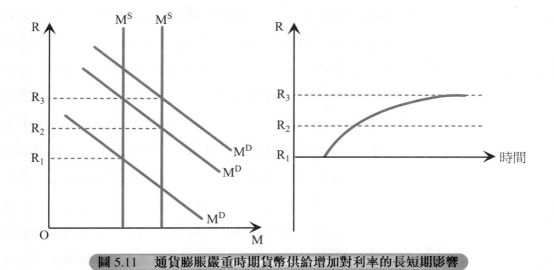

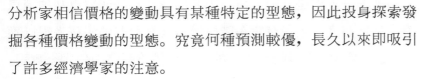

圖 5.11　通貨膨脹嚴重時期貨幣供給增加對利率的長短期影響

5.6　效率市場理論

　　參與金融市場的投資者，無不希望盡其所能獲取高額投資報酬，因此投入大量資源從事市場分析，期能事前預測市場的動態與價格變動。分析市場的方式可以歸為二類：基本分析與技術分析。他們依據各種經濟理論與歷史資料進行股票價格的預測，基本分析家利用經濟理論所推演出的金融商品定價公式，因而鑽研建立不同的定價理論；技術分析家相信價格的變動具有某種特定的型態，因此投身探索發掘各種價格變動的型態。究竟何種預測較優，長久以來即吸引了許多經濟學家的注意。

　　直到 1970 年代有經濟學家約翰‧繆斯 (John F. Muth) 所引介的理性預期方法問世後，研究結果方告明朗❻。理性預期

重‧點‧摘‧要

金融市場訊息交流迅速，加上交易成本低廉，參與者無不盡其所能利用資訊進行最佳預測，並依此從事交易，使得金融工具的價格隨時處於均衡狀態，超額投資報酬的機會不可能存在，因此合乎效率市場的假說。

基本分析 (fundamental analysis)

依據基本經濟情勢與指標分析推測股票或資產價格的走勢。

技術分析 (technical analysis)

依據歷史資料歸納股票或資產價格走勢的特殊型態，並據以推測股票價格的走勢。

---

❻　John F. Muth (1961), "Rational Expectations and the Theory of Price Movements," *Econometica* , vol. 29, pp. 315–335。繆斯於 1961 年發表此一論文引介理性預期的概念後，遲至十年後方為其他經濟學家發現，並引入總體經濟分析中。

理性預期 (rational expectation)

依據經濟理論股票或資產價格所作成的最佳預測概念。

效率市場假說 (efficient market hypothesis)

結合市場理論與理性預期概念所推導出股票或資產價格變動與超額投資報酬的結論。

假說主張市場參與者依據經濟理論,並採用所可供使用的資訊,對經濟事務進行最佳預測 (optimal forecast)。任何經證實無用的理論終遭棄置,僅餘最好的預測理論供人使用。擁有最佳預測理論者,可以獲得超越正常水準的利潤,然而,此一最佳預測方式很快即被他人發現。當每一個市場參與者皆依據相同的理論與資料進行最佳預測,並依此訂定投資策略後,市場價格隨時皆反映此一最佳預測結果,使得超額投資報酬消失殆盡,此即為效率市場假說。因此,經濟學家相信,基本分析與技術分析通常能夠解釋過去的股票價格變動情況,卻極度懷疑任何人有能力預測未來的股價變動。此乃因為經濟學家通常由效率市場的觀點,看待股票市場。依據此一觀點,股票市場能夠非常有效率的消化所有可能影響股價的新訊息。

效率市場的結論,頗令人訝異。首先,效率市場表示,平均而言投資者不可能透過研究、發現與購買價格低估(或出售價格高估)的股票,而於市場中勝出。因為任何好的研究結果,迅即為他人所仿效,因此,預測結果早經併入股價之中。由此,若研究的目的是要打敗代表整體股票市場平均價格的股價指數,並於股票市場中獲得超越平均水準的利潤時,基本分析與技術分析多數屬於浪費時間。

例如,若廠商開發出一項新專利,依據基本分析即可預見其未來利潤會上升。於是今日對該股票的需求提高,以致均衡價格即上升。但是,何人可以因此而獲益?若研發專利的消息為突然宣布者,則只有宣布時已經持有該股票的投資者得以獲益。此乃因為需求變動所導致的新均衡價格瞬間即告完全實現。所有已經持有股份者,立即調整並提高其要價,因此他人即不可能再依照先前低於均衡的價格購得該股票。

但是,若消息的宣告並非突然而發者,又將如何?若某投資人早已經對此一研發工作進行仔細分析,而預測該公司即將提出有價值的專利時,他是否可以於低價時買進該公司股票,並於消息突然宣布後,在眾人驚羨中依高價賣出,而使得研究

結果獲得報償？依據效率股票市場的觀點，任何可用於預測股票未來盈餘的訊息，只要公布後，迅即併入股價中。因此，當基本分析家預測股價即將上升或下降時，該股價早已經上升或下降了。基本分析並無助於自市場中勝出。

技術分析又如何？精明的技術分析家，仔細研究上百萬人的買賣決策，並由混亂中尋找特定的價格變動型態，並發現支配股票交易的秘密心理法則，然後依此在市場中獲利。假設某技術分析家發現了一種非常簡單的價格變動型態如下：基於某些不明原因，投資人多選擇於星期五買進股票，因此，平均而言，每週五的股價多半呈現上升的型態。因為人人皆可發現此一型態，因此，他們會在週四買進股票，並期待於週五價格上升中獲利。但是，如此卻導致股價於週四即先上升，而非等到週五，因此，投資人於是轉而於週三買進股票，導致股價於週三即行上升。於是，……。市場上任何有利的價格變動型態一經呈現後，不久即告消逝，使得週五與其他天並無不同。以上是一個非常簡單的例子，但是，其結果則適用於技術分析家所能揭示的任何類別的價格變動型態。

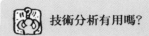
技術分析有用嗎？

依據股票市場的效率市場觀點，優秀技術分析家所觀察得到的任何股價變動型態，一經辨識出來，即被併入股價中。因此，當任何人發現某種股票市場的特殊型態後，該型態瞬即消逝。技術分析家無法於市場中勝出。

效率市場理論明確的顯示，唯有突發的訊息會影響股票市場。亦即，發行公司突然宣告一項重大的技術突破，或暗示其可能已經有所突破的訊息，方足以影響股價。因此唯有訊息公開前即已持有該公司股份者，可以因該訊息發布而獲益❼。

其次，效率市場理論說明可以觀察的股價變動型態並不存

---

❼　其中一項例外是那些和公司有密切關係，並且消息靈通的公司內部
　　人士，他們能在訊息公開並影響股價前即獲得消息並預先買賣股
　　票。然而，此種因內線消息而獲利是屬於違法行為，會遭受證券市
　　場主管機關的嚴屬處分。

在。換言之，個別股票價格與股票市場的平均指數所顯現的變動結果，完全屬於隨機性變動。若一種股票或股價指數已經連續下跌了三天，則其仍會再下降的可能性，與已經下降、又上升、然後再下降者，並無不同。

初見效率理論時，似乎認為是一種奇怪的價格理論。人們何以消耗如此多的努力，學習股價如何決定，結果卻只是發現股價變動完全為隨機性？事實上，正因為人們投入了大量努力於預測股票應有的價格，方使得股價變動呈現隨機性。今日的價格反映市場整體對於該股票至今為止已知的所有訊息。因此，只有遇到新訊息宣布時，價格方可能再度變動。但是，只有非預期或隨機性的訊息，方可視為新訊息。當人們知道價格將要上升時，事實上價格早已經上升了。

在所有經濟學理論中，效率市場理論可稱為經驗證最徹底的理論之一。成千的研究中，利用各式各樣的訊息加以驗證，確認了股價的效率性。但是，每年似乎皆有某些基本分析家與技術分析家表現出亮麗的成績，確實在市場中勝出。他們出現在電視上的股票分析節目中，高談成功的經驗，並進一步對未來的價格變動進行預測。然而，此並不違背效率市場的假設。

當一大群人購買股票時，其中必有非常幸運者，亦有非常不幸者。事實上，即使這群人中無人了解股市，他們所選擇購買的股票，完全是在報紙股票版上利用投擲飛鏢而決定，其中仍會有幸與不幸之分。不幸的投資人當然不會出現在螢光幕前接受訪問，只有幸運者會受到矚目。但是，證據顯示，在某一年內或較長時間內於股市中勝出者，於次年勝出的機會仍然僅有 50%。

回顧市場過去的行為表現可以看出，人們確實於某一期間內曾經對於股價的漲或跌，有過度反應的跡象。例如，我國的股票市場曾經於民國 74 年底開始出現連續多年的持續上漲，此一時期內人們對許多公司的評價，似乎過於樂觀，以致對其未來利潤的預測持續攀高到不切實際的地步。同樣的現象亦曾經

出現在美國與日本的股票市場中。1994～2001 年間，人們對網際網路發展的過度迷思，現在回顧起來，當時對於發行公司未來利潤的樂觀預測，許多並無根據。然而，許多投資者於 1997 或 1998 年時已經體認市場行情超越其應有的水準而將股票脫手者，在 2000 年初期股價持續上升之際，損失了不少財富。預測市場終將下跌是一回事，而預測其下跌的確實時機則是另一回事。

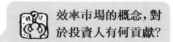
效率市場的概念，對於投資人有何貢獻？

雖然如此，效率市場的概念對於了解該理論的投資人，仍有其不容抹煞的價值，分別說明如下：

(1)不可因為無法在市場中勝出，即完全放棄股票投資。長期下，股票的平均價格的確有上升的趨勢。事實上，若將股利與資本利得合併，股票的長期收益率甚至高於債券。此乃因為股票的風險較高，而股票投資人要求承擔較高額的風險補償所致。

(2)倘若有人要求付費以換取他所提供的選股建議，千萬不要接受。即使只是隨機選取股票，人人都可以表現得一樣好。自行選取的股票，其上漲或下跌的可能性，與專家所推薦者並無二致。

(3)因為股票交易時須支付手續費，應該盡量減少交易次數。採取「買進並持有」的策略，長期下來，即得以較低的費用獲得高於債券的報酬率。

(4)選擇一種分散的投資組合，而其中所包含的各種股票不會同時上漲或同時下跌。在相同預期報酬率下，此種投資組合的風險較未分散者低。依據效率市場假設行事的投資人，會組合出一組多樣化的股票，然後只有當新資金到手或需要抽出現金時，方始買賣股票。

金融市場的種類繁多，其中有為債券與公司股票而設者。債券價格等於全部未來支付款項的總現值。公司股票每一股份的價值，依該廠商未來稅後利潤的總現值，除以已發行或售出的股份數量計算。此價值取決於廠商的當前利潤、預計利潤成

長率、經濟體系的整體利率以及與廠商未來利潤相關的風險。在效率市場下，公司股價反映所有公開的訊息。可供預測股價變動的型態並不存在，無法賴此以獲利。

5.7　結　語

　　資金剩餘者提供可用資金供透支者使用，必定要求獲得一定的補償，而此即為透支者必須付出的代價。信用授受雙方在一個市場中交易，依市場法則所決定均衡的價格就是利率。本章由最基本的可貸資金市場，探索利率決定的基本面因素。金融工具的種類繁多，其適用的利率亦有所差異。整體而言，債券的價格與利率呈反向關係。債券的價格隨利率變動而變，其變動幅度的大小，又受到到期期限長短與債券所附息票利率高低影響。除此之外，市場利率又受到通貨膨脹率、風險升水、期限升水、流動性升水所影響。

　　所有涉及利率的信用授受活動，皆屬於貨幣面的交易活動。經濟學家將貨幣需求與供給結合，建立了不同的利率決定理論。這些理論的前提假設與主要著眼點不同，但是殊途同歸，結論應該一致。

　　最後，經濟學家對於金融交易的實證研究結果顯示，金融市場是一個效率市場。換言之，金融商品價格的變動具有完全隨機性，並無一定規律可循。

1. 何謂可貸資金? 試討論本章表 5.2 我國各部門資金剩餘與不足概況表中之資料與利率的關聯性。

2. 試比較說明基本放款利率、政府公債利率與銀行同業拆款利率之差異。

3. 試比較說明本章表 5.3 中我國貨幣市場各種金融商品平均利率之差異。

4. 何謂名目收益、當前收益、有效收益?

5. 試說明何以公債的價格與利率呈反向關係。

6. 試說明附息債券的價格受利率變動的影響較小; 相同的附息債券中, 附息愈低者, 其價格受到利率變動的影響會愈大。

7. 何謂 STRIPS?

8. 試說明名目利率、實質利率、通貨膨脹率、預期通貨膨脹率四者之關係。

9. 假設某人欲將已持有 80 天之 182 天期面額 500 萬元國庫券依 4,925,000 元出售。試計算該國庫券的收益率。

10. 試說明債券距到期日愈近者, 其價格隨利率變動而波動的幅度愈小。

11. 試就本章表 5.5 中之資料比較不同信用評等公司債券之利率差。

12. 何謂流動性風險、稅負風險?

13. 何謂利率的期限結構? 試蒐集一家銀行各種存款利率資料, 繪製收益曲線圖。該圖中顯示何種特徵?

14. 何謂利率期限結構的市場區隔假說? 何謂預期假說? 二者的差異為何?

15. 假設利率的期限結構滿足流動性升水理論, 我們可否估計出流動性升水的幅度?

16. 假設企業部門由可貸資金的需求者一變而為可貸資金的供給者, 市場利率會如何變動?

17. 利率決定的資產市場理論與流動性偏好理論有何不同?

18. 何謂股票市場的效率市場觀點? 其主要意義為何?

Chapter 06

國際金融市場

十九世紀末期，民族主義浪潮興起，許多主權獨立的民族國家陸續建立，他們各自發行象徵主權的貨幣，作為統轄地區的交換中介。在國際金本位體系下，各國貨幣的發行量與所持有黃金數量，或與所持有另一個金本位制度國家貨幣的數量，保持固定比例。各國貨幣間的兌換，完全依據貨幣與黃金的固定兌換比例計算，只要維持貨幣與黃金的自由兌換制度，國際商業交易活動即可不受影響。然而，第二次世界大戰後，不兌換貨幣制度成為主流，上述依固定比例行貨幣兌換的環境改變了。為了有效率地執行各國貨幣間的兌換，提供本國貨幣與外國貨幣交換功能的外匯市場 (foreign exchange market)，開始建立起來。

1960 年代以後國際貿易自由化，以及 1970 年代以後國際資本移動自由化下，國際經濟體系開始展開快速而全面性的整合，以外匯為中心的國際貨幣融通市場陸續建立，交易量迅速擴大，儼然成為全球交易量最大的金融市場。

本章介紹以各國貨幣為中心，所發展出來的國際金融市場。第一節介紹提供外匯買賣斷式交易的即期外匯市場，說明其交易內容與價格決定因素。隨著經濟情勢的演進與需要，國際金融市場的發展，循國內金融市場的發展模式，依次發展出以外國貨幣為標的的間接融通——國際銀行業務，與直接融通——國際債券和股票市場。第二節介紹以外匯借貸為主的國際銀行業務，說明其發展的背景與交易內容。第三、四節分別介紹國際債券與國際股份交易。

6.1　外匯市場

6.1.1　外匯交易與匯率

重·點·摘·要

從事國際商務活動首先須面對不同國家通貨的兌換問題。外匯市場提供不同國家通貨兌換的功能,其兌換比率即為匯率。匯率除了依市場供給與需求共同決定外,亦反映不同通貨的購買力差異。

外匯 (foreign exchange)

一國民眾所持有的外國通貨資產。

匯率 (foreign exchange rate)

二國通貨的兌換比率。

　　外匯通常指一國的居民或機構所持有其他主權國家的通貨或銀行存款;廣義的外匯,除了上述外國通貨與銀行存款外,尚包括外國的有價證券與各種金融資產等所有具有高度流動性的對外國居民求償權。外匯為跨越國界交易活動所使用的交換中介。外匯的需求與供給,乃是隨著國際商業活動的進行而產生。與其他金融市場相同,外匯市場的主要功能是以提高外匯交易的效率為主。

　　外匯的價格,俗稱匯率,指二種不同國家貨幣的交換比率,依習慣通常有二種表示法,其一是以一個單位外國貨幣可以兌換本國貨幣的單位數表示,例如美元 1 元兌換臺幣 32 元(或 32NT$/US$);另一種是以一個單位本國貨幣可以兌換外國貨幣的單位數表示,例如,臺幣 1 元兌換美元 0.0313 元 (=1/32)。二種表示法互為倒數,若須以小數表示時,一般列示至小數點第四位。本書遵循當前的習慣,採用第一種表示法。在這種表示法下,匯率上升代表外國貨幣的價格上漲,或稱外國通貨相對於本國貨幣升值 (appreciation),或本國通貨對外國貨幣貶值 (depreciation)❶。

---

❶　坊間常以匯率升值或貶值,表示本國貨幣升、貶值。事實上,匯率是一種價格,只有上漲或下跌,並無所謂升值或貶值。這種易導致誤解的表示法,宜避免之。

■■ 6.1.2　國際收支與外匯的供需

　　任何一個時點的匯率，由當時市場的供給與需求情況共同決定。外匯的供給者必定是因特定交易活動而產生外匯收入者，而需求者則是因特定的交易活動而須支付外匯者。國際商業交易活動的內容，可以分為實質交易 (real transactions) 與金融交易 (financial transactions) 二大類；前者又分為經常性的有形實質商品或無形服務商品貿易，加上各類國際間薪資與投資所得收付，以及單方面的經常與資本移轉性的實質交易活動；後者則指各種長短期融通交易。在國際金融整合的環境下，資產所有人或資金剩餘者，基於獲利或避險的考慮，將投資標的一部分分散於國外資產；資金透支者亦視國際金融市場為取得資金融通的場所，所有這些交易活動皆屬於金融交易。

　　每一個國家都由相關主管機關（通常為中央銀行），定期編製國際收支帳，統計該國居民於特定期間內，與世界其他國家居民間實質面與金融面的交易情況，供民眾參閱。國際收支帳依複式簿記原則登錄，將所有交易活動分門別類整理記錄。凡交易結果產生外匯收入者，記於貸方；而將產生外匯支出者，記於借方。例如，商品出口必產生外匯收入，記為（貸）經常帳——商品出口。出口商通常將收到的外匯轉售予銀行，銀行再將此外匯存入其於國外銀行的往來帳戶中，於是產生外匯流出，記為（借）金融帳——其他投資（資產）——銀行。進口商向銀行購買所須支付外國出口商的貨款，銀行則自其存放於國外銀行的帳戶中提領款項（或向國外銀行舉債）交付。如此，銀行自國外引進外匯，而進口商則將外匯流出，記為（借）經常帳——商品進口，（貸）金融帳——其他投資（資產或負債）——銀行。由此類推，收支帳的借方總額，實即顯示該特定期間內，該國居民對外匯需求的總額；而貸方總額，則為同一時期內該國居民的外匯供給總額。

國際收支帳 (balance of payment account)

記載特定期間內一國居民與外國居民間商業活動的紀錄。

　　表 6.1 列示近十四年來中華民國臺灣地區的國際收支帳紀錄。國際收支帳由經常帳 (current account)、資本帳 (capital account)、金融帳 (financial account) 三大項目組成，所載資料由相關業務主管機關定期就所經管相關業務內容彙總，轉交中央銀行集中編製 ❷。例如，商品進出口必定經過各港口、機場、或郵局的海關，因此由海關負責經常帳中商品進出口科目資料的整理與彙報事務。所有涉及款項收付的事務，必定透過銀行處理，上述商品進出口科目的對方科目，即為金融帳的其他投資（資產或負債）──銀行。依據複式簿記的原理，國際收支帳的借貸方總額應該保持平衡，然而各機關所蒐集的資料，受時間與其他無法控制的因素所影響，難免掛一漏萬，因此編製國際收支帳時，最後會將貨幣主管當局的外匯交易結果列示，並與前述三個項目總計數比較，核計誤差與遺漏項 (errors and omissions)。例如，表 6.1 所載 2004 年的紀錄中，前三項帳載呈現貸方餘額 254.12 億美元，而中央銀行國外準備帳載呈現借方餘額僅為 265.95 億美元，借貸方總額相減計產生貸方不足 11.83 億美元，表示此一期間內計有 11.83 億美元的交易動向不明，可能是商品已經通關進口，而進口商尚未向銀行辦理結匯；或出口商已經預收貨款向銀行辦理結匯，而出口商品尚未通關所致；當然也可能是許多原因不明的地下經濟活動所致。因此，將此 11.83 億美元金額記入誤差與遺漏項下，使整個國際收支帳呈現借貸平衡的狀態。因此，國際收支帳永遠以平衡的狀態呈示，而實質交易與金融交易二類收支餘額則為互補。

　　國際收支帳統計表中，以正數值代表該項目交易結果導致外匯資金流入，而以負數值代表外匯資金流出。某些項目，例如，商品進口永遠記為負值，商品出口永遠記為正值，較不易引發解讀的困難。某些項目的意義，則非如此清晰，以下簡單說明：

---

❷　為了便於國與國間的比較分析，國際貨幣基金會規劃國際收支帳的統一標準，供各國採用，並按季彙集成冊。編製的原則往往隨環境改變，而有所更易。目前通行者，為統一版本的第五版。

1. 所得項

　　收入代表國人提供勞務予外國人或到國外投資，而收入之薪資與投資所得，經匯回國內者；支出則為外國人提供之本國人勞務或到本國投資，所獲得之報酬，經匯出國外者。

2. 經常移轉項

　　收入代表外國人對本國之無償實物或款項贈與或援助；支出則為本國人提供外人上述無償贈與或援助。

3. 資本帳項

　　與經常移轉相同屬於無償式的單方交易，惟所涉交易內容為資本財或非生產性與非金融性資產（例如，專利權與商譽等無形資產）之取得與處分。

4. 直接投資項

　　包括國人到外國投資（記為負值）與外人來臺投資（記為正值），其理至明，無須多加解釋。

5. 證券投資（資產）項

　　指本國人因投資外國股權與債權，所獲得之國外資產。請注意，1998～2000 年間，債權投資之金額由 −3.27 億美元，變為 2.23 億美元，再變為 −8.22 億美元，其中負值代表國外資產增加，而正值則代表國外資產減少。1999 年的 2.23 億美元表示資金自國外撤回。

6. 證券投資（負債）項

　　指外國人來臺投資股權與債券，而產生之負債。此一項目中，正值代表外國人新增投資本國資產，負值（例如，1999 年的 −8.51 億美元與 2001 年的 −1.62 億美元）則代表外資撤離本國證券市場。

7. 其他投資（資產）與（負債）項

　　與證券投資相同，不再贅述。

8. 準備資產項

　　負數值代表中央銀行的外匯準備（俗稱外匯存底）增加；正數值代表外匯準備減少。此一數值的變動，反映中央銀行對外匯市場的干預結果。

表 6.1　中華民國國際收支簡表

單位：百萬美元

	1991	1992	1993	1994	1995	1996	1997	1998	1999	2000	2001	2002	2003	2004
A. 經常帳	12,468	8,550	7,042	6,498	5,474	10,923	7,051	3,437	7,992	8,901	18,093	25,630	29,258	18,658
商品：出口 f.o.b	75,915	81,135	84,778	92,719	111,214	115,462	121,725	110,178	121,119	147,549	122,044	129,850	143,439	173,154
商品：進口 f.o.b.	-60,232	-68,417	-73,328	-80,870	-97,979	-97,919	-107,843	-99,862	-106,414	-133,875	-102,326	-105,657	-118,548	-157,026
商品貿易淨額	15,683	12,718	11,450	11,849	13,235	17,543	13,882	10,316	14,705	13,674	19,718	24,193	24,891	16,128
服務：收入	8,472	10,218	13,314	13,205	15,016	16,260	17,144	16,768	17,161	20,010	19,895	21,635	23,166	25,775
服務：支出	-16,903	-19,346	-21,210	-21,070	-24,053	-24,381	-24,888	-24,169	-24,362	-26,647	-24,465	-24,719	-25,635	-30,774
商品與服務收支淨額	7,252	3,590	3,554	3,984	4,198	9,422	6,138	2,915	7,504	7,037	15,148	21,109	22,422	11,129
所得：收入	7,429	7,467	6,802	7,125	8,119	6,653	6,919	6,481	6,965	9,166	9,327	10,334	12,991	15,281
所得：支出	-2,374	-2,668	-2,480	-3,061	-3,931	-2,665	-3,797	-4,432	-4,160	-4,698	-3,648	-3,321	-3,436	-3,927
商品、服務與所得收支淨額	12,307	8,389	7,876	8,048	8,386	13,410	9,260	4,964	10,309	11,505	20,827	28,122	31,977	22,483
經常移轉：收入	1,802	2,200	1,831	2,168	2,312	2,498	2,898	2,943	3,126	3,202	2,607	2,621	2,673	3,170
經常移轉：支出	-1,641	-2,039	-2,665	-3,718	-5,224	-4,985	-5,107	-4,470	-5,443	-5,806	-5,341	-5,113	-5,392	-6,995
B. 資本帳	-443	-393	-328	-344	-650	-653	-314	-181	-173	-287	-163	-139	-87	-77
資本帳：收入	–	–	–	–	–	–	–	–	–	–	–	1	1	6
資本帳：支出	-443	-393	-328	-344	-650	-653	-314	-181	-173	-287	-163	-140	-88	-83
合計，A加B	12,025	8,157	6,714	6,154	4,824	10,270	6,737	3,256	7,819	8,614	17,930	25,491	29,171	18,581
C. 金融帳	-2,228	-6,910	-4,629	-1,397	-8,190	-8,633	-7,291	2,495	9,220	-8,019	-384	8,750	7,630	6,831
對外直接投資	-2,055	-1,967	-2,611	-2,640	-2,983	-3,843	-5,243	-3,836	-4,420	-6,701	-5,480	-4,886	-5,682	-7,145
來臺直接投資	1,271	879	917	1,375	1,559	1,864	2,248	222	2,926	4,928	4,109	1,445	453	1,898
證券投資（資產）	-741	-705	-1,332	-1,997	-2,236	-4,301	-6,749	-4,220	-4,835	-10,087	-12,427	-15,711	-35,620	-23,513
股權證券	-513	-774	-1,069	-1,608	-2,121	-3,239	-4,628	-3,893	-5,058	-9,265	-9,358	-10,949	-21,121	-16,523
債權證券	-228	69	-263	-389	-115	-1,062	-2,121	-327	223	-822	-3,069	-4,762	-14,499	-6,990

證券投資（負債）	17,317	29,693	6,644	11,136	9,559	13,914	1,808	-1,204	3,256	2,729	2,902	2,399	1,149	786
股權證券	14,092	25,197	3,636	11,298	8,489	14,765	1,553	-2,232	2,185	2,073	1,545	2,181	815	548
債權證券	3,225	4,496	3,008	-162	1,070	-851	255	1,028	1,071	656	1,357	218	334	238
其他投資（資產）	754	4,456	11,990	-1,770	-8,368	2,334	3,494	-1,291	-11,695	-8,064	-7,512	-7,248	-7,059	-4,615
貨幣當局	-	-	-	-	-	-	-	-	-	-	-	-	-	-
政府	32	33	2	8	-13	-11	-10	-21	-40	-44	-25	-1	-33	-30
銀行	-6,754	-1,994	3,022	-7,341	-10,105	-923	-1,443	-1,637	-5,127	-1,689	-3,007	-1,109	1,808	895
其他部門	7,476	6,417	8,966	5,563	1,750	3,268	4,947	367	-6,528	-6,331	-4,480	-6,138	-8,834	-5,480
其他投資（負債）	17,520	14,330	9,268	4,048	2,650	-699	5,027	4,948	6,086	805	6,475	3,246	793	3,126
貨幣當局	898	-	-	-	-	-	-	-	-	-	-	-	-	-
政府	-6	-8	-5	-4	-7	-7	-14	-21	-107	-15	-16	-23	-20	-39
銀行	13,957	11,391	4,677	636	-1,705	-4,645	1,404	2,541	2,019	-20	3,741	1,309	-110	1,837
其他部門	2,671	2,947	4,596	3,416	4,362	3,953	3,637	2,428	4,174	840	2,750	1,960	923	1,328
合計, A 至 C	25,412	36,801	34,241	17,546	595	17,039	5,751	-554	1,637	-3,366	4,757	2,085	1,247	9,797
D. 誤差與遺漏淨額	1,183	291	-577	-193	1,882	1,554	-924	-174	-535	-565	-135	-544	120	-138
合計, A 至 D	26,595	37,092	33,664	17,353	2,477	18,593	4,827	-728	1,102	-3,931	4,622	1,541	1,367	9,659
E. 準備與相關項目	-26,595	-37,092	-33,664	-17,353	-2,477	-18,593	-4,827	728	-1,102	3,931	-4,622	-1,541	-1,367	-9,659
準備資產	-26,595	-37,092	-33,664	-17,353	-2,477	-18,593	-4,827	728	-1,102	3,931	-4,622	-1,541	-1,367	-9,659

資料來源：中央銀行編各期《金融統計月報》。

　　國際收支帳永遠呈現平衡狀態，然而，除了最底下準備與相關項目屬於中央銀行對外匯市場的反向干預活動外，該列以上的部分即屬於民間交易的餘額，此一餘額數字代表收支順差或逆差，亦即排除中央銀行干預以外的外匯超額供給或需求。

6.1.3　外匯市場與政府干預

　　在外匯市場從事外匯買賣者，包括從事國際商業活動的貿易商與服務提供者、投資人、跨國經營的多國籍企業、以及商業銀行四者。商業銀行除了與國外同業進行資金調度外，並在外匯市場擔任市場創造者的核心角色，他們依掛牌價格與前二者進行外匯買賣或借貸活動，藉此賺取匯率或利率差並活絡市場。表 6.2 列示臺灣銀行民國 93 年 5 月 20 日買進與賣出各國通貨的報價資料，以及買賣價差。

表 6.2　民國 93 年 5 月 20 日臺灣銀行買賣外匯價格表

種類 幣別	買入 即期	買入 現金	賣出 即期	賣出 現金	差價(%) 即期	差價(%) 現金
美元	33.5600	33.2600	33.6600	33.7950	0.30	1.61
港幣	4.2820	4.1830	4.3420	4.3770	1.40	4.64
澳洲幣	23.1700	22.9200	23.3700	23.6400	0.86	3.14
加拿大幣	24.2300	23.9700	24.4300	24.6700	0.83	2.92
英鎊	50.3800	49.8200	50.7800	51.3400	0.79	3.05
新加坡幣	19.4600	18.9600	19.6400	19.8400	0.92	4.64
日圓	0.2942	0.2873	0.2982	0.2983	1.36	3.83
瑞典幣	4.3700	3.9800	4.4700	4.4200	2.29	11.06
瑞士法朗	26.0000	25.3200	26.2000	26.4900	0.77	4.62
南非幣	4.9300	–	5.0300	–	2.03	–
歐元	39.9000	39.3000	40.3000	40.5700	1.00	3.23
紐西蘭幣	20.1700	19.8600	20.3700	20.5700	0.99	3.58
印尼幣	–	0.0034	–	0.0039	–	14.71
菲律賓幣	–	0.5593	–	0.6435	–	15.05
泰國銖	0.8150	0.8003	0.8350	0.8704	2.45	8.76

資料來源：《中國時報》，民國 93 年 5 月 21 日，及本書計算結果。

　　一國的中央銀行往往基於政策上穩定金融市場的理由，不時介入外匯買賣活動，以穩定匯價。假設外匯的供需如圖 6.1 所示，A 點為最初的均衡點。若外匯需求受到外來因素的影響，例如軍事採購，圖中 D 線向右上方移動。在原匯率水準下，外匯市場呈現由 AC 長度所顯示的超額需求。此時若無外力干預，均衡點最後移向 B 點，匯率上升至 E′ 的水準。若中央銀行不願意見到匯率上升的情勢，就必須填補市場上的超額需求，亦即動用外匯準備進行干預，補充市場供給不足的部分，將供給曲線向右移到 E′，將匯率拉回到原來的水準 E。如此干預的結果，雖然穩定了匯率，卻損失了外匯準備，同時亦導致了本國貨幣供給減少。中央銀行在外匯市場進行干預活動，屢見不鮮，無非要提供一個穩定的外匯市場，以免匯率的不確定性影響國際貿易與投資活動。

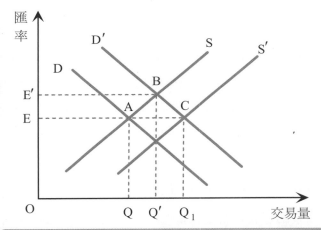

圖 6.1　需求變動後匯率的改變及中央銀行的干預結果

　　圖 6.2 顯示近二十年來，每日平均計得之美元兌新臺幣匯率。民國 74 年以前，匯率大致維持在 38 元到 40 元之間，該年 9 月以後到民國 78 年間，影響全球經濟的石油危機解除，我國經濟在新興石化相關產業空前繁榮的帶動下，國際收支順差大幅上升，新臺幣則呈現大幅升值之勢，匯率在此後的三年內由 40 元下降到 25 元左右。新臺幣升值幅度高達 38%，影響所及，

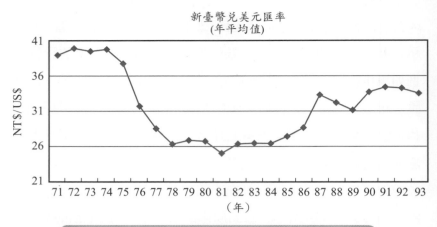

新臺幣兌美元匯率
(年平均值)

圖 6.2　近二十年來新臺幣兌美元匯率（年平均值）

過去居產業主軸的紡織、塑膠鞋、洋傘等勞力密集且附加價值低的輕工業，旋即萎縮，所幸高科技的電子業取而代之，成為主流產業，繼續推動經濟成長。同一時期內，中央銀行的外匯準備，自民國 73 年底的 100 億美元，快速增加到 800 億美元，可見中央銀行的強力干預，使得匯率下降的速度趨緩。民國 78 年至 84 年之間，國際經濟與政治面充滿了變數，日本資產泡沫破裂進入長期蕭條的境界、蘇聯政體瓦解、東西德統一、波斯灣戰爭，接踵而來，新臺幣兌美元匯率始終維持在 25 元至 27 元之間盤旋。然而，民國 84 年以後，雖然在網際網路產業所領導的繁榮以及國際政局漸趨安定的局面下，卻抵擋不住國內政治的紛擾不安，以及民國 86 年亞洲金融風暴所引發的本土型金融危機等因素的影響，新臺幣貶值，匯率再度上升到 33 元左右，民國 84 與 86 這二年中央銀行的外匯準備，分別減少了 39 億 3,100 萬與 7 億 2,800 萬美元，則為延緩臺幣貶值速度的原因。民國 89 年以後受國際經濟景氣隨網路經濟泡沫破裂、美國股票上市公司作假帳事件爆發，以及臺灣海峽兩岸情勢不安與國內政爭加劇等不利因素所影響，匯率曾數度逼近 35 元的水準。民國 93 與 94 二年內，先是美國以「懲恐」出兵伊拉克，隨後小布希當選連任，引發國際社會認為美國會繼續擴大伊拉克戰事，

並使財政惡化，美元對世界主要貨幣大幅貶值。民國 93 年 5 月後，國際油價又在需求劇增與俄羅斯和委內瑞拉石油減產下大幅上漲，全球經濟再度面臨石油危機的恐慌。在民國 94 年 6 月歐洲聯盟統一憲法立法受阻，引發對其經濟聯盟的質疑下，歐元大幅貶值。整個民國 94 年中，在美國施壓下，人民幣升值呼聲不斷。所有這些事件，都造成匯率有如乘雲霄飛車一般，大幅上下波動。由此可見，除了經濟因素外，許多國際社會與政治問題，皆為影響匯率變動的原因。

中央銀行干預外匯市場，有基於國際協定而為者，有基於管理經濟而為者。這些理由都顯示一國的匯率制度。經常見到的制度如下：

1. 固定匯率制度 (fixed exchange rate system)

泛指金本位時期，二國貨幣依黃金含量所決定的不變匯率。近年來許多國家主張通貨發行局 (currency board) 制度，以某一特定國家的貨幣作為發行本國貨幣的準備金，嚴格依所持有該國貨幣的存量，依固定比例發行本國貨幣。例如，香港政府於 1983 年設置通貨發行局，根據所持有美元資產的多寡，依 1 美元換 7.80 港幣的比例，發行香港地區流通的貨幣。某些國家甚至逕以另一外國的貨幣作為本國交換中介的美元化制度 (dollarization)。例如，1999 年阿根廷政府在該國披索遭人棄置下，經與美國政府磋商，改以美元在國內流通。此外，自從 1999 年開始，歐洲經濟聯盟的十二個會員國，全面改以歐元這個新貨幣取代本國貨幣。

2. 自由浮動匯率制度 (free flexible rate system)

指匯率的決定完全依自由市場的供需自行決定，政府或中央銀行完全不予干涉。1960～1965 年間，加拿大政府曾經實施此種匯率制度。1971～1973 年間，德日二國亦曾短暫實施，卻因為匯率波動幅度過大而放棄。

3. 可調整的釘住匯率制度 (adjustable pegged rate system)

主要指 1944～1973 年間，世界各國所簽署的布瑞登森林體

系 (Bretton Woods system)，各會員國自行選擇其本身貨幣兌美元的匯率，美國政府則選定一個美元對黃金的價格。此後，美元釘住黃金，而各國貨幣則釘住美元固定不變。會員國於必要時，得徵求國際貨幣基金會會員國的同意，更改其貨幣兌美元的平價，故名之。

4. 管理式浮動制度 (managed floating system)

1973 年布瑞登森林體系崩潰後，國際貨幣協定銷聲匿跡，許多國家基於管理經濟的目的，而實施的匯率制度。因為其毫無規律可循，亦稱為一種無制度的制度 (a system of no system)。又因為其完全以本國利益為考量，又稱骯髒的浮動制 (dirty float)。

6.1.4　二十四小時全天候交易

受到各地時差的影響，各主要外匯市場營業時間參差不齊，但是卻互相重疊。各地收市時間與緊鄰市場的相對時間依次如下：

(1)東京當地時間下午三時，為香港當地時間下午二時。

(2)香港時間下午三時，為新加坡當地時間下午一時。

(3)新加坡時間下午三時，為巴林島當地正午時分。

(4)巴林島時間下午三時，為法蘭克福與蘇黎世當地正午，倫敦當地上午十一時。

(5)倫敦時間下午三時，為紐約當地時間上午十時。

(6)紐約時間下午三時，為舊金山當地正午時分。

(7)舊金山時間下午三時，為澳州雪梨當地的次日上午九時。

(8)雪梨時間下午三時，為東京當地時間下午二時。

全世界的外匯交易，有 60% 發生於倫敦、紐

外匯市場交易往往互相影響，欲從中獲利必須不斷注意市場動態。

約和東京這三個金融中心；20% 發生於新加坡、蘇黎世、與香港這三個金融中心。外匯交易最繁忙的時刻，為倫敦與紐約兩地銀行營業時間重疊的這一時段。然而，透過路透社 (Reuters) 與道瓊社德勵 (Telerate) 所提供的即時訊息，以及交易成本的相對低廉，使得外匯市場成為一個二十四小時的全天候市場。

外匯交易除了微量的現金交易外，一般都是透過銀行轉帳的方式完成。亦即，賣出外匯的銀行，將其存放在國外銀行的外匯存款，轉出存入買進外匯者於某一銀行的存款帳戶，即告完成交割手續。這些轉出與存入的過程，主要是透過某一種特定的通訊方式達成；例如，信匯、電匯或專業網際網路。茲將目前最為普遍的方式，說明如下：假設國內某公司欲電匯一筆美元款項予美國的客戶。該公司向其國內往來銀行洽購美元後，銀行即透過衛星通訊網路 SWIFT(Society for Worldwide International Financial Telecommunications)，將匯款通知傳送至所指定的國外銀行，然後由收款銀行通知收款客戶，匯款手續即告完成。至於資金的傳送問題，若匯款所涉及的兩家銀行有往來關係，則兩家銀行逕自由相互往來帳戶扣除該筆款項即告完成。若兩家銀行並無往來，款項的撥付可以透過與兩家銀行都有往來的另一家銀行完成。由紐約地區商業銀行所建立的清算系統 CHIPS (Clearing House Interbank Payment System) 為銀行間美元交易收付，提供結算的服務。各國銀行可直接或間接的透過該清算系統，進行美元資金的調撥事宜。CHIPS 的會員銀行可以逕自利用其帳戶與其他會員相互調動美元資金，並於指定時間屆臨前，將帳戶內之借貸差額補足或清空完成結算事宜，因此大大的提高了國際金融市場中美元的交易效率，以及對各會員銀行的財務監督事宜。

■ 6.1.5 長期匯率的決定理論

匯率既是二國通貨的交換比率，理應十足反映兩國通貨的

價值。一國通貨的價值，主要是顯示於其對於物品的購買力或各國的物價水準之上，因此匯率也應該反映兩國通貨的購買力，或物價水準的差別。瑞典經濟學家卡賽爾 (Gustav Cassel) 提出依據各國物價水準以為衡量均衡匯率標準的購買力平價學說。

購買力平價學說 (purchasing power parity approach)

主張匯率應該反映二國貨幣的價值或物價水準。

令 P 與 P^* 分別代表商品在國內與國外以各國貨幣為計值單位的價格，S 為一單位外幣兌換本國貨幣的單位數或名目匯率，則由套利活動所產生的單一價格律 (law of one price)，商品的國內外價格應該相等，亦即 $P=S \cdot P^*$。因此，名目匯率等於二國物價水準之比值：

$$S = \frac{P}{P^*}。$$

這個公式就是絕對購買力平價條件 (absolute purchasing power parity condition)。根據前述商品套利的假設，受到運輸成本與貿易障礙，乃至各國編製物價指數的方法不一等因素所影響，商品套利活動不可能在短期內完全實現，故此一關係式應該視為是一種長期下的均衡結果。

假設上述導致購買力平價條件不成立的因素固定不變，則實際匯率與理論均衡匯率間，永遠維持固定的差異，亦即 $S=k \cdot P/P^*$，k 為固定常數。若將絕對的購買力平價條件改成下列相對的形式，即可將編製方法的差異因素予以消除。如此可得

$$\frac{\Delta S}{S} = \frac{\Delta k}{k} + \frac{\Delta P}{P} - \frac{\Delta P^*}{P^*} = \frac{\Delta P}{P} - \frac{\Delta P^*}{P^*}, (\Delta k/k = 0) ❸。$$

相對購買力平價條件 (relative purchasing power parity condition)

匯率的變動率等於二國通貨膨脹率之差。

這個關係式說明匯率的變動率與兩國相對物價變動率間的關係，稱為相對購買力平價條件。若本國物價上漲的比例大於外國物價上漲的比例時，匯率即會上升，亦即本國貨幣會相對於外國貨幣貶值，而外國貨幣則相對於本國貨幣臺幣升值；反之，當外國的通貨膨脹率高於本國時，本國貨幣會相對於外國貨幣升值，而外國貨幣會相對於本國貨幣貶值。至於匯率上升或下

---

❸　學過微積分的讀者可以利用微分推得此一關係式，步驟如下：先對 $S = k \cdot P/P^*$ 等號兩端取對數得，$\ln S = \ln k + \ln P - \ln P^*$，然後取全微分，即得 $dS/S = dk/k + dP/P - dP^*/P^*$。

降的比例，則由二國物價水準變動率之差決定。

　　自從 1980 年代中期以來，經濟學家發現上述參數 k 出現異常變動的現象，與過去視其為制度參數不符，因此另以實質匯率稱之。實質匯率的定義為

$$q = \frac{SP^*}{P}。$$

式子右邊實際上就是在相同的計值基礎上，比較本國與外國兩國間的整體物價關係。一般物價水準是由總體供給與總體需求共同決定。若兩國的總體需求相同，則物價水準的高低完全取決於供給面，如此則實質匯率即反映代表二國供給面差異的生產力差異。因此，實質匯率是一種指標，可以用來顯示二個國家生產力或國家競爭力的差異。若前述絕對購買力平價條件成立，則實質匯率即等於一，亦即二國的國家競爭力相同，這一點顯然與事實不符。若論兩國競爭力的差距不易改變，而實質匯率正顯示此一差距，則實質匯率亦可視為固定不變（至少在短期內可以如此假設）。因此利用相對購買力平價條件，以消除短期內固定不變的因素，同樣可以用來解釋名目匯率與兩國物價水準間互動的關係。實質匯率是否固定不變，是實證研究的問題，自 1980 年代以來，不完全競爭的國際市場結構日益明顯，實證研究往往發現，當物價水準趨向穩定之際，實質匯率往往隨名目匯率同方向變動。換言之，名目匯率變動可以透過實質匯率，而產生改變國家競爭力的結果。

　　民國 83 年臺灣在十大建設陸續完工下，經濟體質脫胎換骨；適逢干擾全球經濟體系長達十年之久的石油危機解除下，出口暢旺。依據上述實質匯率理論，新臺幣本當貶值。然而，在強勁的貨幣需求帶動下，熱錢流入，導致長達二年的連續升值，新臺幣兌美元匯率由 40.05 一路下滑至 25 左右，此後並於熱錢流出下，再貶值。

實質匯率 (real exchange rate)

將二國貨幣的名目匯率經以物價水準差調整，可以用來顯示二國的競爭力差。

■■ 6.1.6 空間套匯與交叉匯率

　　在各地外匯市場中，並非每一種貨幣隨時都有交易進行，或有足夠的交易量，以顯示合理的匯率水準。事實上，各地外匯市場中，美元的交易佔90%以上，至於美元以外貨幣，除了少數幾個已開發國家貨幣外，例如，日圓、英鎊、瑞士法朗，與歐元尚有微量交易外，不是侷限於美元，以致規模微不足道，就是根本沒有市場，使得一個具有效率的市場無法形成。表6.3摘錄國際清算銀行自1989年以來，每隔三年所做各種貨幣在世界各地外匯市場交易量佔有率超過5%以上的通貨種類，以及新臺幣交易量的比率。表中下半段則摘錄美元與各國通貨交易量所佔比率。以 2004 年 4 月為例，美元的交易量佔有率達88.7%，若扣除歐元與其他各國通貨交易所佔比率8%後（表中未列示），全球外匯市場其他國家通貨間的交易量僅有2%，可謂微不足道。

　　既然美元一面倒的成為各國外匯市場的主要交易通貨，一國外匯市場所報出其他通貨的匯率，即非經由市場機能所展現，例如，表6.2中所列示在臺灣銀行買賣的許多國家通貨的匯率，究竟如何產生呢？這些匯率是根據套利的原則，依據各該貨幣在主要國際金融中心，或在各相關國內的外匯市場中的美元匯率，交叉計算而得。

　　由於外匯市場並非集中市場，相同的兩種貨幣分別在不同的地區進行交易，同一時間內各地的供給與需求不會完全一致，因此兩種貨幣在各地市場的匯率，亦會出現不一致（不互為倒數）的現象，因此而出現套利的機會。所謂套利就是指同一時間在相互區隔的不同市場，針對同一標的物，在低價處買進並在高價處賣出，以確定獲取買賣價差利益的活動。由於這種確定獲利的特性，一旦各地匯率呈現出不一致的現象時，在考量交易成本之後，巨額的資金由一個市場流向另一個市場，各外

套利 (arbitragy)

利用同一商品在不同市場的價差，同時在低價處買進並在高價處賣出以獲取利潤的活動。

表 6.3　依通貨別全球外匯市場周轉率佔有率[a]

4 月每日平均周轉率百分比

國家通貨別	1989	1992	1995	1998	2001	2004
美國 dollar	90.0	82.0	83.3	87.3	90.4	88.7
歐盟 euro	–	–	–	–	37.6	37.2
德國 mark [b]	27.1	39.6	36.1	30.0	–	–
法國 franc	2.0	3.8	7.9	5.1	–	–
ECU 與其他 EMS 通貨	4.0	11.8	15.7	17.3	–	–
日本 yen	27.0	23.4	24.1	20.2	22.7	20.3
英國 pound	15.2	13.6	9.4	11.0	13.0	16.9
瑞士 franc	10.0	8.4	7.3	7.1	6.1	6.1
其他國家	22.2	17.4	16.2	22.0	30.2	30.8
臺灣 dollar [c]	–	–	–	0.1	0.3	0.3
美元與各國貨幣交易量佔有率						
USD/EUR	–	–	–	–	30	28
USD/DEM, FRF, ECU, EMS	–	35	37	37	–	–
USD/JPY	–	20	21	18	20	17
USD/GBP	–	10	7	8	11	14
USD/CHF	–	6	5	5	5	4
USD/其他	–	11	12	18	25	17

註：(a)因為每一筆交易皆涉及二種通貨，每一種通貨佔有比例之和為 200% 而非 100%。除了 1989 年的資料依「毛額對毛額」呈示外，其餘數字都是依「淨額對淨額」的基礎呈示，以避免國內與跨國交易重複計算。

　　　已修正後資料。

　　(b) 1989 年 4 月資料已將德國馬克的國內交易額去除。

　　(c) 1992～1998 年之資料中含本國通貨交易額。

資料來源：BIS, *Triennial Central Bank Survey*, March 2005, pp. 9, 11.

匯市場的供給與需求立即發生大幅度變動，匯率也會立即反映，直到套利的機會消失，亦即達成一致為止。以下以實例說明。

　　假設港幣在臺灣外匯市場的匯率為 NT$4.2820，同一時間臺幣在香港匯市內的匯率不為 HK$0.2335（約等於 1/4.2820），而是 HK$0.2300。如此，一元港幣在香港可以兌換約 4.3478 (1/0.2300) 元臺幣，而在臺灣的匯市卻只能兌換 4.2820 元臺幣。

在此情況下，若以一元港幣於香港兌換 4.3478 元臺幣，同時將此 4.3478 元臺幣於臺灣匯市兌換港幣，可得約 1.0154 (4.3478/4.2820) 元港幣，即可立即獲利 0.0154 港幣，相當於年報酬率 24,400%❹。在如此高獲利的誘引下，資金立即出現移動現象，套利者在香港的外匯市場拋售港幣搶購臺幣，結果將臺幣匯率向上拉抬；同一時間，他們在臺灣的外匯市場拋售臺幣搶購港幣，導致臺灣市場中港幣匯率上升，這種形式的套利活動持續進行，直到兩地匯率出現一致的結果為止。以上說明二種貨幣在二個發行該貨幣的外匯市場，藉著套利活動以達成一致性，稱為空間套匯。通常這種套利機會稍縱即逝，也是國際金融市場重要的交易種類之一。一方面由於這種套利活動的存在，一方面又因為銀行不願給予其客戶套利的機會，因此對於交易量稀少貨幣的報價，往往就依據各地匯率交叉計算而得的交叉匯率進行報價。

空間套匯 (spatial arbitragy)

利用二地匯率差進行套利活動。

交叉匯率 (cross rate)

二國的匯率依二國貨幣各自對第三國貨幣的匯率交叉計算決定。

　　經查民國 93 年 5 月 20 日當天，美元在日本東京的價位為 US\$1=¥113.47，而美元在臺灣的價位為 US\$1=NT\$33.6100（表 6.2 中買進與賣出即期美元價格之平均數）。依據二國貨幣兌美元的個別匯率，我們可以推算出，日圓在臺灣的匯率應為 ¥1=NT\$0.2962，如下：

$$\frac{NT\$}{¥} = \frac{NT\$}{US\$} \div \frac{¥}{US\$} = 33.6100 \div 113.47 = 0.2962。$$

此一結果與當天的即期日圓買賣匯率平均值 0.2962 完全相同。以上所述套利的過程中，涉及三種貨幣在兩個不同的市場中交易，通常稱為三角套匯 (triangular arbitrage)。外匯銀行利用這種無風險的套利原則 (riskless arbitrage)，計算並報出美元以外其他通貨兌換臺幣的匯率。

---

❹　$(1 + 0.0154)^{360} - 1$。

6.2　國際通貨市場

自從 1960 年代起，國際金融市場內出現了一種以外國貨幣作為存放款標的的銀行業務，通稱為境外銀行體系，或國際銀行業務 (international banking facility)❺。「境外」一詞指不受國內種種法規約束之意，其中包括不以本國通貨為交易標的、不受本國稅法限制、不受國內金融法規管理，完全依循國際慣例進行業務活動。這些機構所吸收或創造出的外國通貨存款，通稱為歐洲通貨 (eurocurrency)；例如，設於美國領土以外地區的銀行，所收受與創造出來的美元存款，稱為歐洲美元；設於日本領土以外地區銀行所收受的日圓存款，稱為歐洲日圓 (euroyen)❻。本節介紹境外銀行體系，其由來、特徵、以及其對世界經濟發展的貢獻。

重・點・摘・要

取得或處分外國通貨的方式，除了經由交換實現外，尚可經由借貸的程序達成。基於規避管制與競逐高利的動機，商業銀行自 1960 年代起即扮演間接融通外幣的角色，並由此發展出歐洲通貨市場。

境外銀行體系 (off-shore banking system)

指經辦不受一國金融法規約束的銀行業務。

歐洲美元 (euro dollar)

指存放在美國以外地區銀行之美元存款。

6.2.1　國際銀行的發展

1956 年埃及將蘇伊士運河收歸國有，引發英、法、以色列三國聯合對埃及出兵干涉，隨即導致英鎊貶值，英國政府乃限制其國內銀行對外國居民或政府承作英鎊貸款，以防衛英鎊，不使進一步貶值。當時一群英國海外及商人銀行 (overseas and merchant banks)，開始開發以美元為標的的市場，提供殖民地間，以及殖民地與英國本土間，貿易融通所需資金。1960 年代，受到大量資本外移的影響，美元同樣面臨可能貶值的威脅，美國政府乃自 1963 年開始先後採取信用管制、資本管制以及對美

---

❺　我國銀行界以國際金融業務分行稱之。

❻　美元前面冠以歐洲 (euro) 字頭，已成為國際上的習慣，請勿誤會其為歐洲地區的特產。

國人購買外國有價證券課徵利息平衡稅等措施，以遏止因美元
的過度流出而危及美元的國際準備地位。影響所及，國際金融
市場中對美元的需求無法獲得滿足，以致美元資金的境外利率
高漲。同一時間，美國境內銀行因為受限於銀行法第 Q 項
(regulation Q)對銀行支付存款利率上限的規定，使得美國境內
貨幣市場的利率水準，低於國外的利率水準❼。美國的多國籍
企業與外國的多國籍企業，開始透過美國銀行海外分行的居間，
以交換外匯的方式，取得在國外投資與營運活動所需的資金。
1970 年代，許多開發中國家政府為獲得美元資金，而美國國內
的管道不暢通下，轉向持有美元存款的美國以外地區銀行求助。
這種向美國以外地區銀行求助的行動，於 1973 年石油危機發生
後，進入高峰期。因為石油輸出國家組織要求，購油合約一律
以美元為發票通貨 (invoice currency)，全世界對美元的需求劇
增❽。透過國際貨幣基金會的協商，石油輸出國家將其存放於
美國境內銀行的美元資金，轉存入世界各金融中心的銀行帳戶，
成為歐洲美元，並透過接受該存款的歐洲銀行 (eurobank)，提供
非產油的開發中國家獲得購油資金的融通。倫敦以其國際金融
中心的歷史地位，以及各種通訊設施健全之優勢，隨即發展成
為歐洲美元的主要交易中心。

　　歐洲美元指存放在美國以外地區金融機構的美元存款。由
另一個角度來看，當一個企業或個人取得美元資金後，傳統上，
他們會於外匯市場中將之兌換為本國貨幣，或將之存放於美國
境內銀行內他們自己名義下的存款帳戶中。若他們將這筆美元
款項，不經兌換即直接存放在美國以外地區的銀行，並約定存
提款皆以美元為標的時，這筆資金的所有權，形式上即轉移到
接受這筆存款的歐洲銀行名下；存款人取得向該歐洲銀行求償

何謂歐洲美元呢？

---

❼　1933 年的 Glass-Steagall 銀行法為避免銀行間惡性競爭，除了禁止
　　商業銀行對支票存款支付利息外，同時規定活期存款與定期存款的
　　利率上限。詳見第九章。

❽　發票通貨意指以美元報價，並以美元作為支付工具。

（提領存款）的權利。然而，實際上這筆資金始終都留在美國銀行的手中，並未離開美國，只是存款所有人換成了這家歐洲銀行。美國的國內貨幣供給，不會因為此一銀行存款的所有權轉移而受影響，因此其貨幣主管當局自不會對此特別關心。

歐洲銀行為因應存款客戶提款的需求，與傳統銀行業務相同，在預留付現準備後，必定將多餘的部分加以運用。運用的途徑，大致上為貸放給其他國內外銀行同業為主，演變成為銀行同業間拆款市場。若他們將運用途徑，擴大到民間企業或各國政府，即成為歐洲美元貸款。只要這筆貸放出去的款項，仍然留在歐洲銀行體系內，信用擴張即得以繼續進行。只有當這筆貸款被用作支付工具，最後轉入美國境內銀行的存款戶中時，可供擴張信用的基礎方告消失。各國政府對於歐洲銀行業務的管理無法可循，亦無意干涉，降低了銀行資金的成本。歐洲銀行業務又多是與大企業或政府間的交易，平均每筆涉及的金額都在數百萬美元以上，無形中降低了授信與管理的成本。因此，歐洲銀行因為得以較高的利率吸收存款，並以較低的利率進行放款，而蓬勃發展。又因為金融管制的束縛不存在，於是大舉開發許多突破傳統的新式金融業務。

1970 年代以來的自由化呼聲，以及金融業務創新下債務證券化趨勢形成，種種直接融通方式與管道快速發展，導致了國內金融中介衰退的結果，歐洲銀行更大舉擴大其海外營運規模，並以金融發展較不發達的開發中國家為目標。此外，日本與西德的經濟實力日益彰顯下，亦促成了歐洲日圓與歐洲馬克交易的蓬勃發展。

除了石油外，各種原物料的國際卡特爾 (cartel) 組織，於 1980 年代初期逐一瓦解後，造成 1970 年代停滯性膨脹 (stagflation) 的因素消失，原物料的國際市場價格開始下降。以出口原物料為主要經濟活動的拉丁美洲國家，於 1982 年 8 月宣告無力支付所欠巨額外債的利息，一波為期十年的開發中國家債務危機，使得以美國大型銀行為主的歐洲銀行業一一陷入困境，導

致這個市場的規模大幅縮水,亦成為 1985 年以後國際債券市場發展的契機。

■ 6.2.2 國際銀行業務

歐洲銀行指所有以外國貨幣為營業標的的商業銀行,其業務活動主要集中在以數百萬美元為單位的定期存款與貸款業務。歐洲銀行通常為一家銀行的一個分行或分支單位,其典型的資產負債表如表 6.4 所示。表 6.4 中的負債類,包括通知存款(call money)、定期存款、可轉讓定期存單、浮動利率債券(floating-rate notes)四大項,是為歐洲銀行營運資金的來源。資產類則包括對銀行同業的貸款、對政府機構貸款、對民營公司行號貸款三大項,是為資金的運用途徑。

通知存款指未訂定特別到期日的活期性存款。存款人欲提領款項時,由於所涉資金龐大,通常須於二至七天前通知銀行,俾便其有充裕的時間備妥款項。定期存款為訂有一定期限,並於到期時一次提領本利的存款,為目前金額最大的負債。可轉讓定期存單是一種可在次級市場中銷售的定期性存款。浮動利率債券為一種期限較其他負債項目長的債券,擁有活躍的次級市場,持有人定期領取利息;每期的利率依特定的參考利率加碼計算。

表 6.4　歐洲銀行資產負債表

資產:	負債:
對銀行同業貸款	通知存款
對政府機構貸款	定期存款
對民營公司行號貸款	可轉讓定期存單
	浮動利率債券

對銀行同業的貸款,通常是對其他歐洲銀行,或對開設於主要金融中心的銀行為之。銀行同業間的交易分為存款與放款

二種方式；換言之，一家歐洲銀行可以將其歐洲通貨資金轉存於其他同業處，亦可以以貸款的方式交由同業運用。因此，歐洲通貨交易員通常於互相聯繫時，報出買進 (bid) 與賣出 (asked) 利率。買進利率指接受存款的利率，而賣出利率是指貸出款項的利率。銀行賺取買進與賣出利率之差。

對政府機構與民營公司行號的貸款，主要是來自歐洲信用市場 (Eurocredits market)，貸款期限較長。為了避免放款利率低於其取得資金之成本，貸款利率採用定期調整的方式 (rollover pricing)；亦即，每一期間（多數為六個月）內的利率固定不變，而於期滿時依據當時的市場參考利率加以調整。各歐洲通貨中心銀行同業貸款利率 (interbank offered rates, IBOR) 為主要的參考利率。倫敦為美國以外第二大的金融市場，也是歐洲美元交易的最大市場，因此倫敦地區銀行同業交易利率 (London Inter-bank Offered Rate, LIBOR)，即當仁不讓成為被引用最為廣泛的利率❾。貸款利率就是根據這種參考利率加碼而得。其他重要的金融中心尚有：西歐地區的蘇黎世、巴黎與香奈爾群島 (Channel Islands)；加勒比海與中美洲的巴哈馬 (Bahamas) 與開曼群島 (Cayman Islands)；中東的巴林 (Bahrain)；亞洲的新加坡、香港和東京等處。

■■ 6.2.3 銀行團聯貸

歐洲銀行對各國民間企業與政府的貸款，每一筆的金額都非常龐大，往往非單一銀行所能單獨承作，而所負風險也非一國的銀行所能承擔。多次的全球性金融風暴下來，他們發展出

---

❾ 倫敦地區銀行公會於每一個營業日的中午，收集在倫敦地區從事歐洲美元借貸交易量最大的 10 家大銀行接受存款的利率，分別扣除二個最高與最低報價後，計算其餘六個報價的平均數，即為 LIBOR。計算完成後，迅即經由國際通訊媒體傳送全球各地金融市場，供其參考。

銀行團聯貸 (syndicated loan)

指多家銀行同時針對同一貸款案聯合籌資對一家企業進行的貸款。

了一套避險的措施，其中銀行團聯貸就是將貸款的風險，分散到分屬不同國家的銀行，以達成規避風險的目的。

在激烈競爭下，歐洲銀行通常會主動尋找信譽優良的企業，洽談貸款事務。一般企業也有主動向其經常往來的銀行提出申請者。貸款通常由一家主辦銀行接受貸款的申請，並擔任主辦管理人 (lead manager) 的職責。主辦管理人在與借款人完成貸款條件的初步洽商後，立即以最快的方式向世界各地的銀行發出徵求共同承作貸款的訊息。接受邀請的銀行即稱為參加銀行 (participation bank)。主辦銀行再由願意參加聯貸的銀行中，選出若干家認貸金額較大的銀行組成管理銀行，共同諮商最後的貸款條件，並與借款人簽署最後協議。通常主辦銀行同時必須擔任代理銀行 (agent) 的職務，負責利息與本金的收取與發還事宜。

主辦銀行於最後貸款條件協商完成後，立即準備有關介紹借款人的相關資料 (placement memorandum)，印發其他銀行，正式邀請其加入聯貸的行列。借款人必須支付的費用包括按期繳交的利息、承諾費 (commitment fee)、代理費 (agent fee)，以及一次預先支付的管理費 (up-front cost) 與參加費兩大類。貸款利息按借款人實際動支的金額計算；利率則依契約的規定，例如，每六個月調整一次，以每期初的六個月期 LIBOR 加 1%，計算未來六個月中每月應繳付的利息。承諾費指約定貸款額度中，尚未使用的部分，依一定比率（通常為 0.25%～0.75%）按期繳付。代理費是對代理銀行所提供的服務付費。借款人須對聯貸支付一筆約為貸款金額 0.5%～2.5% 的經辦費。這筆費用由所有參加貸款的銀行共同分享，通常主辦銀行分得多數，其他管理銀行其次，最後一部分再依比例分給其他的參加銀行。近年來許多管理經驗豐富的銀行，往往將其所分配的貸款額度，完全轉給其他無法獲邀參與參加貸款的銀行，純粹的賺取經辦費。因此，歐洲通貨貸款的次級市場也逐漸興起。

■ 6.2.4　歐洲通貨的次級市場

　　歐洲通貨貸款次級市場的興起，除了一方面基於某些外在環境變遷後的需要外，另一個主要原因則與 1980 年代開發中國家債務危機發生後，為因應債務國早日償還債務的安排有關。次級市場的交易形態有事後參加與換約 (swap) 二種。事後參加指最初未能受邀參與參加貸款的銀行，在經借款人同意後，自管理銀行或其他參加銀行處買入債權，而成為參加銀行之謂。

　　銀行與銀行間的貸款或債務契約互換，可能是基於雙方對於風險的認知不同、個別銀行所涉風險的程度不同、對於公布經營成效的要求的法令規定改變、對於貸款予公家單位或民間單位的偏好不同、對於稅法的偏好不同、對於影響借款人的能力不同、對於特定借款人所開刪除貸款條件的要求不同，以及對於流動性的要求不同而引發。次級市場的興起有助於提高市場的效率，則是無庸置疑。以下簡單的介紹常見的幾種換約形態：

1. 資產換資產

　　持有對不同國家債權的兩家銀行，相互交換其所持有的債權，就是以一種資產交換另一種資產。當相互交換的二種資產價值不同時，其差價通常另以現金支付。美國的銀行家信託投資銀行 (Bankers Trust) 於 1983 年，以所持有對巴西的 1 億美元貸款債權另加現金 9,000 萬美元，與巴西的 Banco Real 交換該行對墨西哥的 1.9 億美元貸款債權。1980 年代債務危機發生後，許多對開發中國家的貸款，都是在折價後依換約程序了結。當然，原貸款銀行因此而遭致損失，但是無法收回的帳款，長時間掛在帳上，已經嚴重的影響銀行的營運，能夠快速了結絕對是合乎效率的方式。

2. 資產換債務

　　一家銀行以其所持有的貸款資產，與其負有債務的銀行交

換，以達成償還所欠債務的目的。

3. 資產換現金

　　1984 年美國一家銀行，將所持有的面額為 200 萬美元的巴
西政府債券，換回 160 萬美元的現金和面額 40 萬美元的墨西哥
Alfa 集團公司債；主要原因是該公司債合乎提列呆帳的規定。
銀行因此一交換交易，而得以正式結束該筆貸款業務。玻利維
亞政府於 1988 年籌資，以面額的 6%，贖回所積欠外債的一半；
菲律賓於 1990 年以面額的 50%，贖回其積欠的全部外債；哥斯
大黎加以所欠本金與利息外債的 16%，贖回其所有的債務。

　　1980 年代開發中國家所引發的國際債務危機，著實為歐洲
通貨聯貸的業務帶來了不小的打擊，美國多家歷史悠久的大銀
行，因此而自全世界五十大銀行的排名名單中消失。經過此一
打擊，以及自 1970 年代多變的金融環境洗禮後，歐洲銀行業務
在貸款合約中，開始增列許多保護其債權與收入的條款。例如，
為因應利率的多變，而出現的每年或每半年換約，以達成配合
市場利率變動而調整利率的目的；為了因應各國政府對於利息
課稅，以及金融業務法規的改變，而遭致收入減少，契約中往
往要求借款人，必須對因此而造成銀行收入減損的部分，負責
補償；為了確保債權，而要求借款人必須維持其財務狀況（資
產負債比率、投資報酬率等）於一定水準，或必須合乎國際貨
幣基金會所提出的標準。當然，對於突發事件所引發的爭端解
決方式，包括管轄法庭等與訴訟有關事項，都有明確的規定。

　　歐洲銀行這種對債權過度保護的措施，並非全然毫無後果。
1980 年代的金融自由化運動，加上銀行過分嚴苛的規定，終於
演變成為銀行中介地位逐漸沒落，而借款人尋求直接融通管道
的盛行。直接融通的方式不外乎藉歐洲通貨商業本票、短期債
券、長期債券的方式籌資。有關歐洲通貨債券市場的情況，將
於下一節中介紹。

6.3　國際債券與商業本票市場

國際債券市場可以分為外國債券 (foreign bonds) 與歐洲通貨債券 (eurobonds) 兩大類。外國債券是指外國借款人在本國資本市場,以本國通貨為面額所發行的債券。因此,所有發行事務,都必須依照本國相關證券發行法律規定進行。各國往往限制其發行時間與發行數量,要求公布不同的資訊,訂定不同的登記手續,甚且還有對購買人加以限制等差別待遇。歐洲通貨債券指以某一通貨為面額的債券,同時在面額通貨國以外的不同國家資本市場中發行,例如以美元為面額發行債券,而於美國以外地區銷售。當一種以外國通貨為面額的債券在本國發行銷售時,本國政府通常不會對這種歐洲通貨債券的銷售加以限制;即便是以本國通貨為面額發售時,目前已知的也只有日本、德國和法國,對其發行數量與發行時間加以限制;美國與加拿大對此則完全不予限制。

重・點・摘・要

投資銀行自 1970 年代起亦加入歐洲通貨市場競爭,其主要方式為建立協助發行與流通交易市場,供歐洲債券與商業本票交易。因為較不受政府的管制約束,歐洲債券的內容可謂多彩多姿。

目前國際金融市場中流通的歐洲通貨債券,仍以美元為面額者居多。自 1986 年金融自由化後,以日圓為面額的歐洲通貨債券,迅速的發展成為美元以外的第二大市場。目前主要的外國債券市場在蘇黎世、紐約、東京、法蘭克福和倫敦。為了便於確認,有些地方給外國債券市場另外取了名字;例如,在美國發行的外國債券稱為洋基債券 (Yankee bonds),而其交易的市場就稱為洋基債券市場 (Yankee bond market)、在日本稱為武士債券 (samurai bonds)、在荷蘭稱為倫布蘭特債券 (Rembrandt bonds)、在倫敦稱為拳師狗債券 (bulldog bonds)。此外,外國債券市場中常見外國人,以外國通貨為面額,所發行的債券在此交易;例如,以外國通貨為面額,而於東京發行的債券稱為將軍債券 (shogun bonds) 以 ECU(歐洲通貨單位)為面額,而在

紐約發行的債券稱為洋基 ECU 債券 (Yankee ECU bonds)。

■■ 6.3.1　歐洲債券的發行與特徵

　　基於管理上的不便，以及尊重隱私等理由，歐洲通貨債券通常以不記名的方式發行，故多屬不記名債券。換言之，其轉移以交付對方即告完成，並不需要經過登記的手續。由於投資人分散全世界各地，有關利息支付的事務非常繁雜，故多採按年付息的方式支付利息。各國通常對於歐洲通貨債券的利息不課稅。即便課稅，往往亦於發行條例中明示「稅負由發行者負擔」，或「稅率變動後之差額由發行者負擔」之附帶條款，故無法對收受利息者課徵。

　　歐洲通貨債券依其支付利息的方式、依其是否與其他資產相關聯、其發行有無擔保、以及依其支付本金與利息所採用的通貨種類而有所區別。以下分別簡單的加以介紹。

1. 固定利息債券

　　固定利息債券 (straight bonds) 定期依發行時所訂定的利率支付利息。利息的支付通常每年一次，以節約付息所發生的高成本。

　　1963 年 7 月義大利的 Autostrada，經由倫敦的商人銀行 S. G. Warburg & Co. 主持，加上 Banque de Bruxelles SA、Deutsche Bank AG、Rotterdamsche Bank NV 3 家金融機構的協助，以每張面額 250 美元發行 60,000 張債券。每張債券上附有年息 5.5% 的息票，每年的 7 月 15 日付息。這是史上第一次歐洲通貨債券的發行。

2. 浮動利率債券

　　浮動利率債券 (floating rate bonds) 的利息，隨市場利率的變動而機動調整，故其兩次付息期間較短，通常每半年付息一次。浮動利率債券通常會明示利率依某一種參考利率（例如面額通貨的 LIBOR）加碼若干計息。

這種債券首次出現於 1969 年,當利率的走勢呈現上升趨勢的時期。大多數的浮動利率債券,都是以美元為面額的債券。以日圓和德國馬克為面額的浮動利率債券,則遲至 1985 年後方告露面。

3.不附息票債券

不附息票債券的發行及償還方式有二種。第一種是折價發行, 到期時按面額十足還本。第二種是依面額十足發行, 到期時加碼償還。債券買進價格與到期償還金額二者之差, 即為投資報酬。許多國家（例如日本）的稅法, 視這種差額為資本利得, 無須繳交所得稅, 故甚受歡迎。

1981 年 6 月 Pepsico Overseas 公司以面額的 67.25% 發行三年期不付息票債券, 到期時按面額十足償還。此一債券的年複利報酬率計算方式如下:

$$(100/67.25)^{1/3} - 1 = 14.14\%。$$

1985 年 Deutsche Bank Finance N.V. 依面額發行十年期的不付息票債券, 該債券於 1995 年依面額的 287%（相當於年報酬率 11.12%）償還持有者。

4.可轉換債券

當債券附有允許持有人得依其意願,於發行經若干時日後,選擇依特定條件交換其他資產, 或依面額贖回之承諾者, 稱為可轉換債券 (convertible bonds)。可供選擇作為轉換用的資產,計有發行公司的股票、黃金、石油、或其他類別的債券, 通常以轉換為股份者佔多數。這類債券的持有人, 可以選擇放棄將債券轉換其他資產的權利。

可轉換債券的發行者, 通常可以依較低的利率借入資金,與其他債券利率之差, 相當於債券投資人另外支付一筆取得買進選擇權的價款, 獲得一項買進特定資產的選擇權, 因此, 這項可轉換權的價格與買進選擇權的定價原理相同。當得以轉換的股票價格看好時, 可轉換債券的發行即得以依更低的利率達成。

5.附認股權證債券

認股權證 (equity warrants) 是一種可以轉讓的憑證，該憑證賦予持有人得於特定期間內，依一定的價格購買約定數量的發行公司普通股。這種認股權證通常是附隨於所發行的債券，但是也有不依附債券而單獨發行者。附認股權證債券 (bonds with equity warrants) 是可轉換債券的一種，由於認股權證可以與債券分離單獨存在，因此可以隨時待價而沽，運用上更為靈活。事實上，以此一方式發行可轉讓形式債券的情形，遠超過前面所介紹的可轉讓債券，此一類債券的盛行，應歸功於日本企業對此一工具的運用。

1980 年代中期，當日本股票市場飆漲期間，日本公司曾大量發行附認股權證的歐洲通貨債券，以籌措海外營運所需資金。他們所持的如意算盤是，外國投資人看好日本公司股票，卻受到日本法令的限制無法購得。今有此一機會可以於將來依權證所記載的特定價格，購買或轉換為公司股份，實質上等於已經依債券上所列轉換股份的價格，購得發行公司的股份；而其實現認購的日期，則成為投資人欲出售股票實現獲利的時間，屆時他必定將此一部分的股份出售，不會發生違背法令規定持有日本公司股份之嫌。發行的日本公司，則可以以低利率籌得所需資金；而當債券到期時，他們僅須辦理增資，然後以新發行的股份換回債券，即可省卻籌措償債資金的麻煩。1990 年認股權生效時，日本股市泡沫已經破裂，股價大跌，投資人失去興趣之餘，轉而要求發行公司以現金償債，發行公司頓時陷入資金周轉失靈的困境。近年來，我國亦有多家公司遭遇相同的困境。

6.抵押品擔保債券

抵押品擔保債券 (mortgage-backed bonds) 以其他可靠的物品，例如美國政府公債等，作為擔保品發行債券，相當於創造出另一種信用無虞的新債券，並讓一些較不知名的小企業，亦得以在國外發行債券。此一方式常成為美國許多小型金融機構，

用來籌措資金的方式。下面介紹的布雷迪債券，就是開發中國
家政府，以少量的外匯存底，購買三十年期美國政府不附息儲
蓄債券，並將之質押於紐約聯邦準備銀行，然後依質押品面額
十足發行的債券。

7. 雙通貨債券

　　若一種債券於發行時以某一種通貨為之，但是約定以另一
種通貨償還本金或支付利息者，稱為雙通貨債券 (dual-currency
bonds)。這種債券實際上是將一種普通的債券上附加一個或多
個遠期合約而成。

　　1985 年 8 月美國政府資助民營公司 Federal National
Mortgage Association，所發行的雙通貨日圓面額歐洲通貨債券。
該債券以日圓面額發行，並附有年利率 8% 以日圓支付的息票；
債券到期時，按 1 美元兌 208 日圓的匯率計算，以美元償還本
金。同年，Mobil Corporation 以 2,475 美元的面額發行債券，所
附息票標明為 350 瑞士法朗，債券到期時以美元贖回。

　　歐洲債券次級市場的交易，通常不收取佣金，市場創造者
所賺取的是買賣價差，價差通常為所交易債券面額的 0.5%。債
券的價格是以面額的百分率報出；95.5～96 的買賣報價，表示
面額 1,000 元債券的買進價格為 955 元，而賣出價格為 960 元。
標準的交易單位為 100 張債券，或相當於面額 100,000 元的債
券。交割日為成交後一星期，交易時買方須支付賣方已實現的
利息。

　　歐洲債券交易的交割，完全以記帳的方式完成。交易的結
算主要是透過兩個清算系統進行。這兩個清算系統分別為
Morgan Guaranty 於 1968 年在布魯塞爾所建立的 Euroclear
Clearance System Limited，以及以歐洲地區銀行為主於 1971 年
所建立的 Cedel S. A.。兩個清算系統各有所屬債券保管銀行。
清算所的會員銀行則在此存放有一定金額的現金與債券，債券
交易完成後，所有因交易而發生的現金收付與債券轉手事宜，
皆經由這些銀行的帳戶轉帳完成，並不需要有實際的債券轉移。

藉著這些清算所的轉帳過程，交易成本得以降至最低的水準。他們也可以協助新發行歐洲通貨債券的分配以及股利發放事宜，清算所向會員依交易數量收取保管費。

6.3.2　歐洲商業本票與中期債券

　　商業本票這種金融資產，早在 1860 年代開始，即為美國企業為籌措短期營運資金，而使用的一項重要的金融工具。1960 年代許多投資銀行積極開發以美元為面額，並在美國以外地區發行與流通的歐洲商業本票 (eurocommercial paper, ECP) 發展。他們開始著手規劃標準化的商業本票、信用評等制度、為其建立次級市場、設置清算系統等措施，並積極的尋求優良客戶。

　　1980 年代中期後，國際金融市場直接融通的大門終告打開。基於銀行本身對投資高報酬低風險的貨幣市場工具的需要，以及許多多國籍企業乃至投資機構需要新的融通管道，證券交易商開始大力推廣由 AT&T 和 Exxon 這種類國際知名大企業所發行的商業本票，ECP 業務興起。1985 年以後，著名的信用評等機構，例如穆迪與史坦普，開始對 ECP 進行評等，開始吸引投資人的注意。由於信用評等要求接受評等的票券發行人，必須事先洽商銀行提供信用額度，以備於市場突發的劇變，影響其展延償還到期票券時，利用銀行的融通度過難關。歐洲銀行亦在這方面重新找到了著力點。這種經承諾而供到期日隨時動支的信用額度，稱為擺渡信用額 (swingline)，通常須提供到期後數日融通之用；對於其他尚未到期的票券，則須備有各式無須經承諾的保證信用額 (back-up lines)。日本、英國、與歐洲大陸國家政府，礙於形勢，終於在 1980 年代中期，被迫開放原本只在美國金融市場存在的國內商業本票市場，此又是一項金融史上的創舉。

　　雖然直接融通方式，可以降低借款人的資金成本，但是發行票券須支付額外的發行管理費、承諾費等額外成本，往往未

必較直接向銀行貸款的利息低廉。銀行的刻意抵制，使得 ECP 市場的開拓，必須依賴產品本身的特殊設計，使有別於銀行存放款，以及國內商業本票市場。因此，ECP 多採用不記名與無須預扣利息所得稅的設計，以吸引有特殊需求的投資人；其無限制用途和期限的設計，亦吸引了許多資金需求者。

為了因應 ECP 市場的發展，歐洲銀行並不以擔任信用評等機構所要求的保證信用提供者為已足。他們又開發出一種類似循環信用業務 (revolving credit facility) 的票券發行業務 (note issuance facility, NIF)，在一事先約定的額度內，依特定的條件，協助其客戶順利取得融通。NIF 就是由銀行與有意發行商業本票的客戶，簽訂一個長期或中期（例如六年）貸款契約，以備其於票券發行不順利時（通常指票券發行者無法以優於銀行貸款利率發售時），可以隨時利用銀行貸款，以實現融資的目的。銀行在經辦 NIF 時，與辦理聯貸時相同，由主辦銀行組成數個投標小組 (tender panels)，當發行者欲標售或展延到期的票券時，他們必須參與投標。另一種型式的 NIF 稱為循環包銷業務 (revolving underwriting facility, RUF)，則是由事先找好的分銷代理人 (placement agent)，負責依市場利率分銷新票券。

許多信用良好的票券發行公司，往往捨 NIF 而自行發售票券，以節省相關的安排與參加費用，但是他們仍須支付前述安排擺渡信用與保證信用所需的費用。近年來，許多銀行更陸續開發各種輔助性的措施，以滿足票券發行者的各式需求；例如，將 NIF 擴大到美國的票券市場、將票面通貨種類擴大及於其他通貨、發行信用狀以擔保債信用未達標準的票券發行人等等。此外，銀行亦提供一種稱為「依市價 (Tap)」發行的措施，允許票券依交易者的需要，以小額多次發行的方式發行票券。

1991 年以後，歐洲通貨商業本票與票券發行業務，逐漸被一種介於債券與商業本票間的新式歐洲通貨中期債券 (Euromedium-term notes, EMTNs) 所取代，這項新業務所具有連續提供，以及到期日短的特性，可以吸引特定的投資族群。

目前的 EMTNs 方案，包含一整套允許債券發行者得以推展複雜的私下讓售 (private placement)、反向 (reverse) FRNs、可賣回 (puttable) FRNs、與商品保持聯繫 (commodity-linked)，以及與指數保持聯繫 (index-linked) 的交易。

6.4 國際股票市場

重·點·摘·要

在全球化的風潮下，國際股票投資於 1980 年代末期起日益風行，主要交易標的為共同基金與跨國型的指數期貨。

1985 年以後，國際企業併購 (mergers and acquisitions) 活動盛行、歐洲經濟聯盟 (European Economic Union) 的萌芽、開發中國家新興市場 (emerging market) 的崛起，以及 1990 年代東歐共產集團瓦解後原國營企業民營化的釋股，使得國際股票市場以另一種不同的面貌，呈現在世人面前。1990 年代以後國際金融自由化成形後，欲籌措外國資金的多國籍企業，已經可以直接到通貨所屬國家的股票市場，經由直接發行股份而實現籌款的目的。因此，以外國通貨為面額的股份，在面額通貨所屬國家交易的歐洲通貨股份，僅只在實施單一貨幣前的歐洲共同市場會員國間出現。

到外國股票市場發行股份，必須克服的第一個難題為面額轉換的問題。美國銀行家 J. P. Morgan 於 1927 年所創造的存託憑證 (depository receipts, DR)，將發行公司所欲出售的股份委託投資信託機構收存，另外發行合乎上市國家證券主管機關規定的形式，於外國股票市場發售。通常為了易於辨識，而冠以各發售國家或地區的名稱；例如，於美國股票市場上市的外國公司股份，稱為美國存託憑證 (American depository receipts, ADR)；而外國公司於臺灣證券交易所發行上市之股份，即稱為臺灣存託憑證 (Taiwan depository receipts, TDR)。

投資人欲投資外國股份時，除了直接在本國證券市場購買外國公司所發行的存託憑證外，亦可透過與國外證券商建立代

理關係的本國證券商代為購買，最普遍的方式即為投資各種海外共同基金。這些基金將外國的資本引進股票市場較不發達的國家，並投資於少數績優公司的股票。許多國家政府為了吸引外資，推動國內股票市場的發展，且避免外國公司取得對本國廠商的過度控制，對基金的投資特別歡迎。基金的交易對象，往往為已上市的公司股票，故其參與國內股市交易，可以促進次級市場的發展，同時有助於國內公司籌措擴張所需的資金。各種共同基金往往會在基金之前冠以特定的名稱，以彰顯基金的投資對象。一般常見的名稱有：

(1)全球基金 (global fund)：以投資國內外股份為主。

(2)國際基金 (international fund)：僅投資外國股份。

(3)區域基金 (regional fund)：以投資特定地理區內之股份為主。

(4)國家基金 (country fund)：以投資單一國家的股份為主。

(5)專業基金 (specialty)：以投資某一特定產業或針對特定主題的股份為標的，例如，通訊電子業或新興民營化廠商。

國際股票交易最感困擾之處，就是股票保管事宜。近年來許多投資銀行往往依國家別，選定某一個國家發行上市的股票若干種，編製這些股票的股價指數，然後設立國家別股價指數基金。由巴克萊投資銀行 (Barclays Global Investors) 於 1996 年所規劃的世界股票指標股份 (world equity benchmark shares, WEBS)，包括在美國證券交易所 (American Stock Exchange) 上市的十九個國家股票，並依摩根史坦利投資銀行 (MSCI) 所編製的各該國指數運作。他們先制訂一種交易單位 (creation units)，例如 500,000 元，供投資人認購。基金經理人於募集資金後，將所收資金投入經營表現與該指數走勢相當的股份。每一種交易單位，再細分為特定數量的股份，供投資人於上市的交易所賣出與轉讓之用。這種基金的規模，可以無限制增加，此點類似開放型基金；而其股份又得以於營業時間內，在股票市場交易，此點又類似封閉型基金。由於基金的運作，隨指數

而動，等於是一種被動式的指數基金 (passive index fund)，故管理費用，較那些以超越市場表現為目標的國際型或國家型基金低廉。因此，WEBS 可以稱得上是另一種金融創新。在這種設計下，WEBS 的價格，透過套利的程序，與所包括在內的股票淨值，保持密切聯繫。例如，若 Japan WEBS 的資產淨值為 16 美元，而市價為 17 美元時，大型投資人可以出資 960 萬美元購買一個交易單位（60 萬股，每股 16 美元），然後在市場中依 17 美元的單價出售，賺取 1,020 萬美元扣除交易成本後之利潤。若 Japan WEBS 的市價為 15 美元時，投資人可以集資 900 萬美元加上交易成本，於市場購入 60 萬股 WEBS，然後向基金依 16 美元的單價辦理贖回。為求名副其實，巴克萊投資銀行於 2000 年 5 月，正式將這個基金改名為 "iShares MSCI"，明示其為集中交易股票指數共同基金 (index shares of exchange-traded mutual funds)。

6.5　結　語

　　國與國之間的商業交易活動，必定涉及不同貨幣間的交換事務。在不兌換貨幣體系下，二種貨幣的交換比率，只能依市場的供需決定。外匯的供需資料可以由一國的國際收支帳中取得，研究國際收支帳，可以了解一國經濟的對外依存性。外匯市場為外國貨幣與本國貨幣交換的場所，其交易量隨國際商務活動的進展不斷擴大，如今已是全球最大的金融市場。二種不同貨幣的交換比率或匯率，理應反映二種貨幣的價值差異，於是購買力平價理論適時被經濟學家提出。然而，匯率卻依各國政府所採行的匯率政策決定。完全由市場供需決定的匯率，並不多見。

　　除了買賣斷式的外匯交易外，提供外匯資金借貸的市場亦於 1960 年代以後發展出來。其發展順序與一國之內的金融市場

相同，先是國際銀行在全球各地以第三國貨幣作為資金借貸的
標的，於是有了歐洲美元的市場。到了 1980 年代中期以後，提
供直接融通的歐洲債券市場，也在因緣際會下發展出來。到了
1990 年代，金融自由化的潮流淹蓋了全世界，國際股份交易亦
告建立起來。

複習題

1. 何謂外匯市場？其特徵為何？

2. 匯率有二種表示法，二者有何關聯？

3. 依據國際收支帳記載的原則，一國若在經常帳上呈現順差，則必定在金融帳上呈現逆差。
   試申述其意。

4. 依據相對購買力平價條件，通貨膨脹率較高國家的貨幣應該升值或貶值？試申述之。

5. 何謂實質匯率？實質匯率上升的意義為何？

6. 何謂套利？本章中套利的概念應用於何處？

7. 國際銀行業務又稱為境外銀行業務。其中「境外」一詞的意義為何？

8. 何謂歐洲美元？何謂 LIBOR？

9. 何謂銀行團聯貸？其過程為何？

10. 試述發展歐洲通貨次級市場的重要性。

11. 何謂歐洲債券？

12. 試說明附認股權債券的優劣。

13. 何謂循環包銷業務？

14. 試尋找一種國人企業所發行的 ADR。觀察該 ADR 的價格與該企業股票於本國股票市場
    價格的動態關係。

Chapter 07

投資的風險與避險概論

風 險分擔是金融體系必須發揮的三大功能之一。金融機構除了盡力提供資訊供投資人參考外，尚可發展各種避險的技術與避險工具供其使用。

　　本章第一節先說明風險的意義與來源，並簡單介紹目前金融界普遍使用的各種避險方式之由來。第二節開始逐一介紹資產組合、債券到期期間與四種衍生式金融商品的內容。這四種衍生式金融商品包括遠期契約、期貨、選擇權、與契約交換。第五節介紹我國期貨市場的現況。避險是一門專業性非常高的學問，本章僅作入門式的概括性介紹。

7.1　投資風險

　　第五章討論利率時曾經留意到，債權資產（以債券為代表）的價格與市場利率呈相反方向變動。因此，市場利率上升，即等於債券的價格下降，導致債券持有人發生資本損失。若投資人能夠預知或能夠掌握利率變動的方向，他必定會採取必要措施以規避這種資本損失。然而，市場利率的變動，往往都是在一瞬間發生，大凡無法預料的利率變動，乃至投資債

重·點·摘·要

高報酬與高風險並存，提供風險分擔的功能為金融體系存在的主要原因。學術界因研究避險之道，而開啟了現代投資學的領域。

券發生損失，就是投資風險。由第五章的說明知道，影響市場利率變動的因素不勝枚舉，任何影響儲蓄者（資金剩餘者）或投資者（資金透支者）行為的因素皆是，這些因素可以分為總體經濟因素與個體經濟因素二大類；前者如通貨膨脹、貨幣供給、經濟成長、景氣循環、……；後者如消費者的時間偏好、消費者的所得、新技術的發明、新資源的發現、某個行業逐漸老化……。

所有權證券的持有人，同樣會因非預期性的股票價格下跌，而遭致損失。影響股票價格變動的因素，大致上與影響債券價格的因素相同，二者受到相同的儲蓄者與投資者行為變動所左右。此外，若投資標的物包含有國外資產時，外匯市場的供需改變，影響及於本國貨幣與外國貨幣兌換比率——匯率時，同樣會影響外匯資產的價值。

由以上所述，似乎只有持有資產的儲蓄者會遭致投資風險，事實不然，資產持有者與資產發行者立場相反，除非資產發行者的債務是依固定名目價格計值，資產價格上漲使其持有者獲得資本利得時，發行者則因債務負擔加重而承擔資本損失。因此，任何資產的價格發生預期以外的變動，以致資產價值下滑，或負債價值提高以致債負加重時，損失或風險即告產生。

1960 年代以來，一方面第二次世界大戰的破壞已告復原，另一方面各國政府成功的控制了戰後的景氣循環，營造了風調雨順的環境，也造就了人們的所得大幅提高，而由儲蓄累積而成的財富隨之增加。當人們的財富逐漸增加後，如何妥善理財以獲得高額的報酬，開始成為重要的課題。因為高報酬往往與高風險並存，突發的高風險足以使高報酬頓時化為烏有。人們開始對理財時的風險規避產生需求；當資產的交易次數頻繁後，更加促成了利率或資產價格波動的頻率，也更加提高了風險發生的機會。

早期關於規避風險之道，見於一句名言之中：「勿將所有的雞蛋放置在一個籃子內」；意即應該將投資的標的予以多樣化分

散。分散投資標的，固然有助於規避債務人喪失償債能力的風
險，如何分散才能夠同時達成規避利率或資產價格波動的風險？
對於這個問題，顯然需要好好的思考以及適當的規劃，才能獲
得明確的答案。任教於美國耶魯 (Yale) 大學的托賓 (James To-
bin)、史丹福 (Stanford) 大學的夏普 (William Sharpe) 和巴魯克
(Baruch) 學院的馬科維茲 (Harry Markowitz) 三位經濟學者，於
1958 年同時對資產組合理論加以探討，後來並發展成為現代嚴
謹的投資學。三人也因為此一理論於 1976 年共同獲頒諾貝爾經
濟學獎。

　　靠著妥善的資產組合安排，僅只能將風險降至某種最低的
程度，並不能將其完全排除，同時還須付出降低報酬的代價。
因此，有心人士再度翻出老祖先所使用的遠期契約，將之制度
化，並建立店頭市場提供交易管道，稱為遠期市場❶。後來為
了吸引更多投資人加入以提高市場效率，有心人更進一步將繁
瑣的遠期契約標準化，成為期貨契約，並制訂便捷的交易制度
在集中式的期貨市場進行交易。1970 年代經濟學家進一步針對
期貨的缺失，研究改進的空間，設計並發展出稱為選擇權的金
融工具，並建立集中市場進行交易❷。首先推演出選擇權定價
理論的兩位經濟學家，哈佛大學的莫頓 (John Merton) 與史丹福
大學的修爾斯 (Myron Scholes) 兩位教授於 1997 年獲得諾貝爾
經濟學獎的殊榮，此後投資學日漸茁長，終於發展成為一個獨
立的學問❸。1980 年代初期，選擇權在萬事齊備下，於歐美的
期貨市場正式推出上市。以上提到的遠期契約、期貨契約及選
擇權這些金融工具的存在，都是依附於特定商品的現貨交易衍
生而來，故通稱為衍生式金融商品。

多樣化分散 (diversify)
將財富分散於持有多種資產之意。

喪失償債能力 (default)
債務人因故無法履行償債義務。

資產組合理論 (portfolio theory)
探索如何將財富分散於不同資產以獲得最大報酬與最低風險的學說。

遠期契約 (forward contract)
將未來的交易內容預先簽約鎖定。

遠期市場 (forward market)
供遠期契約交易的市場。

期貨契約 (futures contract)
經標準化的遠期契約。

期貨市場 (futures market)
供期貨契約交易的市場。

選擇權 (options)
賦予持有人於契約到期前或到期時得依約定買進或賣出特定資產的權力。

衍生式金融商品 (financial derivative)
依既存金融商品而發展出來的附屬金融商品。

❶　在農業社會中，農民根據農作物的遠期市場價格，決定耕種作物的
　　種類，對於農產品市場的穩定有其不容抹滅的功能。
❷　荷蘭人早在十六世紀時即已利用選擇權作為避險工具。
❸　另一位協助證明的哈佛大學數學家布萊克 (Fischer Blacks)，因為諾
　　貝爾獎頒發時已經過世，而未能受到表揚。

7.2　資產組合理論

重·點·摘·要

「勿將全部雞蛋放在一個籃子內」是規避風險的至理名言,如何分散投資以獲取最大報酬與最低風險的投資成果,即為資產組合理論的焦點。

隨機變數 (random variable)

凡事件的結果不定時稱之。

數學期望值 (mathematical expectations)

用以顯示隨機變數集中狀態的參數,投資學中以此代表平均報酬。

變異數 (variance)

用以顯示隨機變數分散程度的參數,投資學中以此代表投資風險。

資產組合指將全部財富依特定比例分散為多種資產之謂。前面提過,勿將全部的雞蛋置放在一個籃子內,以免因籃子意外破損而遭致全盤損失,其理至明。資產組合尚可收降低價格風險的功能,理由何在? 更重要的是,財富應如何分散方得實現此目標? 這二個問題就是本節的焦點。

假設一個資產組合是由二種資產 X 與 Y,依 α 與 β ($\alpha + \beta = 1$) 的比例組成。無論由預期的報酬或風險的角度來看,以 Z 表示的資產組合,與 X 和 Y 二個個別資產皆不相同,因此可以將之視為一種單獨的資產。為簡化起見,以下假設 X 與 Y 分別代表這兩種資產的投資報酬率。因為投資人事先無法知悉真正的報酬率為何,他必須依據其對報酬率的「預期」來做決定。若將報酬率視為一種隨機變數,則統計學介紹報酬率的數學期望值具有許多優良的性質,自然成為一種可以作為預期變數的選擇❹。由此,資產組合 Z 的預期報酬率可以寫成 $E(Z) = \alpha E(X) + \beta E(Y)$,而為兩種資產個別報酬率的加權平均數,權數則由各種資產的持有比例決定。因為兩數的平均數必定介於該兩數之間;換言之,資產組合的報酬率,必定低於高報酬資產的報酬,而高於低報酬資產的報酬。倘若如此,資產組合應該另外具備其他優點,否則難以吸引人們採用。

影響投資的另一項重要因素就是價格波動的風險。統計學以一個隨機變數的變異數代表偏離平均 (或預期) 水準的大小,因此預期報酬率的變異數正適合用來代表投資風險的高低。若以 σ_X^2 與 σ_Y^2 分別代表兩種資產報酬率的變異數,則資產組合 Z 的變異數 σ_Z^2 可以推導如下:

---

❹　隨機變數指呈現的結果不固定,而是依特定機率分配呈現的變數。

$$\sigma_Z^2 = E[Z - E(Z)]^2 = E[(\alpha X + \beta Y) - (\alpha\mu_X + \beta\mu_Y)]^2$$

$$= E[\alpha(X - \mu_X) + \beta(Y - \mu_Y)]^2$$

$$= \alpha^2 E(X-\mu_X)^2 + \beta^2 E(Y - \mu_Y)^2$$

$$+ 2\alpha\beta E[(X - \mu_X)(Y - \mu_Y)]$$

$$= \alpha^2\sigma_X^2 + \beta^2\sigma_Y^2 + 2\alpha\beta\sigma_X\sigma_Y\rho_{XY}$$

式中 μ_X 與 μ_Y 分別為隨機變數 X 與 Y 的期望值，ρ_{XY} 為 X 與 Y 的相關係數。若 X 與 Y 二者無互動關係 ($\rho_{XY}=0$ 時)，則 Z 的變異數較兩個個別變異數的平均數低 ($\alpha^2<\alpha, \beta^2<\beta$)。若 X 與 Y 二者之間具有互動關係，且為負相關 ($\rho_{XY}<0$) 時，則 Z 的變異數會更小。換言之，在上述二種情況下，資產組合的風險較低。因此，經適當的安排後，就投資風險而言，資產組合優於個別資產的投資。

一個投資人應否選擇資產組合式的投資方式，端視(1)所擁有財富的大小、(2)對預期報酬的期待、(3)對承擔風險能力與意願的高低而定。對於擁有財富不多的人而言，若奢求分散投資，須考量交易成本與資訊成本可能太高，未必有利。若欲追求資產組合的利益，他們可以選擇將資金存放在銀行，或購買共同基金（特定的基金本身就是一種特定的資產組合），再由這些金融機構藉著聚少成多，將投資分散開來，而實現分散風險之利。一個完全無風險概念的投資人（稱為風險中性者），他所關心的只是報酬的高低，對資產組合不會感興趣。但是在金融不穩定愈來愈頻繁的時代，這種人不是無知，就是不理性，因此也不能視為是常態。其他種類的投資人，尚有不同程度的風險愛好者與不同程度的風險規避者兩類。基於對高風險高報酬的認知，追求高額的資本利得，風險愛好者的行為具有濃厚的投機成分，他們通常會選擇單一的高風險資產，孤注一擲以求獲得暴利。這種人應該不會太多？風險規避者則會權衡得失輕重，來決定適合他的投資組合。他們會在可能的範圍內，決定具有最低風險與最高預期報酬的投資組合，其結果會顯現在他們各自所持

相關係數 (correlation coefficient)
用以顯示二個以上隨機變數間互動關係的參數。

風險中性者 (risk neutral)
投資決策中未將風險列入考慮者。

風險愛好者 (risk lover)
在相同的報酬率下，願意承受較高風險的投資人。

風險規避者 (risk averter)
在相同報酬率下，不願承受高風險的投資人。

資本利得 (capital gains)
資產價格下降超出預期以外所導致的價值損失。

投機 (speculation)
持有資產並尋求價格上升獲利的行為。

有不同資產的比例上。

　　由前述資產組合變異數的公式中明顯的可以看出，資產組合只能降低風險的程度，卻不可能將之完全排除。這種無法經由分散投資而完全排除的風險，稱為體系風險。所謂體系風險，泛指由大環境變異所產生的風險；例如，在通貨膨脹時期，所有附固定名目面額或名目價值的債權憑證，都會發生實質價值損失的風險；在金融風暴時期或在景氣低迷時期，所有股票價格都會下跌；在外來因素導致利率持續攀升的時期，所有債權憑證都遭致資本損失，這些與個別資產好壞無直接關聯，而是因大環境變化所引發的損失，則非資產組合能夠規避者。資產組合是利用「此消彼長」的原理，將專屬於個別資產特殊風險或非體系風險，藉由其他資產的獲利予以彌補，而實現降低整體財富風險的結果。財務經濟學家發展出了一種稱為 β (beta) 係數的指標，用來表示各種股票的體系風險。β 係數是依個別股票報酬率變異數佔整體股票市場總變異數或股價指數變異數的比率，計算而得。請注意，股價指數即為一種特定的資產組合，因此也可以視為是一種金融商品來進行買賣。若欲求得長時期內平均的 β 係數值或其他更複雜的參數，可利用資產組合理論所發展出來的各種資產定價理論加以估計。資本資產定價模型與套利定價模型為目前最流行的兩個定價模型。本書不擬對這些主題進一步探討。

體系風險 (system risk)

指整體經濟環境改變所導致的投資風險。

資產特殊風險 (idiosyncratic risk)

專屬於特定資產的風險。

非體系風險 (nonsystem risk)

非屬整體經濟環境變遷而發生的風險。

資產定價理論 (asset pricing theory)

用以評估資產合理價格的理論。

資本資產定價模型 (capital asset pricing model, CAPM)

用以評估所有權憑證合理價格的理論。

套利定價模型 (arbitrage pricing model, APM)

運用套利均衡訂定資產價格的理論。

7.3　附息債券的持續期間

重・點・摘・要

巧妙的運用附息債券縮短債券的持續期間，可以實現一種不受利率變動影響的免疫性理財規劃。

　　第五章討論利率時曾經提過，到期期限愈短的債券，其價格受到利率波動影響的程度愈小；附息債券所附固定利率愈低者，其價格受到利率變動的影響愈小。對於附息債券而言，所附之息票代表固定不變的收益。若以回收債券面額的日期作為債券

持續期間，以與債券票面所記載的到期日有所區別，則不附息債券的持續期間與到期日二者相同；而附息債券的持續期間顯然較其到期日為短。這一點是附息與不附息債券間一點重大的不同處。經濟學家馬考雷 (Frederick R. Macaulay) 首先於 1938 年提出此一不同處，他介紹了一個衡量債券持續期間的方法如下：

債券持續期間 (duration)

指附息債券回收本金所需的期間。

$$D = \frac{\sum_{t=1}^{n} \frac{C_t \times t}{(1+R)^t}}{\sum_{t=1}^{n} \frac{C_t}{(1+R)^t}},$$

式中 C_t 為債券到期前各期的現金收入流量，包括各期的利息收入與到期時收回之本金；R 為債券之殖利率或到期收益率；t 為距到期日之期數。茲舉例說明如下：一種距到期尚有四年，面額 1,000 元，附息 8%，到期收益率 (R) 為 10% 的債券，其持續期間的計算結果為：

$$D = \frac{\frac{\$80 \times 1}{(1+0.1)} + \frac{\$80 \times 2}{(1+0.1)^2} + \frac{\$80 \times 3}{(1+0.1)^3} + \frac{\$1,080 \times 4}{(1+0.1)^4}}{\frac{\$80}{(1+0.1)} + \frac{\$80}{(1+0.1)^2} + \frac{\$80}{(1+0.1)^3} + \frac{\$1,080}{(1+0.1)^4}} = 3.56 \text{ 年。}$$

依此，附息 4% 債券的持續期間為 3.75 年；若該債券為不附息債券，則其持續期間為四年。此外，永久公債的持續期間為 1/R，在本例中為十年。

馬考雷的持續期間計算公式，代表一種依據現值為基礎，所顯示債務憑證的平均壽命，或為將來利息與本金收入的加權平均數，其權數由「代表未來特定期的收入佔債券總現值」的比例決定。由持續期間的公式不難看出下列重要關係：

(1)對於非永久公債而言，債券的持續期間，隨著時間的經過而遞減。但是每經一次付息後，持續期間又會增加。

(2)在其他條件不變下，到期收益率愈高者，其持續期間愈短。市場利率上升後，所有的持續期間隨之縮短；市場利率下降後，則延長。

(3)債券價格受利率變動影響而波動幅度的大小，與其持有期間的長短呈反比的關係：$\Delta P_0/P_0 = -D\Delta R/(1+R)$。任何兩種持續期間相同的債券，其價格受市場利率變動影響的比例相同。

上述第三點關係為財金實務界普遍採用，作為衡量其面臨利率波動風險之指標。在一般稱為缺口 (gap) 管理中，各金融機構以此指標衡量其資產與負債項目對利率敏感度的差異。持續期間的概念在財務管理上，尚有另一項重要的應用。假設某人必須於五年後備妥一筆固定金額的款項，作為某一計劃的經費來源。若市場上恰好有一種五年後到期的不附息債券，而其面額恰好又等於所需要的金額，則最好的策略就是買進這種債券，並持有到期，如此可以穩穩的取得所需的資金。這種策略稱為完全「免疫」的策略，主要是因為將來任何利率的變動，都不會影響他所需要籌措的資金額。但是，倘若市場上並不存在有這種債券（包括到期日不同，債券面額不同）時，若能適當的運用固定附息債券，同樣能夠實現上述籌資的目標。

運用固定附息債券籌措將來所需資金時，籌資者無可避免的要面對二種不確定的風險：價格風險與債息再投資風險。價格風險指債券於到期前出售時，售價的不確定性。債息再投資風險指將各期所收債息再投資時，因為利率不同而影響這一部分的收入不確定，終致最後款項回收數額不足的風險。但是，這兩種風險事實上互為消長。換言之，當價格風險提高時（因利率上升導致債券價格下跌），債息再投資風險即降低（所收到的債息得以較高的利率投入獲利）。反之，當利率下降時，債券的價格上漲，但是債息再投資的收益卻降低。利用附息債券籌資時，應該如何規劃，以便上述價格與債息再投資風險保持平衡，使資產組合不受利率變動所影響，就是「免疫」的策略。以下舉例說明，如何利用附息債券以及運用持續期間的概念，達成「免疫」的效果。

假設某人必須於二年後籌得 1,210 元資金，供特定用途使

免疫策略 (immunization strategy)

當財務計劃到期日與債券持續期間相同時，計劃金額不受利率變動所影響的籌資策略。

價格風險 (price risk)

泛指債券未到期前的售價依出售時的市場利率水準決定，當市場利率大於息票利率時，債券折價出售所發生的損失。

債息再投資風險 (coupon reinvestment risk)

將附息債券定期所收之債息重新投入購買債券以圖利上滾利時，因為市場利率下降而無法滿足籌資目的。

用。假設顯示利率期限結構的收益曲線呈水平狀，而且一旦利率變動時呈平行移動。若市場上有一種附息 10%，二年到期的債券可供利用。依此方式籌資時，籌資者必須於一年後收到第一次債息與本金時，立即將之投入另一個附息債券，以進一步賺取利息。

(1)若一年後市場利率仍為 10%，則二年後到期時可以收回的款項為: 債券面額 1,000 元、第一年債息 100 元再投資的債息收入 110 元、以及第二年的債息 100 元，總計第二年到期時回收 1,210 元。這是二年內利率不變下的結果。

(2)若第一年結束時，市場利率下降為 8%，則二年後到期時可以收回的款項為: 債券面額 1,000 元、第一年債息 100 元再投資的債息收入 108 元以及第二年的債息 100 元，總計第二年到期時回收 1,208 元，不足所需。

(3)若市場利率上升為 12%，則二年後到期時可以收回的款項為: 債券面額 1,000 元、第一年債息 100 元再投資的債息收入 112 元以及第二年的債息 100 元，總計第二年到期時回收 1,212 元，超出所需。

以上是利用二年期債券籌資的結果。現在看看另一種籌資方式。假設市場上有一種 2.1 年後到期，附息 10% 的債券可供利用。利用這種債券籌資時，籌資人必須於二年後，債券期限尚未屆滿前，依當時的市場利率出售該債券。

(1)若市場利率於二年內都不改變，則屆時在 10% 的利率下，出售債券、第一年債息再投資收入與第二年債息收入，合計收入 1,210 元。

(2)若一年後利率下降成為 8%，則屆期時附息 10% 債券可以溢價 2 元 (= $20/10) 出售得款 1,002 元。第一年債息再投資得款 108 元，加上第二年債息 100 元，總計得款 1,210 元。

(3)若市場利率上升為 12%，則屆期時該債券須折價 2 元出售，得款 998 元。第一年債息再投資得款 112 元，加上第二年債息 100 元，總計第二年結束時得款 1,210 元。

如此，藉著購買這種 2.1 年到期的債券，籌資者確定可以籌得所需的 1,210 元，並且不受利率變動所影響。關鍵何在？答案可以由該債券的持續期間看出。

$$D=\frac{\dfrac{\$100 \times 1}{(1+0.1)}+\dfrac{\$100 \times 2}{(1+0.1)^2}+\dfrac{\$1,010 \times 2.1}{(1+0.1)^{2.1}}}{\dfrac{\$100}{(1+0.1)}+\dfrac{\$100}{(1+0.1)^2}+\dfrac{\$1,010}{(1+0.1)^{2.1}}}=2.0 \text{ 年。}$$

其持續期間恰好為二年，與計劃期間完全吻合。

　　由此可以歸納出一點結論：當債券的持續期間與計劃期間相同時，未來的收入不受利率波動所影響，完全「免疫」的效果即得以實現。若債券的持續期間大於計劃期間，則債息再投資風險為零，而價格風險為正值；反之，若持續期間小於計劃期間，則債息再投資風險為正值，而價格風險就不復存在。

　　馬考雷的持續期間計算公式是建立在水平狀的利率期限結構，以及收益曲線永遠平行移動的假設之上。當利率水準發生劇烈變動後，持續期間會隨之改變，因此籌資者必須藉增加或減少債券持有，重訂免疫策略。許多商業銀行與投資銀行多備有經電腦分析後的資料，供客戶於安排債券免疫策略時採用。持續期間的計算公式，亦可以配合利率期限結構，而加以修正，惟修正後的公式在應用上又加入了新的難題，因此馬考雷的計算公式，仍然為實務界普遍採用。

　　以上完全免疫的策略，又稱為被動的策略。實務上，籌資者可以選定一個較低的報酬率，然後依此訂定持續期間，主動的將持續期間與計劃期間分離，如此則該較低的利率，即成為保證的最低利率，然後再視情況，由持續期間與計劃期間的差異中，彈性決定是否爭取更高的投機報酬。

7.4　衍生式金融商品

　　根據第二節的討論結果，資產組合僅只能降低專屬於個別資產的特殊風險，而無法消除整個資產市場或總體經濟體系的體系風險，同時並非人人都有能力運用此一方式降低投資風險，表示其他避險的管道，仍有存在的空間，衍生式金融商品應運而生。

重·點·摘·要

運用資產組合避險有其限制與不足，衍生式金融商品的開發，彌補了其間不足之處。衍生式的金融商品以其化不確定為確定的特徵，實現避險的目的，其主要種類計有遠期契約、金融期貨與金融選擇權三種。

　　前面曾提過，若持有債券到期還本前，得能將所有應收與應付款項的金額，自一開始即予以確定或鎖定，則投資報酬即不會受到利率變動所影響。投資短期債券，即為一種降低價格風險的經典方法。但是，若人人皆有此一想法，則長期債券必定乏人問津，長期利率就會永遠高不可攀，而短期利率則必定永遠低迷不振。事實上，由於投資人的風險偏好各不相同，當長期利率開始攀升後，風險承擔能力較高的人即逐漸離開短期市場，轉向進入長期市場，直到長短期利率的差異達到某種均衡狀態為止。然而，若有一種能夠讓投資人一開始就「鎖定」未來價格的機制，即可協助他將風險完全消除，這種機制的提供者，可以收取一定的費用作為報酬，而投資人可以支付一定的代價獲得保障，豈不兩全其美。衍生式金融商品正是針對特定資產，為協助鎖定其未來處分價格為目的，而發展出來的契約，故為投資人所歡迎。因為其存在是以各該特定資產的存在為前提，故名為「衍生式 (derived)」。以下利用不同的例子，對於各種衍生商品加以說明。

■■ 7.4.1　遠期契約

　　假設某甲手中持有附息 8%，期限十年的債券，其計劃持有

期間為三個月。假設目前的市場利率為 8%。因為目前無法得知三個月後的市場利率，甲必須面對三個月後市場利率可能上升所造成的資本損失。另一方面，假設某乙（可能是一家銀行）的一筆債權（放款）將於三個月後到期，屆時希望能將回收之資金繼續投資，乙必須面對三個月後市場利率可能下降，以致收入減少的風險。若甲能夠在今日將債券依 8% 的利率出售，而於三個月後交付債券，則可以繼續收取債息，並確保 8% 的收益率；若乙可以依今日的 8% 利率先行購入（投資）這種債券，而於三個月後付款，則可以確保再投資利率不低於 8%，無須擔心利率下降的不利影響。甲、乙二人可以簽定一個遠期契約，言明三個月後由甲交付債券給乙，而乙則交付與債券面額等額的價款給甲，兩人各取所需，三個月後的市場利率再怎麼變動，都不會影響二人的資金運作，皆大歡喜。在這個遠期契約簽訂過程中，甲賣出遠期債券，而乙則買進遠期債券，為一種稱為「遠期債券」或通稱為遠期利率契約的商品交易活動。

　　由以上例子可以歸納出一個利用遠期交易避險的原理：甲原先持有債券一項資產（稱為多頭部位），藉著賣出同額的遠期債券而製造一項等額的負債（稱為空頭部位），即可實現避險的效果。若經過適當的操作，使某一資產的多頭部位等於其空頭部位時，稱為軋平部位或封閉部位，避險的目的即得以實現。在上例中，甲擁有債券資產，當依面額出售遠期債券後，即製造一筆等額的負債，實現軋平部位與避險的目的。乙則因為將來要再投資而付出款項，形同負有一筆債務，當買進遠期債券後，即製造一筆資產，同樣實現軋平部位。如此，二人依遠期利率交易，即等於鎖定未來交易的價格。

　　然而，在上例中若甲希望三個月後賣出債券，而乙卻希望於三個月加一天後買進債券；或甲欲出售面額 10 萬元的債券，而乙則希望買進面額 11 萬元的債券；在這二種情況下，兩人的供需標的不相同；又何來交易之有？此外，若在遠期契約存續期間內，簽約一方原先的預期改變，而希望將原來的交易藉相

遠期利率契約 (forward interest rate contract)

將未來可用或需要的資金先行依當前的遠期利率貸出或取得的契約。

多頭部位 (long position)

泛指資產大於負債的狀況。

空頭部位 (short position)

泛指負債大於資產的狀況。

軋平部位 (balanced position)

泛指資產等於負債的狀況。

封閉部位 (closed position)

同軋平部位。

反的交易予以沖銷時,又受制於這是雙方的契約,而無法轉讓予第三者,因此缺乏流動性。最後,遠期交易可能遭遇買賣之一方違約,以致另一方因無法實現避險而遭致損失,這些都是伴隨遠期契約而來的問題。

　　實務界通常利用利率期限結構理論中的預期假說,以隱含於當前市場上的二個相關長短期利率中的未來短期利率預期值,作為判定遠期利率的依據。這一點於第五章介紹利率時已經有詳細說明,以下介紹國際金融界普遍用來判定遠期匯率的利率平價條件。

　　所謂遠期外匯契約指依照現在商定的匯率,而於未來特定時日完成特定數量外匯交易的契約。這種契約的存在,可以協助一個從事國際貿易的進出口商,規避因匯率超出預期以外的變動所產生的風險。進出口商於洽談交易時,當即向往來銀行查詢遠期匯率,並依所獲得的遠期匯率報價,分別換算契約中外幣與本國貨幣的價值,最後於交易談妥並完成簽約手續後,隨即將未來交貨所涉及的外匯款項,依同一遠期匯率買進或賣出,而將未來收款或付款時兌換外幣的匯率予以鎖定。遠期外匯的交易涉及時間因素,因此,遠期匯率亦與所涉及二種通貨的利率保持特定的關聯性。

　　假設某人擁有可供投資三個月的新臺幣一元,他希望就投資國內債券與國外債券間作一抉擇,因此擬定二種策略:投資國內債券或投資國外債券。若將資金購買三個月期的本國債券,則依當前的國內市場利率 r_d,到期可以收回本利 $(1 + r_d \times 90/360)$。若欲將資金購買外國債券,首先須依即期匯率 S,將臺幣兌換為外幣,得款 $1/S$;依當前國外利率 r_f,三個月後收回以外幣計值的本利 $(1 + r_f \times 90/360)/S$。為了避免三個月後匯率下降,影響其以臺幣計值的收入,投資當日即依遠期匯率 F 將這筆將來收回的款項預先出售,得款 $F \times [(1 + r_f \times 90/360)/S]$。假設所有上述金融交易之手續費與稅捐皆為零,外匯管制亦不存在。最後的決定取決於 $(1 + r_d \times 90/360)$ 與 $F \times [(1 + r_f \times 90/360)/S]$

遠期外匯契約 (forward exchange contract)

將未來可用或需要的外匯先行依當前的遠期匯率賣出或買進的契約。

孰大。若所有投資人皆依此方式作成投資決定，當 $F \times [(1 + r_f \times 90/360)/S] > (1 + r_d \times 90/360)$ 時，他們會一致的選擇投資國外債券。於是本國債券市場出現拋售債券，導致債券價格下跌而利率上升的結果；同時即期外匯市場出現搶購外匯的現象，引發匯率上升；他們又拋售遠期外匯，使遠期匯率下降。這種套利的活動，終於促成 $F \times [(1 + r_f \times 90/360)/S] = (1 + r_d \times 90/360)$ 的均衡結果。在一個效率充分的金融市場內，這個均衡結果隨時皆存在，因此利用此一均衡關係，推算出一種稱為掩護利率平價條件 (covered interest rate parity condition) 的三個月期遠期匯率，如下：

$$F = S \times [\frac{1 + r_d(90/360)}{1 + r_f(90/360)}]。$$

事實上，這個利率平價條件下的遠期匯率，被許多承作遠期外匯的銀行用作核計遠期匯率的主要根據。就美元的遠期匯率而言，倫敦地區三個月期銀行同業歐洲美元交易利率 (LIBOR)，即為最適當的美元利率；而本國利率則可以採用各銀行本身所公布的三個月期利率為依據。

■ 7.4.2 金融期貨

標準化 (standardization)

將遠期契約的內容單一化以降低契約種類並便於交易。

保證金 (margin)

期貨交易所規定買賣期貨契約時須依契約金額留存一特定比率於交易帳戶中。

每日結算契約損益 (marking to market)

期貨交易每日依當天收盤價結算契約餘額的價值，並結算損益。

股價指數期貨 (stock index futures)

以特定股價指數作為買賣標的的期貨契約。

將遠期契約內容標準化的期貨契約，再加上簡化的沖銷程序，以及在一個高效率，而且資訊成本與費用低廉的集中交易市場內進行交易，然後再配合由交易所訂定保證金、每日結算契約損益、交易所個別對買賣雙方保證契約的履行，以及對同一契約買賣互沖等機制，使得期貨成了廣受歡迎，也易於普及的另一項衍生商品。「標準化」一詞，指將契約的金額、到期日的範圍，予以大幅縮減，以減少契約種類。利用期貨避險的原則與遠期交易相同。以下介紹一種特殊的期貨契約：股價指數期貨。

第二節討論資產組合時曾經論及，股價指數是將特定種類

的股票價格，依某種權數予以加權平均後（例如，以個股發行量佔市場總發行量的比例為權數），再與基期的加權平均值相比較，所算得的相對數值。因此，股價指數本身即代表一種資產組合，可以成為一種供買賣的獨立金融商品。然而，若以現貨方式進行股價指數的交易時，其交割事務將繁不勝煩。（試想如何交割代表 1% 股份的股票?）因此，唯一可行的方式就是運用期貨契約，再配合現金交割的結算方式進行交易。所謂「現金交割」，就是交割時僅交付買賣差價，而不涉及商品本身的交割事宜。例如，將每一點股價指數定為 200 元，若指數上升三十點，則指數期貨買方因為低價買進而獲利，獲利的金額等於 6,000 元 (= \$200 × 30)，而賣方則因低價賣出而發生同額的虧損；反之，若指數下降五十點，則指數期貨賣方獲利 10,000 元 (= \$200 × 50)，而買方遭致同額損失。買賣雙方僅以現金支付損失與接受獲利的部分即可，卻不須涉及實物交割情事。

現金交割 (cash settlement)

期貨交易結算時僅依損失或獲益的金額以現金結算，無須完成實物交割。

至於如何利用股價指數期貨避險呢? 原理與買賣遠期契約相同。避險者可以在買進現股的同時，當即賣出指數期貨。假設現股的股價隨大盤的升降而漲跌，今若現股價格下跌而發生損失時，期貨部分則因係以高點數賣出，指數下降後賣方得以獲利，故可以經由期貨的獲利彌補現貨的損失，實現避險的功能。獲得彌補的程度，端視個別股價與指數二者的互動相關程度而定。同理，賣出股票的同時，當即買進股價指數期貨，亦是避險的措施。讀者可能要質疑，為什麼股票都賣出去了還需要避險? 請記住，除非賣股票的目的是在求現以供其他用途使用，否則賣股票的目的代表因預期改變，而進行的資產組合調整。預期未必正確，此時買進股價指數期貨的目的，就是為了防止因預期錯誤而遭致的隱性損失。

既然期貨具有如此多的優點，前述遠期利率契約是否就不再有存在的價值了呢? 答案為否。為了達成效率的目的，期貨交易必須將契約標準化，結果就是將到期日與契約金額的種類縮減。經縮減後的契約，無法滿足每一個尋求避險者的需要，

亦屬自然。利用期貨尋求避險者，必須將就期貨的標準契約規定，以致無法實現完全避險。例如，某人尋求避險的期間或金額，無法與標準化期貨契約的到期日或金額相一致，而到期日前期貨的價格變動，又與現貨價格變動不一致時，結果產生無法規避的風險，即稱為基礎風險。遠期契約則是買賣雙方經磋商後共同簽訂，雖然簽約費時且須經冗長的徵信程序等影響效率的過程，但是交易的內容與條件則完全不受限制，故可以實現完全避險的功能。上述利用股價指數規避投資單一股票風險，亦為一種不完全的避險，因此基礎風險依然存在。

基礎風險 (basis risk)

指期貨到期前的價格與現貨價格變動不一致，導致利用期貨避險者無法規避的風險。

最後，期貨交易所利用保證金與每日結算契約損益的制度，以克服參加交易者的信用問題。保證金分初始保證金與維持保證金二種，前者於初次交易時繳存，此後每日交易結束時，交易所依據當日相同期貨的收盤價格，為每一個契約的持有人辦理損益結算；若發生損失則自保證金帳戶扣除損失的金額；若獲利則將金額轉入保證金帳戶中。當一個帳戶因連續損失，以致餘額低於維持水準時，立即通知契約持有人補充保證金至原有之水準，或出清多餘的契約，否則交易所會代位將涉及的契約反向操作，並結束帳戶。這是一種自保的措施，也是維持市場順利運作的必要手段。期貨交易是一種槓桿式的交易形態；若保證金訂為契約金額的 20% 時，當相關價格變動 20% 後，損益金額即等於一整個投資額，風險非常高。基於這一點，交易時對於從業人員與參與者的自律要求極嚴。期貨市場被公認為紀律最嚴明的金融市場，不無道理。

初始保證金 (initial margin)

期貨交易所訂定每一口期貨交易必須繳存特定金額的保證金。

維持保證金 (maintenance margin)

期貨契約每日結算損益後，結轉保證金帳戶，與交易所訂定所須留存帳戶內的最低餘額。

表 7.1 列示美國各期貨交易所掛牌交易的各種重要金融期貨商品。

■ 7.4.3　金融選擇權

遠期契約與期貨契約都屬於契約行為，簽約雙方皆負有履行契約的義務，除非雙方一致同意，任何一方不得片面毀約。

表 7.1　美國各期貨市場固定利率金融工具

市場	合約金額	交割證券	開辦交易所	開辦日期
國庫券	100 萬美元	91 天、182 天、或一年期國庫券	IMM	1976 年 1 月
中期財政公債	10 萬美元	附息 8%，四至六年到期之中期財政公債	CBOT CTN	1979 年 6 月
財政公債	10 萬美元	附息 8%，十五年以上到期之財政公債	ACE CBOT	1977 年 8 月
市政公債	10 萬美元	依據 Bond Buyer 公布之市政公債指數，以現金交割	CBOT	1985 年 6 月
歐洲美元	100 萬美元	依據三個月期存款的 LIBOR利率，以現金交割	IMM LIFFE	1981 年 12 月

註：ACE: Amex Commodities Exchange, CBOT: Chicago Board of Trade, CTN: New York Cotton Exchange, IMM: International Monetary Market of the Chicago Mercantile Exchange, LIFFE: London International Financial Futures Exchange.

交易一經確定後，難免有足以引發事後反悔的情況出現，此時若能賦予簽約人自由選擇是否履約的權力，則既可實現避險的目的，又使他們擁有自由運作的空間，當然就更具有吸引力。金融選擇權就是朝此方向發展出來的一種金融避險工具。

簡單的說，選擇權是一種賦予權利持有人，選擇於未來特定時日或期間內，是否依其所記載之履約價或執行價格，買進或賣出特定數量商品的憑證。契約所載商品的類別，可以是現貨，可以是期貨，也可以是另一種選擇權。若權利僅限於到期日當天行使者，稱為歐式選擇權；若到期日前任何一天皆得行使權利者，稱為美式選擇權。美式（歐式）選擇權的投資者，於到期前任意時日（到期日當天），可以比較商品的市價與執行價格間的差異，選擇是否實現權利獲利了結，或選擇放棄權利。例如，一個美式買進現貨選擇權的投資者，於到期前任一時日，可以隨時比較該商品的市價與執行價格的差異；若執行價格較市價低時，表示實現權利即可以較低的價格取得該商品，然後依市價出售而獲利，因此可以要求實現權利；若執行價格較市價高時，表示該商品可以依較低的市價取得，無須要求實現權

履約價 (strike price)
選擇權中所附得以買進或賣出商品的價格。

買進選擇權 (call options)
賦予權利持有人得依所附條件買進商品的權利。

賣出選擇權 (put options)
賦予權利持有人得依所附條件賣出商品的權利。

歐式選擇權 (European options)
選擇權持有人只能於到期日執行權利。

美式選擇權 (American options)
選擇權持有人得到期前任一時日執行權利。

利。若期限已屆仍無實現權利的機會，則可以放棄權利的行使；若權利期限尚未屆滿，則可以將該選擇權轉售予他人，或繼續等待更好的機會。

由以上說明可以了解，投資人支付一定的代價，購得選擇權，若有機會於到期日前行使權利，必定獲利；若無機會行使權利，則損失以購買權利所支付的價款為上限。此點是選擇權與期貨間的主要不同處。期貨代表的是義務，無論有利無利都須履行；選擇權則可以在情況不利時，持有人可以選擇放棄以自保。因此，購買選擇權實相當於購買保障不發生風險的「保險」契約，故一般皆以權利金稱呼選擇權的價格。

選擇權的價格，反映其價值。選擇權的價值可分為實質價值與時間價值二部分。實質價值指市價與執行價格之差，若買權的執行價格為 96 元，而市價為 98 元時，權利持有人可以要求履約，依 96 元買進所記載之商品，然後依 98 元市價出售之，立即獲利 2 元，故實質價值即為 2 元。當選擇權的實質價值為正值時，稱為含有價值。但是，契約到期前市價仍會繼續波動；若預期市價還會更高，則該選擇權必成搶手貨，在需求強勁下，價格當然會高於 2 元；反之，若預期市價可能下降，則持有人會要求實現權利或拋售選擇權，需求疲軟終致價格低於 2 元。這種反映預期未來市價變動的部分，就是時間價值。一般而言，美式選擇權因可以運用的時日較多，獲利機會相對增加，故價格較歐式選擇權為高。價格波動幅度大或波動較頻繁的商品、距到期日愈遠的商品，具有較高的獲利機會，故這些選擇權的價格會較波動小頻次低，以及距到期日近的商品為高。實務上，選擇權定價的理論已經前述經濟學家建立，並寫成電腦程式被業界普遍的運用。

就避險的工具而言，選擇權的避險原理與前述期貨和遠期契約相同。擁有現貨者除了可以藉買進賣權 (buying protective put) 而避險，尚可藉發行買權 (writing covered call) 的方式，達成避險的目的。後一方式為期貨與遠期契約中所無法見到的。

權利金 (premium)

購買選擇權所支付的價格。

實質價值 (intrinsic value)

選擇權的履約價與現貨價之差。

時間價值 (time value)

選擇權的價格與實質價值之差。

此外，當選擇權市場正在建立時，金融期貨已成為投資的標的之一，因為期貨的投資風險更加擴大，選擇權作為投資期貨的避險工具，更有其不可輕忽的價值。因此，許多選擇權的設計，與期貨或遠期交易保持緊密的配合；例如，標準化契約、到期日、以及金額等等，往往都是依相對的期貨契約而量身訂做。

以上衍生金融商品的另一項特徵就是，交易雙方無須動用大量資金，即得以進行高額的交易活動，能夠以小搏大，易引發投機活動。矛盾的是，一個有效率的市場，必須仰賴這些旺盛的投機活動來支撐。換言之，投機活動實為維持市場運作所必要，也是單純避險者為了實現避險目的，所不可或缺的因素。

當人們能夠以 1 元的資金從事 10 元的投資活動時，今若該投資標的的價格上升 10%，即可獲利 1 元，相當於獲得 100% 的投資報酬；反之，若該標的的價格下降 10%，即相當於損失 100%。試想一下，利率水準突然由 8% 下降三碼（每一碼為 0.25%）的機會高不高？許多經濟學家與政府政策的制訂者認為，現代經濟體系中存在許多不安定因素，金融風暴不時發生，可能都與衍生式金融市場日漸興盛有關。雖然，其協助避險的功能不容抹殺，但是因此而導致金融不安定的代價，可能較其貢獻更高，此點實值得吾人深思。

最後在此順便一提，許多附條件公司債的定價，往往依賴選擇權定價的原理計算。例如，可轉換公司債允許債券持有人於特定時日後，得依約定的股價將債券轉換成普通股。這項轉換股票的條件，實質上即為買進股票的選擇權，構成該債券的附加價值。因此衡量這種債券價值時，必須將這個選擇權的價值列入。

■ 7.4.4　利率交換

最簡單形式的利率交換 (interest rate swap)，指持有相同本金，卻享有不同利息支付條件（一方享有固定利率，另一方享

有浮動利率債權）的債權人，相互交換其所持有的利息求償權之謂。例如，甲銀行決定以借入之短期資金，融通所承作的長期房屋抵押貸款。甲銀行將面臨未來短期利率上升後，資金成本上漲的損失。另一家乙銀行的情況，恰好與甲銀行相反，乙銀行準備運用其所發行長期金融債券籌得的資金，承作短期放款。乙銀行將會面臨未來短期利率下跌，以致再投資利息收入短少的風險。對甲銀行而言，若能將其長期債權的固定利息轉為變動利息，放款的利息收入將隨借入資金的利息成本上升而增加，二者互相抵消，以穩定的賺得借入與貸放資金的利差。同理，對乙銀行而言，若能將其貸款利率，配合借入資金的固定利率予以固定，即得以確保資金借入與貸放利率之差。因此，若甲、乙雙方能夠互相交換彼此所擁有的利息求償權，亦即透過換利的交易，即可鎖定其營運利潤；亦即，甲銀行將所持有的長期固定利率抵押貸款債權，與乙銀行所持有的變動利率短期貸款債權，相互交換，使雙方的資產與負債部位達成期限一致，即可實現上述目標。

　　上例中，甲銀行基於避險的目的，也可以再將其原來承作的長期抵押貸款轉為短期貸款。如此毫無疑問將改變其資產負債的結構，不僅增加交易成本，若甲銀行係一家專業承作長期抵押貸款的銀行，轉向他所不熟悉的短期貸款，更可能陷其於不利的境界。能夠與熟悉短期貸款業務的乙銀行進行利息交換，除了可以節約交易成本外，尚可避免經營的風險，何樂不為？乙銀行的情況亦同，因此雙方各有所需，利息交換的存在，大大的提高了銀行經營業務的彈性。

　　以上所介紹的利息交換是最單純的一種換利契約。其他複雜形式的交換契約，尚有遠期合約的交換、選擇權交換、外匯交換、不同外匯資產或負債交換等等，本書不擬進一步介紹。

7.5　我國的期貨市場概況

我國期貨市場之發展分為兩階段：先開放國外期貨交易，再建立國內市場。民國 81 年 6 月立法院通過國外期貨交易法，允許國人合法投資國外期貨商品，主管機關為行政院金融監督管理委員會證券期貨局（簡稱證期局）❺。民國 82 年底，主管機關核准 14 家國內以及 9 家國外期貨經紀商之籌設許可，隨後第一家合法期貨經紀商於民國 83 年 4 月成立，國人自此可以經由正式管道買賣國外期貨。民國 86 年 6 月 1 日，期貨交易法由行政院正式公布實施，國外期貨交易法同時停止適用，由期貨交易法取代。

重・點・摘・要

我國期貨市場自民國 82 年開辦，針對國內股份與債券為標的，提供國人投資時的避險工具。

 行政院金融監督管理委員會證券期貨局
www.sfb.gov.tw

同一時期內，證期會於民國 84 年 12 月設置期貨市場推動委員會，民國 85 年 12 月中旬進一步成立期貨交易所籌備處，執行各項籌設細節工作。初期暫不另外成立結算所，結算工作由期交所結算部擔任，結算部的業務與財務運作必須保持獨立，以發揮交易、結算之制衡功能，計劃爾後市場運作上軌道時再成立結算所。期交所籌備處於民國 86 年 9 月 9 日完成公司設立登記，順利完成市場籌建工作，並於民國 87 年 7 月 21 日推出第一個期貨商品——臺灣證券交易所股價指數期貨契約（臺股期貨）。此後陸續推出同為臺灣證券交易所的電子類股價指數期貨（電子期貨）、金融保險類股價指數期貨（金融期貨）、股價指數小型期貨（小型期貨）、臺灣 50 指數（臺灣 50 期貨）五種股價指數期貨以及中華民國十年期政府債券期貨（十年期公債期貨），以滿足市場的不同需求。此後復於民國 90 年 12 月推出臺指選擇權契約；民國 93 年 7 月再推出三十天期商業本票利率期貨，供

---

❺ 民國 93 年 7 月 1 日前為財政部證券暨期貨管理委員會，民國 70 年 7 月 1 日前為經濟部證券管理委員會。

投資者短期避險使用選擇。將來應該還會規劃提供其他中期避險的利率期貨，如此我國利率期貨市場方稱得上完備❻。

■■ 7.5.1　臺灣期貨交易所七種期貨契約

臺灣期貨交易所
www.taifex.com.tw

五種股價指數期貨契約的共同點，列示於表 7.2 第一欄。任何一個時點最多可以有五種不同到期日的股價期貨契約供交易用。假設現在為 5 月 28 日，則可以交易的期貨契約計有 6、7、8、9、12 月五種到期日之契約。所有股價指數期貨皆以現金交割方式結算，結算日往往須配合相關現貨商品交易狀況而定，股價指數期貨無須實物交割，因此結算日為最後交易日之次日；債券期貨須以實物交割，因此須依債券現貨市場交易與交割間隔一日的規則辦理，而為最後交易日之後二個營業日。為了避免價格過度波動，期貨交易皆定有每日漲跌幅度限制；股價指數期貨以前一日結算價上下各 7% 為限，債券期貨則以前一日結算價上下各 3 元為限。

每一種期貨契約擁有不同的特徵，這些特徵即為各種期貨交易規則中的不同處。表 7.3 列示六種期貨契約的不同交易規則。以臺指期貨與小型臺指期貨而言，後者主要是供小額投資人投資用，因此每一指數點所代表的金額即不相同。電子與金融指數期貨通常係供較專業的大額投資人使用，故每一指數點所代表的金額較高。此外，每一種期貨契約在報價時，其升降間隔幅度亦視契約的種類而不相同，而有不同的規範。為防止投資人過度擴大持有契約數，對於持有部位的大小加以限制，以降低投機的成分。

---

❻　臺灣期貨交易所於民國 95 年 3 月 27 日推出三種美元計價的期貨契約，其中 MSCI 臺股指數期貨與黃金期貨的相關內容，請參閱本章附錄。

表 7.2　臺灣期貨交易所期貨商品交易規則

	股價指數期貨	十年期公債期貨	三十天期商業本票利率期貨
契約到期交割月份	自交易當月起連續二個月份，另加上 3 月、6 月、9 月、12 月中三個接續的季月，總共有五個不同月份的契約在市場交易	自交易當月起連續三個季月（依 3、6、9、12 月循環）	交易當月起連續十二個月份
每日結算價	原則上為當日收盤時段之成交價，若收盤時段無成交價，則依交易所之規定訂定之	財團法人中華民國證券櫃檯買賣中心債券等殖成交系統每日結算價採收盤時段成交價，若當日收盤時段無成交價，則依交易所之規定訂定之	當日收盤時段之成交價，若收盤時段無成交價，則依交易所之規定訂定之
每日漲跌幅	最大漲跌幅限制為前一營業日結算價上下 7%	以前一交易日結算價上下各新臺幣三元為限	以前一交易日結算價上下各 0.5 為限
最後交易日	該契約交割月份第三個星期三，其次一營業日為新契約的開始交易日	交割月份第二個星期三	交割月份第三個星期三
最後結算日	最後交易日之次一營業日	最後交易日後之第二個營業日	同最後交易日
最後結算價	以最後結算日臺灣證券交易所依本指數各成分股開盤十五分鐘為基礎，先計算出該段時間內各成分股之成交量加權平均價，再予以訂定最後結算價	以最後交易日收盤前十五分鐘內所有交易之成交量加權平均價訂之，但該時段內不足二十筆交易者，以當日最後二十筆交易剔除最高及最低各二筆交易後之成交量加權平均價替代之。當日交易不足二十筆者，以當日實際交易之成交量加權平均價替代之 當日交易時間內無成交價，或前項之最後結算價顯不合理時，由期貨交易所決定之	以一百減最後交易日中午十二時交易所選定機構所提供之一月期成交累積利率指標，向下取至最接近最小升降單位整數倍之數值

資料來源：臺灣期貨交易所，www.taifex.com.tw。

表 7.3　臺灣期貨交易所期貨商品重要特徵

	臺股期貨	電子期貨	金融期貨	小型臺指期貨	臺灣50期貨	十年期公債期貨	三十天期商業本票期貨
交易標的	臺灣證券交易所發行量加權股價指數	臺灣證券交易所電子類股價指數	臺灣證券交易所金融保險類股價指數	臺灣證券交易所發行量加權股價指數	臺灣證券交易所臺灣50指數	面額五百萬元,票面利率5%之十年期政府債券	面額一億之三十天期融資性商業本票
契約價值	臺股期貨指數乘上新臺幣200元	電子期貨指數乘上新臺幣4,000元	金融期貨指數乘上新臺幣1,000元	小型臺指期貨指數乘上新臺幣50元	臺灣50期貨指數乘上新臺幣100元	百元報價	百分比報價,一百減利率
升降單位	指數1點(相當於新臺幣200元)	指數0.05點(相當於新臺幣200元)	指數0.2點(相當於新臺幣200元)	指數1點(相當於新臺幣50元)	指數1點(相當於新臺幣100元)	每百元0.005元(相當於新臺幣250元)	最小升降單位為0.0005(相當於新臺幣411元)
交割方式	現金交割	現金交割	現金交割	現金交割	現金交割	實物交割或到期日距交割日在七年以上十一年以下,到期一次付息,到期一次還本,發行時償還期限為十年,或增額發行時原始發行償還期限為十年之中華民國政府公債之中央登錄公債	現金交割
部位限制	1.自然人1,600口 2.法人機構3,000口 3.法人機構基於避險需求申請之部位免部位限制 4.期貨自營商之持有部位不在此限	1.自然人400口 2.法人機構1,000口 3.法人機構基於避險需求申請之部位免部位限制 4.期貨自營商之持有部位不在此限	1.自然人400口 2.法人機構1,000口 3.法人機構基於避險需求申請之部位免部位限制 4.期貨自營商之持有部位不在此限	1.自然人1,600口 2.法人機構3,000口 3.法人機構基於避險需求申請之部位免部位限制 4.期貨自營商之持有部位不在此限	1.自然人300口 2.法人機構1,000口 3.法人機構基於避險需求申請之部位免部位限制 4.期貨自營商之持有部位不在此限	1.單一月份不超過1,000口 2.各月份合計不超過2,000口	1.單一月份不超過500口 2.各月份合計不超過2,000口
初始保證金	NT$105,000	NT$90,000	NT$90,000	NT$23,000	NT$45,000	NT$135,000	NT$12,000
維持保證金	NT$81,000	NT$69,000	NT$69,000	NT$18,000	NT$35,000	NT$104,000	NT$10,000
結算保證金	NT$70,000	NT$60,000	NT$60,000	NT$15,000	NT$30,000	NT$90,000	NT$8,000

資料來源:臺灣期貨交易所,www.taifex.com.tw。

　　茲以民國 92 年 12 月 29 日經證期會核准，並於民國 93 年 1 月 2 日正式上市，以面額 500 萬元，票面利率 5% 之十年期政府債券期貨詳細說明利率期貨有關的各種計算方式。該期貨契約之價格以點數表示，每一點相當於 100 元。換言之，一個標價 116 的債券期貨，所對應的金額為 5,800,000 元 (= \$5,000,000 × 116/100)。價格變動幅度以 0.005 點為單位，相當於 250 元 (= \$5,000,000 × 0.005/100)。期貨到期須以實物交割，能夠用於交割的債券，除了標的債券外，得以任意一種到期日距交割日在七年以上十一年以下，一年付息一次，到期一次還本之中華民國政府中央登錄公債辦理交割❼。交易所對於其他可以供交割的債券以及利息部分，訂有特定的轉換因子，供計算最後結算價之用。最後結算價是期貨部位最後一次洗價之依據，也是交割價款計算之基準。當賣方提出交割債券時，即以期貨最後結算價乘以該債券之轉換因子，再加上應計利息，以計算其交割價格。轉換因子是將各交割債券每一元面額之未來現金流量，以期貨虛擬債券之票面利率，折算至交割日所得之值。公式如下：

$$CF = (1 + r)^{\frac{-d}{y}} \times PV - C \times \frac{y - d}{d},$$

$$PV = (C \times \sum_{i=0}^{n-1} \frac{1}{(1 + r)^i}) + \frac{1}{(1 + r)^{n-1}},$$

式中 CF 代表轉換因子，r 為期貨票面利率，C 為交割債券票面利率，y 為交割日前一次與下一次付息日之間隔天數，d 為交割日至下一次付息日之間隔天數，n 為交割債券剩餘之付息次數。

　　應計利息為前次付息日至交割日間，持有交割公債之票息。計算方式係以前次付息日至交割日間之天數，除以前次付息日至下次付息日之間隔天數，再乘上票息計算之。

　　假設以固定利率 5.125%，到期日為 99/12/15，代號 A89114 之公債，辦理交割日為 92/12/12，結算價為 114.000 之債券期貨交割。首先計算轉換因子如下：

---

❼　事實上債券期貨契約所列的標的債券未必存在，可能僅只是一種虛擬的債券。

$$PV = 1.058483 = (0.05125 \times \sum_{i=0}^{7} \frac{1}{(1+0.05)^i}) + \frac{1}{(1+0.05)^7},$$

$$CF = 1.00723 = (1+0.05)^{-3/365} \times PV - 0.05125 \times \frac{365-3}{365}。$$

其次，交割公債上次付息日為 91/12/15，至交割日止共計 362 天，應計利息為 5.0829 元 (= $100 \times 0.05125 \times 362/365)。最後，將期貨結算價 114.000 元乘以轉換因子，再加上應計利息得 119.907 元 (= $114 \times 1.00723 + 5.0829)。由此，當債券期貨到期交割時，投資人可以以 A89114 公債，作價 119.907 元，作為期貨的交割債券，如此亦可以避免標的債券被人囤積的弊病。

表 7.4 與表 7.5 列示，臺灣期貨交易所臺指期貨與十年期公債期貨二種契約，於民國 93 年 3 月 10 日的交易行情。

表 7.4　臺灣證券交易所股價指數期貨契約交易狀況

民國 93 年 3 月 10 日

契約	到期月份	開盤價	最高價	最低價	最後成交價	漲跌價	漲跌 %	成交量	結算價	未沖銷契約量
TX	200403	7,020	7,049	6,904	6,930	▼ −121	▼ −1.72	45,940	6930	58,989
TX	200404	7,050	7,058	6,914	6,940	▼ −130	▼ −1.84	5,010	6940	10,164
TX	200406	7,050	7,060	6,955	6,955	▼ −121	▼ −1.71	59	6973	233
TX	200409	7,110	7,129	6,980	6,995	▼ −103	▼ −1.45	32	7000	109
TX	200412	7,054	7,054	7,002	7,035	▼ −87	▼ −1.22	3	7011	48
							小計	51,044		69,543

資料來源：臺灣期貨交易所，www.taifex.com.tw。

表 7.5　中華民國十年期公債期貨契約交易狀況

民國 93 年 3 月 10 日

契約	到期月份	開盤價	最高價	最低價	最後成交價	漲跌價	漲跌 %	成交量	結算價	未沖銷契約量
GB	200403	115.9	115.9	115.72	115.72	▼ −0.055	▼ −0.05	25	0	156
GB	200406	115.83	116.25	115.795	116	▲ +0.29	▲ +0.25	307	116	401
GB	200409	115	115	115	115	▼ −1.95	▼ −1.67	20	115.21	5
							小計	352		562

資料來源：臺灣期貨交易所，www.taifex.com.tw。

期貨未到期前之價格與現貨價格二者間，可能具有高度相關性，但是卻非完全相關。圖 7.1 繪製民國 92 年 12 月臺指期貨契約，自 1 月 16 日第一筆交易開始，至 12 月 16 日最後交易日止的交易期間內，每日期貨收盤價與同日臺灣證券交易所股價加權指數，以及二者之差。期貨與現貨價格的相關係數值高達 99.67%，而差異的平均值為 −5.51 點，差異的標準差為 54.34 點，差異絕對值之平均數則為 39.51 點。圖中顯示，直到到期前的數日，二者的差異仍然接近 50 點，但是整體已經呈現出逐漸縮小之勢。這一點在期貨契約中是非常普遍的現象。到期日當天的期貨價格與現貨完全相同，各交易所可以自訂所參考時段的現貨價格，逕自決定。

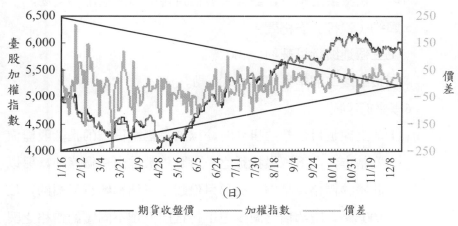

資料來源：本書依據臺灣期貨交易所資料整理而得。

圖 7.1　民國 92 年 12 月臺股指數期貨與加權指數每日收盤價

假設股票投資人所選擇的特定股票價格變動，與股價指數保持 99.67% 的連動性，則買進股票後，再適時賣出股價指數期貨，即可將投資股票的獲利完全鎖定。有關股票操作的技術問題，已超出本書的討論範圍，不再多述。

7.5.2　臺灣期貨交易所選擇權契約

臺灣期貨交易所目前開辦有臺指選擇權與股票選擇權的買

權與賣權，共計四類選擇權契約。每一類選擇權除了分到期月不同外，尚可分為若干種不同履約（執行）價格的契約。茲以臺指選擇權的內容為例，說明如下：

1. 交易標的

　　臺灣證券交易所發行量加權股價指數。

2. 履約型態

　　歐式（僅能於到期日行使權利）。

3. 契約乘數

　　指數每點新臺幣 50 元。

4. 到期月份

　　自交易當月起連續三個月份，另加上 3 月、6 月、9 月、12 月中二個接續的季月，總共有五個月份的契約在市場交易。

5. 履約（執行）價格間距

　(1)三個連續近月契約：100 點。

　(2)接續之二個季月契約：200 點。

6. 契約序列

　(1)新到期近月份契約掛牌時，以前一營業日標的指數收盤價為基準，向下取最接近之一百點倍數推出一個序列，另以此履約價格為基準，交易月份起之三個連續近月契約，依 100 點之履約價格間距上下各推出五個不同履約價格之契約；接續之二個季月契約，依 200 點之履約價格間距上下各推出三個不同履約價格之契約。

　(2)契約存續期間，於到期日五個營業日之前，遇下列情形時，即推出新履約價格契約：

　　（甲）當標的指數收盤指數達已上市近月契約之第五高或第五低履約價格時，於次一營業日依履約價格間距依序推出新履約價格契約，至履約價格高於或低於前一營業日標的指數收盤指數之契約達五個為止。

　　（乙）當標的指數收盤指數達已上市季月契約之第三高或第三低履約價格時，於次一營業日即依履約價格間

距依序推出新履約價格契約，至履約價格高於或低
於前一營業日標的指數收盤指數之契約達三個為止。

7. 權利金報價單位

(1)報價未滿 10 點：0.1 點（5 元）。

(2)報價 10 點以上，未滿 50 點：0.5 點（25 元）。

(3)報價 50 點以上，未滿 500 點：1 點（50 元）。

(4)報價 500 點以上，未滿 1,000 點：5 點（250 元）。

(5)報價 1,000 點以上：10 點（500 元）。

8. 每日漲跌幅

權利金每日最大漲跌點數以前一營業日臺灣證券交易所發
行量加權股價指數收盤價之 7% 為限。

9. 部位限制

交易人於任何時間持有本契約之同一方未了結部位合計
數，應符合下列規定：

(1)自然人 5,600 個契約。

(2)法人機構 12,000 個契約。

(3)法人機構基於避險需求得申請豁免部位限制。

(4)期貨自營商之持有部位不在此限。

所謂同一方未了結部位，係指買進買權與賣出賣權之部位合計
數，或賣出買權與買進賣權之部位合計數。

10. 最後交易日

各契約的最後交易日，為各該契約交割月份第三個星期三。

11. 到期日

最後交易日之次一營業日。

12. 最後結算價

(1)以到期日臺灣證券交易所所提供依標的指數各成分股當日
交易時間開始後十五分鐘內之平均價計算之指數訂之。

(2)前項平均價係採每筆成交價之成交量加權平均，但當日市
場交易時間開始後十五分鐘內仍無成交價者，以當日市價
升降幅度之基準價替代之。

13.交割方式

　　符合交易所公告範圍之未沖銷價內部位，於到期日當天自動履約，以現金交付或收受履約價格與最後結算價之差額。

　　由以上列示可以看出，選擇權顯然較期貨複雜許多。同一個選擇權可以包含多個不同的履約（執行）價格，而不同履約價格的選擇權之權利金，當然亦不相同。表 7.6 列示民國 93 年 3 月 10 日，3 月到期之臺指選擇權的行情表。在各種金融工具中，選擇權應屬第一個先由理論學家為其完成訂價理論，然後推出上市的商品。因此，選擇權的價格（權利金）亦多接近理論公式所套算的結果。這些估價公式，必須能夠反映第四節所述選擇權價格的特徵。讀者可以自行參照任意選擇權的行情表，歸納這些特徵。

7.6　結　語

　　投資者購得金融資產後，可能因為該資產的發行者喪失償債能力，或因為資產價格發生預期以外的變動，而遭致損失。這些投資損失通稱為風險。財務專家乃提出規避風險的投資策略。適當的利用不同投資標的所組成的資產組合，與妥善規劃的債券到期期間屬於策略上的避險措施。

　　這些投資策略有其不足之處，於是金融機構亦針對價格變動的風險，依化不確定為確定的原理，開發各式衍生性金融商品，利用支付小額代價的方式，協助投資者避險。這些供避險用的金融工具，往往又成為某些投資者投資的標的，於是在衍生商品這一領域中，開放出燦爛的花朵。

　　資產組合理論與資產定價理論二者結合，終於產生了財務學這個領域，吸引更多人投入研發工作。日新月異的金融商品經陸續開發出來，令人目不暇給。本章概略引導讀者進入此一新領域，有興趣深入了解者，可以先規劃修習高等數學與統計理論，然後在強大數理背景支持下，進入此一領域繼續鑽研。

表 7.6　民國 93 年 3 月 10 日臺指選擇權行情表

買權							履約價	賣權						
最高	最低	最後成交價	結算價	漲跌	成交量	未平倉	履約價	最高	最低	最後成交價	結算價	漲跌	成交量	未平倉
0	0	-	1,070	-	0	43	5,800	1.5	0.2	0.2	0.1	▲+0.1	14	4,075
0	0	-	975	-	0	892	5,900	2	0.8	2	0.1	▲+1.9	34	16,373
1,070	960	960	875	▼-15	139	2,103	6,000	2.5	1.6	2	0.1	▲+1.9	187	28,041
950	885	885	775	▲+10	19	4,125	6,100	2.9	1.8	2	0.1	▲+1.9	220	15,362
820	730	730	675	▼-45	46	490	6,200	3.8	2	3	0.1	▲+2.9	2,223	19,833
755	620	650	650	▼-25	166	3,907	6,300	5	2.1	4.2	0.2	▲+4.1	2,709	28,861
660	525	525	525	▼-50	177	2,886	6,400	5	2	4.9	1.1	▲+4.5	2,619	23,921
550	431	445	445	▼-115	577	9,323	6,500	7	3.5	4.8	4.2	▲+2.9	2,656	38,678
466	330	351	351	▼-115	786	11,993	6,600	14	5.5	11	11	▲+5.5	4,183	27,763
360	200	260	260	▼-108	1,771	13,977	6,700	25	9	22	22	▲+12	9,524	34,667
339	166	181	181	▼-104	5,913	21,533	6,800	54	20	43	43	▲+23	24,990	49,187
208	111	125	125	▼-83	12,975	32,601	6,900	102	43	87	87	▲+47	24,487	40,598
146	78	85	85	▼-65	26,965	46,985	7,000	168	86	156	156	▲+73	13,908	30,629
105	51	56	56	▼-49	37,379	70,729	7,100	235	137	216	216	▲+79	3,756	15,443
67	28	29	29	▼-41	34,864	93,259	7,200	328	200	297	297	▲+86	1,138	9,551
35.5	16	17	17	▼-21.5	28,480	84,039	7,300	420	278	382	382	▲+112	746	2,112

複習題

1. 何謂投資的風險?

2. 第五章討論利率的內容時提及, 市場利率中包含風險的因素在內。利率中所包含的風險因素與本章所稱的風險有何不同?

3. 試述如何投資債券, 其收益可以完全不會受到利率波動所影響?

4. 資產組合理論教導人們如何將財富妥善的分配到不同的資產。其基本原理為何?

5. 何謂體系風險? 何謂非體系風險? 這些風險與資產組合有何關聯?

6. 何謂債券的到期期間? 參考雷的債券持續期間計算公式中, 分子與分母的差別為何? 二者相除的結果應該如何解釋?

7. 何謂免疫策略? 何種情況下可以採用此一策略?

8. 遠期契約的內容為何? 其避險的原理為何?

9. 當外國利率大於本國利率時, 投資國外債券是否為最佳選擇? 說明理由。

10. 期貨契約與遠期契約有何不同?

11. 何謂現金交割? 試舉一例說明。

12. 何謂選擇權? 其與遠期和期貨契約有何不同?

13. 試就臺灣期貨交易所的交易項目中, 任選一種期貨。繪製如圖 7.1 之時間序列圖, 並與圖 7.1 之結果相互比較。

■■ 附錄一　臺灣期貨交易所三種美元計價期貨

民國 95 年 3 月 27 日，臺灣期貨交易所突破傳統，一舉推出三種以美元計價的衍生性金融商品；黃金期貨、MSCI 臺股指數期貨與 MSCI 臺股指數選擇權。MSCI 臺股指數是依據知名投資銀行摩根士丹利國際公司 (Morgan Stanley International) 依據其所作評鑑選出 100 餘種臺灣優良股票編製的股價指數，也是吸引國際投資人投資臺灣股市的一項熱門投資組合。黃金期貨更是具有特別重要的意義。長久以來國際黃金市場採美元報價，黃金漲價即表示美元貶值，黃金跌價即表示美元升值，而美元升貶值同時也表示美元對多數國家的通貨升貶值，因此黃金期貨具有規避美元風險的功能。目前我國政府對遠期外匯市場交易訂有嚴格的限制，使國內自然人無法涉及，此點形成個人理財避險上的障礙，黃金期貨得以彌補這個空缺，因此意義非凡。茲將 MSCI 臺股指數期貨與黃金期貨的交易規則與特徵列示於下表。

附表　臺灣期貨交易所二種美元期貨契約內容

項　目	MSCI 臺股指數期貨	黃金期貨
交易標的	MSCI Taiwan Index	成色千分之九九五之黃金
契約價值	指數乘以 100 美元	100 金衡制盎斯
契約到期交割月份	自交易當月起連續二個月份，另加 3、6、9、12 月中三個連續季月，總共五個月份	自交易當月其連續六個偶數月份
每日結算價	當日收盤時段之成交價	
每日漲跌幅	前一日結算價上下 7%	前一日結算價上下 15%
最小升降單位	指數 0.1 點（10 美元）	US$0.1/ 金衡制盎斯（10 美元）
最後交易日	到期月份最後營業日前之第二個營業日	交割月份第三個星期三
最後結算日	最後交易日之此一營業日	最後交易日之此一營業日
最後結算價	最後結算日依臺灣證券交易所本指數各成分股當日交易開始後 15 分鐘內之平均價計算之指數訂定	最後交易日倫敦黃金市場定價公司同一曆日所公布之倫敦黃金早盤定盤價
交割方式	現金交割	現金交割
部位限制:	自然人: 300 契約 法人機構: 1,000 契約 期貨自營商: 不限	自然人: 300 契約 法人機構: 1,000 契約，得申請放寬 期貨自營商: 不限
保證金:	初始: 1,000 美元 維持: 1,080 美元 結算: 1,250 美元	初始: 2,340 美元 維持: 1,980 美元 結算: 1,800 美元

資料來源: 臺灣期貨交易所，www.taifex.com.tw/chinese/home.htm。

Chapter

08

金融中介機構

由　歷史演進的觀點，金融體系的發展由間接金融而直接金融，主要是人們對管理資金的事務不熟悉所致。當民眾對金融體系的運作逐漸了解，加上擁有財富日漸增加後，即開始思考不假手他人而自行理財，金融反中介現象於 1970 年代的自由化風潮與通貨膨脹時期開始大行其道。然而，伴隨而來的金融不安定現象，各種新式衍生式金融商品逐一問世。此後在經歷金融風暴的打擊下，以及政府對金融管理逐漸上軌道後，金融體系變得較過去更為複雜，經營理財事務所須具備的專業知識，往往非一般人所能及，依賴中介機構的理財方式，終於重新撥雲見日再現曙光，為金融中介機構的生存與發展帶來了新的契機。

　　第二章介紹金融體系時曾經提及，直接融通管道於 1970 年代興起，對於傳統的銀行業造成嚴重的威脅，金融反中介現象即為明顯的例證。1980 年代以後的金融風暴，更如雪上加霜，使銀行業陷入空前的低潮。然而，銀行業在整個經濟體系所提供的融通中介功能，卻仍然得以保有領先的地位。1970～1985 年間，非金融企業投資所採用的各種金融中介管道中，除了各企業自有的保留盈餘佔多數外，外部資源中仍以銀行貸款所佔比重最高，表 8.1 列示各種融通淨額的比重。即便直接融通所佔比重最高的美國，其比例亦僅為銀行貸款的一半。

表 8.1 1970～1985 年非金融企業融通淨額

單位：%

	加拿大	芬 蘭	法 國	德 國	義大利	日 本	英 國	美 國
保留盈餘	76.4	64.4	61.4	70.9	51.9	57.9	102.4	85.9
資本移轉	0.0	0.2	2.0	8.6	7.7	0.0	4.1	0.0
短期證券	−0.8	3.7	−0.1	−0.1	−1.3	–	1.7	0.4
銀行貸款	15.2	28.1	37.3	12.1	27.7	50.4	7.6	24.4
貿易信用	−4.4	−1.4	−0.6	−2.1	0.0	−11.2	−1.1	−1.4
公司債券	8.5	2.8	1.6	−1.0	1.6	2.1	−1.1	11.6
股份	2.5	−0.1	6.3	0.6	8.2	4.6	−3.3	1.1
其他	1.3	7.4	−1.4	10.9	1.0	−3.8	3.2	−16.9
統計調整	1.2	−5.0	−6.4	0.0	3.2	–	−13.4	−5.1
總計	99.9	100.1	100.1	99.9	100.0	100.0	100.1	100.0

資料來源：Colin Mayler (1990), "Financial Systems, Corporate Finance, and Economic Development," in *Asymmetric Information, Corporate Finance, and Investment*, edited by Glenn Hubbard (Chicago: University of Chicago Press)。

　　本章以金融中介機構或類似銀行的金融中介機構為主題，介紹其起因、功能、經營項目內容、以及管理時所遭遇的問題與克服之策略。這些類似銀行的金融中介機構具有下列特徵：

(1)自一群擁有剩餘資金的經濟個體處借入資金，並將之貸放予另一群須透支資金的經濟個體。

(2)無論是借入資金或貸放的群體，其組成分子皆為數眾多，因此銀行的資產與負債二方皆處於高度分散的狀況。

(3)借入或貸放資金時所使用不同的金融求償權，其彼此地位並不平等。銀行的負債以兼具經濟體系交換中介功能的存款為主，基本上銀行須擔保此一負債額至少不變；而銀行的資產則以須自負損益的放款與投資為主。

　　以下第一節先彙總近三十年來經濟學界探索類似銀行金融中介機構存在的理由。第二節介紹商業銀行的發展經過與其所能夠經營的業務項目內容。第三節討論銀行經營管理問題。第四節比較銀行與保險公司和共同基金等其他金融中介機構。

8.1　金融中介機構的功能

在資金借貸過程中，資金需求者通常握有某種較長期的投資計劃，並基於避險的目的，希望所發行金融負債的期限，能夠與其計劃執行期限相互搭配；而資金供給者則基於避險的天性，希望保持其可用資金的流動性，偏愛較短天期而且面額確定的保本型資產。因此，金融市場內長天期而相對風險較高的金融工具，始終處於超額供給的狀態，而短天期金融工具則多呈現超額需求的狀態，並使得前者的收益率明顯高出後者。金融中介機構發行短天期證券，自資金剩餘者處吸收資金，同時購買資金需求者所發行的長天期資產，一方面填補金融體系資產供需之差額，一方面賺取二者的利差。此外，在金融交易的過程中，借款人與貸款人須面對的資訊與交易成本各異，無論資訊蒐集或交易成本皆具有規模經濟的特徵，因而促成了各種不同類型中介機構的產生。經濟學家觀察此種現象，並深入探討金融中介機構的功能如下：

重·點·摘·要

資訊不對稱與市場不完全是金融中介機構存在的主要原因。金融中介機構必須發揮其為受託監視者、資訊生產者、消費安定者、流動性提供者以及為承諾機制的功能。

(1)金融中介機構降低金融市場內因市場交易、資訊蒐集與資產組合管理三方面規模經濟所引發的市場不完全性。各種投資信託公司與退休基金多具有此一方面的功能。倘若上述市場不完全性不存在，則人人可以自行理財，金融中介機構自然無由產生。金融中介機構藉著聚少成多的方式匯集龐大資金，即使無須涉險亦可經由協助小額的股票投資人實現分散投資，或投資大型企業，以降低交易手續費與管理費，並從中獲利。中介機構利用其專業、資訊、與市場上的優勢，並專業於化整為零的事務；持有借款人所發行的負債為資產，並發行與資產相對等的負債，除了賺取資金供需者不同偏好所產生的利差外，並依其對特定借款

人信用的確實掌握而獲利。

(2)金融中介機構提供保險服務。人們時時面對死亡、火災、竊盜等不確定事件的天然或人為災難。這些災難發生的機率以及對所得的影響，具有嚴重的負向偏倚性 (negative skewness)，使損失難以事先精確衡量。因此，人們願意犧牲少部分預期所得，以消除事故發生後的損失。提供保險服務的金融中介機構，同樣可以依據其負債發生機率的精算 (actuarial) 結果，搭配相對的特定資產組合，一方面滿足理賠之需，一方面從中獲利。保險公司即擁有此種特殊的資產管理功能，依據投保者的個別偏好，開發不同的保單，以較低的成本取得資金，將之運用於各種投資組合以獲利❶。

(3)依據資金需求者與資金剩餘者偏好上的差異，發行足以吸引後者的負債，以較低的收益率吸收其剩餘資金。金融中介機構發行固定面額的負債，並附加帳務處理、財務顧問、優先貸款等服務項目，圖以低利吸引資金剩餘者的資金，並運用其專業能力，將之投入政府與民間機構所發行的債務資產。商業銀行發行保本型資產或存款，並附帶提供款項收付與記帳服務，吸收剩餘資金，正是銀行與其他金融機構不相同之處，亦為其得以在金融體系中扮演重要角色的原因所在。

以上所述金融中介機構的功能或存在理由，多為 1970 年代經濟學家所集中探討的主題。雖然交易成本的重要性至今依然存在，過去二十年來經濟學家深入探討類似銀行的金融中介機構的理論焦點，轉向集中於市場不完全與資訊不對稱問題。換言之，在直接融通環伺下，傳統銀行業究竟擁有何種特殊性，使其仍然得以歷久不衰，並繼續蓬勃發展❷？

---

❶ 除了事件發生的負向偏倚性外，人們亦基於某些事件發生的正向偏倚性，願意支付小額代價以獲取事件發生之利益。例如，購買樂透彩券。

　　實證研究者觀察銀行的地位時，發現以下三點銀行與其他資金借貸活動的重要不同處。第一，由上述金融中介機構的第(3)點特徵中可知，銀行扮演債務求償權轉換者的角色。政府主管機關對銀行存款訂有法定準備的措施，銀行無法將其所收得的每一元資金，全數貸放出去營利。然而，依據實際觀察，銀行所發行的可轉讓定期存單，卻仍然與商業本票和銀行承兌匯票保持相近的收益率，其間並無顯著的差異。第二，銀行與其顧客簽訂貸款續約後，此一行動往往產生宣示效果，導致貸款企業的股票價格連帶上漲。第三，向銀行貸款比重高的企業，在面臨困境時，往往較多數利用資本市場融通的企業，容易自銀行處獲得奧援，並順利脫困。以上三點顯示金融中介機構所提供的服務，並非資本市場所得能複製者，而此即銀行業至今仍可保持經營優勢的表徵。究竟這些表徵的來源為何？ 經濟學家於 1980 年代始對此進行深入探討。以下整理學術界研究金融中介理論時，關於類似銀行業存在原因之重要者，分別簡單敘述。

■ 8.1.1　銀行為受託的監視者

　　資金借貸的過程中，貸款人不僅須於事前面對資訊不對稱的問題，資金貸出後仍然繼續面臨資訊不對稱的問題。貸款人必須隨時監視借款人的一舉一動，以確保債權安全。因為監視的成本昂貴，較符合效率的方法是集資委託一家專業機構代為執行，銀行即成為受託的監視者。貸款契約中增列借款人違約時的非金錢罰則，固然是一種解決方式，但是此種方式對借款人造成資金無法有效運用的不利影響。在資訊不對稱下銀行有能力支付特定費用，「生產」關於借款人產出水準的資訊，以提升經濟效率。經濟學家戴蒙 (Douglas Diamond) 以「監視者

---

❷　本節討論內容主要摘自 Gary Gorton and Andrew Winton (2002), "Financial Intermediation," *NBER Working Paper Series*, No. 8928.

(monitor)」一詞稱呼這種「生產」關於借款人履行產出的資訊的行為❸。在一般無須監視的情況下，資金借貸的最佳契約型態應為債務契約；然而在須增列監視的情況下，所有權契約成為最佳契約型態。在後一情況下，若欲使債務契約仍然具有效率性，即須另外搭配其他措施。再者，若一個借款人同時向許多貸款人借得資金，而每一個貸款人又須對其加以監視時，搭便車 (free riding) 與資源重複浪費等情事即告發生，此時委由一家機構擔負監視的任務，而其他貸款人則僅須監視該機構，即為降低監視成本的最佳方式。如此引發如何「監視監視者」的問題。

監視監視者 (monitoring the monitor)

金融中介機構接受資金委託者監視。

　　銀行存款人將資金借給銀行，主要是基於銀行擁有監視借款人的能力，但是將資金交付銀行後，仍須對所付託的銀行加以監視。戴蒙的解決方案是由一家大型的中介機構，依約監視借款人，並對存款人承諾償還其所存款項；當銀行無法完成監視任務時，即喪失本身的信譽，甚且遭致破產的命運。若負責監視的中介機構規模有限，則監視監視者的問題可以經由分散投資 (diversification) 的方式，獲得圓滿解決。然而，銀行仍然無法藉著分散投資完全規避體系風險，溫騰 (Andrew Winton) 指出銀行本身的資本額，即成為補充受託監視能力不足的機制❹。

　　以上將事後監視任務集中，以降低成本的方式，為一般證券市場所不能及之處，亦為銀行得以提供資金剩餘者與透支者連繫功能的原因。銀行利用分散投資，可以有效降低「監視」監視者的成本。

---

❸　參閱 Douglas Diamond (1984), "Financial Intermediation and Delegated Monitoring," *Review of Economic Studies*, vol. 51, pp. 393–414.

❹　參閱 Andrew Winton (1995), "Delegated Monitoring, and Bank Structure in a Finite Economy," *Journal of Financial Intermediation*, vol. 4:2, pp. 158–187.

8.1.2 銀行為資訊生產者

若投資機會的相關資訊無法免費取得，則「生產資訊 (information producing)」即有利可圖。生產出來的資訊，須面臨二項考驗：可靠性與專屬性問題。李藍 (Hayne E. Leland) 與派里 (David H. Pyle) 二人認為，中介機構以其本身的財富，投資其宣稱擁有有價值資訊的資產，可以克服可靠性的問題❺。此外，金融中介機構發行有價證券，並以募集的款項投資其認為專屬資訊部分的有價證券組合，可以同時解決上述資訊可靠性與專屬性二種問題。

可靠性 (reliability)

泛指博得他人信任的程度。

專屬性 (appropriability)

資訊生產所費不貲，如何維護不為他人所用之謂。

伯依德 (John Boyd) 與普利斯考特 (Edward Prescott) 二人認為，所有擁有專屬資訊的代理人相互結盟 (coalition)，不僅可以解決上述可靠性與專屬性問題，尚可提供投資者獲得集體報酬的求償權❻。金融中介機構是一種擁有不同資訊的代理人相互結盟，各自貢獻所擁有的資訊，以利評估各種投資方案，然後將資金投入高報酬的計劃案，並共同分享所獲得的報酬。存款人將資金投向結盟者，以取得消費保障的承諾，銀行則為滿足對存款人的承諾後，剩餘投資利潤的收受者。由結盟者分配報酬的規則，可以透露代理人的形態。結盟者仔細評估好的計劃，並對獲得優良評價者投入資金。他們同時亦將所獲得的剩餘報酬，投入「未經」評估的計劃。因為中介機構難免有對不良計劃投資的情事，重點是好壞代理人因此而得以現形，此點即為銀行優於證券市場之處。最後，為了發揮結盟的優勢，結盟的規模必須盡可能擴大，此點與前述戴蒙的結論相同。

---

❺　參閱 Hayne E. Leland and David H. Pyle (1977), "Information Asymmetries, Financial Structure and Financial Intermediaries," *Journal of Finance*, vol. 32, pp. 371–387.

❻　參閱 John H. Boyd and Edward Prescott (1986), "Financial Intermediary Coalition," *Journal of Economic Theory*, vol. 38, pp. 211–232.

在生產資訊的過程中，銀行是否在與借款人初次接觸時即獲得充分的資訊，或經由反覆接觸借款人後方獲得充分的私人資訊，亦為討論的重點。然而，研究者通常將此類問題歸入銀行與顧客的長期關係中討論。

■■ 8.1.3　銀行為消費的安定者

當消費者將所持有供未來消費使用的資金投入資本市場後，未來的實際現金流量或報酬，未必會與消費者所希望的消費時間型態保持一致，因而希望持有流動性資產。戴蒙與戴維格 (Philip Dybvig) 以消費者消費偏好不確定、投資不可撤銷或撤銷後再投資所費不貲，以及消費者的消費偏好型態屬於私人資訊難以確實掌握三個前提，主張銀行提供活期存款或類似的求償權，可以化解消費偏好與支出時間不確定所產生的困擾❼。

消費安定 (consumption smoother)

提供消費者追求穩定消費所需資金。

銀行所提供的消費安定功能，為保險與證券市場業所無法比擬者。首先，他們認為流動性的活期存款間，具有「不可相互交易」的性質，因此排除證券市場。其次，他們認為銀行服務具有先到先服務的性質，銀行依序提供求償服務，直到全部資金耗盡為止，此時銀行即面臨破產的命運。此種求償服務受限的狀況，則為保險與證券市場業所無。最後，消費者不可能協調同時在證券市場交易，因為他們正在進行購物與工作等其他的交易活動❽。

---

❼　參閱 Douglas Diamond and Philip Dybvig (1983), "Bank Run, Deposit Insurance, and Liquidity," *Journal of Political Economy*, vol. 90, pp. 401–419.

❽　戴蒙與戴維格的論述受到廣泛的回響，有興趣的讀者可以參閱 Charles Jacklin (1987), "Demand Deposits, Trading Restrictions, and Risk-sharing," in Sudipto Bhattacharya and George Constantinides (eds.) *Financial Markets and Incomplete Information* (Rowan and Littlefield: Maryland), pp. 317–327; Joseph Haubrich and Robert King (1990), "Banking and Insurance," *Journal of Monetary Economics*, vol. 25, pp. 223–252; Martin Hellwig (1994), "Liquidity Provision,

8.1.4　銀行為流動性提供者

銀行的負債具有交換中介的功能。由民間機構創造出來的交易求償權，究竟有何優點？

首先，當交易者立足於不同的位址 (location)，或彼此的需求時間不一致時，他們需要一個款項收付系統，代其清償債權債務，或提供清算差額所需的流動性款項。早期銀行發行其本身的鈔券，以及近代銀行的存款負債，可以提供此一功能。銀行所提供的流動性，通常僅限於具有相互抵消性質的款項支付請求。例如，銀行允許其存款顧客透支，而顧客亦因為將來收到的款項可以用來清償其透支額，因此願意接受銀行鈔券或活期存款❾。

其次，求償權的資訊特徵可以降低交易的損失，亦即一個面對其他擁有私人資訊者,可能利用其所擁有的資訊從中獲利。若一種有價證券具有流動性的地位，則即使對其陌生（資訊不足）的交易者，亦不會在與熟悉該證券者交易時遭致損失。高登 (Gary Gorton) 與潘納奇 (George Pennacchi) 認為將資產組合的現金流量分離，並以此創造負債與資本，即可創造出具有流動性的有價證券或債務。若此種債務無風險，或其價值不會隨外在環境更易而改變，則交易者即不會有資訊充足或不足的問題，即使陌生的持有者，於需要時可以出售該證券以獲得流動

Banking, and the Allocation of Intrest Rate Risk," *European Economic Review*, vol. 38, pp. 1363–1389; Ernst-Ludwig von Thadden (1998), "Intermediated versus Direct Investment: Optimal Liquidity Provision and Dynamic Incentive Compatibility," *Journal of Financial Intermediation*, vol. 7, pp. 177–197, 以及戴蒙的回應 Douglas Diamond (1997), "Liquidity, Banks, and Markets," *Journal of Political Economy*, vol. 105, pp. 928–956.

❾ 此點正如同民眾因為政府貨幣可以用來繳稅，而願意持有政府貨幣的道理相同。

性。因為金融中介機構持有多樣化的資產組合，因此成為最有資格發行此種證券的主體，而其債務即可供作交易時使用❿。銀行的活期存款滿足此一條件。

第三，道德危害問題限制了持有超額流動性與流動性不足的交易者間的交易活動，銀行提供備用的或有式流動性 (contingent liquidity) 予需求者，有利自由市場運作。銀行對其顧客事先提供授信額度，以備不時之需，而獲得授信的顧客即得以於外在環境更易，導致他人顧慮其道德危害時，獲得銀行的援助。

以上第二與第三點說明，銀行活期存款具有不受外在環境變遷影響的性質，而銀行的授信額度可以協助其授信者度過流動性不足的難關，此皆非資本市場所能及者，亦為銀行能夠發揮其獨到的功能處。

8.1.5　銀行為承諾的機制

銀行何以利用具有高度流動性的活期存款負債，融通不具流動性的放款與投資活動？此種經營方針顯示銀行資本的脆弱性。某些經濟學家指出，銀行刻意弱化其資本結構，並以此彰顯其不會輕易涉險的承諾，因此資本脆弱性實際上具有正面意義⓫。此外，活期存款可以隨時提領的性質，亦足以約束銀行的活動。

近年來學術界對於銀行等中介機構的深入研究，成果非常豐碩。除了以上所舉金融中介機構所不可取代的功能外，許多

---

❿　參閱 Gary Gorton and George Pennacchi (1990), "Financial Intermediary and Liquidity Creation," *Journal of Finance*, vol. 45, pp. 49–72.

⓫　參閱 Charles Calomiris and Charles Kahn (1991), "The Role of Dmandable Debt in Structuring Optimal Banking Arrangements," *American Economic Review*, vol. 81, pp. 497–513, 與 Mark Flannery (1994), "Debt Maturity and the Deadweight Cost of Leverage: Optimal Financing Banking Firms," *American Economc Review*, vol. 84, pp. 320–331.

人亦探討何以許多金融市場交易的商品與銀行等金融機構所創
造的商品得以並行不悖。凡此討論的層次，皆遠超出本書作為
入門介紹的範圍。有興趣的讀者，可以參閱本章註❷所列文獻
回顧文章，並循其所引介之主題，逐一選讀。

8.2　商業銀行的發展與業務

自從人類社會發展出商業交易活動以後，款項
收付事務與商業借貸活動即隨之產生。西方社會的
正式歷史記載，可以追溯到西元前 1800 年漢摩拉
比法典 (Code of Hammurabi) 中有關於穀物貸放利
率上限的規定。交易活動中透過銀行進行款項收付

重·點·摘·要

商業銀行的由來已久，除了傳統的存款
與放款業務外，尚基於範疇經濟的考
量，開發許多新種業務。

的協助，則見諸西元前 1000 年希臘人 (Greek) 與腓尼基人
(Phoenician) 在地中海地區的貿易活動。他們依賴銀行所發展具
有共同接受性的交換中介，作為支付工具，銀行業務開始擴大
活動範圍。西元前二世紀到西元四世紀為羅馬帝國的盛世，在
中央集權下，帝國內商業交易頻繁，商業借貸旺盛。帝國於西
元五世紀開始崩潰。分裂為東西羅馬帝國。東羅馬稱為拜占廷
帝國 (Byzantine Empire) 統治東地中海地區直到阿拉伯人於西
元七世紀入侵為止。地中海以西地區因為缺乏強力的統治者而
分崩離析，商業萎縮、家族封建制度興起、征戰與瘟疫事件不
斷，此即為後世所稱黑暗時代的中世紀 (medieval age) 時期。天
主教教會成為中世紀安定社會的力量，教義中教導人們要認命，
主張貴族為代表上帝執行人間使命，非屬一般人所能追求的地
位。

西元八世紀以後的 2～300 年間，北歐維京人 (Vikings) 開
始向外發展，西歐經濟開始復甦。同時期內，威尼斯也發展成
為歐亞與阿拉伯世界間的貿易中樞。西元十二世紀時，為期 200
年的十字軍東征，參加的貴族與武士攜帶巨額的財富投入征戰

行列，他們隨即在中東地區從事商業活動，現代銀行由此萌芽。
西元十三世紀後中產階級興起，人們可以藉著自身的努力力爭
上游，商業學校紛紛開設，銀行業務範圍擴大，到了十四世紀
時，長期貸款業務亦逐漸展開。商人可以經由對教會奉獻，獲
得贖罪。十五世紀義大利的梅迪西 (Medici) 家族取得了商業主
導權，藉著對教會的捐獻贖罪，使得他們在經商時更無顧忌。
義大利的文藝復興運動 (Renaissance) 也在自由的氣氛中展開，
然而政教間的糾紛層出不窮，成為從事商業活動中難以避免的
風險。德國的宗教改革，使得歐洲各國逐漸脫離天主教的勢力。

　　1602 年荷蘭首先出現從事金融商品交易的市場，阿姆斯特
丹的市場中允許各種不同的賣空、買進與賣出選擇權、以及期
貨交易。著名的「鬱金香泡沫 (tulip mania)」事件於 1636 年爆
發 ❷。十八世紀倫敦著名的「交易巷 (Exchange Alley)」出現商
業匯票與少數公司股份的交易。1720 年爆發「南海泡沫 (Great
South Sea Bubble)」中，許多人利用保證金的方式購買股份，顯
示財務槓桿操作已經存在 ❸。十九世紀法國與美國的革命，使
得自由思想蔓延開來，亞當史密斯的《國富論》更加強了自由
放任思潮的建立，民主的資本主義在英國開花結果，銀行的中
介功能更加重要。在國際貿易日益盛行下，國際金本位制度即
於此時建立起來。

　　紐約的地位到二十世紀初方始建立。直到 1929 年為止，銀
行經營業務的項目幾乎完全不受限制，是為全能銀行 (universal
bank)。1929 年紐約股市崩潰以及隨後的 1933 年銀行法案，始
將銀行依商業銀行與投資銀行加以區隔，並為避免過度競爭而
限制存款利率上限等保障商業銀行獲利的措施，都成為影響二
十世紀後期美國金融體系發展的重大因素。此時另一項重大改

---

❷　鬱金香球莖的價格最高時每株飆高到 20,000 英鎊。

❸　成千上萬的英國投資人瘋狂搶購一家擁有在南美洲東海岸外從事
　　獨占貿易活動的新公司股票，而該股票的價值不超過一角，又稱為
　　南海事件。

變就是國際金本位制度瓦解，由不兌換貨幣體系取而代之。

　　1970 年代金融自由化風潮興起，傳統商業銀行業開始遭遇來自投資銀行業的強力競爭，金融反中介與 1980 年代的金融風暴，重創了許多歷史悠久的銀行。銀行業一方面利用金融創新規避管制並開創新局，一方面亦展開遊說修改法令，使其得以跨足證券與保險二個領域。1990 年代末期，以美國為首的許多國家陸續完成修法，允許商業銀行擴大營業範圍，再度走回全能銀行的方向發展。

　　我國史書中對金融活動的記載較不完備。西元八、九世紀唐朝憲宗元年間（西元 785～802 年間）的飛錢與五代末期與宋朝初期（西元 950～1040 年間）的便錢與交子，皆屬於匯票並兼具交換中介的功能。明朝中期以後陸續有錢莊以及清朝乾隆年間起自山西的票號出現，而錢莊則到了咸豐年間方始普遍。清朝咸豐年間英法等列強利用不平等條約之便，開始到上海等地開設銀行，操縱我國金融命脈。光緒 23 年（西元 1897 年）始見國人自行開設的中國通商銀行開業。清政府於光緒 32 年與 33 年分別再設戶部銀行與交通銀行。民國創建後，原戶部銀行改名中國銀行。民國 13 年國父在廣州創設中央銀行。民國 24 年政府再將原設於河南、湖北、安徽、江西四省的農民銀行改組為中國農民銀行。至此中央、中國、交通、農民銀行並稱國家四大銀行，共同享有紙幣發行權，不但逐漸取代外國銀行的地位，亦迫使票號與錢莊自然淘汰。此後到民國 25 年之間，全國計有公民營銀行 164 家。

　　民國 38 年國民政府播遷來臺，當時臺灣地區僅有臺灣銀行、土地銀行、合作金庫、合會儲蓄公司（後來改名為臺灣中小企業銀行）、以及第一、華南、彰化 3 家商業銀行共 7 家省屬行庫。後來中央銀行、中國國際商業銀行前身的中國銀行、交通銀行、農民銀行相繼復業，臺北與高雄二個院轄市亦先後各自設置市立銀行。民國 80 年間，政府積極推動金融自由化政策，一舉開放 15 家商業銀行設立，國內銀行業進入激烈競爭的戰國

時代。民國 87 年繼東亞金融風暴後，在股票與房地產等資產市場相繼受挫下，引發國內的本土型金融風暴，多家基層金融機構與銀行經營頓時陷入困境，金融主管機關採取合併的方式，整頓並處理問題銀行。民國 89 年修正通過的銀行法中，順應國際潮流大幅開放銀行得以經營業務的範圍。銀行業遂利用購併與控股二種方式，進入證券與保險二個領域發展。

綜觀以上銀行業的發展過程，銀行以開發交易中介並執行款項收付事務起家，爾後始逐漸利用經辦這些業務之便，發展出財富保管與信用創造的傳統資金借貸業務。銀行利用所發行的存款負債募集營運資金，並從事以放款為主的營利性資金融通活動，以賺取資產與負債二者的利差。欲了解銀行的業務，最好的方法就是觀察其資產負債表。依據我國中央銀行所編《金融統計月報》的記載，銀行的主要業務計有列示於資產負債表內的項目如下：

1. 資產類

國外資產、放款（包括對政府機構、及對公、民營事業的放款）、證券投資（包括對政府債券與公、民營事業及金融機構所發行的股份與債券）、對金融機構的債權（指存放於中央銀行與其他金融機構的存款）以及庫存現金。

2. 負債類

國外負債、各種存款（包括支票存款、活期存款、定期存款、可轉讓定期存單、定期儲蓄存款、外幣與外匯存款、外匯信託資金與外幣定期存單）、政府存款、對金融機構負債（指積欠中央銀行與其他金融機構的債務）、中華郵政公司轉存款、金融債券、其他借入款以及進口結匯保證金。

由以上資產與負債業務的內容中可見，銀行業的經營，本身即為一個大型的資產組合。他們藉著爭取各種不同來源的資金，妥為規劃運用，並以賺取利率差為獲利來源。如何管理一個規模龐大的資產與負債組合，實為銀行業經營成敗所繫。本章第三節介紹銀行管理資金的技術問題。

　　近年來，在國際共識下，由國際清算銀行所推動的資本適足性 (capital adequacy) 制度下，銀行經營業務受到其所收資本額的限制，逐漸開始擴大自有資金的規模，對於存款等傳統資金的依賴性亦有逐漸降低的趨勢❹。

　　表 8.2 列示民國 82 年至 93 年間，我國一般銀行各年底的資產負債表彙總資料。在金融風暴影響下，自從民國 89 年開始，連續多家經營陷入困境的信用合作社與農會信用部被銀行概括承受，因此無論資產與負債皆明顯增加。

　　首先，顯示銀行資金運用途徑的資產類各項目中，以放款所佔比例最高，由民國 82 年的 62% 逐漸上升到民國 86 年的 68%；然而受到金融風暴與經濟不景氣雙重影響，此後即持續下降到民國 92 年底僅佔 53%，民國 93 年再度回到 60%。銀行業投資於有價證券的比例，大致介於 10%～13% 之間，非常穩定。同一時期內銀行的國外資產所佔比例，則由民國 82 年的 2.9% 逐年上升，到民國 92 年底增加到 5.4%，金額則由 2,610 億元提高到 1 兆 2,390 億元。民國 93 年中期以後，受到國際油價與原物料價格大幅上漲所影響，進口支出大幅增加；同時受到美元貶值以及國際間接投資大幅逆差所影響，以美元資產為主的銀行國外資產大幅縮水，國外資產比例下降為 4.3%。

　　其次，顯示主要資金來源的負債類各項目中，以企業及個人存款所佔比例最高，此一比例由民國 82 年的 53% 逐年上升到民國 93 年的 69%，各種存款中以定期儲蓄存款的金額最大，民國 93 年底約為 6 兆 190 億元；其次為活期儲蓄存款的 3 兆 8,550 億元，凡此皆屬於家庭或個人的儲蓄性存款，其增加幅度亦為存款增加的主要來源。外匯存款於民國 89 年大幅增加 3,940 億元，而成為 8,840 億元；民國 93 年底更增加到 1 兆 400 億元，此應與政治情勢不安與景氣狀況不佳，可能導致臺幣貶值有某種程度上的關聯。我國銀行的可轉讓定期存單與金融債券二項的發行量，仍顯微不足道，此點與存款來源穩定有關。

---

❹　關於 BIS 所推動的資本適足性問題，會於第九章有詳細介紹。

單位：新臺幣十億元

表 8.2　本國一般銀行資產負債統計表 (a)

民國(年)	資產=負債淨值合計 (資產合計)	國外資產	放款(b) 小計	放款 政府機關	放款 公營事業	放款 民間部門	證券投資 小計	證券投資 政府債券	股份與債券 公營事業	股份與債券 民營企業	股份與債券 金融機構	不動產投資	對金融機構債權 中央銀行	對金融機構債權 其他貨幣機構	對金融機構債權 其他金融機構	庫存現金	其他資產
82	9,136	261	5,652	563	351	4,738	1,059	269	69	460	262	11	766	173	25	78	1,110
83	10,616	310	6,728	760	343	5,625	1,097	285	63	487	261	11	851	150	19	85	1,365
84	11,508	367	7,384	928	359	6,097	1,173	290	52	625	207	12	810	143	16	88	1,515
85	12,652	378	7,862	1,132	333	6,396	1,496	337	55	883	221	46	816	122	21	96	1,816
86	13,659	335	9,289	1,358	353	7,619	1,401	412	40	854	95	46	803	189	23	107	1,425
87	16,135	441	10,403	1,508	343	8,610	2,173	454	68	1,318	334	46	871	128	22	120	1,874
88	18,081	609	11,287	1,694	345	9,313	2,527	670	45	1,209	603	46	948	151	26	140	2,283
89	19,249	753	11,998	2,007	364	9,713	2,293	656	53	1,042	543	46	965	261	64	126	2,657
90	20,474	1,152	11,828	2,056	433	9,449	2,578	797	51	1,088	642	46	1,371	199	45	118	3,028
91	20,877	1,164	11,582	1,840	430	9,452	2,672	887	35	866	884	39	2,089	166	39	123	2,864
92	22,978	1,239	12,171	1,839	388	10,105	2,968	822	34	715	1,398	0	2,490	194	28	129	3,599
93	22,772	998	13,747	1,794	407	11,547	2,984	743	71	639	1,513	0	2,631	172	24	139	5,076

註：(a) 自民國89年7月起含聯信商銀。民國90年9月起含誠泰會信用部資料。民國91年2月大安商銀併入台新國際商銀；7月起合併入7家農會信用部資料；8月臺南五信併入陽信商銀；12月新營信合社併入日盛商銀。民國92年10月世華商銀與國泰商銀合併為國泰世華商銀；12月萬通商銀併入中國信託商銀。民國93年10月鳳山信合社併入中信商銀；新竹十信併入台新商銀。

(b) 自民國92年1月起，包括承做附賣回票（債）券投資資料。

● （續）表 8.2　本國一般銀行資產負債統計表 ●

| 民國(年) | 國外負債 | 負債 — 企業及個人存款 | | | | | | | | 政府存款 | 淨值 — 對金融機構負債 | | | 中華郵政公司 | 金融債券 | 其他負債 | 淨值 |
		小計	支票存款	活期存款	活期儲蓄存款	定期存款	可轉讓定期存單	定期儲蓄存款	外匯存款		中央銀行	其他貨幣機構	其他金融機構				
82	259	4,513	232	403	736	896	166	2,001	79	590	118	1,154	515	371	87	1,345	555
83	308	5,273	245	451	868	1,082	256	2,283	88	635	188	1,259	701	503	94	1,506	653
84	317	5,977	245	420	965	1,226	267	2,711	142	604	205	1,140	886	660	98	1,583	700
85	226	6,752	247	494	1,135	1,429	194	3,049	205	567	257	1,218	1,011	757	92	1,711	817
86	231	7,970	247	568	1,370	1,827	377	3,193	388	603	303	1,110	1,152	900	66	1,263	961
87	189	9,631	247	647	1,571	2,441	322	3,964	439	610	321	1,100	1,312	1,009	86	1,642	1,245
88	189	10,767	280	738	1,989	2,355	208	4,706	490	668	308	1,173	1,562	1,267	91	1,891	1,432
89	189	11,598	275	761	2,059	2,339	267	5,014	884	710	282	1,181	1,638	1,369	72	2,078	1,500
90	154	12,439	239	827	2,547	2,158	214	5,584	870	761	285	1,151	1,703	1,401	169	2,293	1,520
91	204	12,880	240	964	2,806	2,064	166	5,813	827	685	276	1,165	1,528	1,326	357	2,425	1,358
92	313	13,763	273	1,215	3,358	1,951	190	5,859	917	703	263	1,288	1,402	1,265	521	3,353	1,374
93	322	14,877	275	1,351	3,855	2,115	222	6,019	1,040	675	208	1,323	1,344	1,207	676	4,861	1,487

資料來源：中央銀行編各期《金融統計月報》。

可轉讓定期存單負債始終保持穩定水準，而金融債券負債則自民國 90 年以後大幅增加，由民國 89 年底的 720 億逐年增加到民國 93 年底的 6,760 億，此點顯示銀行對於長期穩定資金的需求較殷切。至於銀行的國外負債，則遠低於銀行的國外資產，此點與許多開發中國家不同，顯示我國銀行的國外債信良好，亦為 1997 年亞洲金融風暴期間，我國獨能安然無恙的主要原因。

最後，近幾年來銀行的其他資產與其他負債二項皆呈現明顯的增加，這是值得留意之處。此外，銀行淨值的比例大致維持在資產總額的 6%～7.9% 之間，惟近年來受到銀行積極打消過去長期所累積的巨額呆帳所影響，民國 92 年時淨值比例下降到近十年來的最低點 5.9%。將無收益之呆帳盡速銷案，有助於彰顯銀行的真實獲利能力，此點在面臨國際競爭時具有舉足輕重的地位。淨值佔資產的比例於民國 93 年底提高到 6.9%。

在金融反中介的環境以及上述資本適足性的規範下，銀行業基於本身過去發展所建立的若干優勢，開始加強許多未列示於資產負債表內，而以收取手續費為主的或有性 (contingent) 資產與負債、供避險使用之衍生商品交易、各種款項收付的金融服務、以及提供直接融通時的輔助措施等交易項目，通稱為資產負債以外業務項目。以下列示常見的資產負債以外業務項目。

資產負債以外業務項目
(off-balance sheet items)

泛指銀行提供的服務中未直接涉及資金使用的項目。

(1)貸款承諾 (loan commitments)：透支項目 (overdraft facilities)、保證信用額度 (standby lines of credit)、商業本票保證額度 (backup lines for commercial paper)、循環式信用額度 (revolving lines of credit)、相互存款協議 (reciprocal deposit agreements)、附買回協議 (repurchase agreements)、票券發行協議 (notes issuance fafilities)。

(2)保證 (guarantees)：承兌 (acceptances)、附追索權之資產出售 (asset sale with recourse)、保證信用狀 (standby letters of credit)、附交易憑證的商業信用狀 (documentary of commercial letters of credit)、擔保與損失賠償 (warranties and indemnities)、簽證背書 (endorsements)、對附屬或分支機構之財務援助 (financial support to affiliates or subsidiaries)。

⑶換約 (swaps) 與避險交易 (hedging transactions)：遠期外匯合約 (forward foreign exchange contracts)、通貨交換 (currency swaps)、通貨期貨 (currency futures)、通貨選擇權 (currency options)、交叉通貨交換 (cross-currency swaps)、利率交換 (interest rate swaps)、交叉通貨利率交換 (cross-currency interest rate swaps)、利率選擇權 (interest-rate options)、與利率有關之帽子 (caps)、地板 (floors)、領子 (collars)。

⑷投資銀行業務 (investment banking facilities)：有價證券包銷 (securities underwriting)、有價證券承銷與分銷 (securities dealership/distribution)、黃金與商品交易 (gold and commodities trading)、有價證券市場創造 (market-making in securities)。

⑸放款相關服務 (loan-related services)：放款發起 (loan origination)、放款服務 (loan servicing)、放款轉移 (loan pass-throughs)、無追索權出售資產 (asset sales without recourse)、出售放款參加權 (sales of loan participants)、聯貸代理銀行 (agent for syndicated loan)。

⑹信託與顧問服務 (trust and advisory services)：資產組合管理 (portfolio management)、投資顧問服務 (investment advisory services)、協商購併案 (arranging mergers and acquisitions)、租稅與財務規劃 (tax and financial planning)、信託與財務管理 (trust and financial management)、退休計劃管理 (management of pension plans)、單位信託、退休計劃、償債計劃之信託人 (trusteeship for unit trust, pension plans, and debentures)、有價證券保管 (safekeeping of securities)、境外金融服務 (offshore financial services)。

⑺經紀與代理服務 (brokerage/agency services)：股份與債券經紀 (share and bond brokerage)、共同基金經紀 (mutual fund

(unit fund) brokerage)、一般保險經紀 (general insurance bro-
kerage)、人壽保險經紀 (life insurance brokerage)、不動產代
理 (real estate agency)、旅遊代理 (travel agency)。

(8)款項收付服務 (payments services)：資料處理 (data process-
ing)、清算服務 (clearing house services)、網路協定 (network
arrangements)、信用卡／金融卡 (credit/debit cards)、銷售點
系統 (point-of-sale system)、家庭銀行 (home banking)、現金
管理系統 (cash management systems)。

(9)進出口服務 (export/import services)：代理銀行服務 (corre-
spondent banking services)、貿易顧問 (trade advice)、輸出保
險服務 (export insurance services)、物物交換 (countertrade
exchanges)。

　　以上所列資產負債以外項目中，除了擴大與直接授信的範
圍與方式，以及協助款項收付的傳統功能外，尚包括許多與投
資銀行業務直接或間接關聯的項目，凡此皆與傳統銀行業務具
有互替性質者。因此，以上所列項目幾乎囊括所有金融交易，
此正是一家全能銀行所得以發展與經營的業務項目。銀行業是
否有必要無限制的擴大其業務項目？銀行亦可以選擇其中少數
項目專業經營，然後與其他銀行藉結盟的方式，相互合作。此
外，許多衍生式金融商品實皆具有短期保險的性質，銀行業與
人壽保險業間，雖然標的不同，但是就資金的來源與運用方面
而言，二者實具有互補性。

　　在 1990 年代劇烈的競爭與新科技推動下，銀行業開始展開
了三方面新興業務的拓展：私人銀行業務、零售銀行業務、與
網路銀行業務。三者皆以開拓個人服務的領域，同時以國際市
場為營運範圍。以下分別簡述這三方面的業務內容。

㈠私人銀行業務

　　私人銀行業務最早見於十八世紀時瑞士與英國二國銀行所
經營的信託業務中。1970 年代末期時，美國的銀行陸續開設私

私人銀行業務 (private banking)
針對擁有高淨值客戶所提供的個人化金融服務。

零售銀行業務 (retail banking)
銀行利用其專業能力因應顧客的服務需要，開發各式服務項目，單獨販售予需求者。

網路銀行業務 (virtual banking)
又稱虛擬銀行，允許顧客利用自有的電腦設備與銀行電腦連線，自行管理帳戶。

人銀行部 (personal banking)。著名的私人銀行有英國的 Coutts & Co.、Lambard Odier & Cie；瑞士的 Bank Julius Baer；美國的 J. P. Morgan、U.S. Trust Company、Chase Manhattan、Citicorp。他們針對擁有高淨值 (high net-worth, HNW) 的個人，提供一系列包羅萬象的個人化服務。私人銀行所能推動的業務項目，範圍非常廣泛：由存提款、投資顧問、代為安排監獄或醫院的伙食等等，到安排個人信用額度、提供購買遊艇的擔保放款、財務槓桿收購企業、提供繳稅所需融通、乃至旅遊服務等等，不一而足。

　　私人銀行業務具有極大吸引力。隨著經濟不斷成長，個人財富累積日漸龐大，過去對個人戶的忽略 (underbanked)，使得對個人所能提供的服務留下非常大的發展空間。HNW 客戶一般較傾向與固定的銀行保持往來關係，對銀行服務需求的價格彈性較低，因此有利於銀行提供多元化的服務。

㈡國際零售銀行業務

　　銀行同業競爭激烈以及金融自由化後，直接融通的競爭等外在環境改變，導致銀行重新考慮其服務對象。新技術的引用，使得交易成本與資訊成本得以大幅下降，並使得對廣大的群眾提供零售服務業務成為可能。自動化與電子銀行的發展，提高了款項收付的效率，也使得分支行普遍設置與否成為拓展市場的次要因素。銀行以交叉出售商品為著眼點，開闢以收費為主要收入來源的零售銀行業務。

　　人口結構的演變、家庭財富的提高、理財偏好等因素，都促使銀行與非銀行的金融機構對於這個市場的興趣日漸濃厚。然而，受到進入障礙的影響，零售銀行業務不再具有同質性，而是由許多小規模的活動組成。今日美國與日本系統的銀行，正大幅朝向歐洲式的全能銀行系統發展，此點可以由各國分別修正銀行法，允許傳統商業銀行增加業務項目的趨勢中看出。

　　表 8.3 列示常見的零售金融服務項目。

表 8.3　零售金融服務彙總表

負債面服務	保險
交易帳戶	終身人壽險
儲蓄帳戶	定期人壽險
貨幣市場帳戶	汽車
資產面服務	家庭
汽車貸款	健康
房屋抵押貸款	意外
大額耐久財貸款	**其他消費服務**
信用卡貸款	旅行支票
銀行	外匯零售
旅遊與娛樂	旅行代理
個人貸款	不動產經紀
投資管理	不動產代理
共同基金／單位信託	旅遊娛樂卡
退休基金	金融卡
個人投資組合管理	匯款
股票經紀	抵押服務
固定所得有價證券	保管箱
銷售	租稅規劃
個人財務風險管理	不動產規劃

　　各國環境不相同，商業銀行經零售業務國際化，是否能如其於本國境內的發展一般進行？首先，負債面的服務要求品質（便捷、省時、帳載的精確、交易的效率）以及低成本。自動化與電子化交易，大大的克服了這方面的難題。其次，資產面的服務要求產品品質的差異性。費用的敏感性亦佔重要的分量。花旗銀行、匯豐銀行、標準渣打銀行在提供行銷、風險評估、與帳務管理、以及國際化處理技術上的發展，使他們得以在消費貸款業務建立堅固的基礎。第三，投資管理一般是針對富有人士的服務，屬於勞力密集的業務。藉著自動化、電話與電腦連線，提供顧客一般帳務查詢、資金轉移、財務規劃等業務，使得美國的 Fidelity Investor Services 在英國與歐洲市場內，成

功的提供相關服務。第四，保險為長期而穩定資金的來源，然而保險業務的經營與傳統銀行業務截然不同，必須在精算、保險佣金的計算能夠掌握。最後，其他消費性融通與相關服務方面，目前僅信用卡與類似付款卡業務經營能夠達成國際化的結果，主要是其能成為普遍接受的付款工具所致。

國際零售業務的發展，以採取聯合開發 (joint ventures) 與策略聯盟 (strategic alliances) 二者為較可行的方式。1989 年蘇格蘭的 Royal Bank of Scotland 與西班牙的 Banco Santander 合作，相互對彼此的客戶提供旅遊與商務上的服務。1986 年美國 Citicorp 與日本第一勸業銀行 (Dai–Ichi Kangyo Ltd.) 合作，提供彼此客戶提款卡的服務。

(三)網路銀行業務

隨著網路普及與通訊降價後，傳統銀行業把握此一契機，發展家庭銀行業務 (home banking)，允許銀行客戶於營業時間內，自家中直接使用電話或利用電腦連線處理其交易帳戶的款項進出事務，以節省雙方處理銀行事務的時間。除此之外，一種無實體位址，僅存在於電腦中稱為虛擬銀行 (virtual bank) 的新興銀行機構，亦開始問世。1995 年第一家虛擬銀行 Security First Network Bank 在美國的亞特蘭大市開業，提供支票與儲蓄存款帳戶、銷售可轉讓定期存單、發行 ATM 卡、與帳單付款服務。此後許多大銀行亦陸續開設專供網際網路使用的虛擬銀行，例如，美國銀行 (Bank of American) 與 Well Fargo 共同建立的虛擬銀行、Bank One 所擁有的 Wingpan、以都柏林為基地的 First–e、英國的 Egg 等。

與許多電子商務所面臨的困境相同，具有革命性的網路銀行發展，同樣受制於安全性不確定、顧客私人機密訊息易遭洩露、網路塞車等技術問題待克服。預期未來網路銀行應該會與傳統人對人的服務並存，前者專事常規性的業務活動，後者則走向專業化的個人服務項目。

8.3 銀行的一般管理與風險管理

重·點·摘·要

銀行經營面臨流動性風險、顧客喪失償債能力的風險以及利率波動的風險。如何規避這些風險成為銀行經營管理者所須克服的重要問題。

銀行屬於營利事業，其經營以獲得最大利潤為依歸。銀行的營運主要是利用存款人存入的資金轉作放款與投資而獲利。在營利的過程中，銀行經理必須隨時確保足夠的現金，以供存款人提領之用，否則擠兌事件可能置銀行於萬劫不復的地步。銀行必須將吸收的存款，轉投入低風險的資產，並依據分散的原則，進行可以接受的資產管理。設法取得低成本的資金，使得負債管理成為賺取高額利潤的可行之道。最後，銀行經理必須衡量適當的資本額，並設法取得所需資本，此稱為資本適足性管理。

除了以上一般管理外，銀行必須能夠將貸放出去的款項十足收回，方可確保獲得高額利潤。基於資訊不對稱的理由，銀行貸款市場容易發生不利選擇與道德危害二種由此所衍生出的損失。此外，在金融自由化下，利率水準並未因自由化而趨於安定，反而愈趨大幅波動，引發金融中介機構更加暴露在利率風險之下，此種風險可能在一夕間將經營者的所有努力化為烏有，利率管理成為現代銀行經營者所面臨的一大挑戰。

以下分一般管理與風險管理二部分，說明其內容，以及銀行的因應之道。

8.3.1 一般管理

㈠流動性管理

根據第六章所介紹短期利率低於長期利率的自然現象，銀行利用借短貸長即可穩定獲利。但是，借入的短期資金隨時可

能被客戶提領，相對衍生出流動性的問題，亦即，銀行必須隨時保留適量的付現準備，以供存款顧客提現之用。這些準備金無法用來從事營利活動，卻仍須支付利息，因而構成銀行經營上的損失。銀行除了保留適量超額準備金外，可以將其餘的準備金以流動性較高的短期資產，或次級市場健全的有價證券形式持有，當遇存款人過度提領款項時，可即時出售所購入的有價證券。此外，銀行亦可以其放款的一部分轉讓並向中央銀行借款，以為緊急融通，此稱為重貼現 (rediscount)。提前收回貸款或將貸款轉手出售予其他銀行，皆為可行之道，但是銀行皆須為此付出高額代價，例如，借款客戶於貸款未到期前未必有充足的資金可供償還貸款之用，將貸款轉售其他銀行時，他們因為不熟悉借款人，未必願意依原價收購該貸款契約。因此，適度的保留超額準備，應為損失最小的流動性管理方式，此一損失等同於銀行支付一筆保險費，以保障其業務經營。

(二)資產管理

為了發揮銀行活期存款的貨幣功能，顧客的存款額只可增加，絕對不可減少。換言之，銀行必須十足兌現顧客所存入的款項。在此前提下，銀行存款的利率勢必受到限制。早期財務管理不流行的時代，許多大企業將其巨額的營運資金，以不付息的支票存款形式，存放在銀行。在 1933 年美國銀行法規定存款利率的上限下，銀行可以視其所吸收之存款負債為固定金額。銀行經營管理者只須留意選取適當的資產組合，以求取最低風險下的最高報酬。此種經營方針到了 1970 年代金融自由化時，終於被打破。

綜合銀行資產管理之道有四，第一、主動尋找願意支付高利率而又無破產之虞的借款人。此並非易與之事，貸款成為呆帳通常難以避免，1% 的呆帳率通常屬於可以接受的範圍。第二、購買高報酬與低風險的有價證券。第三、利用分散的原則，以降低投資風險。銀行購買長短期政府債券，並貸款予經營不

同行業的顧客。近年來，貸款過度集中於不動產開發業或某些
網路服務業的銀行，莫不受到這些產業景氣循環的衝擊，遭致
巨額損失。最後，銀行必須將其資金，尤其是作為超額準備的
資金，投入具有法定準備地位的流動資產，以降低承擔流動性
的成本。總之，銀行經營者必須在具有高度流動性的低報酬資
產，與高報酬的低流動性資產之間，尋求平衡點。

(三)負債管理

　　1970 年代初期以後，存款利息上限的規定取消，再加上新
型態的中介機構興起，負債管理成為新的挑戰。銀行對於存款
的依賴程度逐漸下降，許多設址於金融中心所在地的銀行，開
始視本身的資金需求，搭配發行可轉讓定期存單，或利用銀行
同業拆款市場籌措資金。資金來源更具彈性，不再將資金的來
源侷限於存款。此時的經營方針通常是先擬訂營利目標，然後
隨時依需要尋求低成本的資金來源，負債管理的重要性浮出檯
面。

(四)資本適足性管理

　　銀行經營的本質是應用外來資金，自有資金若能供購置營
業處所之用即為已足。在金融安定時期，銀行資本額或淨值的
大小，無關緊要。金融自由化下，銀行業競爭日趨激烈，金融
市場不穩定的現象亦日趨頻繁，稍有不慎即陷入困境。此時，
銀行的資本額高低，成為吸收震盪，免於喪失償債能力所需具
備的避震器。此點在金融不安定的時期，更形重要。1988 年以
後，在國際清算銀行帶動下，各國主管當局已經將銀行的資本
適足率，明訂為銀行業必須遵守的規定。關於推動銀行資本適
足性的巴賽爾銀行協定，於第九章有詳細的說明，此處須提及
的是，該規定已經成為國際共識。換言之，任何無法滿足該規
定的銀行，即無法涉足國際金融舞臺，此一點在金融自由化與
國際化的環境下，將成為銀行能否成功經營的關鍵因素。

■■ 8.3.2　風險管理

(一)管理信用風險

　　信用風險泛指銀行貸款顧客喪失償債能力，以致銀行無法回收貸款利息與本金的損失。在直接融通管道環伺下，向銀行尋求貸款者，特別是以投資為目的而尋求長期貸款者，可能因為信用尚不足以利用直接融通取得所需資金，轉而向銀行尋求協助。他們可能擁有可以獲得高額報酬的投資計劃，一旦計劃成功執行，即可賺取高額利潤，因此急於取得資金。他們願意支付較高的利息，向銀行貸款。然而，高報酬的背後往往亦伴隨著高風險，因此此類貸款者往往又是銀行最不願意貸放的對象。在此一背景下，他們會無所不用其極的獲得銀行融通，以致引發銀行作出不利選擇的後果。此外，當這些貸款者成功的取得銀行貸款後，他們可能將所得資金違約使用到其他可以獲得更高報酬與更高風險的投資項目，以致引發道德危害的風險。

　　金融機構基於本身的利害，發展出各種處理信用風險的方法。首先為生產資訊 (production of information)，其中包括篩選與監視 (screening and monitoring)、專業貸放 (specialization in lending)、與監視並強制執行限制性契約 (monitoring and enforcement of restrictive covenant)。銀行對於貸款申請人進行資訊蒐集與審慎的篩選，以避免不利選擇情事。銀行通常要求申請人填具申請表並答覆表中所列的各種問題，然後由貸款主辦人詳細審查，主辦人運用一切可供參考的資料，以及一切可用的方式，甚至包括主觀的意識，務求排斥信用不可靠者。銀行可以集中全力鑽研某些特定產業，成為該產業的專業貸款者，以期盡力防止錯誤的決策。銀行可以在貸款契約中附加限制條件，以利銀行於事後監視貸款人之需。

　　其次，金融機構可以由其與顧客間所建立的長期資金往來

關係 (long term customer relationship) 中，了解商業顧客的動態。顧客在銀行開立支票存款與活期存款帳戶，所有款項收付皆透過該帳戶進出，銀行可以由此掌握顧客的交易對象。銀行對於與其長期往來顧客的訊息較易蒐集，因此大大的降低了資訊與篩選的成本，借款人也較易因此獲得銀行持續融資。此外，銀行難以藉著貸款契約面面俱到的事先將許多限制措施逐一列出，長期顧客通常會珍惜其與銀行長期以來所建立的關係，而不會作出逾越規範的事情。

第三，對商業顧客給予貸款承諾，一方面顧客可以在需要時隨時取得所需的資金融通，銀行亦藉此要求顧客隨時提供其收益、資產與負債部位狀況、以及企業活動等等資料，協助其隨時掌握顧客的動態。

第四，要求顧客提供擔保品與補償性存款；擔保品允許銀行於顧客喪失償債能力時，可以藉著出售擔保品以確保部分債權；補償性存款指銀行要求顧客須將貸款餘額保留一最低限度存放於其支票存款帳戶，同時要求顧客所有款項支付事務皆開具支票付款，如此銀行可以隨時監視顧客帳戶的變化，以掌握借款顧客的企業活動，補償性餘額一方面降低銀行貸款的損失，一方面作為檢測顧客是否遵守協定的依據。擔保品與補償性餘額二者，皆為銀行管理信用風險的重要工具。

信用管制 (credit rationing)

指對特定借款客戶群設定貸款總額的上限。

第五，採取信用管制以防止不利選擇與道德危害。銀行可以完全或部分拒絕某些顧客的貸款請求，即使顧客願意支付較高的利率亦不例外。此一措施通常對某一種高風險的投資者為之，這些高風險投資計劃的借款人，通常願意支付非常高的利率，以取得投資所需資金，但是銀行不願意承擔此一風險，同時也不願意以高利率造成顧客過度的負擔，反而有礙其營運，因此最上策就是完全拒絕其貸款請求。銀行將顧客申請貸款的額度打折貸放，主要是防止道德危害發生，或預防顧客將貸得的款項轉移他用，危及貸款的安全性。

㈡管理利率風險

利率風險泛指利率發生預期以外的變動，導致利息收入減少或利息支出增加的損失。市場利率變動通常屬於總體經濟現象，非銀行本身所能左右，銀行只能被動的尋求規避之道。事實上，銀行的資產與負債所受到利率變動的影響相同。例如，當利率上升時，銀行的存款利息負擔提高，但是放款利息收入同樣增加，二者相抵後，可能絲毫不受影響；利率下降時亦同。關鍵在於銀行的資產組成與負債組成中，受到利率變動影響的部分是否平衡，而非其總額。例如，銀行資產中包括準備金、長期貸款，與長期有價證券投資等多屬於固定利率的資產；而具有變動利率特徵的短期貸款或短期投資等項目，則因為涉及到期後再運用時，可能受到利率下降而發生損失；負債中變動利率可轉讓定存單與貨幣市場存款帳戶，皆會因利率上升而加重銀行的利息負擔，其他支票存款、儲蓄存款、長期可轉讓定期存單、金融債券、以及資本等項目，通常較不受利率變動所影響。

為了掌握銀行利潤可能受到利率變動所影響的程度，銀行通常採取缺口分析。所謂缺口指銀行資產與負債各項目中，受到利率影響各項目的差額。例如，假設銀行資產中受到利率變動影響的項目總額為 5,000 萬元，而負債各項目中受到利率變動影響的總額為 3,000 萬元，則缺口為 5,000 萬元減 3,000 萬元，等於 2,000 萬元。若利率下降 1%，其利潤即因此而減少 20 萬元（= $2,000 萬 ×(-1%)）。缺口分析亦可加以精緻化，針對不同到期期限分別計算缺口，亦可更仔細分析各種受到利率影響的資產與負債所遭受影響的程度，分別計算缺口。

此外，本書第七章所介紹衡量債券到期期限長短的持續期間分析，亦為銀行普遍採用來分析銀行總資產與負債受到利率變動影響程度的工具。持續期間分析利用金融機構資產與負債的平均到期期限，檢視銀行淨值可能受到利率變動影響的程度。

缺口分析 (gap analysis)

將受到利率變動影響不同的資產與負債分離，並評定可能遭受利率波動影響的程度。

持續期間分析 (duration analysis)

仔細計算資產與負債的持續期限，並據以評定可能遭受利率波動影響的程度。

假設某銀行的資產平均到期期限為三年，而其負債的平均到期期限為二年。若該銀行現在的資產總額為 1 億元，而負債為 9,000 萬元，因此資本為資產的 10%。若利率上升 2%，銀行資產的市值損失 6% (= −2%×3) 或 600 萬元；而負債的市值下降 4% (= −2%×2) 或 360 萬元，二者合計導致淨值損失 240 萬元，此相當於原有資產總額的 2.4%。反之，若利率下降 2%，則該銀行的淨值可因此而增加原資產額的 2.4%。

　　缺口分析與持續期間分析提供金融機構經理非常有用的參考工具，使其得以掌握該機構所暴露的利率風險。

　　當銀行確定其所暴露的利率風險後，即可利用各種方式降低風險。上例中，若銀行預期利率將會下降時，可以完全不採取任何行動。反之，若預期利率將會上升時，可以縮短資產的到期期限以提高其利率敏感度，或拉長其負債的到期期限。如此則銀行的收益即可較不受利率變動所影響。倘若調整銀行資產與負債的代價過高時，銀行亦可以利用第七章所介紹的各種避險衍生金融商品，規避可能遭遇的風險。

㈢交易活動與風險管理

　　銀行為了降低利率與外匯風險，而投入衍生商品交易，這些衍生商品的交易活動，屬於資產負債表以外的業務項目，通常這些交易的記錄並不公開，因此難以稽察。許多銀行於利用此等衍生商品避險之餘，往往亦開始於此進行投機活動。1995 年英國一家有 200 年歷史的霸菱 (Baring) 銀行，即因其新加坡分行的一位交易員李森 (Nick Leeson) 於短期內連續進行十餘次債券期貨與選擇權交易失利，前後合計虧損 13 億美元，而將整個銀行的資本額輸光，終致破產的案例。銀行內從事此一類交易活動的交易員，往往為了本身的業務獎金，枉顧銀行的安全，過度操作衍生商品，以致巨額虧損的事件層出不窮。大凡此種風險幾乎全屬內部管理不當所致。避免此種主從問題的方式，應由內部管理著手，包括將交易員與記帳員分隔、訂定交

易員操作款項的上限，以及訂定機構的風險暴露上限。近年來，許多銀行開始運用電腦模擬的方式，衡量銀行於特定期間內所能容許的損失上限（稱為風險下的價值或 VAR），或評估最惡劣環境下銀行的可能損失（稱為壓力測試），以制訂操作方針，並降低此種風險。

風險下的價值 (value-at-risk)

運用電腦模擬的方式，衡量銀行於特定期間內所能容許的損失上限。

壓力測試 (press test)

運用電腦模擬的方式，評估最惡劣環境下銀行可能發生的損失。

8.4 銀行與其他金融中介機構的異同

　　第一節介紹金融中介機構存在的理由與功能時提及，所有金融中介機構皆發行負債並持有資產。但是，何以需要銀行、金融公司、保險公司這些不同種類的金融中介機構同時並存？

重·點·摘·要

所有金融機構中，銀行以其存款負債的固定性，而與其他金融機構有所不同，並成為各國政府極力關注的金融機構。

　　金融中介機構在與借款或貸款顧客的交易活動中，逐漸獲得了更多關於顧客的資訊。因為銀行顧客的交易活動，多數透過銀行帳戶進行款項收付事宜，此點對於銀行更為真確。何以不能善加利用經由業務活動所累積的顧客資訊，進一步擴大服務範圍？金融中介機構由其業務活動與資產組合的本質中，可以發現某些令人困擾的外部限制。依據資訊經濟的原理，提供某種中介服務所累積的經驗與資訊，可以有助於降低提供其他服務的價格。

　　因為不同的金融中介機構須具備不同的專業資訊，資訊經濟有其限制。保險業需要專業精算師的協助，與一套與銀行業完全不同的風險判斷能力。以不動產為擔保品的抵押貸款，需要具備對所涉及資產與相關市場的專業知識。用來決定是否對某一企業提供短期融通的因素，與決定是否購買該企業股份的因素，完全不同。

　　若一家銀行欲分散其經營項目及於保險、房屋抵押貸款、或租賃時，即須設置專業附屬機構（例如，以控股公司的方式集中管理資產組合）。這些新設置的機構，可能削弱原有的規模

經濟基礎；當業務種類逐漸擴大後，上級管理者的專業資訊亦因而變得相對薄弱，其組織結構又變得異常龐大，而須另設協調委員會加以整合。

銀行所具有的市場影響力，特別是其由直接處理顧客款項收付事務所獲得的充分資訊，往往導致政治上的干預，削減其影響力與應有功能的發揮。許多國家經由立法限制銀行的業務範圍，就是活生生的例子。由提供一種金融中介服務中所獲得的資訊，是否會發生利益衝突問題？或於提供其他種類中介服務時，造成不公平的競爭優勢？令許多人質疑。資訊方面的經濟優勢，亦可能影響顧客的利益，並形成獨占的優勢。因此，許多國家對於金融財團的建立，皆設有制度上的限制。近年來，科技發展促使金融服務業展開跨國競爭，此同時亦導致解除管制的強烈趨勢。過去將商業銀行與投資銀行分立的制度逐漸瓦解，而步向全能銀行業的方向發展。

無論如何，銀行的活期存款帳戶為其顧客提供交換中介的功能，因此除了保留一部分現金準備外，必須投入期限較長的資產組合，使得銀行較其他中介機構承受較高的流動性風險。雖然在正常時期內，銀行可以依賴相對穩定並相對低利率彈性的資金基礎營運，一旦某種謠言開始流傳後，銀行的流動性即可能瞬間告急，引發擠兌風潮，即便是經營管理健全的銀行，都難逃池魚之殃。銀行持有其顧客的大部分交易性貨幣餘額，銀行被迫關門時，不僅只是因急速處分資產與重整費時而導致財富損失，其連鎖反應又迫使銀行顧客必須緊急處分其他資產，以應其日常交易之需。

受到銀行危機所影響的後續出售資產或借貸活動，與持有長期債務的中介機構相互比較下，後者的問題主要出在償債力喪失，而非流動性喪失，因為他們可以有較長的時間處理其所持有的資產。同時，這些非銀行金融中介機構的顧客所損失者，主要為其財富與該機構所提供的特種服務（例如，保險服務），卻不至於因流動性喪失而被迫立即處分其他資產。歷史上許多

這類非銀行金融機構的危機多伴隨銀行危機而發生，卻少有因他們本身的危機而導致全面金融危機的例子。

　　非銀行金融機構倒閉時，同樣會帶來嚴重的財富損失與不便，卻不至於促成累積的資產處分與撤回資金等情事。基於倒閉所產生的社會與外部成本考量，主管當局往往對銀行的資產組合，訂定較其他金融機構更為審慎與嚴格的規定，例如增加業務檢查的次數、嚴格限制其所持有資產的種類、限制其最低資本額。如此自然誘使銀行利用分離的附屬機構方式，經營其他中介服務，而非採取較有效率的控股公司型態經營。法律與稅制亦導致各種金融中介機構分業經營；例如，互助式的機構與專業辦理住屋貸款的機構，往往可以獲得政府稅捐上的優惠待遇，因此促成金融體系內，提供不同專業服務的金融機構並存的多樣化現象。

　　除了規模與資訊經濟等自然限制因素外，政府多基於防止流動性危機的理由，限制銀行過度朝向多元化方向發展。政府利用降低競爭等措施干預金融體系，協助其擴大資訊經濟的優勢，並賦予較劣勢機構（例如，辦理住屋貸款的金融機構）其他額外利益，導致金融體系多元發展。

　　以上所述，不僅說明提供不同專業服務的多元金融中介機構體制上的理由，亦說明銀行與其他中介機構間的差異。在許多國家中，銀行提供款項傳輸服務，其活期存款具有交換中介的地位。此一優勢使得銀行擁有控制資金與取得資訊上的絕對優勢，當然亦使其成為較脆弱的金融機構。因為銀行危機所可能引發對整個社會的不利影響，主管機關往往對其採取較其他機構更嚴格與密集的管理。經由發行具有特殊功能的負債（活期存款），並提供特殊的服務（款項傳輸），銀行因而得以創造存款貨幣。但是，保險公司同樣可以創造不同的保單，財產信託基金可以創造財產債券、住屋貸款機構亦可以創造其本身的股份與存款。事實上，任何能夠發展出足以吸引公眾持有的新式負債的機構，皆得以創造此種債務。

銀行與其他金融中介機構間的差異，並不在於其是否能夠創造負債，而在於其所創造的負債是否受到限制。有人認為銀行所創造的存款因為具有交換中介的地位，因此其得以創造存款的額度並無理論上的限制，此點與其他中介機構所得以創造有限額度的負債不同。

在已知財富總額與各種資產所具有的特徵固定不變下，民間部門願意持有資產種類的額度，取決於其相對收益率的高低。此一原則同樣適用於銀行存款。公眾願意持有銀行存款的總額，取決於存款與其他資產間的相對報酬率。銀行得以支付存款人的利息與特定服務，取決於其投入資產的報酬率與其所欲保留流動性的意願高低。若銀行利用提高利息與服務而擴大存款負債，經營成本勢必上升，而所相對增加的資產報酬率卻隨之下降，或依遞減的比例上升，在政府政策參數不變下，一種安定的均衡存款總額即固定不變。此點同樣適用於其他中介機構，其負債總額與銀行負債總額的決定過程完全相同。

銀行存款所能夠提供的特殊服務，以及所具有的特殊性，即為銀行與其他金融中介機構間的主要差異所在。首先，銀行是否必須對存款支付較高的利息，以吸引人們將其資產的大部分存放在銀行帳戶中？依據經濟學原理，在一個完全競爭的均衡狀態下，一個特殊中介機構向借款人所收取的費用，超過其支付存款人的利息加上該中介機構的平均成本與正常利潤之總和。但是，因為銀行存款可以無限制的用於購物活動，而且不會影響購買力，銀行無須藉提高收益率吸引財富所有者以存款的形式保存其財富。

欲進一步剖析上述論點，必須比較法償幣所具有的交換中介功能，與同樣具有交換中介功能卻非法償幣的資產間之差異加以剖析。對任何一個非銀行中介機構或個人而言，若其所發行的負債被賦予法償幣的地位，除了考慮通貨膨脹的後果外，可以無限制發行。若保險公司所發行的紙面債務成為法償幣，即可依零利率或零成本發行求償權，直到發行量影響及於物價

水準穩定的程度為止。

　　因為銀行負債不具備法償幣的地位，銀行必須吸收並維持足以支應其擴張資產所需的準備資產基礎。銀行必須出價以取得此種額外的準備資產。由此一觀點，銀行與其他中介機構並無不同。若政府訂定外匯或公部門債務吸收現金準備的交換比率或價格，銀行即須藉提供更高的利率或更多的服務，方得以將資金自外匯與政府債券吸引出來存入銀行。此一過程受到遞增的邊際成本與遞減的邊際收益所限制。

　　若主管當局欲限制銀行所持有的現金準備，即須允許公部門的債務利率與外匯價格調整，以便公眾將資金由銀行體系移出。銀行則視其放款需求的力道強弱，決定是否加碼爭取資金流入。因此，銀行與公部門相互競爭民間資金，而銀行體系的擴張取決於競爭的結果。換言之，構成銀行競爭的阻力，主要來自銀行運用資金的獲利能力。因此，銀行存款不具有法償幣地位，使得銀行存款額的決定原則，與其他中介機構決定其負債額者相同。

　　雖然如此，銀行在提高成本追求高額存款方面，仍然與其他中介機構有所不同。銀行通常以其存款作為支付購買民間資產的工具，而其他中介機構則因購買資產而失掉可用的現金準備。但是，若出售資產的民間團體將所得價款用來購買公部門的債務、外匯、繳稅、或以現金型態持有時，銀行同樣因此投資活動而喪失現金準備。因此，銀行購買民間資產後，是否仍然能夠保有其優勢，實取決於回存比率 (redeposit ratio)，亦即銀行所付出的款項重新流回銀行體系的比率。若支付購買資產的款項不再回存到銀行體系，則銀行與其他中介機構並無不同，皆因此而喪失可用的現金準備。

　　只要銀行購買資產後，所釋出的資金未流到公部門或轉而購買外匯，則該筆資金必定重新存回銀行體系。其他金融中介機構購買收益資產後，現金準備隨即等額減少。這些其他中介機構必須提供較公部門或民間部門更優惠的負債，方得以將失

去的資金重新收回。

銀行的現金準備免於受到民間部門相互競爭所威脅，而其他中介機構則不具備此一優勢。因此，同樣購買收益資產後，銀行所釋出資金的回流率遠高於其他中介機構，使得銀行得以利用原始存款創造新存款，並倍數擴大其收益資產總額。因此，因為回存比率不同，銀行存款的邊際成本曲線，較其他中介機構更具有彈性。

最後，以上討論涉及貨幣經濟學中所論及貨幣的震盪吸收存量 (buffer stock) 概念。倘若任何一個時點的貨幣存量，都能夠滿足民眾依當時的所得、財富、與利率水準而產生的貨幣需求，則貨幣存量與其他金融中介機構所發行在外的負債額，受到相同因素所影響。但是，一旦供給面衝擊（例如，對銀行信用的需求改變）發生後，可能於短期內導致貨幣存量偏離當前的需求水準，則貨幣餘額所具有的震盪吸收功能，使得銀行擴張所產生的衝擊效果，異於金融體系其他部門發生供給面衝擊的影響。

8.5　結　語

本章歸納近三十年來學術界對於金融中介機構存在理由。1970 年代的研究焦點集中在交易成本與規模經濟的範疇。到了1980 年代以後，研究者改由資訊經濟的角度，對金融中介機構的功能重新定位。金融中介機構確有其不可取代的重要性。新的研究結果，同時亦指引中介機構經營的新方向。

金融中介機構中，銀行擁有非常悠久的歷史，並具有特殊的重要地位。除了傳統存放款業務外，銀行以其所提供的款項收付與轉移服務，以及其負債具有交換中介的功能，而擁有其他金融中介機構所無法比擬的優勢。近年來，銀行亦致力於開發超越傳統業務範圍以外，而以收取服務費用為主的營業項目。

這些通稱為資產負債以外項目的營業活動，允許銀行更進一步發揮其原有的優勢。銀行管理亦隨時空演進而有所更易。由早期的流動性管理到負債管理，再到資產管理，近年來更在全球化的管制體系下，移向資本適足性管理。

　　銀行與其他金融中介機構確實有明顯的不同。每一種金融中介機構與顧客的交易活動皆涉及資金借貸事務，並經由此類交易中掌握並累積顧客的相關資訊，其中以銀行所獲資訊最為完整。但是，不同的金融中介機構經營業務的種類與性質差異，使其著重的資訊內容不盡相同。除了與其他金融中介機構相同，可能發生喪失償債能力的危機外，銀行更易遭致非常不確定的流動性風險，因此銀行往往成為政府金融管制措施的重心所在。雖然銀行所發行的負債具有交換中介的功能，然而存款貨幣究竟仍然有別於法償幣，銀行與其他中介機構相同，皆必須努力吸收現金準備作為營利的基礎。

1. 試列舉類似銀行之金融中介機構,並分別說明其特徵。

2. 試述實證研究者所發現銀行與其他資金借貸活動的重要不同處。

3. 試述早期研究者所論金融中介機構的功能。

4. 所謂「監視監視者」的意義為何?經濟學家以大規模經營為發揮監視功能的先決條件。倘若銀行的規模受限,補救措施為何?試申述之。

5. 何謂生產資訊的可靠性與專屬性問題?金融中介機構如何克服這二種問題所帶來的困擾?試申述之。

6. 本章第一節關於資訊生產者的論述中,有「結盟者仔細評估好的計劃,並對獲得優良評價者投入資金。他們同時亦將所獲得的剩餘報酬,投入「未經」評估的計劃」之文句,試申述其意。

7. 試析述銀行如何扮演消費安定者的角色。此功能何以為其他金融中介機構所無法比擬者?

8. 試析述銀行所扮演流動性提供者的地位。何以銀行所提供的流動性優於法償幣?

9. 就提供消費安定的功能而言,銀行具有何種優勢?有何缺點?

10. 試申述第一節論及銀行為承諾者時,關於「銀行刻意弱化其資本結構,並以此彰顯其不會輕易涉險的承諾,……。此外,活期存款可以隨時提領的性質,亦足以約束銀行的活動。」文句之意義。

11. 本章第三節列示多種銀行可以從事的資產負債以外項目的業務活動。試利用網路資源蒐集相關資料,闡述其意義與內容。(建議利用分組方式分頭蒐尋)

12. 何謂私人銀行業、零售銀行業、網路銀行業?

13. 何謂流動性管理、負債管理、資產管理?

14. 何謂缺口分析、持續期間分析?試以文字敘述其意義。

15. 試重新整理並歸納本章第四節所論銀行與非銀行中介機構的異同。

Chapter

09

金融管制與法規

當普世的經濟觀以自由競爭為圭臬時，先天上具有信託本質的金融服務業，成為唯一被公認必須加以規範的產業。銀行業又因其扮演經濟體系款項支付功能的角色，更是受到嚴密管制與保護的行業。

第一次世界大戰以前的時期，金本位制度本身即為一種高度自制的體系，銀行業利用其所持有的黃金數量發行鈔券，作為營利工具。此時的銀行體系，利用款項清算系統隨時監視各銀行的鈔券發行是否過量。在嚴密監控下，若有擠兌情事發生亦屬小規模，而不致危及整個經濟體系的安定。金本位制度於戰爭爆發後宣告暫停，銀行改以政府所發行的貨幣作為準備金，進行授信活動。1929 年美國股票泡沫破滅，銀行因為對股票投資的過度授信而受到嚴重波及，1930～1933 年間平均每年 2,000 家銀行宣告破產，終於引發長達十年的經濟大蕭條。政府開始制訂銀行法以及其他措施，以規範銀行的業務活動，此時的規範是由政府設置安全保護網，確保其獲取足夠的利潤，降低銀行的競爭性，以實現保護存款人安全的目的。在此安全網下，金融體系堪稱相安無事。

1970 年代以來金融自由化與管制逐漸解除後，金融體系固然受惠於自由化所帶來的活絡與多元化之利，但是政府對銀行所提供的安全網，一方面成為一種束縛，限制銀行的發展，降低其在多元化金融體系內的競爭力；另一方面則引發銀行鋌而走險，開發高風險的業務項目。所有

這些影響終於在 1980 年代發酵，銀行經營危機隨著經濟衰退而爆發出來。影響及於全球金融體系的大規模金融風暴，亦告層出不窮。對於加強管制的呼聲，再度死灰復燃。

　　管制是一種對經濟體系自由運作不信任的反應，其經濟理由自然落在引發競爭不完全的因素。本章第一節介紹引發競爭不完全的因素。政府的管制措施，必定須經立法程序。由歷史的發展觀之，立法過程往往須俟嚴重的不利事件發生後，方始啟動。立法的旨意又隨時代演進而有所變遷。第二節以美國的立法為例，說明銀行法規的演變經過。立法規範代表一種限制，受管制者永遠會不斷的尋找法律漏洞，以開創新的利基，因此法律亦隨時而因勢利導。當金融體系的規模日漸龐大，危機事件的影響層面亦隨之擴大。主管當局在窮於應付之餘，立法宗旨即逐漸由對弱勢團體的完全保護，一變而為明示規範其內容、加強金融業經營透明化、並責由相關人士自行負責的境界。本章附錄二與三分別簡介 2000 年以後英國與日本二國的全新金融監理系統，以及其基本精神。第三節分三小節分別簡單介紹我國金融管制的新措施、相關重要法律、以及說明近年來發生的金融風暴與解決過程。最後，在金融國際化的風潮下，國際金融整合益趨密切，國內法規的寬嚴，往往影響銀行業乃至整體金融業的發展至巨。在銀行危機層出不窮以及影響區域日漸擴大下，1980 年代末期由國際清算銀行發動，以避免風險並使銀行站在立足點平等相互競爭的巴賽爾銀行資本協議問世。鑑於此一協議對各國銀行業爾後發展的重大影響，第四節詳細介紹其發展以及即將自 2006 年起全面啟用的新協議之內容。

9.1　金融管制的經濟理由與後果

重·點·摘·要

經濟與金融管制主要是基於對市場運作不信任，為預防自由市場失序所引發的金融不安定而制訂。導致市場失序的原因計有自然獨占、外部性與資訊不對稱問題。

經濟管制 (economic regulation)

對經濟活動的範圍與內容經立法予以限制。

　　經濟管制是一種對完全民營的自由市場運作不信任，而主張由政府主導，以提高分配效率並建立秩序與穩定為目的，所採取的措施。在普世推崇自由化的前提下，經濟學家所能夠接受的管制理由，可以分為三大類：自然獨占、外部性、資訊不對稱問題。

9.1.1 自然獨占

　　自然獨占的形成條件為：⑴市場吸納量有限、⑵生產的固定成本異常龐大、⑶產品的變動成本極為低廉三種前提。此時廠商必須以低廉的單價，銷售極大量的商品，否則不足以維生，因而自然產生的市場結構。金融服務業是一個古老的行業，除了款項收付清算系統，基於經濟理由而具有獨占性外，通常無須過度擔憂其獨占的問題。隨時檢視銀行的財務狀況，為款項收付清算體系的功能之一。這些關於財務狀況的訊息，對於金融市場健全運作，非常重要，而且具有公共財的性質。目前多數國家均將清算系統交由政府所設置的機關經營，因此無須顧慮其獨占性。

自然獨占 (natural monooly)

合乎自然條件而形成的獨占局面。

公共財 (public goods)

指不具有排他性與競爭性的財貨，而民間不願意提供者。

　　然而，受到規模經濟效益的影響，金融業出現逐步合併而形成寡占的趨勢。如何防止聯合壟斷的後果，應屬金融法規須適當規範之處。許多國家現有的反托拉斯 (antitrust) 或公平交易法律，同樣適用於金融業，無須另行規劃。

9.1.2 外部性

　　由於經營業務的高度同質性，加上因兼負支付體系功能所產生的密切聯繫，銀行是一個非常容易受到同業經營成效波及的產業。金融恐慌具有高度感染性 (contagious)，已是不爭的事實。設想在一個金融恐慌的時期，一家經營健全的銀行應能夠應付擠兌的威脅，但是存款人對此並無充分的資訊，因此他們將存放在這一家銀行的存款提領出來，俟風潮過後，再將款項存回，以避免可能發生的損失，實屬萬全之策。換言之，競相擠兌，應為居資訊不足劣勢的存款人，於金融恐慌時期所能夠採取的只贏不輸策略。

　　在不確定情況下，存款人利用擠兌策略，測試銀行的財務

狀況。若銀行保有充足的發行或付現準備，風潮即告不攻自破。檢視銀行擠兌發生的基本原因，則可以歸咎於銀行承諾支付固定利率，以及償還固定名目金額本金予存款人的傳統。倘若銀行與同樣具有金融中介地位的共同投資基金相同，僅就其操作結果，決定支付投資人或存款人的報酬多寡，並依實際發生的資本利得與損失，核計償還本金的數額，則擠兌情事即不會發生。然而，除了扮演資產組合提供者角色外，銀行尚擔付經濟體系款項收付的重任，此一功能要求更嚴格的流動性，亦即要求存款的名目價值必須穩定。因此，銀行所扮演的款項收付與資產組合雙重角色，使其成為易受擠兌的對象。當共同基金的投資人競相擠兌時，必定迫使基金經理人大量出脫手中資產，在壓低資產價值的同時，亦進一步壓低基金股份的價值，所有擠兌的後果完全由投資人承擔，自無擠兌之慮。此外，共同基金所投入的資產，必屬擁有次級市場變現性極高的金融資產，銀行放款則不具有此優勢，因此有關金融法規的重心，多集中在對銀行經營業務的規範與安全的防衛，其理至明。

　　防止擠兌發生，應為預防銀行或金融危機之焦點。預防之道主要建立在令存款人安心的機制上，大致可以分為三種：第一、設置中央銀行扮演銀行的銀行角色，使發揮最後貸款人的功能；第二、建立存款保險制度，以為事後補救措施；第三、強制性的資本適足率規定，由根本上責成銀行保有充分的負擔風險能力，並迫使其業務經營不踰矩。由民間機構自行建立前二種機制時，易引發搭便車問題，在未能克服前，卻須仰賴其他外部機構協助。這些外部機構同樣受制於資訊不足問題所困擾，因此必須賦予他們取得資訊的監督與管理權。基於利益衝突的原理，這個外部機構不宜由同業或民間機構擔任，政府設置機構行使監督與管理的職責，以防假公濟私之情事。

■■ 9.1.3　資訊不對稱問題

金融市場先天上具有因資訊不對稱所引發的不利選擇與道德危害問題，以及伴隨而發生的主人與代理人問題。

因此，基於信託 (fiduciary) 的本質，銀行業始終都脫離不了是被管制的企業。存款機構管理法規的制訂，代表對市場自由運作以達成最適境界的存疑，其目的為：(1)確保存款機構的償債能力、(2)確保存款機構的流動性、(3)提高技術效率（降低經營成本）與分配效率（發揮中介功能）二類經濟效率以及(4)保護金融服務的消費者。換言之，金融法規所追求者，可以以安全性 (safety)、穩定性 (stability) 以及結構性 (structure) 三者概括之。

銀行吸收大眾的存款辦理放款，以賺取二者的利差為營業基礎。其經營的良窳與否，影響廣大存款人的生機至巨，因此基於安全的理由，對銀行經營加以監督，確有必要。銀行的授信活動，成為影響一國貨幣供給量的重要環節，稍有差錯即全盤影響經濟大局。此外，銀行業亦是最容易發生骨牌效應或第三者效應的一個產業，不能容許任何一家銀行出現危機的情事。最後，銀行居金融中介的地位，為求有效的達成資源分配的目的，建立完全競爭的環境，應屬最理想的境界，這一點正是結構性所強調者。自古至今，各地因文化、社會與經濟發展的差異，自然影響及於其金融體系的發展。近年來，在全球化與電子銀行的呼聲中，各地差異漸次縮小，管制措施亦逐漸趨向一致。

由歷史的發展不難看出，任何法規的制定都是在問題出現後，方始建立。因此，法規的設置往往也會因時制宜，或因地制宜，各有其不同的背景。經濟學研究法規的方向有二：第一是探討法規的影響，第二則是欲了解因法規制訂而產生的避法行為 (regulation arbitragy)。

骨牌效應 (domino effect)

密切連繫的同業，因一家機構倒閉而連帶受到波及。

第三者效應 (third party effect)

受到第三者波及。

金融管制或監督影響金融業本身的功能發揮，是毋庸置疑之事。但是，管制所帶來的穩定與安全亦不容忽略。二者孰輕孰重，往往取決於時代背景以及政治經濟的考慮。對銀行業管制的方式不外：金融檢查、法定存款準備、強制性的資產比例規定、貸款對存款比例的上限規定、公布經營資訊、證券法規、以及道義勸說。管制徒自降低本國銀行競爭的能力，因此導致規避管制方面的金融創新發展。以下第二節觀察美國金融法規的演變，特別是銀行法的演變過程，了解其時代背景、立法目標、以及銀行後續發展出來的避法行為。

9.2　美國銀行法規的演變

重・點・摘・要

講求自由競爭的美國，自 1933 年開始設置銀行法規範銀行的活動，觀察美國銀行法規的變遷，可以掌握金融管制思維的演進。

在 1930 年代以前，歐美國家並無針對銀行業特別訂定的法規。這一點應該與銀行業的規模不大，一般民眾與銀行的關係並不密切有關。第一次世界大戰後，在重建復原的過程中，人們因貸款的需求旺盛，與銀行的往來日趨密切，銀行業的規模亦日漸擴大。首先受到注目的是擔憂其成為獨佔產業，影響資源分配的效率，因此基於反壟斷的角度，對於銀行的規模加以限制。

1913 年正式設置中央銀行前，美國政府對銀行的規範，僅有為籌措南北戰爭經費，而由北方聯盟 (Union) 國會通過的 1863 年國民銀行法案 (National Banking Act) 與 1864 年的修正案，主要是將銀行的管轄權分割為聯邦政府與州政府的雙元體系，同時規定各聯邦註冊銀行必須提存法定準備金、禁止開設分支行，並以財政部的通貨監理署 (Office of the Controller of the Currency) 為聯邦註冊國民銀行的監督機關。此後直到 1927 年方有規範銀行的相關法規問世，以下自 1927 年的麥克費登法案開始，逐一介紹規範銀行業務的重要法案，其背景、重點、

與引發之後果。

㈠ 1927 年麥克費登法案 (McFadden Act of 1927)

⑴緣由：自由銀行體系下，為避免銀行業過度競爭，並且反映美國人民不樂見大型機構壟斷之民族性。

⑵重點：禁止（聯邦註冊）國民銀行跨州開設分行，重申單一銀行制；至於在各州內開設分行之規定，則依各州之規定辦理。

⑶後果：銀行以實現規模經濟、地區分工、分散風險為由，利用銀行控股公司 (bank holding company) 實現擴大活動範圍的目的。

㈡ 1933 年格拉斯—史替格法案 (Glass-Steagall Act of 1933)

⑴緣由：1930 年代初期的金融風暴，導致 1929～1933 年間，平均每年高達 2,000 家銀行，因本身經營不善，或受到同業波及而倒閉。

⑵重點：①設置聯邦存款保險公司，加強對小額存款人的存款保障；②劃分商業銀行與投資銀行業務範圍，禁止商業銀行從事股票投資，投資銀行營運資金則須利用自有資金以及以存款以外的其他舉債方式籌措；③禁止對流動性高的支票存款支付利息；④授權中央銀行訂定商業銀行支付定期性與儲蓄性存款之利率上限，避免過度競爭，稱為 Q 項管制 (Regulation Q)。

⑶後果：①設立存款保險制度的目的，主要是保護小額儲蓄者的儲蓄以及交易性存款、協助穩定銀行體系。所有參加保險的金融機構按所收受的存款餘額，提存一固定百分比 (0.083%) 的保險基金，交由存保機構保管運用。實施缺點：(i) 低保費與齊頭平等的費率，刺激銀行擴大風險性經營活

動。(ii) 導致存款人疏忽對往來銀行的監督功能，二者皆引發道德危害事件；②訂定存款利率上限的主要目的，在於引導銀行從事非價格競爭，期待在安全的前提下，提高其服務品質。當市場利率高漲時，銀行以其獨佔存款市場的地位，得以輕鬆賺取豐厚的利潤。然而，1970 年代金融自由化與高通貨膨脹以及經濟繁榮的高利率時期，銀行無法留住賴以營運的存款資金，導致金融反中介的後果。

(三) 1956 年銀行控股公司法案 (Bank Holding Company Act of 1956)

(1)緣由：單一銀行制限制了銀行發揮規模經濟與範疇經濟的利益，亦降低銀行分散風險的能力。銀行業經由結盟訂定統一策略，銀行控股公司如雨後春筍般開設，引發監督管理權責劃分的困擾。

(2)重點：明訂銀行業為吸收存款並辦理放款的行業。允許一家公司藉控制股份的方式，跨州經營多種非銀行業務（稱為 multibank holding company），亦可由一家公司同時控制一家銀行與其他行業（保險業、證券經紀、資料處理等）的公司（稱為 one-bank holding company）。

(3)後果：①銀行開始循法律漏洞，將存款與放款業務分離，利用控股公司跨州單獨經營存款（非銀行的銀行）或放款（非銀行的辦事處）業務，以擴大營業基礎；②銀行家數銳減，而金融控股公司的規模則日益擴大。

(四) 1966 年利率調整法案 (Interest Rate Adjustment Act of 1966)

(1)緣由：1960 年代通貨膨脹帶動市場利率大幅上升，受到存款利率上限所影響，商業銀行的存款大量流向不受規範的儲蓄機構以及信用合作社。

⑵重點：將 1933 年格拉斯－史替格法案中存款利率上限的規定，擴大及於儲蓄機構與信用合作社。

⑶後果：①存款人將銀行存款轉移到直接購買利率較高的國庫券，銀行只能以收縮信用因應，立即引發嚴重的信用壓縮 (credit crunch) 後果，同時誘發了後續金融反中介的情勢發展；②配合資料處理科技的普及，投資機構開發貨幣市場共同基金，存款機構則規劃新式的存款（NOW a/c、ATS a/c 等），以規避利率管制。

㈤ 1970 年銀行控股公司法修正案 (Bank Holding Act Amendment of 1970)

⑴緣由：憂慮單一銀行控股公司過度擴張營運範疇，恐影響銀行業的健全發展，以及防止金融勢力集中後所造成的利益衝突擴大。

⑵重點：賦予聯邦準備局管理單一銀行控股公司的責任。

⑶後果：整個 1970 年代內，單一銀行控股公司的規模日益擴大，並控制全美國 90% 以上的存款。

㈥ 1980 年存款機構管制解除與貨幣控制法案 (Depository Institutions Deregulation and Monetary Control Act of 1980, DIDMCA)

⑴緣由：伴隨著金融業務創新而來的金融反中介現象白熱化，存款機構在重重限制下，經營陷入困境。

⑵重點：①以六年為期取消存款利率上限；②全面允許存款機構開辦 NOW a/c 業務；③在不增加保險費下，將存款保險金額上限由每戶 40,000 元提高為 100,000 元；④允許儲蓄機構投資商業本票與承作消費貸款；⑤允許信用合作社辦理不動產與住宅房屋貸款；⑥所有參加存款保險的機構，皆須提存法定存款準備。

(3)後果：①存款機構營運限制鬆綁，競爭白熱化；②資金成本大幅提高，銀行經營轉向高風險與高報酬的項目；③存款保險額大幅增加,進一步降低存款人對銀行經營的注意；④儲蓄機構進入不熟悉的高風險領域內活動；⑤擴大聯邦準備體系的管理範圍，政府涉入金融產業的管理，進一步提高銀行營運成本。

(七) 1982 年存款機構法案 (Depository Institution Act of 1982)，又稱 Garn-St. Germain 法案

(1)緣由：1980 年 DIDMCA 的管制鬆綁，仍顯不足。

(2)重點：①允許銀行開辦貨幣市場存款帳戶；②提高儲蓄機構辦理消費貸款與投資商業本票的上限、允許承作商業不動產貸款、承作無擔保貸款、甚至於投資垃圾債券；③授權存款保險公司對陷入困境的存款機構，與其他較健全的銀行合併；必要時甚至允許跨州合併。

(3)後果：①銀行利息成本進一步上升；②面臨破產之金融機構，展開背水一戰，擴大高風險項目的投資，期能畢其功於一役，僥倖逃過一劫。

(八) 1987 年銀行業公平競爭法案 (Competitive Equality in Banking Act of 1987, CEBA)

(1)緣由：為數高達 2,000 家儲蓄貸款機構 (savings & loan) 相繼倒閉，聯邦儲貸保險公司 (Federal Savings and Loan Insurance Corporation, FSLIC) 所累積的保險基金不足以應付理賠之需,面臨破產命運。1984 年伊利諾州大陸銀行 (Continental Illinois) 出現償債能力不足問題後，通貨監理署發表 11 家大型銀行因規模太大而不容許其破產 (too big to fail) 的宣言，更加引發大型銀行鋌而走險，終致存款保險公司不堪理賠，出現賠償資金不足的窘境。

⑵重點：對聯邦儲貸保險公司提供 108 億美元資金，協助紓困。放寬對問題儲貸機構的管制，任令其繼續營業。

⑶後果：1988 年時，儲貸產業的損失擴大到 100 億美元，到了 1999 年時進一步擴大為 200 億美元，而且尚未見底。

㈨ 1989 年金融機構改革、復原、與強制執行法案 (Financial Institution Reform, Recover, and Enforcement Act of 1989, FIRREA)

⑴緣由：1980 與 1982 年二個自由化法案，以及 1987 年的紓困法案，導致銀行業的傳統業務利潤嚴重縮水，金融危機迫在眉睫。

⑵重點：①關閉績效不佳的聯邦住屋貸款局與 FSLIC，分別設置銀行保險基金 (Bank Insurance Fund, BIF) 與儲蓄機構保險基金 (Savings Association Insurance Fund, SAIF) 由 FDIC 統籌管理；②提高存款保險費率為 0.23%；③授權 FDIC 恢復喪失償債能力銀行的資產價值，以及利用一般稅收所建立的資金，成立金融重整公司 (Resolution Finance Corporation) 與重整信託公司 (Resolution Trust Corporation, RTC)，協助破產的儲蓄機構進行重整 (resolution) 事宜；④取消儲蓄機構不得投資垃圾債券的規定，並限制其承作商業不動產貸款的額度。

⑶後果：① RTC 負責拍賣約佔整個產業 25% 的 750 家喪失償債能力機構所擁有價值 4,500 億美元的不動產，並於 1995 年底結束任務前，總計完成拍賣全體資產的 95%，回收率達 85%。整個救援方案總計耗資 1,500 億美元。②限制儲貸機構的資產組合，恢復到 1982 年以前的狀態，賦予主管機關撤銷儲貸機構負責人、發出禁制令的強制力。由自由化轉變成為管制。

㈩ 1991 年存款保險公司改善法案 (Federal Deposit Insurance Corporation Improvement Act of 1991, FDICIA)

⑴緣由：前述救援行動持續進行中，逐漸耗盡了 FDIC 所主管的銀行保險基金，亟須增資以維持運作。

⑵重點：①對於無法滿足資本標準的銀行加以管制；②建立早期結構性干預與重整 (structured early intervention and resolution, SEIR) 機制，將銀行業依其資本額大小而分為五類，並分別訂定獎勵與懲罰措施；③要求 FDIC 明訂存款機構淨值低於特定水準時必須結束營業的法則；④授權 FDIC 提高保險費率，以擴大保險基金的規模；⑤限制聯邦準備局對資本不足存款機構的貸款額度；⑥要求銀行主管機關對出問題的大銀行，採行與小銀行相同的處理程序及時間；⑦強制規定依存款機構的資本狀況，收取與風險相連繫的存款保險費率。

⑶後果：FDICIA 代表一種新興的思潮，刺激銀行業提高資本額，並降低風險性投資。然而，對於銀行規模太大而不容破產的問題與提高風險保費的規定，並不明確，有待進一步明示。

㈡ 1994 年瑞格－尼爾州際銀行業與分支行效率法案 (Riegle-Neal Interstate Banking and Branching Efficiency Act of 1994)

⑴緣由：為提高銀行業經營效率，徹底檢討單一銀行制的缺失。

⑵重點：①允許銀行控股公司於美國各地擁有存款機構；②允許控股公司合併為跨州經營的單一銀行。

⑶後果：加速銀行業整合的步伐。

㈢ 1999 年金融服務業現代化法案 (Financial Services Modernization Act of 1999)，又稱葛萊姆－李奇－布萊

理法案 (Gramm-Leach-Bliley Act)

(1)緣由：1933 年的法案禁止商業銀行從事投資銀行業務活動，使得美國銀行面對採行全能銀行制的德國、荷蘭、瑞士等國銀行，與採行英國式全能銀行制的英國、加拿大、澳洲等地銀行時，顯現出競爭力不足的困擾。

(2)重點：①允許證券商與保險公司擁有商業銀行；②允許商業銀行得經營保險業、有價證券（包括股份）包銷等投資銀行業務以及不動產業務；③明訂保險業的監督機構為各州政府，證券業務歸證券管理委員會監督，通貨監理署負責監督從事證券包銷活動的銀行附屬機構，聯邦準備局則負責監管集保險、不動產、與大規模證券操作活動於一身的控股公司。

(3)後果：金融機構不僅組織與規模得以擴大，其業務亦趨向複雜，進入全能銀行業的時代。

　　綜觀以上美國銀行法規的演變經過，始自對小額存款人提供完全保護的措施，進而發展出提高銀行資本額自行承擔損失的能力並放寬銀行經營業務項目，進而到要求存款人自行審慎選擇往來銀行並自行負責。這種演變代表一種時代潮流，政府亦會相對的大幅開放並公布銀行營運的相關資訊等配套措施，供存款人決策時之參考。許多國家重新規劃其國內的金融監理制度，本章附錄二與三介紹英國和日本的新監理制度。我國政府亦自民國 93 年 7 月 1 日起採行新制度。下一節介紹我國的新金融監理制度與相關金融法規。

9.3　我國銀行與金融管制

　　民國 93 年 7 月 1 日，依據「行政院金融監督管理委員會組織法」，正式設立行政院金融監督管理委員會，主管金融市場與

重·點·摘·要

我國自民國 93 年設置行政院金融監督管理委員會掌管全國金融機構之經營。主要金融法規計有銀行法、保險法、證券交易法、期貨交易法、證券投資信託法與證券投資人及期貨投資人保護法。民國 89 年後在面臨銀行經營危機的環境下，政府於推動二次金融改革期間，訂金融機構合併法與金融控股公司法，允許經營績效優良的銀行併購問題銀行以及允許銀行跨業經營，以改善銀行體質。

金融服務業之發展、監督、管理與檢查業務。這是繼英日等國之後，邁向金融監理一元化的制度。在此之前我國銀行與金融監督事宜，分由財政部所屬的金融局、保險司、證券期貨管理委員會，以及中央銀行與中央存款保險公司分頭負責。

　　本節先介紹負責管制之主管機關之職掌，然後列舉六種較重要的法律之內容章節。

▪▪ 9.3.1　行政院金融監督管理委員會

　　行政院金融監督管理委員會（簡稱金管會）的業務運作採委員制，依組織法之規定，置委員九人，其中一人為主任委員，二人為副主任委員，委員均由行政院院長提名並報經總統同意後任命之。透過任期保障，使相關政策之制訂與推動更加周延，並使日後公權力行使較具超然性；另規定委員均由具有專業學識及經驗者擔任，其具有同一黨籍者，不得超過三分之一；委員須超出黨派之外，於任職期間不得參加政黨活動，以確保組織功能更具獨立性。

　　成立初期之監理分工，仍分別由銀行局、證券期貨局與保險局各自掌理銀行、證券期貨與保險之管理與監督等事宜，而金融機構之檢查及稽核等相關事宜，則由檢查局負責。主管之範圍包括：

1. 金融市場

　　包括銀行市場、票券市場、證券市場、期貨及金融衍生商品市場、保險市場及其清算系統等。

2. 金融服務業

　　則包括金融控股公司、金融重建基金、中央存款保險公司、銀行業（農會、漁會信用部之監督、管理及檢查，於農業金融法公布施行前，先交由金管會辦理）、證券業、期貨業、保險業、

電子金融交易業及其他金融服務業；但金融支付系統，由中央
銀行主管。

　　金管會下設各處及其職掌列示如下：

(一)綜合規劃處

　　(1)金融制度及監理政策之研擬及建議。

　　(2)金融業務之研究發展及改進。

　　(3)國內金融動態之研究及分析。

　　(4)國際金融動態之研究及分析。

　　(5)大陸金融動態之研究及分析。

　　(6)本會出版書刊之編輯、供給及交換。

　　(7)其他有關金融規劃及研究分析事項。

(二)國際業務處

　　(1)國際金融組織之聯繫及協調。

　　(2)國際金融組織參與之規劃及執行。

　　(3)各國金融監理合作之聯繫及協調。

　　(4)駐外金融工作人員之管理。

　　(5)重大國際金融計劃專案研究及推動。

　　(6)國際金融宣傳。

　　(7)其他有關國際金融事項。

(三)法律事務處

　　(1)金融監理法令之整合、研擬及解釋。

　　(2)金融監理法令之研究及諮詢。

　　(3)金融監理法令資料之蒐集、整理及編譯。

　　(4)其他有關本會之法務事項。

(四)資訊管理處

　　(1)資訊業務之規劃、開發及管理。

　　(2)金融監督、管理及檢查資料之彙整及分析。

■■ 9.3.2　金融法規

　　依據行政院法務部所設全國法規資料庫網站 (http://law. moj.gov.tw/) 中，財政及金融法規網頁之刊載資料，民國 95 年 5 月底，我國金融法規中之銀行目內，計列示銀行法及其施行細節等法規 196 項（含已廢止之 40 項）；保險目內計列示保險法及其施行細節等法規 70 項（含已廢止之 9 項）；證券暨期貨管理目內計列示證券交易法及其施行細節等法規 126 項（含已廢止之 11 項）。可謂鉅細靡遺，繁瑣不堪。以下僅列示銀行法、保險法、證券交易法、期貨交易法、證券投資信託及顧問法、證券投資人及期貨交易人保護法以及金融控股公司法之條文數，立法與歷年修法時間，以及章節名稱。

㈠銀行法

　　我國銀行法原於民國 20 年 3 月 28 日，由國民政府制定公布，全文共五十一條，然而因故並未施行；直到民國 36 年 9 月 1 日重新修正始公布施行，全文共一百一十九條，此為我國最早實施的銀行法。該法經施行後，曾於民國 39 年 6 月 16 日與民國 57 年 11 月 11 日二度對準備金的比率加以修正，對於整體架構並無重大改變。

　　民國 64 年間，基於舊法難以配合當時社會經濟環境的快速進步，以及配合當時對國家經濟計劃的實施與工商業界發展的需要，乃作成大幅度修正，除增列七十二個條文外，同時修正六十六個條文，合併為一百四十條。此後於民國 66 年到 70 年 7 月間，有五次局部修正。民國 73、74 年間，國內連續發生多起震撼社會人心的金融弊案，財政部為健全金融管理、整飭金融紀律、並加速金融業務現代化，遂擬具銀行法部分條文修正案，於民國 74 年 5 月 20 日公布施行。為了配合民營銀行開放，

健全金融制度，促進銀行業務自由化，銀行法於民國 78 年 7 月 17 日作成第十一次修正。

民國 80 年代，政府積極推動金融政策，開放 15 家民營銀行設立，並規劃公營銀行民營化，針對當時的需要，擬定三項目標：(1)加強對金融機構的管理、(2)加強金融秩序的維護、(3)建立合理的金融環境與購屋或建築的放款期限放寬至 30 年等，作成第十三次修正。民國 86 年 5 月 7 日，基於經貿發展需要與國家整體利益考量，申請加入世界貿易組織，以期確保與各貿易對手國間互享自由貿易的利益與地位的平等，而為配合加入該組織的實際需要，修正銀行應提存款準備金與施行日期等規定。

民國 84 年 1 月，政府通過發展臺灣地區成為亞太營運中心計劃，為配合其中國際金融中心方案，參酌各界建議與國外立法例，在兼顧前瞻性與時效性下，擬具銀行法修正草案，將目標訂為(1)銀行體制綜合化、(2)銀行業務現代化、(3)加強主管機關對問題銀行的處理權限、(4)充實對各類金融機構之管理規定。該草案於民國 89 年 10 月 13 日經立法院三讀通過，並於同年 11 月 1 日公布施行。此次大幅修正中，總計修正三十三條，增訂二十九條，刪除第四章章名與第十三條。

民國 93、94、95 年鑑於國內金融市場陸續發生重大舞弊事件，不僅對國家整體金融環境造成嚴重衝擊，影響金融體系安定，更直接傷及廣大投資人與存款人的權益。乃依據行政院金融改革小組積極預防金融犯罪相關具體改革建議，全方位修法擬適度提高主事者的刑責。此次修法的同時，亦將此一加重罰責之規定擴大及於金融控股公司法、票券金融管理法、信託業法、信用合作社法、保險法、與證券交易法。

我國銀行法共分九章，計一百四十條。各章名稱與內容如次：

第一章：通則，列示其他各章之共同原則，包括銀行法之宗旨、銀行之定義、經營業務範圍、授信的意義與期間、銀行

的種類、存款利率、各種存款準備金比率、主管機關的監督、以及其他各章共同適用的原理與原則。

第二章：銀行之設立、變更、停業、解散，詳細規定銀行的組織與設立標準、設立許可的程序、營業執照的核發、分支機構的程序、以及銀行的停業、清算、清理、解散等事項。

第三章：商業銀行，包括定義、列舉商業銀行的業務項目、證券資金的流通、以及業務經營時的限制。

第四章：儲蓄銀行，此一部分已於民國89年修訂時予以刪除。

第五章：專業銀行，主要為對專業銀行的定義，將其區分為工業銀行、農業銀行、輸出入銀行、中小企業銀行、不動產信用銀行以及地區銀行六種，並規定其主要任務與營業限制。

第六章：信託投資公司，規定信託投資公司的定義與任務、業務範圍、資金與業務經營的限制、信託契約的內容以及對信託人的保障等事項。

第七章：外國銀行，規定外國銀行的定義、設立程序、業務限制以及業務項目等事項。

第八章：罰則，規定違反銀行法內容時應受到的行政與刑事制裁。

第九章：附則，規定現有金融機構的設立方式、種類、任務、以及若業務與現行銀行法規定不符時的調整、銀行法施行細則的制定與本法的公布施行。

㈡保險法

保險事業在我國的歷史非常短，國人最早經營的保險公司，當屬清朝光緒11年由招商局所創辦的仁和與濟和二家保險公司。建立制度加以規範，則自光緒29年方始展開，可惜未及頒行清政府即已亡覆。民國成立後，北洋政府曾於民國16年，參酌法國、德國、瑞士、義大利、與日本等國的保險法規，擬訂保險契約草案，此一草案同樣未及立法，北洋政府即告瓦解。

國民政府於民國 18 年 11 月起草保險法完成立法程序，並於民國 18 年 12 月 30 日公布，可惜因故仍未付諸實施。此後針對原草案之缺失，因應環境變遷或配合其他金融法規的修訂，歷經民國 26、52、63、81、86、90、92、93、94、95 年等十二次修訂。現行保險法共分五章，計一百七十八條，各章節名稱如次：

第一章：總則，計分(1)定義及分類、(2)保險利益、(3)保險費、(4)保險人之責任、(5)複保險、(6)再保險共六節，列示其他各章之共同原則。

第二章：保險契約，計分(1)通則、(2)基本條款、(3)特約條款三節。

第三章：財產保險，計分(1)火災保險、(2)海上保險、(3)陸空保險、(4)責任保險、(4–1) 保證保險、(5)其他財產保險等五節。

第四章：人身保險，計分(1)人壽保險、(2)健康保險、(3)傷害保險、(4)年金保險共四節。

第五章：保險業，計分(1)通則、(2)保險公司、(3)保險合作社、(4)保險業代理人、經紀人、公證人、(5)罰則共五節。

第六章　附則。

㈢證券交易法

我國證券交易發展的時間甚遲，整個證券市場的相關法令建立，是於民國 49 年 9 月先在經濟部成立證券管理委員會，並於民國 50 年 6 月制訂公布證券商管理辦法開始。此後直到民國 53 年方參考日本與美國的證券法案，草擬我國的證券交易法，然而該法案於送立法院審議期間，適逢股市風暴，而中途撤回。第二次草案於民國 55 年 8 月向立法院提出，歷經二年審查，於民國 57 年 4 月 16 日完成三讀，並國 57 年 4 月 30 日總統令制定公布，爾後歷經民國 70、72、77、86、89、90、91、93、94、95 年等十二次修訂，其中以民國 77 年的大幅修改，證券交易法之內容方告完備。證券交易法共分八章，計一百八十三條，各章節名稱如次：

第一章：總則。

第二章：有價證券之募集、發行、私募及買賣，計分⑴有價證券之募集、發行及買賣、⑵有價證券之收購、⑶有價證券之私募及買賣三節。

第三章：證券商，計分⑴通則、⑵證券承銷商、⑶證券自營商、⑷證券經紀商四節。

第四章：證券商同業公會。

第五章：證券交易所，計分⑴通則、⑵會員制證券交易所、⑶公司制證券交易所、⑷有價證券之上市及買賣、⑸有價證券買賣之受託、⑹監督共六節。

第六章：仲裁。

第七章：罰則。

第八章：附則。

㈣期貨交易法

基於金融衍生商品的蓬勃發展，並已經成為金融體系的一個重要領域，為配合金融國際化的腳步，政府開始制訂，並於民國 86 年 3 月 26 日經總統公布，爾後於民國 91 年修訂一次。期貨交易法共分九章，計一百二十五條，各章節名稱如次：

第一章：總則。

第二章：期貨交易所，計分⑴通則、⑵會員制期貨交易所、⑶公司制期貨交易所三節。

第三章：期貨結算機構。

第四章：期貨業，計分⑴期貨商、⑵槓桿交易商、⑶期貨服務事業三節。

第五章：同業公會。

第六章：監督與管理，計分⑴監督與⑵管理二節。

第七章：仲裁。

第八章：罰則。

第九章：附則。

(五)證券投資信託及顧問法

　　為健全證券投資信託及顧問業務之經營與發展，增進資產管理服務市場之整合管理，並保障投資，制定證券投資信託及顧問法，於民國 93 年 6 月 30 日公布；自民國 93 年 11 月 1 日開始實施。證券投資信託及顧問法共分八章，計一百二十四條，各章節名稱如次：

　　第一章：總則。

　　第二章：證券投資信託基金，計分(1)基金募集、私募、發行及行銷、(2)基金之操作、(3)基金之保管、(4)基金之買回、(5)基金之會計、(6)受益憑證、(7)受益人會議、(8)基金之終止、清算及合併八節。

　　第三章：全權委託投資業務。

　　第四章：證券投資信託及顧問事業，計分(1)通則、(2)證券投資信託事業、(3)證券投資顧問事業三節。

　　第五章：自律機構。

　　第六章：行政監督。

　　第七章：罰則。

　　第八章：附則。

(六)證券投資人及期貨交易人保護法

　　為保障證券投資人及期貨交易人之權益，並促進證券及期貨市場健全發展，政府制訂證券投資人及期貨交易人保護法，全文共四十一條，旨在設置財團法人性質的保護機構及其組織，並對保護基金之籌募、動用、與償付等事項作成規定。

(七)金融控股公司法

　　針對金融業發展朝向多元化與整合性服務之趨勢，以及國際競爭日益激烈，必須朝大型化方向發展，以擷取規模經濟的優勢，政府擬訂金融控股公司法，於民國 90 年 7 月 9 日公布；

爾後於民國 93、94、95 年修訂三次。金融控股公司法共分六章,計六十九條,各章名稱如次:

第一章: 總則。

第二章: 轉換及分割。

第三章: 業務及財務。

第四章: 監督。

第五章: 罰則。

第六章: 附則。

9.3.3 近年我國銀行危機與金融重建基金運作始末

民國 70 年代中期,政府為改善經濟體質所推動的十大公共基礎建設陸續完工,適逢國際油價大幅下跌,歷經十年二次石油危機摧殘的世界經濟漸露曙光。在新興石化工業的發展下,我國在國際貿易上開始出現大量順差,外匯存底快速累積。民國 74 年底更在預期新臺幣升值中,國外熱錢陸續湧入,金融體系資金充沛,股票與不動產價格隨之不斷飆漲。民國 79 年,股價與房地產價格漸呈泡沫化,價格隨泡沫破滅而持續下跌,提高了金融機構的授信風險。民國 80 年起,在自由化政策與潮流下,開放 15 家新銀行與 14 家新票券公司設立,各金融機構為了業績與市場佔有率,紛紛以激烈競爭手段爭取客戶,使得金融機構之資產品質大幅下滑。金融機構的國外授信與大型企業的海外投資,又復受困於民國 86 年爆發的東亞金融風暴,發生嚴重損失,許多涉及的企業經營頓時陷入困境,金融機構逾期放款持續增加。民國 87 年底,本土型金融風暴爆發,許多基層金融機構的困境終於浮上檯面。

檢討我國基層金融機構的問題,除了受到金融環境急遽變遷以及整體經濟環境衰退所影響外,尚加上下列特性,使其業務經營面臨嚴重困境:

1.淨值偏低，財務結構不健全

　　由於基層金融機構自有資本偏低，風險承擔能力不足，不利於安全與健全經營。例如農漁會並無股本或股金制度，唯有依賴經營有盈餘時，始能累積淨值（事業資金）；反之，若經營虧損，則無資本可供抵沖。信用合作社雖有股金制度，但是依規定，社員可於年度終了時，要求退還股金，這種社員流動與退還股金的制度，嚴重影響信合社淨值的穩定與風險承擔能力。

2.經營規模過小，缺乏競爭力

　　基層金融機構受限於規模小，風險承擔能力有限，加以其地域特性，業務延伸較為困難，導致其業務過度集中、風險無法分散、以及不利其競爭力等問題。

3.內部控管機制不良，不利健全經營

　　由於基層金融機構組織結構的特性，難以落實健全的內部控制制度，一旦發生人謀不臧等舞弊事件，即嚴重損害其經營體質。

4.主管機關管理權受限

　　信用合作社與農漁會並非依銀行法設立的金融機構，最早的主管機關均為內政部，信用合作社於民國 82 年時改由財政部管理，農漁會在民國 89 年時改為農委會管理。財政部雖可依「農漁會信用部業務管理辦法」管理農漁會信用部，可是一旦信用部發生問題時，財政部並不擁有解散處分權。

5.缺乏先進完善的退出市場機制

　　例如，農漁會信用部因不具獨立法人資格，依法無法由其他金融機構以承受方式處理，所以鹽埔鄉農會與中壢市農會發生問題時，方由屏東縣農會與臺灣省農會分別成立信用部予以承受。民國 84 年彰化四信發生舞弊事件，引起大量擠兌，即由主管機關依銀行法第六十二條規定，指定合作金庫予以概括承受，並吸收其損失。

6.經營困難時存保制度無完全保障

　　民國 88 年存保條例修改前，發生經營困難的基層金融機

構，因未加入存款保險，無法引用存保機制予以處理，造成問題愈拖愈嚴重。民國88年修改存保條例後，雖將所有金融機構納入存款保險範圍，但是因為存保公司過去累積的理賠基金有限，無法承擔驟然增加的大批問題基層金融機構之處理。

為了解決陳年的基層金融機構問題，並使政府處理問題基層金融機構有周延的法令依據，於民國89年修改銀行法，賦予財政部明確的處理權限，並制定「金融機構合併法」，建立銀行等金融機構可以合併農漁會信用部的法源依據，及至民國90年「金融重建基金條例」的制定，提供讓問題金融機構得以順利退出市場所需之資金，才使處理問題金融機構所需之相關配套措施完備。

過去十年來，金融機構因過度競爭以及股價與房地產價格的持續崩跌，導致金融機構放款品質降低、逾放比率迅速上升、資產報酬率與淨值報酬率皆持續下降，尤其是部分基層金融機構因經營體質惡化，已經出現資產不足償付負債的窘境，這種嚴重的金融體系問題，若不盡速妥善處理，將有引發金融風暴之虞，因此非藉由政府的力量介入，難以徹底解決。

1.彌補存保機制功能不足，有效處理累積的金融問題

民國84年發生四、五十件金融擠兌事件，該等問題金融機構的擠兌事件雖已平息，但是問題並未能徹底解決。民國88年起雖然改為全面投保制度，期藉透過存保機制予以處理，但是因為存保公司累積的存保理賠基金有限，且在金融體系同時存在多家問題金融機構情況下，依存保機制採限額理賠方式，有引發眾多存款人對金融體系喪失信心之虞。

2.期在維護金融安定下，積極推動金融改革

由於金融體系歷年累積的問題，已無法以正常的金融監理機制導正，金融重建基金對存款人提供全額保障，可以讓政府在金融秩序穩定下，從事較大幅度的金融改革，以強化金融監理，健全金融市場。

針對上述缺失與問題，政府自民國89年11月起陸續制訂

公布銀行法修正案、金融機構合併法與「金融六法」等，為我國金融機構再造工作正式揭開序幕，並參考美、日、韓等國的經驗，利用公共資金挹注方式，於一定期間內適度實施全額保障存款人權益以及彌補問題機構財務缺口等機制，協助經營不善之金融機構平和順利退出市場，以消弭金融風暴於無形，於民國 90 年 6 月 27 日通過行政院金融重建基金設置及管理條例，並於 7 月 9 日經總統令公布施行。金融重建基金條例兼具整頓金融市場與穩定金融秩序之作用，堪稱為一項極具劃時代意義的金融改革法令。

金融重建基金以銀行法之主管機關財政部為主管機關；其決策單位為金融重建基金管理委員會，委員會設置委員九人至十三人，其中主任委員與副主任委員各一人，分別由金融重建基金條例主管機關之首長及副首長兼任，另設派任委員四人，由中央銀行副總裁、行政院農業委員會副主任委員、行政院主計處副主計長、中央存款保險公司董事長等相關人員兼任，並依其本職任免；其餘遴選委員，分別由具有法律、經濟、金融及其他與委員會相關領域之專業學識及經驗者兼任，且具有同一黨籍者，不得超過委員總額二分之一，俾委員會之決策能更為超然獨立；執行單位為中央存款保險公司。

重建基金之財源包括政府金融營業稅收入以及金融業者繳納之存款保險費收入；其中金融營業稅收入方面，包括民國 91 年至 94 年期間金融營業稅稅款，預估約 1,200 億元；存款保險費收入，則為自民國 91 年 1 月起十年內存款保險公司依民國 89 年 1 月 1 日調高保險費率所增加之保費收入，預估約 200 億元。

依據條例修正草案第五條規定，基金處理之經營不善金融機構，指有下列情形之一者：(1)調整後淨值為負數者，(2)無能力支付其債務者，(3)財務狀況顯著惡化，經主管機關及該基金管理委員會認定無法繼續經營者。另依據該條例修正草案第十條規定，該基金得委託中央存款保險公司依下列方式處理經營

不善金融機構: (1)賠付金融機構負債，並承受金融機構資產，(2)賠付負債超過資產之差額，由其他金融機構承受經營不善金融機構全部或部分營業以及資產負債；其未經其他金融機構承受之資產，由基金承受，(3)賠付金融機構員工退休、資遣等準備金提列不足部分。

46 家經營不善基層金融機構委聘會計師，經依金融重建基金管理委員會審議通過之「對經營不善金融機構資產負債評估要點」，辦理資產負債評估後，金融重建基金依法應賠付承受銀行之總金額為 897 億 9,500 萬元，其中民國 90 年度處理之 36 家基層金融機構為 772 億 3,000 萬元、民國 91 年度處理之 7 家農會信用部為 93 億 9,400 萬元及臺南市第五信用合作社 31 億 7,100 萬元。給付承受銀行缺口金額與評估基準日該等機構帳面淨值差異之原因，主要係該等機構徵授信風險管理不佳，而且擔保品大多為農地、山坡地、擔保品違規使用或受法令限制等因素，處分不易，加上近年來因不動產價格大幅滑落，致經會計師評估後均較其帳面價值為低。民國 93 年 12 月 9 日，由中央存保公司與重建基金聯合接管長達四年餘的中興銀行，終於在重建基金賠付其退休金與高達 641 億元的同業拆款以及存款後，以 71.08 億元讓售予聯邦銀行，完成階段任務。

9.4 全球化的金融管制

1960 年代以來銀行業為了規避國內日趨嚴密的管制，發展出境外銀行業務並擴大資產負債以外項目業務；前者旨在規避政府的嚴格管制，以降低營運成本；後者則期以不動用資金，而以收取費用為主所提供之各種金融服務。銀行業復於外在環境轉趨不利下，鋌而走險，逐漸增加高風險的投資方案。1974 年德國的赫斯塔特 (Hurstatt) 銀行因操作外匯不當而宣告破產，引發出一系列的連鎖反應，此一事件以及爾後在 1980 年代發生的

多次國際金融與銀行危機，終於喚起了設址瑞士巴賽爾的國際清算銀行 (Bank of International Settlement, BIS) 會員的關注，並擬議制訂全球管制標準機制。

1986 年 10 月各國金融主管代表於丹麥舉行的會議中，通過巴賽爾銀行業務法規與監督管理委員會 (Basel Committee on Banking Regulation and Supervisory Pratices) 的建議，確立了一套合乎立足點平等 (level playing field) 精神的資本適足性法則，作為供國際清算銀行所屬會員國共同遵守的準則。

BIS 資本適足性法則是以風險考量為基礎 (risk-related approach)，訂定計算資產與資本的標準。依據草案的精神，1989 年 1 月美國聯邦準備局公布其所採用的準則，此後該準則即成為 BIS 的共同準則。其目標為：

(1)建立供所有聯邦準備體系管轄銀行使用的統一資本結構 (uniform capital framework)。

(2)鼓勵所有國際銀行組織強化其資本部位 (capital positions)。

(3)降低因各國監管寬嚴不一所導致的競爭基礎不平等的困擾。

BIS 的資本適足性法則，分別就傳統的資產項目中所含風險成分、資本項目、與資產負債以外項目所含的信用成分，訂定風險權數、劃分資本類別、以及轉換公式，供計算資本比例之用。首先將銀行資本類區分為核心資本與補充資本二類；前者包括扣除商譽以後之普通股股東權益、合格的非累積永久優先股、合併附屬事業股份帳戶中的次要利益等項目；後者包括備抵放款與租賃損失、永久優先股、不純淨的資本工具與股份合約、票券、附屬債務與中期優先股（原始加權平均到期期限為五年或五年以上者）、重估準備（股份與建築物）等項目；以上資本項目中應予減除的項目計有對不具合併性質附屬事業的投資、銀行組織相互持有資本證券部分、經主管當局認定之其

資本適足性法則 (capital adequacy rule)

強調銀行資本額須足以應付可能發生風險的原則。

核心資本 (core capital)

泛指銀行的資本與保留盈餘。

補充資本 (supplementary capital)

泛指銀行的優先股與附屬債務。

他減除項目（例如其他附屬事業或聯合投資項目）。

資產項目依所涉及風險的程度分為四類，分別賦予 0%、20%、50%、與 100% 四種風險權數 (risk weight)。將各項資產分類，以各類餘額分別乘以對應的風險權數後再予合併，即得風險加權資產總額。BIS 的資本適足率，規定第一類資本額佔風險加權資產總額之比例，不得低於 4%；而二類資本總額佔同一資產總額之比例，則不得低於 8%。雖然 BIS 的規定並無強制性，但是在金融國際化的趨勢下，任何一家無法實現資本適足率之銀行，即難以在國際金融舞臺活動，當然亦影響其經營，因此各國相繼修法，要求本國銀行遵循此一規定。

銀行業一向即善於規避管制，資本適足率之規定迫使其改變經營方針，而不列示於銀行資產負債表內之許多營業項目，即成為銀行業務的主流。事實上，這些具或有性質之業務項目，所暴露的風險更高。委員會隨後再針對此，規定資產負債以外項目同樣比照辦理，方法為將各項目餘額依所涉風險程度分為四類，分別賦予 100%、50%、20%、0% 四種信用轉換比例 (credit conversion factor)，作為核計信用等額 (credit equivalent amount) 之轉換標準，然後併入一般資產中，計算風險加權資產總額。

受到前述風險資產計算的影響，以利率為報酬的政府公債，在許多銀行資產組合中所佔比例，呈現逐漸升高。此外，銀行從事衍生性金融商品的交易活動，亦趨頻繁。這些投資活動皆導致部位風險升高。BIS 乃於 1994 年中舉行的委員會中，針對這種現象加以討論。面對部位風險的升高，勢必要求銀行提高資本額，然而 BIS 監督委員會建議，以銀行從事衍生商品交易的目的，作為決定是否提高資本額的根據。若衍生式商品的交易是以規避某項特定資產或負債的風險而發生者，基於其避險的動機，無須為此增加資本額。換言之，凡是衍生式商品的部位，非與已知的資產或負債對沖者，仍須併入資本適足率中規範，這就是所謂風險淨額的概念。

風險淨額 (net risk exposure)

計算風險加權資產額時僅列計未經避險的部位。

經過多年的推動，1988 年巴賽爾資本協議，終於為全世界

一百多個國家所採用，不僅用於規範國際銀行業務，而且也成為規範國內銀行業務的標準。然而，該協議將資產的風險程度，依其高低分為四類，在規避法令的習性下，引導銀行改變其資金運用途徑，偏向每一類中最底層的業務項目；亦即同類中風險較高的業務項目，以期獲得高額利潤。銀行監督委員會鑑於該協議的僵硬性與粗略性，以及銀行業務的快速更張，以致原有規範內容的適用性已經逐漸過時，乃於 1999 年 6 月開始擬議，展開第二回合的全面修正工作，提出一套更具彈性，而且更能夠反映風險概念 (risk sensitive) 的新資本協議。

新巴賽爾協議 (New Basel Accord) 的基本精神如下：

(1)鼓勵銀行自行發展，並建立適合其本身業務性質與適用範圍的風險評估和風險管理方案，期能更加健全國際銀行營運的安全性。

(2)要求金融主管機關與銀行共同研究，協力擬訂上述風險評估與管理方案。

(3)規定銀行應定期公布與其經營相關的風險資訊。

新協議於 2004 年中定案推出，並自 2006 年底起全面實施。新協議方案由三個同等重要的支柱 (pillar) 所組成，期以三柱齊下相輔相成，以達成健全銀行經營、維持公平競爭、完整揭示風險、保持資本與銀行部位和活動的風險程度密切聯繫等目標。第一個支柱為最低資本的規定 (minimum capital requirement)，是將原有資本適足性規定，全盤修訂而得，其最終目標為由銀行自行建立本身的風險評估標準與管理方法；第二個支柱為主管機關的監理審查過程 (supervisory review process)，規定主管機關應參與並協助銀行，共同制訂其內部風險檢查機制；一方面強調藉內部管理，以實現適宜的內部資本評估；另一方面則借助於主管機關的共同參與，使其得能深入了解各銀行的經營原則，並利於爾後的監督管理事務；第三個支柱為市場約制 (market discipline)，規定銀行應加強相關經營訊息的公開，以便關係人得隨時掌握其經營狀況。公開的項目，包括計算資本適

足率的方法與風險評估方式。委員會特別強調，上述三個支柱所訂的程序，必須同時進行，不得偏廢。只有當三個支柱所訂事項全部完成後，方得視為新協議完全實施。以下分別介紹這三個支柱的內容。

9.4.1　資本適足性

新協議仍然繼續強調充足資本的重要性，其主要特色是允許採用更廣泛和更有彈性的風險評估方式，鼓勵銀行依據自己的特色，逐步建立適合其本身發展的風險評估方法。

新協議的第一支柱中，關於資本適足性的衡量，依下列公式計算：

$$銀行的資本比率 = \frac{資本總額}{(信用風險 + 市場風險 + 操作風險)}。$$

這項比例至少應達 8%。資本總額的衡量方法照舊，仍分為核心資本與補充資本二大類 (tier)；而補充資本必須為核心資本額的 100%。換言之，二類資本比率，應各佔風險加權資產額的 4%。然而，為了鼓勵銀行自行建立風險評估制度，委員會傾向對於已經建立良好評估制度銀行，放寬最低資本限制的比例。

新協議中關於銀行經營的風險，由原來僅專注於銀行業務所產生的信用風險 (credit risk) 與市場風險 (market risk)，擴大包括因內部管理不當，所產生的操作風險 (operational risk)。

信用風險指舊協議中每一項銀行授信資產中，暴露在債務人喪失償債能力方面的風險。新協議中除了建議繼續採用經增訂後之標準方式 (standard approach) 外，亦鼓勵銀行自行發展，並採用適用於本身的內部信用評等工具 (internal rating based approach)，以為風險權數的設定依據。實施初期，允許銀行利用各種具有公信力的外部評等資料，例如，穆迪 (Moody's) 與史坦普 (Standard & Poor's) 的評等資料，作為訂定風險權數的依據；然後再逐漸發展出完全適合本身業務特質的權數標準。

新的統一權數標準方式，除了保留舊有的四個項目外，另增加
150% 一項，將已過期 90 天以上的無擔保債權列入；同時擴大
適用 50% 權數的業務活動種類。此外，基於鼓勵銀行自行規劃
降低信用風險的配合措施，舉凡經質押、保證、資產證券化等
債權確保程序，以降低信用風險的種種措施，都可以經審慎與
適當的評估程序後，降低其所須搭配資本額的比率。

　　市場風險指銀行資產與負債受到價格變動影響，所暴露在
價格變動下的風險。1996 年通過的市場風險修正辦法，原則上
不變。然而，基於市場風險多屬總體經濟層面的變動所致，新
協議中將搭配此一類風險所須資本額的比例，規定由銀行與主
管機關共同協議決定。換言之，主管機關與全體銀行，就所面
臨的總體經濟情況，經廣泛討論後，共同擬訂一套供全體統轄
銀行使用的市場風險權數。

　　操作風險指銀行執行業務時，因內部作業程序不當或錯誤、
人謀不臧、或外部事件發生，諸如電腦當機、文件缺失、以及
詐欺等與銀行內部管理有關的事務，所造成的直接或間接損失。
經調查發現，許多銀行目前以其內部資本的 20% 以上，作為預
防此一風險之用。擬議中這類風險的評估方法，包括依整體活
動訂定單一指標的基本指標法 (basic indicator)；依每一種業務
分別訂定不同指標的標準化方法 (standardized approach)；以及
由銀行依據其內部資料以自行估算所須資本額的內部衡量法
(internal measurement approach)。委員會希望銀行以漸進的方
式，由簡入繁，逐步建立適合本身的內部衡量法。

　　由以上第一支柱的內容，可知巴賽爾委員會了解銀行業務
日趨複雜，對銀行的約束絕非一套簡單的法則，即可竟其功。
又認為只有管理者最熟悉本身所管理的事務，因此，希望藉著
由銀行界自行訂定風險評估的方法，喚起其對本身所處經營風
險的認知。這是第一支柱的基本精神。當然，為了防止銀行規
避管制，舉凡自行擬訂的風險評估與管理方法，都必須與其主
管機關共同商議後付諸實施，實施時亦須將其相關訊息公告，

讓與其往來的相關人士自行判斷銀行管理的良窳與否。這也正
是協議中第二、三支柱的精神所在。

■ 9.4.2 主管機關的監理與審查過程

新協議的第二支柱關於監理與審查過程，主要是要求主管
機關親自參與，並確保每一家銀行都基於完整的風險評估方法，
建立其資本適足性的妥善程序。此一新架構強調由銀行的管理
部門，發展其內部資本評估程序，以設定適合其自身所暴露特
殊風險，以及能夠適應外在環境的資本目標。主管機關則應對
於銀行根據其風險所規劃之資本適足性加以評判，然後依此對
銀行進行監督與必要時進行干預。在這個過程中，銀行與主管
機關必須相互磋商，了解並交換彼此的觀點，同時藉此以促成
監理人員的訓練事宜。委員會了解，多數銀行對於自行建立風
險評估的能力有限；而主管機關在參與每一家銀行的風險評估
與管理辦法的制訂過程後，必能集思廣益去蕪存菁，歸納出一
套更好的措施，提供共同磋商的銀行參考。此外，BIS 的金融
安定部門，亦將定期舉辦研討會，彙集各國的經驗，提供各國
必要的協助❶。監理與審查過程，亦包括對市場風險評估的項
目，已於前面提及。

新協議中對於主管機關進行監理與審查的過程，訂有四點
原則：

(1)銀行必須具有評估其整體資本與所面臨風險情況的程序，
   亦須具有維持適當資本額的策略。

(2)主管機關必須審查並評估銀行對內部資本適足性的評估與
   策略，以及監督與確保其實現規定資本比率。當主管機關
   對於上述執行結果不滿意時，當即採取妥善的監理措施，

---

❶ 新協議另附帶有七種支援文件 (supporting document)，詳細說明委
  員會的建議事項，供會員國參考。有興趣的讀者，可以自行利用網
  際網路下載，其網址為：www.bis.org/publ/bcbsca.htm.

以糾正之。

(3)主管機關應該同時有能力，要求銀行以高於規定的最低資
本比率，經營業務。

(4)主管機關應該及早採取必要的干預措施，以防止銀行的資
本額，下降至足以支持其特殊風險結構所須最低資本比率
之下。當資本不足時，應迅速採取補救措施，要求銀行補
足或恢復應有的資本比例。

■■ 9.4.3　市場約制

　　新協議的第三支柱為市場約制，強調利用市場的自然約束
力，以強化銀行自發性的風險管理，並以銀行資訊公開為實現
的手段。委員會認為有效的資訊公開，可以讓市場人士了解銀
行的經營風險，以及其資本部位的適足性，因此，有助其決定
是否與銀行繼續往來。如此，經由第三者所產生的約制，引導
銀行重視風險評估與管理事宜。

　　對於應公開的資訊內容與公布時間的頻率等事項，新協議
中都有所規範，並列入主管機關監理與審查過程中。除了財務
報表外，公開訊息尚應包括銀行的風險評估與管理，以及銀行
資本的計算方法。委員會擬訂下列原則，供各界參閱辦理：銀
行須經其董事會同意，訂定資訊公開的政策。政策中應說明其
公布相關財務狀況與經營成果等訊息的目的與策略。此外，銀
行應該定期評估其所公布的資訊，包括公布次數在內之適切性。
協議將應公布之訊息，分為核心訊息與補充訊息二種；前者指
攸關經營成敗之重要訊息，後者則是針對特定人士所公布之訊
息。公布期間，亦視訊息之重要性決定，原則不得超過半年。

　　近年來，許多銀行為了擴大業務範圍以強化其競爭力，往
往透過合併的方式，與各類證券金融公司、保險公司等，組成
金融控股公司。委員會基於保障從事國際業務活動銀行的存款
人目的，規定除了保險公司因為已經另有嚴格的規範外，凡與

該國際業務銀行業務有直接關聯的控股公司或銀行集團,例如:金融租賃、信用卡、投資組合管理、投資顧問服務、信託與保管服務等項目，都應視為銀行業務的一體，而以合併報表的方式計算資本適足率，並責成主管機關注意，以實收資本額為計算基礎。對於目前法令規章尚無合併報表的國家，新協議允許三年的緩衝時間立法明訂。

即將出爐的新巴賽爾資本協議,反映在金融反中介環境下,銀行業務的多元化發展方向，其基本精神是提醒主管機關連同銀行業者，以及銀行客戶們，隨時留意外在經濟與內部經營環境的變化，以避免日漸頻繁與規模日益擴大的金融風暴事件再度發生；同時賦予銀行業者充分的自由，以規劃適合本身業務特質的風險管理制度。雖然許多人擔憂此將提高銀行的經營管理成本，但是銀行業務法規與監督委員會的委員們確信，因此而增加的管理成本，與金融風暴的代價相較，實屬微不足道。

我國政府追隨世界潮流並依據巴賽爾協議之決定，於民國81年4月發布銀行自有資產與風險性資產之範圍計算方法及未達標準之限制盈餘分配辦法，並自民國87年12月底修正第十條後，發布實施。1997年亞洲金融風暴後，國內銀行的本土型金融風暴於次年爆發，財政部乃於民國90年10月修正原有辦法，並改名我國銀行資本適足性辦法以及全文十一條發布，自民國91年1月起實施，此後配合新巴賽爾協議的發展，分別於民國92年與93年二度修正第四條條文,新辦法自民國93年11月9日發布，全文請參閱本章附錄一。

9.5　結　語

基於信託的本質以及資訊不對稱問題，金融服務業基於自身利益的考量，即應接受一個公正的機關所監督與管制。經濟學中對於管制的理由不外乎自然獨占、外部性、與資訊不對稱

三者，而以後者最為重要。又基於銀行業經營的本質是借入面額固定短期資金，並承作須自負盈虧的長期貸款，以賺取利差。加上銀行存款本身具有交換中介的功能，因此成為最受管制者所矚目的行業。

世界各國利用制訂銀行法規以規範銀行業務活動，這些法規多具有因地制宜的性質。各國法規寬嚴不一下，銀行業開始尋找管制較輕微處經營。雖然在銀行業的高度自制下，其在管制鬆弛處經營業務並未引發任何危機。反倒是在金融自由化後，銀行危機屢見不鮮，並對整體經濟帶來高度不安。隨著自由化與國際化日甚下，金融風暴的影響層面亦日益擴大。

由國際清算銀行所主導的銀行資本適足性規範，經過了十多年的試驗，已為世界各國普遍接受。這種以提醒銀行隨時留意風險事件的國際公約，亦經過大幅修改，可望成為二十一世紀影響銀行業的主要管制措施。

複習題

1. 關於金融業管制的經濟理由為何？

2. 試申述本章第一節關於自然獨占問題與金融控股法間是否存在矛盾。

3. 擠兌為銀行顧客在資訊不足下的自保之道，試申述其意。

4. 試參照本章所舉美國的重要銀行法案，舉出其中對銀行經營有重大影響者。

5. 試申述將金融監督與管理事務設立專責機構負責的制度，與過去分散於財政部、中央銀行、與存款保險公司分頭辦理的利弊得失。

6. 何謂巴賽爾銀行協議？其最初的基本精神為何？

7. 何謂風險權數？信用轉換比率？信用等額？

8. 何謂部位風險？風險淨額？

9. 新巴賽爾協議的基本精神為何？

10. 新巴賽爾協議中之三個支柱所指為何？

■■ 附錄一　我國銀行資本適足性管理辦法❷

沿革:

1. 中華民國 81 年 4 月 16 日財政部⑻臺財融字第 811738891 號令訂定發布全文十一條

2. 中華民國 87 年 5 月 4 日財政部⑻臺財融字第 87720554 號令修正發布全文十條; 並自民國 87 年 12 月 31 日施行

3. 中華民國 90 年 10 月 16 六日財政部⑼臺財融㈠字第 0090345106 號令修正發布名稱及全文十一條; 並自民國 91 年 1 月 1 日施行（原名稱: 銀行自有資產與風險性資產之範圍計算方法及未達標準之限制盈餘分配辦法）

4. 中華民國 92 年 12 月 9 日財政部臺財融㈠字第 0928011668 號令修正發布第四條條文

5. 中華民國 93 年 11 月 9 日行政院金融監督管理委員會金管銀㈠字第 0931000649 號令修正發布第四條條文

本文:

第一條

本辦法依銀行法（以下簡稱本法）第四十四條規定訂定。

第二條

本辦法用詞定義如下:

一、 自有資本與風險性資產之比率（以下簡稱資本適足率）: 指合格自有資本淨額除以風險性資產總額。

二、 合格自有資本淨額: 指第一類資本、合格第二類資本、合格且使用第三類資本之合計數額（合格自有資本總額），減除第六條所規定之扣除金額。

三、 合格第二類資本: 指可支應信用風險及市場風險之第二類資本。

四、 合格且使用第三類資本: 指實際用以支應市場風險之第三類資本。

五、 永續特別股: 指具有符合下列條件之一之特別股:

　㈠無到期日，若有贖回條件者，其贖回權係屬發行銀行，且在發行五年後，經主管機關許可，始得贖回。

　㈡訂有強制轉換為普通股之約定。

六、 累積特別股: 指銀行在無盈餘年度未發放之股息，須於有盈餘年度補發之特別股。

❷　資料來源: 行政院法務部全國法規資料庫，law.moj.gov.tw。

七、次順位債券：指債券持有人之受償順位次於銀行所有存款人及其他一般債權人。

八、權益調整：指兌換差價準備減未實現長期股權投資損失加減累積換算調整數。

九、庫藏股：指依證券交易法第二十八條之二，購回本行之股份。

十、保險性資產總額：指信用風險加權風險性資產總額，加計市場風險應計提之資本乘以十二‧五之合計數。

十一、信用風險加權風險性資產：指衡量交易對手不履約，致銀行產生損失之風險。該風險之衡量以銀行資產負債表內表外交易項目乘以加權風險權數之合計數額表示。

十二、市場風險應計提之資本：指衡量市場價格（利率、匯率及股價等）波動，致銀行資產負債表內表外交易項目產生損失之風險，所需計提之資本。

第三條

銀行應計算銀行本行資本適足率，另銀行與其轉投資之金融相關事業具公司法規定之控制與從屬關係者，除具下列情形之一者外，應編製合併財務報表並計算合併資本適足率：

一、已宣告破產或經法院裁定進行重整者。

二、設立於國外且受外匯管制，其股利無法匯回者。

第四條

第一類資本、第二類資本與第三類資本之範圍如下：

一、第一類資本為普通股、永續非累積特別股、無到期日非累積次順位債券、預收資本、資本公積（固定資產增值公積除外）、法定盈餘公積、特別盈餘公積、累積盈虧（應扣除營業準備及備抵呆帳提列不足之金額）、少數股權及權益調整之合計數額減商譽及庫藏股。

二、第二類資本為永續累積特別股、無到期日累積次順位債券、固定資產增值公積、未實現長期股權投資資本增益之百分之四十五、可轉換債券、營業準備及備抵呆帳（不包括針對特定損失所提列者）及長期次順位債券、非永續特別股之合計數額。

三、第三類資本為短期次順位債券加計非永續特別股之合計數額。

第一類資本所稱永續非累積特別股及無到期日非累積次順位債券，列為第一類資本者，其合計數額不得超過第一類資本總額百分之十五；超出限額者，得計入第二類資本，並應符合下列條件：

一、當次發行額度，應全數收足。

二、銀行或其關係企業未提供保證或擔保品，以增進持有人之受償順位。

三、無到期日非累積次順位債券持有人之受償順位，次於列入第二類資本之次順位債券持有人及其他一般債權人。

四、銀行上年度無盈餘且未發放普通股股息時，不得支付次順位債券之利息。

五、銀行資本適足率低於主管機關所定之最低比率，未於六個月內符合規定者，無到期日非累積次順位債券應即全數轉換為永續非累積特別股；或約定於未達上開最低比率前，應遞延償還本息，且於銀行清理或清算時，該等債券持有人之清償順位與永續非累積特別股股東相同。

六、無到期日非累積次順位債券發行十年後，若計算贖回後銀行資本適足率符合主管機關所定之最低比率，並經主管機關同意者，得提前贖回。

七、發行十年後未贖回者，銀行得提高約定利率一次，上限為年利率一個百分點或原契約利率加碼幅度之百分之五十。

第二類資本所稱永續累積特別股、無到期日累積次順位債券及可轉換債券，應符合下列條件：

一、當次發行額度，應全數收足。

二、銀行或其關係企業未提供保證或擔保品，以增進持有人之受償順位。

三、銀行因付息致資本適足率低於主管機關所定之最低比率時，得遞延支付股（利）息，所遞延之股（利）息不得再加計利息。

四、銀行資本適足率低於主管機關所定之最低比率，且累積虧損超過保留盈餘及資本公積之和，未於六個月內符合規定者，無到期日累積次順位債券及可轉換債券應即全數轉換為永續累積特別股；或約定於未達上開最低比率前或累積虧損仍超過保留盈餘及資本公積之和時，應遞延償還本息，且於銀行清理或清算時，該等債券持有人之清償順位與永續累積特別股股東相同。

五、發行五年後，若計算贖回後銀行資本適足率符合主管機關所定之最低比率，並經主管機關同意者，得提前贖回；未贖回者，銀行得提高約定利率一次，上限為年利率一個百分點或原契約利率加碼幅度之百分之五十。

六、可轉換債券為發行期限在十年以內之次順位債券。

七、可轉換債券於到期日應轉換為普通股或永續特別股；到期日前僅能轉換為普通股或永續特別股，其他轉換方式應經主管機關核准。

第二類資本所稱營業準備及備抵呆帳，其合計數額不得超過風險性資產總額百分之一‧二五。

第二類資本所稱長期次順位債券及非永續特別股，列為第二類資本者，其合計數額不得超過第一類資本總額百分之五十，並應符合下列條件：

一、當次發行額度，應全數收足。

二、銀行或其關係企業未提供保證或擔保品，以增進持有人之受償順位。

三、發行期限五年以上。

四、發行期限最後五年每年至少遞減百分之二十。

第三類資本所稱短期次順位債券及非永續特別股，應符合下列條件：

一、當次發行額度，應全數收足。

二、銀行或其關係企業未提供保證或擔保品，以增進持有人之受償順位。

三、發行期限二年以上。

四、在約定償還日期前不得提前償還。但經主管機關核准者不在此限。

五、銀行因付息或還本，致資本適足率低於主管機關所定之最低比率時，應停止股（利）息及本金之支付。

特別股或次順位債券約定持有人得贖回期限於發行期限之前時，得贖回期限視為發行期限。

第五條

合格自有資本總額，為第一類資本、合格第二類資本及合格且使用第三類資本之合計數額，其中合格第二類資本加計合格且使用第三類資本以不超過第一類資本為限。

前項所稱合格第二類資本及合格且使用第三類資本，應符合下列規定：

一、支應信用風險所需之資本以第一類資本及第二類資本為限，且所使用第二類資本不得超過支應信用風險之第一類資本。

二、用以支應市場風險之資本，應符合下列條件：

　(一)支應市場風險所需之資本中，須有第一類資本，第二類資本於支應信用風險後所餘者，得用以支應市場風險。

　(二)第三類資本只能支應市場風險所需之資本，且第二類資本及第三類資本於支應市場風險時，兩者之合計數不得超過用以支應市場風險之第一類資本的百分之二百五十。

第六條

銀行本行資本適足率之合格自有資本總額應扣除下列金額：

一、對其他銀行持有超過一年以上得計入合格自有資本總額之金融商品投資帳列金額。

二、依本法第七十四條或其他法令投資銀行以外之其他企業之帳列金額。

　　合併資本適足率之合格自有資本總額應扣除下列金額：

一、銀行對其他銀行持有超過一年以上得計入合格自有資本總額之金融商品投資帳列金額。但該被投資之銀行已依第三條計算合併資本適足率者除外。

二、依本法第七十四條或其他法令投資銀行以外之其他企業之帳列金額。

　　但該被投資企業已依第三條計算合併資本適足率者除外。

　　已自合格自有資本總額中減除者，不再計入風險性資產總額。

第七條

銀行基於下列意圖所持有之金融工具，應列屬交易簿之部位：

一、意圖從實際或預期買賣價差中賺取利潤所持有之部位。

二、意圖於從其他價格或利率變動中獲取利潤所持有之部位。

三、因從事經紀及自營業務所持有之部位。

四、為交易簿避險需要所持有之部位。

五、所有可逕自於預定額度內從事交易之部位。

非因前項意圖所持有金融工具之部位，應列屬銀行簿。

第八條

信用風險加權風險性資產總額及市場風險所需資本之計算，應依主管機關規定之銀行自有資本與風險性資產計算方法辦理。

銀行計算前項市場風險所需資本，應依標準法計提。但經主管機關核准者，得使用自有模型計算市場風險所需資本。

第九條

各銀行應按主管機關訂頒之計算方法及表格，經會計師覆核於每半年結（決）算後二個月內，填報本行資本適足率，並檢附相關資料。

每營業年度終了之合併資本適足率，於決算後二個月內，依前項申報方式，併同本行資本適足率填報主管機關。

主管機關於必要時得令銀行隨時填報，並檢附相關資料。

第十條

依本辦法計算及填報之合併資本適足率及銀行本行資本適足率均不得低於百分之八。

銀行資本適足率在百分之六以上，未達百分之八者，以現金或其他財產分配盈餘之比率，不得超過當期稅後淨利之百分之二十，主管機關並得命其提報增加資本、減少風險性資產總額之限期改善計劃。

銀行資本適足率低於百分之六者，盈餘不得以現金或其他財產分配，主管機關除前項處分外，得視情節輕重，為下列之處分：

一、限制給付董事、監察人酬勞金、紅利及車馬費。

二、限制依本法第七十四條、第七十四條之一或其他法令規定之股權投資。

三、限制申設分支機構。

四、限制申請或停止經營將增加風險性資產總額之業務。

五、令銀行於一定期間內處分所持有被投資事業之股份。

六、令銀行於一定期間內撤銷部分分支機構。

第十一條

本辦法自 87 年 12 月 31 日施行。

本辦法修正條文除中華民國 90 年 10 月 6 日修正發布之條文自 91 年 1 月 1 日施行外，自發布日施行。

■ 附錄二　英國金融服務監理局[3]

　　英國的金融服務監理局 (Financial Services Authority, FSA) 是依據「2000 年金融服務業與市場法案 (Financial Services and Markets Act 2000, FSMA)」設立的一個非政府的獨立機構。由金融服務產業擔保並出資的有限公司組織，其理事會成員由財政部任命，包括一名主席、二名執行理事、與包括副主席在內的十一名非執行理事。

　　理事會訂定整體政策，每日的決策與管理事務，責成其行政部門辦理。FSA 的四項主要任務為：

　(1)經由監督各交易所、款項清算、與其他設施提供者、執行市場監理與監督交易，以維護英國金融體系的信心。

　(2)經由協助民眾成為擁有資訊的消費者所須獲得的知識、性向、與技能，以促進民眾對

[3]　下載自 FSA 網站，www.fsa.gov.uk。

金融體系的了解，進而具備有效管理自身財務的能力。

(3)確保對顧客權益之適當保護：訂定個人與廠商進入時所必須具備從事所規範金融交易的條件（包括誠信、能力、與財務健全性）。一經核准進入後，即須嚴格遵守 FSA 所訂定的特定標準。FSA 隨時密切監督參與者，當嚴重問題發生後，FSA 即著手調查，並對違反規則的公司採取規勸或控訴等必要措施。FSA 有權要求加害者恢復受害者的資金損失。

(4)協助降低金融犯罪事件：主要集中於洗錢、詐欺、與違背誠信，以及諸如內線交易等失序行為。

2000 年 1 月金融服務監理局訂定其未來規範金融市場的主張，並公布於「新世紀的新管理者 (A new regulator for the new millennium)」中，明示其目的為「維護效率、秩序、與乾淨的金融市場，並協助零售顧客實現公平的交易」。此一主張明白顯示其務實的目標與有限的管制措施，同時了解顧客與廠商自身管理應盡的適當責任，以及不可能與無必要將所有的風險與倒閉情事自金融體系中完全消除。

FSA 利用辨識、排列優先順序、以及公布風險的主要策略，完成 FSMA 所賦予的四項法律目的，包括維護市場信心、教育民眾金融體系、確保提供顧客適當的保護措施、以及降低金融犯罪。此等風險有別於金融廠商日常營運所產生的商業風險，因此，FSA 必須隨時留意「何種事件與問題所引發的風險，嚴重的影響及於 FSA 的任務?」「如何有效利用有限的資源針對最嚴重的風險問題?」FSMA 要求 FSA 應隨時注意特定的優良規範原則，其中包括經濟並有效運用資源、英國扮演國際金融中心角色的地位、以及管制措施必須依比例原則進行。此即為 FSA 的基本行事原則。

為了紓解產業界與顧客團體等對新制度的疑慮，FSA 出版二本進度報告，說明新制度的發展與進度。2002 年 2 月所出版的最新報告中，詳細說明在 FSA 的新式風險基礎的操作結構下，廠商應注意事項。

一、監督存款收受機構

FSA 監督銀行與建築協會 (building societies) 健全，以保護個人與公司為主的存款人，而非其股東。然而，銀行股東亦因社會對銀行體系有信心而受惠。自 2002 年 7 月以後，信用合作社亦受其監督。對於同時經營投資業務（例如，對公眾仲介退休金、人壽保險等項目）的銀行與建築協會，FSA 要求其遵守商業行為規範。

二、監督保險廠商

監督保險廠商時，FSA 的主要責任如下：

(1)對所有保險人進行審慎的監督。

(2)對人壽保險人與互助性投資業務機構進行商業行為的管制。

(3)監督羅挨德集團 (Lloyd's) 的特定業務項目。

有效管制與監督保險業的主要目的有二：確保英國保險公司或互助協會的償債能力，以協助被保險人對所購買其所推出保險產品具有信心。

依據過去的經驗，監督保險部門的方式必須有所改變。FSA 已經

(1)綜合對人壽保險公司的商業行為審慎管制。

(2)嚴密監督並整合精算顧問。

(3)開始對公司利潤政策加以審查與規範。

(4)要求保險業依循對銀行業管制所要求的資本與準備金。

三、規範投資廠商

投資廠商處 (Investment Firms Division) 管理 7,500 個投資廠商，包括全球基金管理操作、投資銀行、英國的大型經紀商、以及獨立金融顧問網、小型公司財務 (the smallest corporate finance boutique) 與一人財務顧問。FSA 亦管理從事主要投資業務（例如，仲介投資商品顧問）的專業廠商（例如，律師與會計師）。

四、主要金融集團

FSA 設置主要金融集團處 (Major Financial Groups Division) 以便深入並全面性的監督該集團。一個主要的金融集團通常規模龐大、在複雜的系統下運作、並於至少二種金融領域（銀行、保險、投資業）內活動，同時與國外密切往來。如此得以密切注意這些集團所可能引發的風險，並對其高級經理與內部系統採用共同標準，以收控管之效。

五、監督市場與交易所

FSA 運用下列方式監督英國投資市場的完整性，以維護市場信心。

(1)監督各交易所、清算與交割所與其他市場公共設施。

(2)執行市場監督與交易監視。

　　FSA 留意並監督八所登記的投資交易所，此皆為供會員廠商從事股份與衍生式商品投資的集中市場；例如，倫敦股票交易所 (London Stock Exchange) 與倫敦金屬交易所 (London Metal Exchange)。FSA 同時負責留意並監督登記的清算所 (recognised clearing houses)，此為已登記投資交易所的款項清算機構。身為主管機關，FSA 特別留意交易所與其他機構所提供的電子化交易所造成的衝擊。此種交易方式對交易品質、可靠性以及普及性事關重大，FSA 與各交易所合作確保此種新式交易系統滿足法令的規定。

　　市場與交易所處 (Market and Exchanges Division) 執行交易監督與市場監視事務。交易監督科 (Transactions Monitoring Unit) 分析取自授權廠商、知名投資交易所與清算系統所的資料，以發現不尋常的交易活動。此舉保護投資者，並達成維護市場信心的任務。

　　若英國市場的參與者對市場運作存疑，即會喪失其對市場的信心。FSA 訂定新的市場行為準則 (Code of Market Conduct)，為所有參與的廠商與相關人等訂定規範標準，並監督其貫徹執行。FSA 對任何違背規定者（誤用訊息、引發誤導、與干擾市場者），有權課以罰鍰。

六、退休金審查

　　1988 年 4 月至 1994 年 6 月間，許多消費者因聽信誤導，退出或撤銷雇主所設置之退休金計劃，自行購買個人退休金，因而遭致損失。退休金審查 (Pensions Review) 的目的在提供這些受損者補償。FSA 估計此一方案結束時，須審查 160 萬件申請，共須支付總金額高達 120 億英鎊。

　　FSA 在此事件中擔負：
　⑴訂定受管制廠商所執行的退休金審查的監督與完成標準。
　⑵當涉案廠商經取消授權後，支付損失額。

七、上市登記

　　FSA 為英國有權核准有價證券官方登記上市 (listing) 的正式主管機關。FSA 的 UKLA 處 (UK Listing Authority) 負責此方面的事務。UKLA 對於申請辦理有價證券登記上市的公司送審之特定、計劃與所有相關資料，負責審核。FSA 亦負責審查上市公司關於購併與處分財物等送審案件。

　　UKLA 致力於確保上市公司遵守上市規則所列其應盡之義務，其中包括定期向市場提供關於公司經營的相關訊息。同時，為了維持投資者與市場需求並進，UKLA 確保上市規

則更新，使新產品與新型公司得能通過上市審查。當上市公司違背上市規則時，UKLA 有權對其課以罰鍰。

■ 附錄三　日本政府金融服務廳 ❹

　　1990 年代受到 1980 年代資產泡沫破滅所影響，日本經濟每況愈下，金融體系岌岌可危。1997 年在亞洲金融風暴的衝擊下，更如雪上加霜。日本政府於 1998 年 6 月將負責金融監理事務的金融監督廳 (Financial Supervisory Agency) 自財務省分離出來，改隸首相府。並積極進行金融體系重建事務。1998 年 10 月頒布「金融重建法 (Financial Reconstruction Law)」與「金融功能早期強化法 (Financial Function Early Strengthening Law)」；前者依最低成本原則處理已破產的金融機構，並於必要時由政府接管問題機構，以保護存款人與維護信用體系的活力；後者則授權利用政府資金挹注入銀行體系。同時，編列 60 兆日圓資金供作執行任務之款項，並另行設置五人的政府金融重建委員會 (Financial Reconstruction Commission) 負責執行。

　　1998 年 7 月起，首先由金融監督廳與日本銀行合作，同時對 19 家大型金融機構進行全面業務檢查，並於 12 月檢查工作結束時，先後將長期信用銀行 (Long Term Credit Bank) 與日本信用銀行 (Nippon Credit Bank) 收歸國有。此後，復於 1999 年先後憶法處理東京漢華銀行 (Tokyo Sowa Bank) 等多家銀行的破產案。1999 年 3 月金融重建委員會與存款保險公司共同籌資，對 15 家大銀行與 7 家地區銀行挹注 7 兆 5,000 億日圓，以改善其資本結構。

　　金融監督廳亦於同一時期內，集合各方面專家編製標準檢查手冊，並於 1999 年 4 月完稿，其中揭櫫金融機構自行負責的原則，以及強調(1)由金融主管機關主導的業務檢查，轉由金融機構將自行業務檢查事項列入日常管理中，(2)捨過去資產評估的檢查原則，而以風險管理為主，二點注意事項。同年 7 月以存款機構金融檢查手冊之名發交各檢查人員使用。

　　自 2000 年 7 月 1 日起，日本政府組織重整時，將金融監督廳與財務部的金融體系計劃局 (Ministry of Finance's Financial System Planning Bureau) 合併為金融服務廳 (Financial Services Agency, FSA) 直隸首相府，以統一事權。金融服務廳直屬首相府的金融擔當大臣 (Minister of Financial Service) 與副大臣，下設總務企劃局、檢查局、監督局三個單位，歸

---

❹　本附錄內容摘自金融服務廳第一任長官 Masaharu Hino 於 2000 年 9 月訪問英格蘭銀行之演講稿，以及 http://www.fsa.go.jp 網站。

金融廳長官 (commissioner) 負責，另設證券與交易監視委員會事務局與合格會計師審查會事務局；其中監督局負責民營機關等之監督事務，下設銀行一、二科、保險科、與證券科，統籌金融業務檢查事務。

金融服務廳的基本政策為：

1. 建立可靠與活絡的金融體系

自 2002 年 3 月 31 日起，日本政府終止對所有存款的緊急保護措施，FSA 須進一步強化金融體系。因為金融體系為所有經濟活動的基礎，FSA 致力於建立一個活絡的金融體系，並推動競爭，以拉抬國家經濟。FSA 亦致力於確保信用流量穩定，以便提供中小型企業與新興產業充足的資本，經此促進國民經濟成長。

2. 發展最新型的金融公共設施

在金融技術資訊與通訊科技、以及金融與經濟活動全球化的發展下，跨領域的金融產品與服務正在快速的開發出來。易於操作的金融市場，吸引國際資本。此種趨勢即將進一步加速發展。鑑於此種外在環境的演變，FSA 亦致力於開發易於操作的金融公共設施，以維持並改善日本在世界市場的地位。新世紀的市場公共設施必須以全新的面貌呈現。

3. 發展並適當實施管理以保護使用者

在廣泛使用各式金融商品與服務的環境下，FSA 創造保護金融商品與服務使用者的架構，令其在自我負責的前提下，安心從事金融交易活動。除了發展並實現保護使用者的管制措施外，FSA 亦擴大對消費者的教育，以促進公眾對金融產品與交易的認知。

4. 依據清晰的法則（市場自制與自我負責的原理）確保金融管理的透明度與公平性

FSA 承諾依據清晰的法則 (clear rule)，並基於市場自制與自我負責的原理，實現各層面金融管理的透明度與公平性。因此，FSA 確保在檢查、監督、與監視方面的效率與有效性，並明定其管理規則、改善管理程序以及強化公共關係。FSA 推動金融機構進一步公開其商業活動的內容、要求遵守市場約制以及灌輸與建立存款人自行負責的概念等措施。

5. 加強員工的專業能力與遠見並改善管理結構

FSA 致力於提高員工的專業素養與遠見，以便對於金融環境的變遷，例如，日漸複雜的金融活動與資訊與通訊科技的發展，能夠迅速並合宜的反應。因此，FSA 必須加強員工訓練以確保其專業能力與開闊的視野，設置金融研究機構，並發展強化的組織結構。

6. 加強與外國主管當局的合作並共同參與制訂國際法則

FSA 加強與外國金融主管當局合作，並交換全球金融活動與交易的相關訊息。FSA 擴大與國際社會交流接觸，並發起制訂國際法則，共同建立一個充滿活力的國際金融架構。

Chapter

10

中央銀行

中央銀行 (central bank) 的由來已久，然而現代化的中央銀行，則遲至 1930 年代以後美國陸續修改的銀行法與其他相關法規後，方告問世。中央銀行安定金融體系的功能，見諸於多次金融危機之中，而其所主導的貨幣政策，亦自 1970 年代中期以後成為世界各國主流的經濟政策。

　　本章第一節先由學理上探討中央銀行的發展建立與其存在的理由，主要重點是，究竟由政府所設立的中央銀行，其地位可否由民間銀行取代。第二節綜合說明各國中央銀行的功能。近年來許多國家已經將金融監理的功能轉交一個單獨設置的機構擔任，中央銀行的功能轉而集中於維持款項清算與支付系統的運作，與貨幣政策的規劃與執行。第三節分別介紹英國、美國、歐洲經濟聯盟、與日本的中央銀行的發展、沿革以及當前的主要任務。第四節介紹我國的中央銀行。

10.1　設立中央銀行的經濟理由

　　政府與一家大型企業一樣，都需要一個代其管理錢財的「帳房」或「出納」，為其處理每日龐大的資金進出事務，並於必要時協助取得所需額外資金的融通。早期許多西方國家在因緣際會下，找到了一家有經驗而且願意為其擔憂的民間銀行，擔負此項「帳房」工作；例如英國的英格蘭銀行與德國的邦地斯銀行，都是由民間銀行發展成為後來的中

重·點·摘·要

第二次世界大戰後，各國開始普遍設置中央銀行，作為設計與執行貨幣政策的推手。中央銀行的任務可以由銀行業基於自律的原則自行完成，但是基於利益衝突與融資的需求等原因，由負責國家貨幣發行的公立機構較適當。

央銀行。在商品貨幣時代，這一家擔負政府資金管理的銀行，除了享有收受並保管政府財政收入款項之利外，並與其他民間銀行同樣享有貨幣發行權。然而，由這一家代理政府帳房銀行所發行的貨幣，因為佔著繳稅時必為政府接受的優勢，每當金融體系因銀行過度發行貨幣，以致發生擠兌的恐慌時期，成為較不受擠兌影響，甚且還有餘力資助其他銀行的銀行。

　　第二章介紹貨幣與金融體系總論時曾經提及，一個健全的金融體系應該提供流動性、風險分擔、資訊流通三種功能，而所有參與者也都以提供這三種功能作為經營的基礎。銀行體系可以藉著建立若干機制，發揮這三種功能。以下分別對於一個沒有中央銀行的自由銀行體系如何發揮這些機制以及其不足之處，說明官辦中央銀行存在的必要性。

　　首先，銀行體系的危機或擠兌，通常都是因為過度擴充信用所致。早期銀行因信用過度擴充而引發擠兌風潮，多顯現在其據以發行鈔券的貴金屬準備呈現不足時，此點與現代銀行因過度擴大授信，導致存款大幅增加，乃至付現準備不足，實大同小異。若以防患未然為出發點時，為了監督與約束銀行的授信程度取信於民，並有利銀行順利運作，銀行體系除了借助於道義勸說，要求各銀行基於自利的原則自我約束外，尚可依賴建立一個有效率的款項清算與支付系統 (clearing and payment system)，實現此一目標。後者一方面協助銀行簡化款項運送的事務，一方面藉著定時交換並結清彼此所欠債務（鈔券或支票），而隨時掌握會員銀行的財務狀況，並實現監視上述金融體系的三種功能。銀行體系基於最大利潤的經營原則，通常會將其發行或付現準備集中存放於一家規模較大的城市銀行，以收集中調度資金之利，因此這家大銀行自然就發展成為兼具清算所的地位，而其所發行的鈔券，亦成為各銀行據以創造信用的準備金。

　　其次，金融產業是一個高度專業化的服務業，顧客與金融機構二者的資訊不對稱現象非常普遍，亦成為影響金融業發展的最大障礙。銀行業者為昭信於社會大眾，可以自行訂定規範，

組成「俱樂部」，吸收符合規定的銀行為會員，並在相互扶持下，順利推展業務。俱樂部成員可以再進一步建立互相保險的制度，以保障顧客資金安全。這些措施都符合銀行界自利的目的，因此可望自然形成。

最後，現代金融體系中，具有金融中介地位的機構，除了銀行外，尚有許多開放型的共同基金。這些投資基金的經營，未必較銀行穩健或安全，卻未如銀行一般普遍的受到政府與民眾所關切，亦少有人提議設置一個如中央銀行一樣的中央主管機關，對之加以監督與管理。換言之，一個未經政府監督與管理的中介機構，同樣可以妥善的自我管理，何需外來者干涉？

英國著名的銀行家巴吉歐 (Walter Bagehot)、松頓 (Henry Thornton)、經濟思想家海耶克 (Frederick Hayek) 等人，即主張一種合乎自然的自由競爭銀行體系 (natural free banking system)，反對中央銀行的干涉。古德哈特 (Charles Goodhart) 在其寫作的《中央銀行的演進》(*The Evolution of Central Banks*) 一書中，以「利益衝突 (conflict of interests)」影響上述銀行自發性機制的運作為根本原因，而主張並提出中央銀行應發揮的功能。以下分別說明之。

首先就上述建立清算機制一點而言，一個健全的清算機制，必須包含融資的措施。換言之，擔負清算機構的這家（大型城市）銀行，必須隨時承擔會員銀行因意外疏忽所導致的資金不足困境，而給予必要的融通。由歷史經驗觀之，存放在清算銀行的資金，無論在承平時期或在艱困時期，對該銀行並無特別利益，反而成為其額外的負擔。會員銀行於承平時期與這家清算銀行競相爭取可用資金，供本身擴充信用之需，而於艱困時期則為兌換所發行的鈔券或存款，同樣無所不用其極的爭取可用資金。雖然會員銀行將其準備金留置清算銀行處，然而此並不代表清算銀行得以毫無顧忌的自由運用該筆資金。因此，當艱困情況發生後，實難以期待這些清算銀行會秉持公正的原則，協助其會員度過難關。一種解決之道就是賦予這一家擔負清算

俱樂部 (club)

由一群理念與目標相同的人，基於互利互助的原則，訂定自律公約為實踐手段而成立的組織。

重任的銀行，發行法償幣的權利，以降低其本身資金可能不足的壓力。但是，賦予一家銀行發行法償幣的權利，形同將通貨膨脹稅，交由一家民營機構享用，並不符合公理正義的原則。此外，銀行為避免顧客兌換其所發行之鈔券，必定以提高交易成本為對策，而傾向發行小額鈔券。這種小額鈔券的持有人，多屬社經地位較低的弱勢團體，他們毫無能力因應金融危機所帶來的損失。

建立清算機制確實有其不可抹滅的功能，然而基於利益衝突的缺失，負責清算機能的機構應交由不以營利為目的的政府機構擔任。同時，為保護有限的貨幣發行準備，以及求得運用上的經濟效率，這個機構最好能夠匯集寶貴的發行準備，另外發行具有法償地位的貨幣，供其他銀行使用，作為他們擴充信用的基礎。若允許其他銀行同時發行貨幣，亦須限定其所發行貨幣的最低面額，以保障弱勢團體的利益。如此，遇到艱困時期，這個擔負一國清算任務的公家機構，或由官方主導的半官方機構，即可以擁有充分的資源用以救急。因此，建立了由中央銀行獨占貨幣發行權，同時擔負金融體系清算工作的任務的經濟基礎。

其次，利用「俱樂部」提供資訊與建立保險機制的措施，除了同樣難逃利益衝突之弊外，尚引發許多新的問題。「俱樂部」可以透過自發性而設立，亦可以透過法律強制設立。無論何種形式，發展到最後都會被少數大銀行所主導，利益衝突的狀況可能更多。此外，道德危害與搭便車問題，使得「俱樂部」容易喪失其應有的功能。為了避免這些資訊經濟所產生的問題，仍然需要由一個無利害關係的仲裁者，居中指導。一個不以營利為目標的政府機關，再度成為最佳選擇。這個公家機構，除了必須具備銀行經營的專業能力外，尚須擁有檢查與管理金融機構業務的權力。此外，「俱樂部」的設立形同寡占下的卡特爾 (cartel)，本身即違反自由競爭的精神，自不待言。

由銀行自行集資提供存款人保險，問題更多。第一，保險

費率的核計與保險費的徵收與保管，皆非易與之事；第二，保險費凍結銀行可用資金，影響銀行的營運；第三，保險非但不能降低道德危害，反而有助其滋長。存款保險制度固然降低或消弭了存款人的風險，卻因為缺少了存款人對銀行的監督，而助長投保銀行鋌而走險，以獲得較高報酬的機會。在承平時期內，這種挺而走險的經營態度，不但無損於這些銀行的利潤，反而突顯出其經營績效，迫使其他銀行爭相仿效。一旦艱困時期來臨時，卻可能引發更大甚至一發不可收拾的金融危機，當保險基金於瞬間耗盡後，仍須負責清算事務的機構出面收拾殘局。

「俱樂部」的存在有其必要性，雖然許多經濟學家認為由其成員本於自利與信譽，而自行擔任仲裁者，絕對可以維護其品質。但是短期內的資訊不對稱問題，仍然有賴於仲裁者具有充分業務檢查的權力。這一點對經營相同業務的銀行而言，無異緣木求魚，最後仍然需要由一個無利害關係的第三者擔任較易取信於人。擁有公權力的政府機構，應是擔任仲裁者的最佳選擇。這個公家機構同時仍須擁有足夠資金，以便於必要時提供會員援助。基於後一考量因素，最佳人選可能還是以擔負貨幣發行與執行清算體系運作的同一機構或中央銀行。然而，中央銀行為公家機構，各國對公務人員進用的法律，並未規定須具有銀行經營的經驗，這些公務員是否有能力對業務日趨繁複的民營銀行，進行業務檢查，令人質疑。因此，有人主張應另設專責機構辦理，不宜由中央銀行兼任。

最後，銀行與其他金融中介機構的主要不同處，在於銀行是法律上唯一可以利用支付固定利率吸收顧客存款，並於保留部分準備金後，創造不定利率的信用，以從事營利活動的機構。開放型共同基金則僅以顧客所繳股款為運用標的，其支付顧客的報酬則完全視經營成效而定。因此，除非訂定百分之百的存款準備，或銀行所支付顧客之存款利息隨營收而定，銀行隨時隨地皆面臨流動性不足的危機。又因為銀行的規模普遍較股票基金為大，存款人的異質性又高，銀行業往往成為最易受到其

他同行危機所波及的行業。因此，在眾多金融中介機構並存下，唯有銀行業需要於必要時能夠提供資金援助的銀行，而前述擔任法償幣發行與款項清算任務的中立機構，無論其名稱為何，即成為最佳之銀行的銀行 (bank's bank)，或最後貸款者 (lender of the last resort) 的機構。

除了以上所述的個體經濟功能外，第二次世界大戰後，在布瑞登森林 (Bretton Woods) 國際貨幣體系內，中央銀行亦在國際貨幣基金會的督促下，負責維持各國匯率平價的任務。1970 年代的通貨膨脹環境，以及經濟學界強調依法則的貨幣管理原則下，中央銀行開始肩負一國貨幣政策制訂與執行的任務。1980 年代以後，各國政府體認通貨膨脹問題的重要性，中央銀行亦視此為其首要任務。為貫徹穩定物價的任務，中央銀行開始陸續將許多影響其管理物價獨立性的事務，轉移給其他新設的主管機關，而以一個獨立於政府行政體系者自居。這些屬於總體經濟層面的理由，與建立安定的金融環境有密切的關聯。有關管理貨幣政策的問題，於第十二與十三章，這兩章會有詳細的介紹。

以上說明，提供一個國家以政府或半官方名義，建立一個機構，藉著其所發揮的流動性、風險分擔、資訊提供三種功能，以實現安定與健全金融體系的經濟理由。多數國家稱這個機構為中央銀行。以下第二節綜合上述功能，由現代的角度詳加介紹。第三節分別對於英國、美國、歐盟、日本四個經濟體的中央銀行建立與相關法規作簡單的介紹。第四節詳細介紹我國的中央銀行。

10.2　中央銀行的功能

綜合第一節所述，本節依歷史發展的順序，將中央銀行所須發揮的功能逐一列示說明如下：

■■ 10.2.1　政府的銀行

　　最初中央銀行設立的目的在於負責管理與籌措政府支出所需資金，以及擔任政府支出的付款機構。在管帳與管錢分離的內部控制原則下，主管財政收支的財政部通常在中央銀行開立一個稱為國庫存款的帳戶，將中央政府的稅捐與規費收入，全部集中存放於該帳戶中，所有支出亦逕行對該戶頭開出支票付款。有時各政府機關另外開設機關存款帳戶，再依政府預算書所列時間與金額，由財政部定期將各機關的預算，自國庫帳戶撥出轉入各機關戶頭，供其自行開支票付款之用。

重‧點‧摘‧要

中央銀行本於其專業，協助財政部管理預算收支保管事務、獨占通貨發行、擔任銀行的監督與管理事務，以及維護款項收付系統的運作。

　　遇財政收支不平衡時，財政部須依計劃發行各種債票券籌措資金，此時中央銀行可以代表財政部辦理有關公債或國庫券發行的工作，售得之款項同樣存入中央銀行國庫帳戶中。政府債票券發行以後之付息與還本事務，往往也由中央銀行代為規劃與執行。近年來，中央銀行為彰顯其獨立性，已陸續將財政債票券發行、付息、還本等規劃事務交還主管的財政部自理，以釐清責任。換言之，中央銀行僅代理政府款項收支的出納工作，並不為其規劃財務。

■■ 10.2.2　（獨占）發行法償幣與建立並維持銀行業款項收付的清算機制

　　在不兌換貨幣時代，貨幣的發行權集中在中央銀行手中。銀行以中央銀行貨幣作為擴大授信的基礎，而因此所創造出的存款貨幣，則透過中央銀行所建構的款項收付系統辦理清算事宜。此一機制維持有限資金有效運作，對於經濟發展的貢獻非常重大。本章第一節曾經論及，清算系統兼具監視銀行財務狀況的功能，由此可以取得銀行營運狀況的第一手資料，已經成為現代

中央銀行在管理貨幣與監督銀行運作時最重要的工作項目。

　　此外，在幅員廣大的國家，例如美國，中央銀行於各地區設置分行，協助地區銀行與區外銀行有關資金交易的清算轉帳，以強化銀行的最基本功能：資金轉移（包括支票交換與匯兌）。

■■ 10.2.3　蒐集並提供銀行業經營狀況訊息

　　在資訊不對稱的情況下，銀行的專業性往往非一般存款人得以精確掌握與了解，蒐集其經營資訊又遠超出一般小額存款人的能力所及。存款人唯一自保之道就是藉擠兌以測試銀行的財務狀況。在此種情況下，為避免因誤會而導致不必要的擠兌情事，最有效的方法就是由一個具有公信力的機構，代其蒐集並解析銀行營運的資訊，適時公布使民眾周知。近年來，許多國家所修改的銀行法中，逐漸將過去由政府設置安全網十足保護存款人的機制取消，轉而要求存款人須自行監督往來銀行的經營成效，並自負存款喪失之責。第九章介紹的新巴賽爾銀行協議中，亦強調市場約制的重點。在此種全新環境下，具有專業能力，又擁有公權力與公正地位的中央銀行，自然成為提供銀行業經營資訊的不二人選。換言之，既然政府將保護存款人的事務，交由存款人自理，適時提供公正客觀的資訊供存款人參考，即成為必要的配套措施，亦為新制的成敗所繫。

■■ 10.2.4　擔任銀行的銀行並作為金融體系的最後貸款者

　　各國在經過數次金融風暴後，深感對銀行的監督須設有常設機構負責執行。另一方面，金融風暴發生時並不是所有銀行都是罪魁禍首。風暴往往是因少數銀行的經營出狀況，終於導致金融體系全面的恐慌，此稱為外部性 (externality)。

銀行體系所面臨的最大經營危機，莫過於發生擠兌情事，因為正常情況下銀行以借短貸長的原則，將資金貸放出去，當較短期限的存款客戶突然湧進提款時，較長期限的貸款又無法回收下，必定引發流動性問題。解決之道就是在面臨擠兌發生時，設法取得充足的流動性以應付擠兌。當整個銀行體系都面臨資金缺乏的困境時，唯一有能力提供資金的單位就是掌管貨幣發行的中央銀行。

現代中央銀行負責協助銀行度過金融危機的相關立法，濫觴自 1930 年代的金融恐慌時期。此後賴中央銀行的即時支援，使得許多次金融危機於爆發前即消弭於無形。此時，中央銀行扮演銀行的銀行角色，成為最後的貸款者。

10.2.5 監督與管理銀行經營以建立健全的金融體系

銀行經營不良，為金融不安定的主要來源。管理金融體系的正本清源之道，即在能否妥善監督與管理銀行的經營。中央銀行以建立制度與制訂法規，並嚴格執行以實現此一任務。近年來，鑑於第一節所述中央銀行行員未必具備銀行經營的經驗，同時負責監督與管理銀行經營，可能與中央銀行更重要的貨幣政策執行任務相衝突，因此許多國家已經陸續將此一功能，轉移給另設的金融監理機構專責辦理，例如我國的行政院金融監督管理委員會。

10.2.6 一國貨幣政策的主管當局

中央銀行為一國貨幣政策的制訂與執行者。一般而言，貨幣政策為經濟政策的一種，其目的不外(1)促進經濟成長、(2)維持充分就業、(3)維持物價穩定、(4)穩定金融市場。貨幣政策的特殊任務，則在為經濟體系的金融面製造有利的環境，以利上

述目的之達成。所謂金融面有利的環境，不外乎提供穩定的環境；例如穩定金融資產的價格如利率、匯率等。受到突發的供給或需求變動後，往往造成金融市場內金融商品的價格波動，引發金融面的不安定。為求得金融面的穩定，中央銀行可藉融通性或抵消性的操作達成目的。此外，現代的貨幣體系中，高度流動性的商業銀行存款，扮演非常重要的角色。中央銀行為防範未然，往往負有監督銀行營運狀況的權力，此項功能藉金融檢查制度以及在必要時作為銀行的最後貸款者來達成。第十二章對貨幣政策有詳細說明。

10.3　歐美日的中央銀行

10.3.1　英格蘭銀行

重・點・摘・要

因應國情不同，英國、美國、歐洲經濟聯盟與日本的中央銀行各有其不同的組織架構與任務重心。

自從國王威廉 (William) 與皇后瑪麗 (Mary) 於西元 1688 年繼承王位後，英國終於結束了長久的紛亂局面，當時的財政狀況異常薄弱，亟須一家健全的銀行提供挹注，以利政務推動。銀行家派特生 (William Paterson) 以籌措 120 萬英鎊為條件，與皇室交換由英格蘭銀行 (Bank of England) 擔負政府銀行與債務管理人的任務，並於 1694 年 6 月 27 日順利完成皇家註冊 (Royal Charter) 手續，開始負責管理國家貨幣事務，並成為全英國金融體系的核心。1734 年英格蘭銀行遷入針線街 (Threadneedle Street) 現址迄今。為了協助政府財政，英格蘭銀行也同時經營一般商業銀行業務，包括收受存款以及發行鈔券。

雖然政府的財政日益惡化，英國的對外貿易亦不順暢，英格蘭銀行的業務仍然蒸蒸日上。1797 年禁止黃金兌換，直到 1827 年方告恢復。1844 年修訂「銀行註冊法案 (Bank Charter

Act)」，賦予其在英格蘭與威爾斯二地獨占貨幣發行權的地位，而蘇格蘭地區的銀行亦開始以英格蘭銀行所發行的鈔券，作為貨幣發行準備，從此確立了英格蘭銀行擔負英國貨幣主管機關的地位。為了防止通貨膨脹，法律明文規定，鈔券發行量不得超過黃金存量；英格蘭銀行必須對於貨幣發行業務另立帳冊，不得與一般業務合併；而鈔券發行的利潤，亦必須繳交財政部。

十九世紀時，英國出現了許多因合股 (join-stock) 而產生的大型存款銀行，英格蘭銀行在面臨強大的競爭下，選擇了其擔任黃金準備守護者與流動性最後提供者的中央銀行角色，而避免與這些合股銀行競爭。後來成功的運用利率政策，守住了英國的黃金準備。1850 年以後，協助並成功的解決了多次銀行危機，現代化中央銀行的功能逐漸顯現出來。

1931 年英國放棄金本位制度，英格蘭銀行將保存的黃金與外匯準備全數繳還財政部，然而始終保有對這些準備資產的管理權。在不兌換貨幣時代，英國的貨幣發行量完全由內閣決定。1946 年第二次世界大戰結束後，英國政府將英格蘭銀行收歸國有，並由其繼續擔任財政部的顧問、代理人以及債務經理人；惟政策中涉及公共利益之相關措施，仍然必須接受財政部的指示。當貨幣政策的重要性於 1980 年代日益明朗後，英格蘭銀行的功能再度受到重視。1979 年銀行法案賦予英格蘭銀行審查並管理所有存款機構的權力，以利其發揮安定金融體系的功能。英國政府亦逐漸簡化其賦予英格蘭銀行的任務。1997 年 10 月另行設立金融服務業監理局 (Financial Services Authority, FSA)，專責銀行監督事務。同年 5 月，工黨政府授權英格蘭銀行，逕行訂定符合政府所訂通貨膨脹目標的短期利率水準，開始享有部分獨立運作的權力。此一訂定短期利率的權責，於 1998 年實施的銀行法中正式獲得確認，並成為英國貨幣政策的主要工具。

1998 年英格蘭銀行法案經修訂，重要的變動如下：

⑴明文規定英格蘭銀行的三項核心任務 (core purposes)。

　　①維持貨幣價值的強固性 (integrity)。

　　②維持國內外金融體系的安定性 (stability)。

　　③確保英國金融服務業的效率性 (efficiency) 與競爭力 (competitiveness)。

(2)正式設置由皇室任命的總裁 (Governor)、二位副總裁 (Deputy Governor) 以及十六席非執行理事 (Non-Executive Directors)，共同組成理事會 (Court of Directors)。總裁與副總裁任期五年，理事任期三年。理事會每月至少集會一次，除了綜理行務外，並檢討貨幣政策委員會所提出的策略與程序。

(3)設置貨幣政策委員會 (Monetary Policy Committee, MPC)，由總裁、二位副總裁，再加上六位委員組成，每月集會一次，負責規劃與執行與政府所訂通貨膨脹率目標相互搭配的短期利率。貨幣政策委員會議之決策結果，須於會後立即對外發布。

(4)將政府債務管理事務轉交新設之債務管理署 (Debt Management Office) 負責，英格蘭銀行僅負責政府帳戶每週現金流動之管理。

(5)允許英格蘭銀行自行持有外匯準備，以供干預外匯市場之需。

(6)依據 1997 年 10 月英格蘭銀行與財政部和金融服務業監理局所簽定的了解備忘錄 (Memorandum of Understanding)，英格蘭銀行不再擔負個別銀行監督者的任務，僅就整體金融體系之穩定負責。

　　有關 1998 年英格蘭銀行法案的補充，見諸 2001 年 12 月 1 日開始生效之 2000 年金融服務與市場法案 (Financial Services and Markets Act 2000) 中。

10.3.2　美國聯邦準備體系

在西元 1775～1783 年獨立革命時期，美國國內並無完全獨立的銀行，與英國關係惡化後，所有政府財政融通事務，悉仰賴法國、荷蘭、西班牙等國的銀行協助。當時擔任大陸議會 (Continental Congress) 金融管理主席的費城金融家摩理斯 (Robert Morris)，於 1781 年向大陸議會註冊創設北美銀行 (Bank of North America)，以協助革命所需資金籌措事宜。獨立後第一任財政部長漢彌爾頓 (Alexander Hamilton) 認為美國需要一家如英格蘭銀行一樣的聯邦註冊銀行，以協助中央政府的財政融通。1791 年第一合眾國銀行 (The First Bank of the United States) 在華盛頓 (George Washington) 總統力排眾議下批准設立，給予期限二十年營業執照。美國國內正式出現了分別向聯邦政府與各州政府註冊設立的雙元銀行體系 (dual banking system)。1811 年第一合眾國銀行執照期滿，國會以外國人持股比例過高為由，強力杯葛，拒絕發給繼續經營的執照。1812 年國會正式對英宣戰時，旋即發現戰費籌措發生困難，於是在財政部長葛拉廷 (Albert Gallatin) 的規劃下，批准第二合眾國銀行 (The Second Bank of the United States) 為期二十年（1816～1836 年）的聯邦註冊執照。然而，因為處理 1819 年金融恐慌的措施不當，引發中西部為數眾多的農民與地主不滿，1832 年對第二合眾國銀行抱持不信任的傑克遜 (Andrew Jackson) 總統否決了其繼續營業的申請案，並將所有政府存款提出，第二合眾國銀行亦於 1836 年結束營業。此後直到 1863 年內戰（南北戰爭）爆發前，美國國內進入百家爭鳴的自由銀行 (free banking) 時代，其間財政部亦取得貨幣發行權，以挹注財政需求。1863 年國會通過國民銀行法案 (National Banking Act)，正式允許聯邦註冊銀行設立，並接受財政部的存款。1864 年修正案中，允許聯邦政府對州註冊銀行發行的鈔券，課徵聯邦稅，此舉導致銀行改以活期存款代替鈔券發行。

美國的金融體系於 1880 年代遭逢多次金融恐慌，國會終於在 1907 年一次影響重大的危機後，組成國家貨幣委員會 (National Monetary Commission) 探究其原因，最後提議設置一個對抗金融危機的機構。聯邦準備法案 (Federal Reserve Act) 於 1913 年通過，並於 12 月 23 日經威爾森 (Woodrow Wilson) 總統簽署實施。法案中陳述其目的在建立聯邦準備銀行 (Federal Reserve Banks)，俾便有彈性的供給通貨、訂定重貼現率提供銀行利用商業本票重貼現的管道、以及對美國境內銀行進行有效的監督等事務。此一法案充分展現美國民眾對於中央集權式機構的禁忌，因此規劃將職司全國貨幣最後供給者的重任，分別交由公私合資的十二個地區聯邦準備銀行分權負責。此一精神持續至今不變。

然而事後證明此一法案並不完備，1930 年代經濟大蕭條期間，聯邦準備銀行束手旁觀的態度，最後造成為數高達總數三分之一的商業銀行，由於流動性不足，步向破產的命運，其功能不彰成為眾矢之的。有關聯邦準備職責的後續增列與修正，則散見於日後通過的其他法案中；較重要者計有 1933 年銀行法、1935 年銀行法、1946 年就業法、1970 年銀行控股公司法修正案、1978 年國際銀行法、1978 年充分就業與平衡成長法，規定聯邦準備局就其政策推行與總統經濟目標相符提出公開說明；1980 年存款機構管制解除與貨幣控制法；1989 年金融機構改革、復原、與強化法；1991 年存款保險公司改善法。1935 年銀行法對聯邦準備體系的組織結構作了重大的改革，其中包括在美國首都華盛頓特區設置聯邦準備理事會，授權其於法定範圍內訂定適當的法定存款準備率，賦予其對各地區聯邦準備銀行所提重貼現率的同意權，以及設置公開市場操作委員會負責公開市場操作相關的策略與方針。而國會對於經濟政策基本職責的責付規定，則主要見於 1946 年就業法與 1978 年充分就業與平衡成長法二個法案中，包括配合經濟擴充潛力的經濟成長、高度的就業與穩定的物價水準。

當今聯邦準備體系的任何決定，無論是操作工具的採用或政策目的的選定，都無須經行政當局認可，亦不受其約束，可

調完全擁有工具獨立 (instrument independence) 與目的獨立 (goal independence) 二項獨立性。因為美國憲法賦予國會發行貨幣的權力，而國會於 1913 年將此一權力轉授予聯邦準備體系，因此主事者必須於每年 2 月 20 日與 7 月 20 日前，赴國會報告相關業務的執行狀況。由此一點觀之，聯邦準備體系可稱得上是一個完全獨立於行政系統的機構。

聯邦準備體系由一個設址於美國首都華盛頓的聯邦準備體系理事會 (Board of Governors of the Federal Reserve System) 與分散在全國十二個地區的聯邦準備銀行 (Federal Reserve Banks)，再加上聯邦公開市場委員會 (Federal Open Market Committee, FOMC) 和聯邦顧問委員會 (Federal Advisory Council) 共同組成❶。

理事會理事 (Governor) 成員七人，由總統任命並經國會同意，任期十四年，不得連任。理事主席同樣由總統自理事中選任，經國會同意後任命，任期四年。聯邦公開市場委員會由理事會的七位理事、紐約聯邦準備銀行總裁、再加上四位輪值的總裁擔任委員所組成。各地區聯邦準備銀行由理事會指派的三位經理，加上由管轄地區商業銀行選派的六位經理，共九個部門經理 (director) 與共同推選並經理事會同意的總裁 (president) 組成。聯邦顧問委員會的十二位成員，則由各聯邦準備銀行選派。

就貨幣政策的分工而言，理事會負責制訂存款準備率，並對各地區聯邦準備銀行所擬之重貼現率行使同意權；聯邦公開市場委員會由理事主席擔任召集人，每年集會十次，負責制訂、執行、並監視貨幣供給與信用的成長目標。各地區聯邦準備銀行負責重貼現率的制定、款項收付系統的運作、以及通貨的發行與分配事務。由組織架構與官員的任命程序觀之，理事主席充分掌控各項貨幣政策制定的決策權，而歷任理事主席確實也

❶ 十二家聯邦準備銀行分別設於波士頓、紐約、費城、克里夫蘭、里其蒙、亞特蘭大、芝加哥、聖路易、明尼亞波利斯、堪薩斯市、達拉斯、舊金山等十二個城市。

擁有至高無上的權力。

聯邦準備與財政部的通貨管理署 (Office of the Controller of the Currency) 和聯邦存款保險公司 (Federal Deposit Insurance Corporation) 分工，分別執行對聯邦註冊銀行、國民銀行以及州註冊銀行的監理事務。理事會則統籌銀行控股公司、外國銀行、以及國際銀行業務的管轄權。理事主席並代表美國參加國際貨幣基金會、國際清算銀行、經濟合作與發展組織等國際組織會議。

■■ 10.3.3　歐洲體系中央銀行

西元 1988 年 6 月，歐洲委員會 (European Council) 確定經濟與貨幣聯盟 (Economic and Monetary Union) 的發展方向，並委由總裁狄洛 (Jacques Delor) 組成規劃小組，研擬進程。由狄洛與歐洲各國中央銀行總裁等產官學界組成的規劃小組，於 1989 年提出的狄洛報告書 (Delor Report) 中，擬議三階段邁向經濟與貨幣聯盟的 1992 歐洲單一市場 (1992 European Single Market) 建議案，並於該年 6 月獲得委員會通過。

步向單一市場的第一階段自 1990 年 7 月啟動，首先取消各會員國資本移動的管制，並由過去的貨幣合作，進而推動以物價穩定為目標的貨幣政策協調 (coordination) 事宜。組成工作小組，為第三階段的繁複事務，預擬實施細節。

進入爾後的二個階段前，首要之務為修訂俗稱羅馬條約 (Treaty of Rome) 的歐洲共同體條約，以為設置相關機構法律案之依據。談判結果於 1991 年 12 月完成，並訂定簽約日為 1992 年 2 月 7 日，後來因為各國民眾行使同意權延擱，歐洲經濟聯盟條約終於在 1993 年 11 月 1 日於荷蘭的馬斯垂克鎮 (Maastricht) 完成簽署，又稱為馬斯垂克條約 (Treat of Maastricht)。經濟聯盟的進程隨即進入第二階段。

1994 年 1 月 1 日歐洲貨幣機構 (European Monetary Institute, EMI) 設立，象徵歐洲貨幣聯盟第二階段的起始。EMI 的主要任務有二：

(1)強化各會員國中央銀行間的合作以及貨幣政策協調。

(2)為建立歐洲體系中央銀行 (ESCB) 鋪路，以便於第三階段時推行單一貨幣政策與建立單一貨幣。

EMI 成為建立 ESCB 相關問題與意見的交流處所。1995 年 12 月歐洲委員會確定將來統一貨幣的名稱為歐元 (euro)，並確定第三階段的啟動日期為 1999 年 1 月 1 日。EMI 先後於 1996 年 12 月完成新貨幣的設計，於 1997 年 6 月向委員會提出新的匯率機制 (ERM–II)。同時，委員會接受德國所提規範會員國財政政策的安定與成長方案 (Stability and Growth Pact)。

1998 年 5 月 2 日，由各國領袖所組成的歐洲聯盟委員會，無異議通過十一個會員國申請於 1999 年 1 月 1 日起採行單一貨幣的入會案，同時對 ECB 理事主席人選的任命達成共識 ❷。十一個創始會員國亦於同月 25 日各自任命 ECB 的總裁、副總裁、以及四名理事，任命案自 6 月 1 日開始生效。EMI 的階段任務自此告一段落。1999 年 1 月 1 日開始，十一個參加國採行永不更改的固定匯率制度，並遵守 ECB 的決策，實行單一貨幣政策。希臘亦於 2001 年 1 月獲准加入成為第十二個會員。

設址於德國法蘭克福 (Frankfurt) 的歐洲體系中央銀行 (European System of Central Banks, ESCB)，由歐洲聯盟十五個會員國的歐洲中央銀行 (European Central Bank, ECB) 與國家中央銀行 (National Central Bank, NCB) 組成。歐元體系 (Eurosystem) 泛指採用歐元的會員國中央銀行，並根據條約將維持穩定的物價水準列為其主要任務。在不違背此一目標的前提下，歐元體系尊重並支持聯盟國的一般經濟政策，並依開放型經濟的原則執行任務。

---

❷　分別為比利時、德國、西班牙、法國、愛爾蘭、義大利、盧森堡、荷蘭、奧地利、葡萄牙、芬蘭等十一國。希臘於 2001 年獲准加入成為第十二個會員國。

歐元體系的基本任務為:

⑴規劃與執行歐元區的貨幣政策。

⑵執行外匯操作。

⑶持有並管理歐元區的外匯準備。

⑷推行歐元支付系統順利運作。

此外,歐元體系亦負責協調各主管當局,監督信用機構與安定金融體系的政策。各 ECB 分別在聯盟各會員國內推動經濟立法工作,並擔負顧問事宜。為了實現 ESCB 的任務,透過各 NCB 的協助,由各 ECB 負責蒐集相關統計資料。

歐元體系採中央集權的決策模式,所有決策由 ECB 的最高決策委員會 (Governing Council) 與執行理事會 (Executive Board) 決定。在所有的十五個會員國尚未全部實現第三階段之前,總務委員會 (General Council) 同樣兼負決策功能。

最高決策委員會由所有已加入歐元區的會員國理事與中央銀行總裁組成,主要職責為訂定並盡其所能達成賦予歐元體系的功能;制訂歐元區的貨幣政策,包括訂定適度的貨幣中間目標、主要的利率水準以及供給歐元體系所需之準備金;並為完成職責建立必要的指導原則。

執行理事會由對貨幣與銀行事務專精之知名人士六人分為主席、副主席和四個成員組成,主要職責是依據最高決策委員會的決策與指示,實現貨幣政策的推行,必要時得指揮會員國的中央銀行。

總務委員會由總裁、副總裁以及十五個會員國中央銀行總裁組成,其職責為:

⑴擔任 ECB 的顧問。

⑵蒐集統計資料。

⑶制訂各 NCB 的標準會計程序與業務報告所須之必要措施。

⑷管理 ECB 的資本、人事規章、以及為推行會員國不可變更固定匯率的必要準備工作。

　　歐元體系為一個獨立的組織，執行任務時，其決策不受任
何 ECB、NCB 或其他外部機構干涉。ESCB 立法確保各國中央
銀行總裁以及各理事的任命；其中總裁的任期至少五年，執行
理事任期至少八年，所有任官只有在能力不足以執行所肩負的
任務或發生嚴重的行為不檢，並經歐洲委員會法庭判決確定時，
方得以撤換。

　　ECB 的資本額為 50 億歐元，全部由各會員國中央銀行捐
助，各國分配的額度依 GDP 與人口比例訂定。會員國必須全額
繳付所分配之 40 億股款，非會員國則每年依其配額的 5% 支付
營運費用。此外，會員國中央銀行尚須依其股權比例，提供總
額相當於 400 億歐元的外匯準備，其中 15% 必須是黃金，剩餘
的 85% 則以美元與日圓撥付。

　　在 ESCB 建立前，各國中央銀行已經有了自己專屬的款項
收付系統，1999 年開始採行統一貨幣後，ESCB 立即建立一個
專供歐元款項收付與清算的系統，稱為 TARGET (Trans-Euro-
pean Automated Real-time Gross Settlement Express Transfer Sys-
tem)，意即泛歐洲自動化即時總額交割快速轉帳系統，整合十
二個會員國與三個準會員國和 ECB 本身的款項收付系統。

■■ 10.3.4　日本銀行

　　居中央銀行地位的日本銀行 (Bank of Japan)，創立於 1882
年明治維新時期，其典章制度完全仿照比利時國民銀行
(National Bank of Belgium)。在此之前，日本曾經以美國的國民
銀行為範本，建立其本國的銀行體系，後來因為國情不同而作
罷。1882 年由政府出資，將大阪銀行收歸國有，與設址於東京
的日本銀行共同肩負國內與國際金融事務。自從成立以來，日
本銀行始終都接受財政部（大藏省）指揮，二者合作無間，對
日本經濟發展的貢獻功不可沒。1989 年日本股市泡沫化時，雙
方意見分歧，直到 1998 年 4 月 1 日日本銀行法 (The Bank of

Japan Law) 生效前，日本銀行始終依據財政部的指示辦事，毫無獨立性可言。

1998 年日本銀行法開宗明義揭示日本銀行的任務，為發行貨幣以及執行通貨與貨幣控制，並且確保銀行與其他金融機構資金清算事宜順利運作，以維護金融體系的秩序。貨幣控制以穩定物價為主，以利國民經濟的健全發展。日本銀行在執行貨幣控制問題上，具有自主性，但是必須將相關決策與決策過程公諸於世。所有決策必須與政府相關單位保持密切聯繫，以求政策上的和諧。

日本銀行法第二章規定，日本銀行設置政策會 (Policy Board)，由總裁、二位副總裁以及經由內閣任命的六位外部理事所組成，理事任期為五年。以下列示由政策會所主導的通貨與貨幣控制事項：

⑴訂定並變更基本貼現率 (basic discount rate)，以及貼現票券的期限。

⑵訂定並變更基本放款利率 (basic loan rate)，以及貸款的種類、期限、和用於貸款之擔保品 (collateral) 的價值。

⑶訂定存款準備的比例，與計算基準日。

⑷訂定經由買賣債券方式執行貨幣市場控制的準則。

⑸訂定其他方式的貨幣市場控制準則。

⑹訂定日本銀行據以執行通貨貨幣控制的當前經濟情勢觀點。

除了上述經由投票表決之事項外，政策會亦須就下列事項制定決策：

⑴依據第 37 條第 1 款與第 38 條第 2 款之規定，辦理貸款。亦即，在安定金融情勢的前提下，接受內閣、首相、金融部長的命令或要求，對存款機構提供無擔保放款。

⑵依據第 39 條第 1 款之規定，應首相與金融部長之授權，決定提供金融機構款項清算所需資金，以緩和金融情勢；並在授權範圍內決定對商業活動產生重大影響之事項。

為了促進金融部長所指示的國際金融合作事務，依據第 40

條第 3 款規定，自行買賣或代理外國中央銀行與日本擁有會員資格的國際機構買賣外匯；就第 41 條與第 42 條之規定內容啟動與外國中央銀行或國際機構相互交易，其中包括(1)收受日圓存款、(2)買賣政府債券以交換存款、(3)收受可轉讓之有價證券與其他託管物、(4)擔任外國中央銀行與國際機構買賣政府公債的中介、經紀人、或代理人、(5)接受金融部的指揮管理外國中央銀行與國際機構所持有的日圓存款與資產。

此外，以日本中央銀行的身分，從事與外國中央銀行與國際機構合作所須之交易活動，其中包括金融部長所提出或經其批准的國際財務援助：(1)以存放於國際清算銀行的資金，貸款外國中央銀行、(2)對外國中央銀行與國際機構提供直接貸款。

綜觀日本銀行法對其最高決策機關政策會職責之規定，日本的中央銀行幾乎完全不具有獨立行政的權力,而須接受首相、金融部長、乃至內閣之要求行事。銀行法第 43 條更明文規定日本銀行法僅得以執行該法所規定之事務，遇有法律未明定之事務，若與其經營目的有關者，仍須事前經金融部長或首相批准，方得為之。此一現象應該是沿襲過去日本銀行與其他官方單位合作無間，成功的創造出繁榮的經濟局面的傳統有關。

10.4 我國中央銀行

國民政府於民國 17 年 10 月 6 日公布「中央銀行條例」，確定中央銀行為國家銀行,同時將民國 12 年設址於廣州的中央銀行遷往上海,正式開設總行。民國 24 年中央銀行法正式公布後，隨即改革紛亂的幣制，先以中央、中國、交通、以及農民四家銀行所發行之鈔券作為法償幣,直到民國 31 年始統一鈔券發行事宜，將全國鈔券發行事宜，集中統由中央銀行辦理。民國 34 年受財政部委託，開始代理執行全國金融機構的檢查工作。民國 38 年隨國民政府遷臺，初期將大部分業務委託臺灣銀行辦

中央銀行
www.cbc.gov.tw

理，直到民國 50 年 6 月 27 日，政府公布中央銀行復業方案，重新執掌現代中央銀行職能。

　　民國 68 年中央銀行法經全面修訂通過，中央銀行由原來隸屬總統府改隸行政院，同時正式授予中央銀行檢查全國金融機構業務之任務。此後，中央銀行法再於民國 86 年為配合加入世界貿易組織，以及民國 91 年為配合行政程序法而進行小幅修訂。以下介紹民國 91 年通過的中央銀行法中有關中央銀行總則、組織與業務三章的內容。至於民國 93 年所提較進步的修正案內容，則摘列於其後。

　　中央銀行法第二條規定中央銀行經營之目標如下：

　(1)促進金融穩定。

　(2)健全銀行業務。

　(3)維護對內及對外幣值之穩定。

　(4)於上列目標範圍內，協助經濟之發展。

可見中央銀行以穩定貨幣金融為首要之務，並在任務執行無礙下，方得兼顧經濟發展之需，此點與西方各國相同。

　　依據中央銀行法第五條，中央銀行設理事會，置理事十一人至十五人，由行政院報請總統派充之，並指定其中五人至七人為常務理事，組織常務理事會。除央行總裁、財政部長及經濟部長為當然理事，並為常務理事外，應以具有實際經營農業、工商業及銀行業者至少各一人。除當然理事外，理事任期為五年，期滿得續派連任。理事會之職權如下：

　(1)有關貨幣、信用及外匯政策事項之審議。

　(2)資本額調整之審議。

　(3)業務計劃之核定。

　(4)預算、決算之審議。

　(5)重要章則之審議及核定。

　(6)各分行設立及撤銷之審議。

　(7)各局、處、會正副主管及分行經理任免之核定。

(8)總裁提議事項之審議。

前項各款職權，理事會得以一部或全部授權常務理事會。常務理事會之決議，應報請理事會追認。理事會應訂定會議規則，並報請行政院備查。

中央銀行另設監事會，置監事五人至七人，由行政院報請總統派充之。行政院主計長為當然監事。除當然監事外，監事任期為三年，期滿得續派連任。監事會置主席一人，由監事互推之。監事會綜理行務之發展與監督事宜。基於業務需要，中央銀行內設置業務局、發行局、外匯局、國庫局、金融業務檢查處、經濟研究處、秘書處、會計處八個局處，以及中央印製廠與中央造幣廠，共十個單位。目前並於紐約與倫敦二個國際金融中心設有代表辦事處，以便就近蒐集最新國際金融資訊。

中央銀行掌理我國貨幣發行事務，中央銀行法第十六條規定，央行發行及委託發行之貨幣，應以金銀、外匯、合格票據及有價證券，折值提列十足準備。硬幣則免提發行準備。

既為擔負貨幣發行的機構，中央銀行自應扮演銀行的銀行與最後貸款者的角色。中央銀行對各銀行之融通，依第十九條之規定辦理，如下：

(1)合格票據之重貼現，其期限：工商票據不得超過九十天；農業票據不得超過一百八十天。

(2)短期融通，其期限不得超過十天。

(3)擔保放款之再融通，其期限不得超過三百六十天。

對銀行之重貼現與其他融通，得分別訂定最高限額。金融機構自中央銀行取得資金融通，須支付利息。中央銀行法第二十一條依貸款種類，區分為重貼現率及其他融通利率，由央行就金融及經濟狀況決定，然後公告之。

為管理貨幣供給並約束銀行信用擴充，中央銀行法第二十三條規定，央行應收管適用銀行法規定之金融機構存款及其他各種負債準備金，並得於下列最高比率範圍內，隨時調整各種存款及其他負債準備金比率，其調整及查核辦法，由央行定之：

⑴支票存款，25%。

⑵活期存款，25%。

⑶儲蓄存款，15%。

⑷定期存款，15%。

⑸其他各種負債，25%。

除了前項其他各種負債之範圍，由央行另定之外，必要時中央銀行對自一定期日起之支票存款、活期存款及其他各種負債增加額，得另訂額外準備金比率，不受前項所列最高比率之限制。央行對繳存準備金不足之金融機構，得就其不足部分按第十九條第一項第二款無擔保短期融通，依第二十一條所定之利率加收一倍以下之利息。換言之，補足銀行法定準備為中央銀行的義務，而中央銀行得對此課徵懲罰性利息。

此外，中央銀行法第二十四條規定，中央銀行依法收管信託投資公司繳存之賠償準備。第二十五條規定，央行經洽商財政部後，又得以隨時就銀行流動資產與各項負債之比率，規定其最低標準。

除了上述重貼現與法定準備率政策工具外，中央銀行所掌握的貨幣政策工具尚有銀行存放款利率管理、公開市場操作、金融機構存款之轉存、選擇性的信用管制措施以及外匯管理五類。

10.4.1　銀行存放款利率管理

中央銀行法第二十二條規定，央行得視金融與經濟狀況，隨時訂定銀行各種存款之最高利率，並核定銀行公會建議之各種放款利率之幅度。

10.4.2　公開市場操作

中央銀行法第二十六條與第二十七條規定，中央銀行得視金融狀況，於公開市場買賣由政府發行或保證債券以及由銀行

發行之金融債券與承兌或保證之票據；並規定，為調節金融，得發行定期存單、儲蓄券及短期債券，並得於公開市場買賣之。

10.4.3　金融機構存款轉存

第二十條規定中央銀行為協助經濟建設，得設立各種基金，運用金融機構轉存之儲蓄存款及其他專款，辦理對銀行中、長期放款之再融通。此處金融機構指基層金融與郵匯局等與銀行形成互補的金融機構。在已知貨幣供給下，基層金融與郵匯局存款（因為薪資轉帳而自銀行體系流出）增加後，銀行體系可能面臨短期資金不足的困境，中央銀行得利用改變轉存款，將此一部分資金再流回銀行體系，以達成穩定金融的機動功能。

10.4.4　選擇性的信用管制措施

中央銀行得以採行之選擇性的信用管制措施，部分規定於中央銀行法中，中央銀行於必要時，得就銀行辦理擔保放款之質物或抵押物，選擇若干種類，規定其最高貸放率（第二十八條）；亦得就銀行辦理購建房屋及購置耐久消費品貸款之付現條件及信用期限，予以規定，並管理之（第二十九條）；得對全體或任何一類金融機構，就其各類信用規定最高貸放限額（第三十一條）。第三十條規定央行就銀行辦理對證券商或證券金融公司之融通，訂定辦法管理之。

10.4.5　外匯管理

幣值的穩定除了對內物價穩定的目標外，尚包含對外幣值穩定。基於此一目標，中央銀行必須握持外匯準備，以備干預外匯市場之需。中央銀行法第三十三條明定中央銀行持有國際貨幣準備，並統籌調度外匯。第三十四條規定，中央銀行得視

對外收支情況，調節外匯供需，以維持有秩序之外匯市場。相關的外匯業務於第三十五條中列示：

　⑴外匯調度及收支計劃之擬訂。

　⑵指定銀行及其他事業辦理外匯業務，並督導之。

　⑶外匯之結購與結售。

　⑷民間對外匯出、匯入款項之審核。

　⑸民營事業國外借款經指定銀行之保證、管理及其清償、稽催之監督。

　⑹外國貨幣、票據及有價證券之買賣。

　⑺外匯收支之核算、統計、分析與報告。

　⑻其他有關外匯業務事項。

銀行與其他事業申請辦理外匯業務應具備之條件、審查程序、核准指定、業務範圍、廢止指定及其他應遵行事項之辦法，亦同由中央銀行定之。

　　中央銀行經理國庫業務,經管國庫及中央政府各機關現金、票據、證券之出納、保管、移轉及財產契據之保管事務（第三十六條）;經理中央政府國內外公債與國庫券之發售及還本付息業務（第三十七條）。在未設分支機構地點，必要時得委託其他金融機構辦理。

　　關於中央銀行業務的最後二條規定金融檢查與資訊蒐集事務。第三十八條中央銀行依本法賦予之職責，辦理全國金融機構業務之檢查。前項檢查，得與財政部委託之檢查配合辦理。信用合作社及農會信用部之檢查，中央銀行得委託公營金融機構辦理。第三十九條中央銀行為配合金融政策之訂定及其業務之執行，應經常蒐集資料，編製金融統計，辦理金融及經濟研究工作。

　　民國 91 年中央銀行根據政府改造委員會所訂定的「獨立機關建制理念與原則」，提出「中央銀行法修正草案」，經行政院院會於同年 6 月通過，並函送立法院審議中。該草案係就健全組織架構、改善業務執行、以及改進歲計處理等三方面修正，

共五十條，主要內容如下：

(1)確立中央銀行理事會為國家貨幣、信用、外匯政策之最高決策組織。中央銀行理事應專業、專職，人數精簡為七人，任期交錯，不得參加政黨或政治活動。

(2)增設政策諮詢委員會，遴選業界代表與學者出任委員，均為兼任。在新制下，專任成員組成的理事會與兼任成員組成的諮詢委員會，彼此相輔相成，使貨幣政策的制訂更為嚴謹與周延。

(3)明列確保支付系統健全運作為中央銀行的經營目標。我國中央銀行同業資金電子化調撥清算作業系統、財金資訊公司營運的跨行通匯系統、台灣票據交換所的票據交換系統等三大重要支付系統九天的交易量，即相當於一年的國內生產毛額，可見支付系統對經濟金融的重要性，其健全運作有賴中央銀行以資金最後融通者的地位，隨時監控、適時介入，以維持金融安定。

其他修正重點包括：

(1)修正中央銀行辦理各項融通的條件，以配合業務實際需要。

(2)增訂中央銀行得訂定金融機構利率揭示原則，以符合公平、公開的原則。

(3)中央銀行可收受其他國家中央銀行或國際金融機構存款；並得參與國際金融組織以及簽署國際貨幣協定，以因應參與國際金融活動的需要。

(4)修正中央銀行對金融機構的檢查規定，以配合金融監督管理制度的改進；並增列妨礙中央銀行檢查的處罰規定，以落實檢查成效。

(5)中央銀行為蒐集資料，編製金融統計，辦理金融與經濟研究工作，得以書面限期令相關機構、團體或個人據實提供資料，屆期不提供者，依行政執行法執行，使金融統計資料臻於確實。

(6)增列中央銀行資產或負債因匯率變動所生損失，由兌換差

價準備帳戶餘額抵沖以及不足抵沖部分的處理方式。

10.5 結 語

政府設置中央銀行統籌監督管理金融體系之事務，遲至二十世紀方始出現。在此之前，民營銀行即利用款項清算與支付系統，進行相互監督之事務。民營銀行自我約束的自律體系，受制於利益衝突，又難敵整體性的金融恐慌，於是在不兌換貨幣體系下，唯一擁有法償幣發行權的中央銀行成為唯一有能力拯救銀行危機的機構。雖然如此，今日中央銀行應扮演銀行的銀行這個最後貸款者的角色，仍然在金融風暴中，始獲得承認。

1970 年代以來各國政府將經濟政策的重心轉向貨幣政策，中央銀行的地位再度更上一層樓。然而，到了二十世紀末，此一認知發生了重大的變革。人們不再迷信經濟政策的功能，於是貨幣政策的多元功能，由繁入簡。今後中央銀行的政策地位僅限於維持物價穩定、利用款項清算與支付系統監督銀行資金運作、以及提供確實資訊予金融交易參與者。在這三大目的下，金融體系趨向安定應該指日可待。

複習題

1. 試述款項清算與支付系統的功能。其如何運作？
2. 試述中央銀行的功能，其中何者在近年來已有所改變？
3. 試列舉各國中央銀行的決策機關以及其任務。
4. 試利用網路資源蒐尋各國中央銀行的款項清算與支付系統。

Chapter
11

貨幣供給的來源與控制

在 不兌換貨幣體系下，政府所發行的貨幣具有無限法償效力。然而，當社會大眾將政府貨幣存入銀行活期存款帳戶後，因具有隨時得以提現的性質，使得活期存款等同於貨幣。銀行利用存款戶保留在存款帳戶內的閒置餘額，從事資金貸放與投資等授信活動。這些貸放出去的款項，大部分仍然轉存到銀行體系的存款戶頭內，成為新增加的存款，因此銀行授信活動產生貨幣創造的結果。政府主管機關為防止銀行過度貸放，以致發生顧客提現時無資金可用的困境，乃有法定存款準備制度的設置。所謂法定存款準備是由銀行就不同流動性的存款餘額，依據中央銀行所訂定的法定存款準備率，提撥一定百分比的金額，以庫存現金或存放在中央銀行帳戶中的形式，加以保留。銀行得就手中所持有超過法定準備以外的資金，辦理放款或從事投資等營利活動。

假設銀行收入 100 元現金存款，並依法提撥 20% 法定準備金後，即有 80 元資金供其運用。換言之，整個經濟體系因此多出 80 元可貸資金，若透過貸款方式轉交借款人使用，則貨幣供給即憑空增加 80 元。銀行是否會將此 80 元可貸資金全數貸放出去？貸放出去的款項，流向何處？若被借款人提領出去，其中的一部分或全部極有可能再度轉存入其他銀行帳戶中，後續的變化又會如何？最後結果如何？本章第一節對這些問題加以探討。銀行最初收到的 100 元存款資金，指的是政府所發行而由公眾持有的法償幣，也是銀行據以創造貨幣的基礎。這些法償幣如何流到公眾手中？第二節介紹中央銀行以改變或控制銀行據以創造貨幣的各種基礎為手段，將此一資金注入經濟體系。第三節以我國的貨幣統計以及相關資料，配合前二節的說明，探討影響我國貨幣供給額的因素。法定準備率的高低，明顯的影響銀行可貸資金的多寡，銀行如何突破這項限制，提高貸放資金的能力？電子商務時代，新科技如何協助銀行提升貸放以及營利能力？換言之，新科技如何影響銀行創造貨幣的能力？對貨幣供給帶來何種影響？第四節對電子貨幣時代的貨幣供給，加以分析探討。

11.1　商業銀行信用創造過程與貨幣供給

重・點・摘・要

銀行將所收到的原始存款利用授信方式創造出新的存款貨幣,創造貨幣的多寡受到制度面的法定存款準備率,行為面的通貨比例與超額準備率所影響。

為了分析銀行的授信活動對貨幣供給的影響,本節先由一個最簡單的情況加以討論,然後將複雜的因素逐一列入,以探索現代貨幣經濟體系中,貨幣創造的過程,以及控制貨幣供給的方向。

■■ 11.1.1　一個最簡化的貨幣供給決定模型

假設

貨幣創造 (money creation)

商業銀行經由授信過程而創造出貨幣代替品。

法定存款準備率 (required reserve ratio)

商業銀行依法必須就其所收存款餘額中留一部分以庫存現金或存放央行的方式持有的比率。

⑴全國只有一家銀行,經辦一種存款業務。

⑵上述存款適用之法定存款準備率為 $rr = 20\%$,並以庫存現金的形式持有。

⑶銀行為追求最大利潤,必定將所有可資運用的資金充分利用 (銀行永遠將其超額準備維持在零的水準)。

⑷銀行的授信活動僅限於放款。

⑸借款客戶將所借得的款項全數存放於銀行,並無現金流出情事。

若一顧客持 10,000 元現金來行存入其個人戶頭中,銀行因此獲得 10,000 元準備金,存款餘額為 10,000 元。依規定銀行須保留 2,000 元法定準備 (假設⑵),因此有 8,000 元的超額準備可供運用。於是銀行將這筆 8,000 元的超額準備全數貸放出去 (假設⑶與⑷)。基於保管與付款的便利,借款人又將借得的款項存回銀行 (或借款人將款項支付與第三者後,又經其全數轉存入銀行)(假設⑴與⑸)。此時準備金總額不變仍為 10,000 元,存款餘額則增加為 18,000 元,而法定準備隨之提高到 3,600 元,超額準備下降為 6,400 元。再將此一超額準備 6,400 元全數貸放

出去後，存款總額再增為 24,400 元，法定準備亦隨之提高為 4,880 元，超額準備則下降到 5,120 元。如此反覆運用，當最初存入的現金 10,000 元全數成為法定準備時，存款總餘額成為 50,000 元，總放款餘額為 40,000 元。若視流通在銀行體系以外的通貨加銀行存款之總和為貨幣供給量，則貨幣供給量最後增加到 50,000 元（存款增加了 50,000 元），其中 40,000 元的淨增加額是由經由銀行運用而創造出來者。以上存款與貨幣供給創造的過程，可由表 11.1 中看出。

表 11.1　存款與貨幣創造過程

存款	總準備	法定準備	超額準備	放款		△貨幣供給	
10,000	10,000	2,000.00	8,000.00		0.00		0.00
18,000	10,000	3,600.00	6,400.00		8,000.00		8,000.00
24,400	10,000	4,880.00	5,120.00		6,400.00		6,400.00
29,520	10,000	5,904.00	4,096.00		5,120.00		5,120.00
33,616	10,000	6,723.20	3,276.80		4,096.00		4,096.00
—	—	—	—		3,276.80		3,276.80
—	—	—	—		—		—
50,000	10,000	10,000	0	合計	40,000	合計	40,000

以上說明商業銀行經由擴大授信活動，對貨幣供給量所產生的影響。現在歸納上述結果。假設客戶存入一元通貨使得準備金總額增加一元。保留法定準備 rr 後，銀行的第一波授信擴充為 $1-rr$。轉入存款後，法定準備金成為 $rr + (1-rr)rr$，而超額準備即為 $1 - [rr + (1-rr)rr] = 1 - 2rr + rr^2 = (1-rr)^2$。銀行再以此超額準備金進行第二波授信活動，金額為 $(1-rr)^2$，並使存款等額增加。依此類推，第三波授信額為 $(1-rr)^3$。如此反覆進行授信擴充，當其極限到達時，存款總額即為

$$1 + (1-rr)^2 + (1-rr)^3 + \cdots = \frac{1}{1-(1-rr)} = \frac{1}{rr} \qquad (1)$$

此 1/rr 即為每一元原始存款，經充分運用後，最終會產生存款總額的倍數，亦稱為存款乘數或貨幣乘數。在本模型中，當銀行的準備金總額變動為 ΔTR 後，存款總額的變動額最高可達

存款乘數 (deposit multiplier)

指經濟體系存款餘額與某一種特定準備金餘額間的倍數關係。

貨幣乘數 (money multiplier)

指一種貨幣存量與某一種特定準備金餘額間的倍數關係。

準備金總額 (total reserve)

指銀行體系內全體銀行的庫存現金與其存放在中央銀行帳戶的餘額二者之和。

$$\Delta D = \frac{\Delta TR}{rr} \tag{2}$$

在一個存款顧客不提領現金的經濟體系內，貨幣供給增加額等於存款增加額；$\Delta M = \Delta D = \Delta TR/rr$。但是，因為最初存入的款項是以現金存入，經濟體系的現金餘額減少了 ΔC，因此，

$$\Delta M = \Delta C + \Delta D = \Delta C + \Delta TR \times \frac{1}{rr} \tag{3}$$

上例中，利用顧客原始存入的 10,000 元擴大授信活動，最後存款總額增加了 $\Delta D = \$10,000 \times (1/0.2) = \$50,000$。至於貨幣供給的變動，則因為一方面開始時經濟體系減少了 10,000 元現金轉入銀行手中，一方面銀行又利用此一資金承作放款而創造了 40,000元存款，再加上原始存款 10,000 元，計增加到 50,000 元存款額。因此，貨幣供給的變動額 $\Delta M = -\$10,000 + \$50,000 = \$40,000$，為原始總準備增加額的四倍。

依據上式，舉凡法定準備率或銀行準備金總額變動，皆可引發銀行擴大其授信活動，從而導致存款，乃至貨幣供給量增加。在不兌換貨幣時代，銀行準備金總額增加的來源，不外經由增加持有庫存現金或提高存放在中央銀行的存款二個途徑實現。在上述模型中，銀行亦可發行其他債務憑證吸收流通在銀行體系以外的通貨（或游資）、出售資產予中央銀行或向中央銀行舉債，以換取其在中央銀行的存款或準備金。在後二種方式中，銀行通常處於被動的地位，購買或借款與否的主導權掌握在中央銀行手中,故亦成為中央銀行控制貨幣供給的一種手段。這一點在第十章討論中央銀行時，曾有說明。此外，調整法定準備率，亦可直接影響銀行的準備地位。例如，降低存款準備率，可立即提高銀行的超額準備，從而擴大銀行的授信能力，具有擴大貨幣供給量之效；而提高存款準備率，則壓低銀行的超額準備，具有緊縮貨幣供給量之效。例如，當法定準備率由上述 0.2 降為 0.1 後，銀行體系立即增加 50% 的超額準備，可以用來繼續創造信用。此時貨幣乘數即由五倍擴大為十倍。在不兌換貨幣制度下，有關法定準備率之規定，對金融體系影響

至巨，因此多經由立法加以規範。又因為中央銀行負有調節金融的任務，立法時亦多訂定一特定範圍，然後授權中央銀行在規定範圍內，視金融情勢的變遷機動調整。

■■ 11.1.2　簡單模型的複雜化

以上所介紹的模型為一種最簡單的模型，與實際情況頗有出入，本小節將前述假設逐一解除，以探討真實經濟體系的狀況。

(一)經濟體系內銀行家數不只一家

就對貨幣供給的影響而言，改變此一假設並不影響前述分析結果。修正時，可以將上述「銀行」一詞，更改為「全體銀行」，則所有結論完全不變。當然，在此情況下，個別銀行會因貸款資金流進與流出，而受到不同程度的影響，自不待言；例如，甲銀行的放款客戶，將取得的資金一部分改存到乙銀行的帳戶中，結果造成甲銀行準備金下降至準備不足的地位；另一方面，乙銀行準備金增加，乙銀行可選擇自行運用超額準備，擴大放款業務，亦可選擇將多餘資金透過同業拆款市場，貸放予甲銀行，以補足其準備不足的窘境。準備不足的銀行，會在資金市場競逐所需資金，直到法定準備補足為止。故資金由一家銀行轉移至另一家銀行時，並不會對整體的貨幣供給造成任何影響。

當銀行家數不只一家時，每一家銀行為顧及放款資金流出，而減少放款金額，但是其所減少的放款額則由其他銀行補足，全體銀行的放款總額不會因此有所改變。

(二)銀行經辦放款以外的授信業務

銀行對客戶直接辦理貸款與投資相關機構所發行的有價證券，二者本質上完全相同，都是資金運用的途徑。可供投資的

資金額同樣來自顧客的存款，而釋出的資金同樣會回流到銀行存款帳戶，並成為爾後再利用的來源。因此增加投資或其他資產項目後，上述結果完全不受影響。

㈢貸款客戶持有現金餘額

貸款客戶可能會提領一部分現金留在手中，而追求最大利潤的銀行亦未必須將所有超額準備全數貸放出去（銀行須顧及存戶要求提領款項未能如願時，所可能產生的不利負面影響）。以下討論這二項假設不存在下的影響。

假設經濟體系內民眾對現金的需求 (C)，與存款餘額 (D) 保持一個特定比例 $(c = C/D)$，稱為通貨比例。此外，銀行體系另保留存款餘額的一部分作為超額準備 (ER) 不予運用，其佔存款總額的一個特定比例 $(er = ER/D)$，稱為超額準備率或俗稱的「爛頭寸」。

通貨比例 (currency ratio)

民眾手中所持有通貨額佔存款餘額的比率。

超額準備率 (excess reserve ratio)

銀行準備金扣除法定準備金後的餘額佔存款餘額的比率。

假設通貨比例 $c = 0.1$，超額準備率 $er = 0.1$，法定準備率同前 $rr = 0.2$。假設民眾持 10,000 元來銀行開立存款帳戶。表 11.2 中顯示銀行體系的總準備、法定準備、超額準備、授信額、貨幣累積、通貨持有、存款增加以及存款累積的變動結果。第一列顯示顧客存入 10,000 元後，存款等額增加。銀行計算法定準備與超額準備分別為 2,000 元 (= \$10,000 × 0.2) 與 1,000 元 (= \$10,000 × 0.1) 後，第二列顯示銀行將多餘的 7,000 元 (= \$10,000 − 2,000 − 1,000) 貸放出去。此 7,000 元貸款額被分割為二部分，其中約 636 元 (≈ \$7,000 × 0.1/1.1) 被借款人以現金形式提領出去，其餘約 6,364 元 (≈ \$7,000 × 1/1.1) 則存入存款帳戶內。經此交易後，貨幣供給增加 7,000 元，等於授信額。存款餘額累積到 16,364 元，所需法定準備增加為 3,272.7 元，超額準備增加為 1,636.4 元，總準備金下降為 9,364 元。銀行體系計算可運用資金額為 4,455 元，第三列顯示銀行將此資金貸放出去，以及……。如此繼續循環進行，直到可共運用資金降為零時停止。最後一列顯示，整個循環下來後，經濟體系的貨幣供給量計增

加 19,250 元，而存款餘額則增加 27,500 元。與表 11.1 之結果
相較，無論貨幣供給與存款創造皆大幅減少。此乃因為通貨持
有額隨銀行放款而增加，削弱了銀行後續承作放款的能力所致。

表 11.2　存款與貨幣創造過程

總準備	法定準備	超額準備	授信額	貨幣累積	通貨持有	存款增加	存款累積
10,000	2,000.0	1,000.0	–	–	–	10,000	10,000
9,364	3,272.7	1,636.4	7,000	7,000	636	6,364	16,364
8,959	4,082.6	2,041.3	4,455	11,455	405	4,050	20,413
8,701	4,598.0	2,299.0	2,835	14,289	258	2,577	22,990
–	–	–	–	–	–	–	–
8,250	5,499.9	2,750.0	0	19,250	0.02	0.195	27,500

以下推導貨幣總數之總準備乘數。首先，上例中假設銀行
收到顧客存入的第一筆存款 ΔD_0 後，總準備增加 ΔTR。該筆存
款不會被提領出去，但是仍須計提二種準備金。計算該筆原始
存款須動用準備金 $\Delta D_0 \times (rr + er) = \Delta TR \times (rr + er)$，此後銀行
即利用剩餘的總準備金 $\Delta TR - \Delta TR \times (rr + er) = \Delta TR \times (1 - rr -
er)$ 展開信用創造過程，直到此一資金用罄。銀行每創造一筆信
用後，貨幣供給即隨之等額增加 $(\Delta L = \Delta M)$。創造之信用額中，
依 $c/(1 + c)$ 之比例成為現金流出，其餘 $1/(1 + c)$ 則轉入存款
(ΔD)。因此，每一次授信後，即耗用總準備金 $\Delta D \times (rr + er + c)$。
當所有可供使用的準備金完全利用後，

$$\Delta TR \times (1 - rr - er) = \Delta D \times (rr + er + c) \qquad (4)$$

將(4)式整理後得

$$\Delta D = \Delta TR \times \frac{1 - rr - er}{rr + er + c} \qquad (5)$$

此即為銀行所創造的存款額。當信用創造過程結束時，銀行的
總存款變動額為原始存款與創造存款變動之和。

$$\Delta TD = \Delta D_0 + \Delta TR \times \frac{1 - rr - er}{rr + er + c} \qquad (6)$$

在整個授信過程中，流出銀行體系的現金總額為，

$$\Delta C = \Delta D \times c = (\Delta TR \times \frac{1 - rr - er}{rr + er + c}) \times c \qquad (7)$$

貨幣供給量變動額為以上存款創造額(6)式與現金流出額(8)式之和。

$$\Delta M = \Delta C + \Delta D = (\Delta TR \times \frac{1-rr-er}{rr+er+c}) \times c + (\Delta TR \times \frac{1-rr-er}{rr+er+c})$$

$$= \Delta TR \times (\frac{1-rr-er}{rr+er+c} \times (1+c)) \tag{8}$$

式中 $(1-rr-er)(1+c)/(rr+er+c)$ 即為貨幣供給的總準備乘數。

　　將上例各參數值 $rr = 0.2$, $er = 0.1$, $c = 0.1$，以及 $\Delta TR = \$10,000$ 代入(5)式中，即得創造之存款額 $\Delta D = \$10,000 \times (1 - 0.2 - 0.1)/(0.2 + 0.1 + 0.1) = \$10,000 \times (0.7/0.4) = \$10,000 \times 1.75 = \$17,500$。由(6)式或直接加總後，得總存款變動額為 $\Delta D_0 + \Delta D = \$10,000 + \$17,500 = \$27,500$。將各參數值代入(7)式中，即得信用創造過程中之現金流出總額為 $\Delta C = \$10,000 \times 0.1 \times (0.7/0.4) = \$1,750$。直接利用(8)式，或將上述存款增加額與現金增加額相加，即得貨幣供給增加額為 $\Delta M = \$17,500 + \$1,750 = \$19,250$。

㈣資金來源多元化

　　銀行資金的來源，除了活期存款外，尚有各種期限的定期存款以及銀行所發行的各式長短期金融債券。這些不同形式的負債，受到不同的法定準備率所規範；銀行經營時，對各種期限負債所保留的超額準備，未必相同；公眾對於不同類型存款的現金比例，亦未必相同。此外，必要時銀行亦可以向中央銀行告貸款項。這些因素使得真正構成貨幣乘數的內容，不再如此單純。若欲將各種可能性一一列出，不僅困難度提高，而且在日新月異的金融體系內，永遠不可能將所有因素完全列入。因此，貨幣主管當局必須另謀對策，以簡化分析工作，並利於執行貨幣政策。

㈤其他準備與貨幣基數乘數

實證研究時，銀行體系的準備金總額與貨幣供給量間的乘數關係，受到上述複雜性所影響，未必永遠保持固定狀態。若乘數變動過大時，可能是模型設定不當所致。除了檢討各種參數的固定性外，改進的方向可能由提高原模型的複雜化著手；例如，將存款分活期與定期，使上述貨幣存量明確劃分為 M1 與 M2 二種，再檢查結果；亦可以利用其他與準備金總額接近之各種準備金統計量為基準，分別計算相對應的貨幣乘數，以觀其變動情況。常見可供使用的準備金統計量計有貨幣基數 (monetary base) 或強力貨幣 (high powered money)、自由準備 (free reserves)、超額準備 (excess reserves)、借入準備 (borrowed reserves)、非借入準備 (non−borrowed reserves) 等等。以下以貨幣基數為例，說明貨幣供給量與貨幣基數間的關係如何建立。

根據定義，貨幣基數 (MB) 等於在中央銀行以外流通的通貨與銀行存放於央行的存款總額之和，$MB = C + TR$；亦即，$\Delta MB = \Delta C + \Delta TR = \Delta D \times c + \Delta D \times (rr+er) = \Delta D \times (rr+er+c)$，因此 $\Delta D = \Delta MB \times [1/(rr+er+c)]$；因為 $\Delta M = \Delta C + \Delta D = \Delta D \times (1+c)$，故

$$\Delta M = \Delta MB \times \frac{1+c}{c+rr+er} \tag{9}$$

式中 $(1+c)/(rr+er+c)$ 即為貨幣供給的貨幣基數乘數。

貨幣基數乘數 (monetary base multiplier)
指一種貨幣存量與貨幣基數間的倍數關係。

假設各參數值如前所述，當貨幣基數增加 10,000 元後，貨幣供給量可以增加為 $\Delta M = \$10,000 \times (1.1/0.4) = \$27,500$。此處須注意的是，此一結果只有當貨幣主管當局或中央銀行對整個銀行體系注入一筆 10,000 元準備金後，方得以實現。事實上，貨幣基數的增減，完全來自中央銀行利用增減其資產科目所產生的等額負債而發生。此一負債額可以為通貨發行額或銀行存放在中央銀行的存款額增減，其直接流向皆指向銀行，而成為銀行的總準備金。下一節會對此詳加討論。

理論上，在一個現金比例不穩定的經濟體系中，無論現金保留於銀行庫存中或由公眾所持有，皆不出貨幣基數的範圍之外，因此使得貨幣基數成為較易精確控制的數量變數。當中央銀行採用其他類別的準備金統計數為目標時，此亦為重要考慮因素之一。

每當論及貨幣供給控制的問題時，目前一般大致不脫離由某種定義的銀行準備著手。茲將可供使用的準備金定義介紹如下：

1. 準備金總額

準備金總額 = 銀行庫存現金 + 銀行在中央銀行的存款
　　　　　 = 法定準備 + 超額準備
　　　　　 = 借入準備 + 非借入準備。

2. 自由準備

自由準備 = 超額準備 − 借入準備
　　　　 = 準備金總額 − 法定準備 − 超額準備。

3. 貨幣基數

貨幣基數 = 公眾持有現金餘額 + 銀行體系準備金總額。

㈥貨幣控制與實證貨幣乘數

無論採用何種準備金統計量為手段，以控制貨幣供給為目標時，各種準備金統計量與貨幣存量間都具有不同的乘數關係如下：

$$MX = XR \times m \tag{10}$$

式中 MX 指 X 類貨幣彙總數（例如，$M1$、$M2$），XR 指 X 類準備金（例如，TR），m 為對應該特定類別準備金的貨幣乘數（例如，M1 的總準備乘數）。一般而言，這些乘數受到政府政策或公眾行為所影響，因此除非發生重大的環境與政策變革，短期內應該不會任意變動。因此，考慮貨幣控制時，須同時觀察實證貨幣乘數 (empirical multiplier) 的穩定性 (stability) 與可預測

性 (predictability)，以及所對應特定類別準備金的可控制性 (controllability) 三項因素。

　　所謂實證貨幣乘數，是將實際的貨幣存量統計值與實際的特定類別準備金統計值 (XR) 相除而得；$m = MX/XR$。所謂穩定性與可預測性，通常可以由所計算得之實證乘數的時間序列圖中窺見。所謂特定準備金的可控制性，指中央銀行是否真能精確的掌握並控制該準備金的發生值。例如，超額準備的主導權在商業銀行手中，銀行願意增減所持有的超額準備，自有其自身利害的考量，並非中央銀行所能主導。因此，即使超額準備與貨幣存量間的乘數關係非常穩定，又非常容易作成精確的預測，倘若中央銀行無法有效的控制銀行的超額準備，就貨幣控制的觀點而言，亦屬枉然。

　　過去三十餘年來，各國中央銀行曾經於不同時期，針對當時的客觀環境與需要，分別採用不同類別的準備金，作為執行貨幣政策時所操控的操作目標。1970 年代以前，貨幣政策大多以穩定極短期的銀行同業拆款利率或聯邦資金利率（美國）為目標，貨幣供給量成為隨需求而變動的內生變數，而非政策變數。1970 年代通貨膨脹嚴重的時期，歐洲各國改以自由準備作為其操作目標，希望藉穩定的自由準備，確實控制貨幣供給量，以達成穩定物價水準的最終目的 (goal)。由上述定義知，中央銀行密切觀察構成銀行體系自由準備的超額準備與借入準備二項統計量，隨時藉各種手段使二者之差維持在一個穩定水準。1979 年 10 月以後，美國聯邦體系同樣針對嚴重通貨膨脹問題，採用非借入準備作為操作目標，密切觀察銀行體系準備金總額與借入準備二者的變化，使其差額維持穩定。嚴格控制貨幣供給量下，利率水準成為內生變數，不再固定而急遽上升。1982 年中期隨著通貨膨脹問題消逝後，自 6 月起採用兼顧利率水準與貨幣供給量的政策目標，隨時視外在環境的變遷，選擇適當的政策工具，並以通貨膨脹為貨幣政策的優先目的，在物價穩定的前提下，促進經濟成長。下一節介紹中央銀行控制貨幣供給的

操作目標 (operation target)
中央銀行運用操作工具得以立即直接影響的金融變數。

操作工具。在此之前，先看看我國貨幣體系的實證貨幣乘數，以及相關統計量。

圖 11.1 顯示中華民國貨幣統計中的四種實證貨幣乘數：M2 與 M1B 的總準備乘數與各自的貨幣基數乘數。過去十年內，此四種貨幣乘數皆呈現上升趨勢，表 11.3 列示十年內平均增加率、標準差、與變異性（標準差除以平均數）三種統計量。就穩定性而言，以 M2 貨幣總數與準備貨幣（貨幣基數）乘數的變異性最低。近二年來，中央銀行又注意到債券型基金與 M2 間的密切代替性，亦將一個由 M2 與債券型基金餘額的統計量列入考慮。

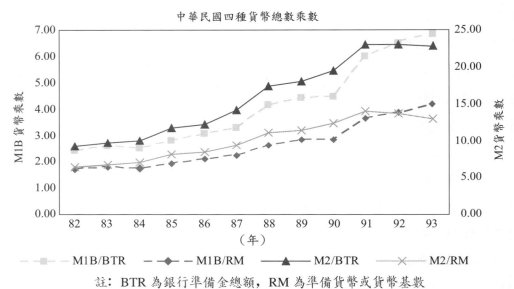

中華民國四種貨幣總數乘數

註：BTR 為銀行準備金總額，RM 為準備貨幣或貨幣基數

圖 11.1　中華民國 M1B 與 M2 實證貨幣乘數

表 11.3　四種貨幣乘數變動率統計值

	M1B/BTR	M1B/RM	M2/BTR	M2/RM
平均增加率	0.1041	0.0878	0.0866	0.0709
標準差	0.1013	0.0799	0.0825	0.0649
變異性	0.9732	0.9107	0.9527	0.9158

註：BTR 為銀行準備金總額，RM 為準備貨幣或貨幣基數，變異性為標準差除以平均數後的商數。

11.2 中央銀行控制貨幣供給的操作工具

　　中央銀行對經濟體系的影響，主要是透過其對貨幣供給量的控制而實現。第一節介紹貨幣供給的創造過程中，我們將貨幣供給的決定，分為二個要素：對應某一種準備金統計量的貨幣乘數與該準備金的數量。構成貨幣乘數的內容，與經濟主體的行為參數或法律規定的法定準備率直接相關聯，通常

重・點・摘・要

中央銀行利用各種操作手段，改變其本身所持有的資產，並從而改變構成銀行體系創造存款貨幣基礎的各種準備金，以實現控制貨幣供給的任務。

較為固定不變。至於構成準備金統計量的內容，則為各種貨幣資產，主要者有貨幣基數或銀行準備地位二種。本節探討中央銀行如何控制這二種影響貨幣供給的因素。

　　表 11.4 顯示中央銀行、商業銀行（以下簡稱銀行）、以及政府機構與社會大眾（以下簡稱公眾）三者的資產負債表。貨幣供給量為公眾所持有的現金與銀行存款餘額，加上銀行的庫存現金三個項目之和。銀行與公眾二者的現金餘額等於中央銀行的負債項目——通貨發行額（表中後附有 (M) 之會計科目）；而公眾存放於銀行的存款餘額，則為商業銀行的負債（見表中後附有 (1) 之會計科目）。銀行存款中一部分為銀行經由授信過程而創造者（見表中後附有 (2) 之會計科目），授信的額度受到銀行所持有的準備金總額所約束。銀行準備金餘額包括其庫存現金與其存放在中央銀行的存款，這二項屬於中央銀行負債的項目（見表中後附有 (R) 之會計科目）。因為貨幣基數由上述通貨發行額加上銀行存放於央行的存款組成（見表中後附有 (B) 之會計科目）；而銀行的準備金總額，又為銀行庫存現金與其存放在中央銀行銀行同業存款項下的存款二個項目之和。因此，貨幣基數所包含的內容，較銀行準備金總額多出公眾所持有之現金餘額。無論通貨發行總額的一部分或全部，以及銀行存放央行的存款，皆為中央銀行的負債。

表 11.4　中央銀行、商業銀行、政府機構與社會大眾的資產負債表

中央銀行

放款	通貨發行額 (M)(R)(B)
有價證券	國庫存款
國外資產	銀行同業存款 (R)(B)
其他資產	可轉讓定存單
	儲蓄券
	國外負債

商業銀行

庫存現金 (M)(R)(B)	存款 (1)(2)		
存放央行餘額 (R)(B)	央行重貼現		
放款 (2)	可轉讓定存單		
投資 (2)	金融債券		
國外資產 (3)	國外負債		

政府機構與社會大眾

現金 (M)(B)	銀行貸款 (2)
銀行存款 (M)(1)(2)	有價證券
國外資產	國外負債
其他資產	其他負債

中央銀行可以透過資產管理為手段，控制其貨幣性負債，以實現控制上述二種準備基礎的目的。理論上，中央銀行可以非常精確的控制準備金總數，應無庸置疑。

中央銀行的資產包括放款、有價證券、與國外資產三大項目。放款為對銀行的資金融通，主要是在銀行無法滿足其法定準備金的要求時，扮演最後貸款者的角色而進行，通常屬於被動性質。買賣有價證券的活動，限定在政府所發行的有價證券，完全操之在中央銀行，操作過程中除了須顧及對利率水準的影響外，應屬最具有機動性的手段。中央銀行國外資產的增減，則是基於穩定匯率的目的，對外匯市場進行干預而發生。除此之外，中央銀行尚可利用發行可轉讓定期存單或儲蓄券等方式，吸收市場游資；或動用其決定法定準備率的權力，立即而直接改變銀行的準備地位；尚可動用其對銀行的影響力，經道德勸說影響銀行承作放款的對象。以上對銀行貸款、買賣有價證券與外匯、改變法定存款準備率等手段，通稱為中央銀行控制貨幣供給時的操作工具。以下分別說明這些不同的操作工具。

道德勸說 (moral suasion)

中央銀行利用與銀行主事者溝通與意見交流而影響銀行的授信活動。

■■ 11.2.1　公開市場操作

　　中央銀行在公開市場內，利用買進或賣出政府債券或國庫券的方式，達成改變上述貨幣基數的目的，此一過程稱為公開市場操作。這是各國中央銀行最常使用的工具。買進上述有價證券後，中央銀行的資產增加，而相對應的負債增加，即成為金融體系的強力貨幣，具有擴張的作用；反之，賣出上述證券後，其資產與負債或金融體系的強力貨幣隨即下降，具有緊縮的作用。中央銀行於必要時亦得自行發行各式債務工具，影響強力貨幣的餘額；例如，發行可轉讓定期存單或儲蓄券，以吸收游資，並達成降低銀行體系超額準備的目的。

公開市場操作 (open market operation)

中央銀行在公開市場買進或賣出政府公債。

　　公開市場操作時，可以視情況採取買賣斷 (outright) 的方式，或以附買回 (repo) 與附賣回 (reverse repo) 的方式進行交易；後者多為一到十五天期的短期融通交易。二種方式適用的時機不同，因此公開市場操作的類別，可以分為動態性公開市場操作與防衛性公開市場操作二種。

1. 動態性公開市場操作

　　遇經濟情勢過熱或過冷時，主動進入市場吸收或挹注資金，以求長期改變金融體系的準備地位，期能藉此扭轉當前景氣循環的方向。

動態性公開市場操作 (dynamic open market operation)

中央銀行主動依經濟情勢的需要進行公開市場操作。

2. 防衛性公開市場操作

　　市場供需發生暫時性失衡時，為維持當前情勢不變，而採取的一種守勢操作；例如，年節前民眾大量提現，銀行體系現金漏損過鉅，造成銀行體系資金吃緊。因為屬於季節性的短暫現象，俟年節過後現金回籠時即可自行獲得紓解，中央銀行利用附買回式的交易，適時釋出資金，以緩和銀行體系資金不足的壓力，同時消除金融市場的不安定現象。

防衛性公開市場操作 (defensive open market operation)

中央銀行為釘住既定操作目標而進行公開市場操作。

　　公開市場操作具有實施時機的靈活性、金額控制的精確性、效果的立即性、發生錯誤時的易修正性、以及運用買賣價格直

接控制市場利率等優點。但是，實施公開市場操作的先決條件是擁有一個健全的政府公債與國庫券市場，這一點卻正是許多開發中國家所缺乏者。目前除了美國外，世界上大多數國家並不具備這種優良的條件。將銀行發行或經其承兌或保證的有價證券，列入可以買賣的證券名單中，為一種解決之道。

為了補充市場籌碼不足的影響，我國中央銀行過去曾不定期發行乙種國庫券，作為公開市場操作的工具，此項措施自民國 87 年起已經被可轉讓定期存單取代。中央銀行定期存單的發行與持有對象為銀行、信託投資公司、票券金融公司、中華郵政公司、以及其他經中央銀行核可的金融機構。定存單的發行面額分 500 萬元、1,000 萬元、與 1 億元三種，自民國 80 年 10 月後，全部改以無實體的方式發行。目前定期標售之定存單，其期限計有 14 天、28 天、91 天、182 天、364 天、以及 2 年期六種，並於必要時隨時發行其他特定期限的存單，以掌握市場不同天期資金的動態。此項定存單的發售利率，已經成為許多金融工具的指標利率。民國 72 年 1 月開始實施附買回操作，由於成效良好，已經成為中央銀行調節新臺幣資金的重要工具。

■■ 11.2.2 重貼現與其他融通措施

中央銀行回應開立準備金帳戶銀行的要求，經由貼現窗口對其所作的直接貸款融通，融通方式包括重貼現、短期融通、擔保放款再融通三種。

中央銀行辦理貸款時，通常要求銀行提出合格票據以為擔保，或證明其貸款用途，性質類似貼現，故名為重貼現。可供重貼現擔保品的票據，計有銀行承兌匯票、商業承兌匯票、商業本票等，因實際交易行為而發行的合格票據。貼現時向告貸銀行收取之利息，稱為重貼現息。銀行向中央銀行申辦重貼現時，中央銀行是處於被動地位，缺乏主動出擊的效果。貼現利率的決定，由中央銀行片面為之，中央銀行往往藉改變公告重

重貼現 (rediscount)

銀行向中央銀行請求融通的總稱。

貼現利率的方式，產生宣示性效果，以昭示政策方向的轉變，並收預先提醒金融體系注意之效。短期融通以上述合格票據、政府債券、中央銀行所發行之可轉讓定期存單、或存放於中央銀行的準備金與其他中央銀行認可之有價證券作為擔保品，向中央銀行申請資金融通。所謂擔保放款再融通，指銀行將已承作經中央銀行同意之放款、或為配合中央銀行政策所作之放款，轉向中央銀行再融通，以彌補資金缺口。

宣示性效果 (announcement effect)

中央利用宣示其對當前經濟情勢的態度，而自發性的引出所期望見到的結果。

銀行為一專業的金融機構，理當善於理財，當其必須向中央銀行告貸應急時，可能代表銀行經營管理出現了嚴重差錯，因此，有人建議中央銀行的重貼現率，應高於市場利率，以示懲罰，否則中央銀行的地位將由最後貸款者變為最初貸款者。英國經濟學者與銀行家松頓 (Henry Thornton) 和巴吉歐 (Walter Bagehot) 二人提出有關中央銀行授信的三點準則，如下：

(1)中央銀行的融通只能視為暫時的紓解之道，必須附有擔保，而且只能對經營良好的銀行為之。

(2)中央銀行在進行融通時，不得因此而損及其在支援一國款項收付系統方面的任務，或中斷正在執行中的貨幣政策。

(3)融通應採懲罰性利率。

我國中央銀行對銀行的短期融通與擔保放款再融通，分別訂有不同的適用利率；自民國 82 年至今，中央銀行依據重貼現率加碼 0.375%，訂定擔保放款再融通利率；民國 80 年代短期融通利率始終維持在 9.625% 的水準，民國 91 年 6 月後方隨重貼現率下降而降低，並依擔保放款再融通利率加碼 1.875% 計息。銀行申請短期融通的金額，每月平均不得超過當月應提存款準備金的 10%，若超逾限額，則逾限金額的利息，改按中央銀行所公告短期融通利率的 1.2 倍計算。銀行若連續二個月均向中央銀行申請短期融通，自第三個月起的利息，同樣改按公告利率的 1.2 倍計算。

美國聯邦準備體系內，重貼現率由各地區聯邦準備銀行自訂，經聯邦準備理事會核准後實施。除了重貼現外，尚有基本

融通 (primary credit)、第二類融通 (secondary credit)、季節性融通 (seasonal credit) 三種短期融通措施。基本融通是對經營健全的銀行所作的保證貸款措施，此類貸款利率即為貼現率，通常按聯邦基金利率加碼 1% 訂定。第二類融通是對營運欠佳且流動性嚴重不足的銀行所給予的融通，貸款利率按貼現率加碼 0.5% 計算，以示懲罰。季節性融通是對旅遊與農業地區的小銀行所承作，以協助其解決淡季所面臨的困境，惟此一措施已經考慮終止辦理。季節性融通利率，通常依聯邦基金利率與可轉讓定存單利率的平均值徵收。

事實上，今日中央銀行任務繁雜，再加上金融商品種類繁多，上述原則不易兼顧。例如：中央銀行可以藉買進告貸銀行發行的可轉讓定期存單，達成授信的效果，並不需要透過重貼現方式為之。然而，遇金融情勢不安時，為了避免金融風暴的發生與擴大，即使經營不善的銀行告貸，中央銀行仍須勉強給予援助，而此項授信往往又非短期得能收回。在國際金融市場整合密切的情況下，一家經營成效卓著的銀行，往往可以輕易於國外取得或運用資金，無須仰賴中央銀行協助，故重貼現的功能亦隨之逐漸沒落。

重貼現率為一種公告的經濟指標，改變後易引發許多爭議，因此，往往造成運用時躊躇不前延誤時機。另一方面，銀行向中央銀行告貸次數太多，又可能引來中央銀行金融業務檢查，故為多數銀行所不願意採用，此亦促使銀行盡量避免經由此一管道獲得融通。

■ 11.2.3 國外資產增減

中央銀行為穩定外匯市場，依特定的匯率買進或賣出外匯，致使其外匯準備或國外資產增加或減少，其對國內貨幣供給的影響與公開市場操作相同，直接影響貨幣基數。為了避免因穩定匯率而導致國內利率水準或貨幣供給變動，中央銀行通常會

採取沖銷的措施，運用公開市場反向操作，以維持貨幣基數不變。例如，當匯率因需求增加或供給減少而出現上升跡象時，中央銀行依原匯率無限制出售外匯，使匯率維持固定不變。但是出售外匯的行動卻導致貨幣基數下降，以致國內利率水準上升。此時，中央銀行另行於公開市場買進債券，再將流回之貨幣基數重新注入經濟體系，使貨幣基數與利率水準維持原狀。同理，當外匯供給增加或需求減少，以致匯率出現下降跡象時，中央銀行可以依原匯率將所有超額供給買進，以維持匯率水準不變。因此而造成貨幣基數增加的部分，則利用公開市場操作出售債券，將之回收使恢復原狀。

沖銷式的操作措施，固然可以同時維持匯率與利率穩定，但是這種治標的方法，未必能夠消弭造成外匯市場不安定的根本原因，有時只是將問題爆發的時間延後，反而蓄積更高的匯率動能，終致難以控制的局面。

沖銷 (sterilization)

中央銀行將進行外匯干預所引發的貨幣基數變動額，另經公開市場操作予以抵消，使貨幣供給不變。

11.2.4 法定準備率

銀行必須遵循法律規定，將其所收受之存款，依一特定比例提列為準備金，不得動用，是為法定準備。法定準備率通常由立法機關事先頒布一特定範圍，然後授權中央銀行依需要訂定採行的比例執行，屬於一種全面性的管制措施，與上述公開市場操作及重貼現具有選擇的彈性不同。法定準備通常依各種存款流動性的高低，而訂定不同比率。此項規定主要目的是在確保銀行的流動性，也往往影響銀行的營運，造成經營成本的提高。

就貨幣控制而言，法定準備的設置，僅能限制銀行擴充信用的上限，對於貨幣供給的擴充結果亦同。此外，實務上準備金的管理，並未要求銀行隨時遵行，故對於短期的貨幣控制能力有限。此外，由於其影響立即及於全體銀行，成效廣擴難以事前掌握，故除非需要立即與重大的改變，已經甚少為各國中

央銀行所採用作為貨幣控制的工具。目前加拿大、澳洲、紐西蘭、瑞士等國，已經將法定準備制度完全取消，美國聯邦準備以降低銀行經營成本，強化其資產負債表，並期待爾後將此回饋儲蓄者與借款人為由，於 1992 年 4 月大幅降低法定準備率。新制實施後，各銀行仍然保有相當於過去法定準備下相同的準備金，並未因此而引發授信浮濫的現象，稱得上符合自律的精神。

我國的存款準備制度，於民國 88 年 7 月實施的中央銀行法第二十三條修訂辦法中，作成重大改革，包括取消法定準備率下限，以及將應提準備基礎擴大及於新臺幣存款以外的負債，可見我國中央銀行仍然視法定準備率為一個有效的政策工具。新制之下，中央銀行可以視情況的需要，要求銀行對國外負債以及外匯存款提列準備金。新制中各項負債應提列準備金的上限，分別為支票存款與活期存款 25%、儲蓄存款與定期存款 15%、其他各種負債 25%。

應提準備按當月各種存款與其他負債的平均餘額計算，每月應提的法定準備計算期為每月第一日起至月底止，實際準備的提存期間為每月第四日至次月第三日止，稱為當期準備制，有別於過去所採行每旬（十日）計算存款平均餘額據以計提準備金的落後準備制。此外，為了避免因準備金而凍結銀行的營運資金，各金融機構存放於中央銀行的準備金，分為準備金甲戶（往來戶）與準備金乙戶（計息戶）二種；前者可以隨時提領，不計息；後者則為依據前一期應提法定準備一定成數所計提的存款，成數由中央銀行訂定。乙戶資金不得自由動用，只有在發生異常提領或配合中央銀行貨幣政策等資金需求時，方得以該帳戶餘額為質，申請融通，因此酌予給息。中央銀行亦得於必要時，針對支票存款、活期存款、其他負債的增加額部分，訂定額外準備金比率，不受法定準備率上限之限制。為了確保銀行保有足夠的流動性，我國中央銀行法另外訂定銀行流動資產相對負債比率的最低標準，此項比率由中央銀行與財政

當期準備制 (contemporanious reserve system)

法定準備金的提撥額依當期的存款餘額核計。

落後準備制 (lagged reserve system)

法定準備金的提撥額依上一期的存款額核計。

部洽商後實施。可以作為流動準備的資產項目，計有超額準備、金融業相互借差、國庫券、可轉讓定期存單、銀行承兌匯票、商業承兌匯票、商業本票、公債、公司債、金融債券、以及其他經中央銀行核准的資產。流動比率之規定，自民國 66 年開始實施，並於民國 67 年法定準備率提高至 7% 後，一直沿用至今。

■■ 11.2.5　金融機構轉存款

中央銀行視經濟情勢的需要，亦接受金融機構將其所收存款，轉存入其在中央銀行的往來帳戶，這是我國中央銀行經常使用的一種貨幣控制工具，旨在吸收游資，將之移轉供生產與國家建設使用，或不使過度氾濫。自民國 53 年起，郵匯局即將所有收到的存款，全數轉存中央銀行，供中央政府中長期資金用途，惟自民國 81 年政府財政收支穩定後，此項措施已有所改變，逐漸交由郵政單位自行運用，而以吸收游資為主要考量因素。民國 70 年代游資浮濫時期，更接受交通銀行、臺灣土地銀行、臺灣中小企業銀行、中國農民銀行四家專業銀行轉存款。民國 75 年 3 月起，中央銀行視經濟金融情勢的需要，機動訂定轉存額度，收受銀行的轉存款，皆以一年期為限。

中央銀行一方面於銀行資金不足時扮演最後貸款者的角色，一方面又在銀行資金浮濫時接受其轉存款扮演吸納者的角色，主要是基於其穩定金融的任務所使然，但是，若能將貸款與轉存款的利率予以制度化，則一方面可免落人以圖利特定銀行的口實，又代表一種法則式的政策手段。一種融通廊道的制度，已經在許多國家內實驗中，預料將於數年內發展成為中央銀行執行政策的主流工具。

■■ 11.2.6　廊道式融通制度

近年來，前述加拿大等已經取消存款準備制的國家，另外

廊道式融通制度
(channel/corridor system)

取消法定準備制後，加拿大中央銀行所採行的貨幣控制措施。

發展出了一套合乎市場機制的廊道式融通制度，作為貨幣控制的工具。這套制度以非借入準備為中心，訂定二種利率；其一為中央銀行辦理融通時，對銀行徵收利息所依據的較高隔夜融通利率，稱為倫拔率 (lombard rate) 或現金利率 (cash rate)；另一為中央銀行對各銀行存放款項於央行帳戶時，由央行支付利息所依據的較低利率，稱為付息利率❶。在這種雙利率的系統內，當需求強勁以致市場利率高於倫拔率時，中央銀行依倫拔率無限制提供銀行隔夜資金融通；而當需求低迷以致市場利率低於付息利率時，則依所訂付息利率無限制吸收銀行游資，如此形同將市場利率波動的範圍限定在二個特定水準之間。在這個制度下，準備金的供給曲線，則如圖 11.2 所示，呈現向上的階梯形，階梯轉角處所對應的準備金總額，即為非借入準備目標。

圖 11.2 中，當準備金需求由 D 提高到 D_1 時，中央銀行依倫拔率 R_L 無限制提供隔夜資金融通，市場利率即不會超過該一水準；反之，當準備金的需求由 D 下降到 D_1 時，銀行可以將資金存入中央銀行帳戶中，並依 R_D 的利率水準獲得利息收入。當準備金需求未超過經濟體系的非借入準備總額時，利率水準則在中央銀行容許的「廊道」內（R_L 與 R_D 之間）自由變動❷。目前實施此一制度的加、澳、紐三國，皆以中央銀行所訂政策目標利率為中心，加碼 0.25% 作為倫拔率，減碼 0.25% 作為付息利率。倫拔率透露中央銀行貨幣控制的相關訊息，銀行體系在穩定的環境中運作，可以降低經營的風險。在取消法定準備的呼聲高漲下，廊道式融通制度可望成為世界各國中央銀行未來普遍採行的貨幣控制制度。

---

❶ 倫拔 (lombard) 一詞取自中世紀義大利北方的重要銀行中心 Lombardy。

❷ 此一制度模仿國際金融理論中，許多經濟學家所主張用以穩定匯率的匯率目標區 (target zone) 制度，有興趣的讀者可以閱讀該主題的文章，以了解匯率目標區的最適大小範圍，並體會決定最適「廊道」的寬窄的決定因素。

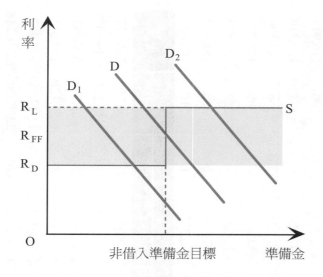

圖 11.2　廊道式融通制度

11.3　影響我國貨幣供給的因素

本節依據前述關於貨幣供給的說明，以實際的統計資料，探索我國貨幣供給的重要決定因素與內容。

表 11.5 列示最近七年每年年底的中央銀行資產負債表。重要的結果如下：

重·點·摘·要

影響我國貨幣供給增加的主要來源為中央銀行在外匯市場購進外匯所釋出的新臺幣貨幣基數。

(1)國外資產佔資產總額的比例始終保持在 81%～88% 之間，民國 90 年後更以每年超過新臺幣 1 兆元的速度增加。

(2)除了民國 87 與 89 二年公開市場操作買進的餘額為正數外，其餘各年的餘額皆為零，可見公開市場操作的主要目的，在回收因國外資產增加所釋出的強力貨幣，其不足之數須另外依賴發行有價證券的方式補足。

(3)對貨幣機構的債權，在近三年來快速增加，但是佔資產總額的比例則保持在 7%～12% 之間。

表 11.5　中華民國中央銀行資產負債表

單位：新臺幣百萬元

民國(年)	資產總額	國外資產	對政府放款及墊款	公開市場操作買入有價證券 小計	政府機構	金融機構	對金融機構債權 小計	貨幣機構	非貨幣機構	庫存現金	其他資產
87	3,654,062	3,063,053	2,040	29,592	19,518	10,074	442,264	442,264	–	200	116,913
88	4,140,407	3,490,868	2,040	–	–	–	507,458	507,458	–	331	139,710
89	4,133,382	3,674,295	2,040	37,860	21,600	16,260	294,521	287,521	7,000	166	124,500
90	5,014,980	4,430,897	2,040	–	–	–	454,918	454,918	–	290	126,835
91	6,577,933	5,775,104	2,040	–	–	–	672,020	672,020	–	257	128,512
92	8,145,026	7,178,305	2,040	–	–	–	807,892	807,891	1	350	158,479
93	8,517,042	7,832,744	–	–	–	–	490,258	490,257	1	210	193,830

民國(年)	國外負債	通貨發行額	政府存款 國庫存款	機關存款	準備性存款 存款機構	中華郵政	其他存款 國庫轉存	定存轉存	郵政轉存	其他	定期存單	淨值
87	–	694,452	66,353	61,351	892,691	78,195	13,559	70,292	919,052	10	190,700	596,177
88	–	806,939	93,900	87,076	769,624	67,084	48,925	131,165	1,017,130	7	617,235	419,332
89	–	708,580	47,449	93,715	818,353	76,798	36,762	102,550	1,045,381	2	561,785	509,682
90	–	692,912	18,506	95,110	723,346	58,014	30,653	429,282	1,176,441	8	953,120	729,074
91	–	698,460	47,162	92,909	806,986	64,696	26,634	553,787	1,286,920	21	1,947,985	972,462
92	–	785,164	31,555	124,897	759,948	75,937	25,551	686,787	1,369,360	110	2,992,365	1,201,241
93	142,202	856,591	51,021	126,616	782,186	80,501	22,211	527,550	1,351,109	121	3,562,885	827,428

資料來源：中央銀行編各期《金融統計月報》。

(4)通貨發行額大致維持在新臺幣 7,000 億至 8,000 億元之間，雖然佔負債總額的比例甚高，惟始終保持在非常穩定的狀態。

(5)存款機構的準備性存款額，大致維持在新臺幣 7,000 億至 9,000 億元之間，呈現穩定的水準。

(6)基於歷史的因素，郵匯局轉存款佔中央銀行負債總額的比例，佔有最高的比例，此一部分成為提供中央銀行國外資產增加的財源，也是中央銀行因執行外匯干預釋出強力貨幣時，最重要的沖銷資金來源。

(7)中央銀行發行可轉讓定期存單的主要目的有二，其一為藉發行各種期限的定存單，以掌握市場利率的動向；其二則為吸收游資。前者依一固定額度循環運用即可，後者則必須依賴發行新定存單方得以竟其功。民國 90 年以後定存單的發行額已超過通貨發行額，民國 91 年以後更以每年 1 兆元的額度大幅增加，並超過郵匯局轉存款，成為金額最高的負債項目。

(8)金融機構定期存款轉存款，自民國 90 年以後亦快速上升，此應反映經濟蕭條，銀行資金無處貸放的窘境。

綜合上述對我國中央銀行資產負債表的研析，國外資產增加實為我國準備貨幣增加的主要來源，中央銀行的貨幣控制任務，幾乎完全以沖銷此一項目為主。在長年國際收支順差下，中央銀行國外資產持續增加，除了中央銀行基於穩定匯率而進行買匯干預外，每年至少新臺幣 700 億元的國外資產利息收入，即為自然增殖的因素❸。民國 91 與 92 年間，國外資產增加 NT1.4 兆元，同期內中央銀行可轉讓定期存單新發行量為 1 兆元，尚餘 4,000 億元必須利用其他項目沖銷。表 11.6 列示民國 88 年至 93 年間，各年準備貨幣的變動額與造成變動的各因素。

---

❸　超過 2,000 億美元的外匯存底，若以年利 1% 計息，每年即可獲得 20 億美元利息收入。再依 NT$35 匯率折算，約等於新臺幣 700 億元。

表 11.6　準備貨幣變動分析

單位：新臺幣百萬元

民國(年)	準備貨幣 增(+)減(-)	國外資產	對政府放款及墊款	公開市場買入證券	對金融機構債權	政府存款	國庫轉存款	金融機構定存轉存款	央行發行之定期存單	其他項目
88	-21,822	+607,167	—	-29,592	+65,194	-53,272	-35,366	-159,043	-426,535	+9,625
89	-59,918	+69,077	—	+37,860	-212,937	+39,812	+12,163	+364	+55,450	-61,707
90	-127,348	+581,852	—	-37,860	+160,397	+27,548	+6,109	-457,792	-391,335	-16,267
91	+112,746	+1,144,507	—	—	+217,102	-26,455	+4,019	-234,984	-994,865	+3,422
92	+50,628	+1,275,921	-2,040	—	+135,872	-16,381	+1,083	-215,440	-1,044,380	-84,007
93	+98,232	+1,054,375	—	—	-317,634	-21,185	+3,340	+177,488	-570,520	-227,632

資料來源：中央銀行編各期《金融統計月報》。

表 11.7　M2 與 M1B 貨幣總數變動分析

單位：新臺幣百萬元

民國(年)	M2貨幣總計數 增(+)減(-)	國外資產淨額	對政府債權	對公營事業債權	對民營企業等債權	政府存款	其他項目(淨額)	準貨幣	M1B貨幣總計數 增(+)減(-)
88	+1,358,291	+816,018	+354,313	-22,900	+212,574	-106,418	+95,390	-705,895	+652,396
89	+1,152,784	+469,063	+330,027	+23,190	+220,488	-8,298	+94,968	-1,167,892	-15,108
90	+839,149	+820,214	+255,686	+79,908	-493,924	-10,750	+162,379	-305,361	+533,788
91	+510,068	+973,550	-43,520	+17,907	-416,357	+59,309	-111,506	-44,339	+465,729
92	+1,178,515	+1,025,701	+45,474	-45,246	+456,829	-39,527	-264,716	-125,987	+1,061,243
93	+1,575,671	+719,018	-117,913	+52,599	+1,494,269	+4,410	-576,712	-760,503	+815,168

資料來源：中央銀行編各期《金融統計月報》。

　　貨幣供給總數是由流通在中央銀行以外的通貨，與各種流動性不同的存款共同組成。前者為中央銀行的通貨發行額，後者則由銀行顧客的原始存款與經銀行體系授信而創造出來的各式存款二者組成。顧客的原始存款一般是以現金存入，已列於通貨發行額中。銀行體系授信活動，透過改變各式資產額，而創造或消滅新存款貨幣，因此觀察銀行的資產變動，即可掌握各種貨幣供給總計數的動態。表 11.7 列示我國銀行體系，自民國 88 年至 99 年各年度各類資產變動狀況，以及由此所統計出來的 M2 與 M1B 二種貨幣供給總數的變動量，其中 M1B 餘額的變動量等於 M2 餘額變動量扣除準貨幣變動量而得。茲綜合說明如下：

(1)民國 88 年至 93 年間，M2 貨幣總數每年平均增加 1 兆 565 億元，M1B 則增加 2,983 億元。隨著 1997 年發生的亞洲金融風暴後，我國金融體系於 1998 年（民國 87 年）底爆發了本土型的金融危機，影響所及 M2 在民國 90 與 91 二年的增加額大幅下降，而 M1B 則在民國 89 年出現負成長，並於民國 90、91 二年伴隨 M2 增加額下降而大幅增加。民國 92 年景氣復甦露出曙光，M1B 暴增 1 兆餘元，M2 亦同。

(2)民國 87 年以前，金融機構對民營企業債權的增加額為貨幣供給的主要來源，佔 M2 增加額的 70% 以上，而為 M1B 增加額的七倍左右。然而，民國 88 與 89 二年內，此一比例急劇下降到不足 M2 增加額的 20%。這一急劇變化的原因，主要是受到金融風暴與隨後的景氣蕭條所影響。民國 90 與 91 二年內，此一部分的變動額甚至於出現負值，對民營機構的債權不但未增加，反而大幅度下降。

(3)民國 89 年以後至今，金融機構國外資產增加額，佔 M2 增加額的比例達 100%，成為影響二種貨幣總數變動的主要因素。金融機構國外資產大幅增加，反映國際收支順差的結果。

(4)金融機構對政府的債權增加額，為影響貨幣供給的第三重

要因素，然而，自民國 91 年以後，這一部分增加額則大幅縮水，此應反映政府舉債額度已經接近法律所訂上限的窘境。

(5) M2 與 M1B 二種貨幣總數之差，即為準貨幣，包括企業及個人在貨幣機構之定期存款（包括一般定存及可轉讓定期存單）、定期儲蓄存款、外匯存款（包括外匯活期存款及外匯定期存款）、中華郵政公司儲匯處自行吸收之郵政儲金總數（含劃撥儲金、存簿儲金及定期儲金）、以及企業及個人持有上列機構之附買回交易餘額與外國人持有之新臺幣存款（含活期性及定期性）。表 11.7 中所列準貨幣的變動額全為負值（代表增加），顯示公眾手中並無流動性不足問題。

11.4 資訊科技與電子貨幣對貨幣供給的影響

重·點·摘·要

網際網路為網上購物開啟了新管道，也創造出一種專供網路使用的電子貨幣，這種貨幣的創造，仍然以中央銀行所控制的貨幣基數為基礎，使得存款貨幣不再專美於前。

第三章介紹電子貨幣時提及，當電腦與通訊科技於 1990 年代結合後，金融體系內的款項收付系統，隨之發生了重大的變革。首先登場的是受到空間限制的自動櫃員機提款卡與各種專門用途的儲值卡，然後隨著網路系統的發展與普及後，無遠弗屆的金融卡、智慧卡以及網路貨幣，即次第衍生出來。本節探討這些通稱為電子貨幣的發展，對貨幣供給的影響。

電腦科技的特徵，在於快速處理大量資料，應用到商業上的直接功能，則在於提升工作效率與降低處理成本，並挪出寶貴的稀有資源，供其他用途使用。然而，初期受到價格昂貴的影響，採用電腦作業勢必提高成本，因此在 1980 年代之前，以及在電腦與通訊尚未結合前的封閉系統時期，只有須處理龐大資料的大型企業，方有能力與意願購置。1980 年代個人電腦的出現與普及，改變了一切，銀行內部作業處理開始逐漸電腦化。

及至 1990 年代中期，過去專屬於軍方的通訊網路技術公開後，網際網路的時代終於到來，銀行業立即自此一重大的科技革命中，首度感受到科技的神奇。

　　首先，1970 年代受到高利率影響，而面臨金融反中介的尷尬時期，銀行依賴電腦的快速運算與資料處理能力，得以藉開辦必須依據每日不同利率支息的貨幣市場存款 (money market deposit) 業務，維持其搖搖欲墜的劣勢。當自動櫃員機 (ATM) 普遍後，公眾將持有的現金餘額存入銀行活期存款戶頭內，不僅存款餘額大增，銀行業務亦因 ATM 的分擔而簡化。銀行為吸引顧客存款，開辦了支票存款零餘額的業務 (sweep account)，由顧客授權銀行每日就提示兌現之付款支票總額，自付息的活期存款帳戶一次轉入並付出，使支票存款帳戶的餘額保持為零。如此，顧客的利息收入增加，帳戶管理事務再進一步簡化，銀行亦因為須保留較高比例存款準備的支票存款餘額大幅降低，而增加許多可貸資金，得以擴大進行投資活動。最後，倘若沒有電腦的快速運算與先進通訊技術的即時資訊，隨時提供最新的價格行情與資產估價，資產證券化這種改善銀行流動性問題的發展，絕不可能產生。

　　就貨幣供給而言，儲值卡的提供者，預先向使用者收取款項，然後隨著使用逐次將款項付出，在收入與支出之間，可以將未經使用的餘額妥善運用。因此，發行儲值卡這種數位化現金 (digital cash)，實質上即相當於創造了一種新式的活期存款。若仿照第一節推導貨幣乘數的方法，探討貨幣供給問題，我們可以將貨幣供給定義為 $M = C + DC + D$，其中 DC 指數位化現金餘額。同樣假設公眾依其活期存款餘額的一定比例 $(dc = DC/D)$，持有數位化現金；$DC = dc \times D$，則仿照前述(9)式的模式可得，

$$\Delta M = \Delta MB \times \frac{1 + c + dc}{rr + er + c} \tag{11}$$

式中 $(1+c+dc)/(rr+er+c)$ 即為貨幣供給的貨幣基數乘數。若數位

化現金的比重 (*dc*) 提高，則貨幣供給量隨之增加，此時數位化現金的發行者，即為貨幣供給的創造者。

電子商務泛指利用電腦網路進行的商業交易活動，交易時固然可以使用傳統的貨幣，作為交換的中介。但是，網際服務提供者 (internet service provider, ISP) 通常會建立入口網站，供使用者進入並由此連接至其他網站。ISP 的商機在於向使用者收費，提供商業廣告張貼、再進而發展成為商品的銷售場所。當某一個入口網站的上網人數逐漸增加後，廣告戶爭相在此張貼廣告，銷售者亦願意提供商品在此交易，ISP 的收入增加，一方面可以降低使用者的付費，一方面可以提供上網者折價購物的優惠，吸引更多上網者，形成一種良性循環，亦促成了規模經濟的實現。近年來許多 ISP 開發出一種供該網站使用的交易中介，通常稱為「點數 (points)」，以半買半送的方式轉交消費者，供其用來購買該網站銷售的商品，而商品銷售者可以用收入的點數，繳交網路使用費，或向 ISP 兌換現金。因此，一種專供網站內使用的全新式貨幣呈現在世人面前。ISP 可以再努力，擴大這些交易中介的使用範圍，使及於其他市場。第三章所介紹的 beenz.com 網站，已經與知名的信用卡公司商談合作計劃，擬以 beenz 作為信用卡帳單的支付工具。

以上儲值卡、金融卡、智慧卡等電子貨幣，以及如 beenz 等專供網路使用的新式數位貨幣，都已經在相關機構的規劃下，開始浮現出來，成為政府貨幣與銀行存款以外的新興款項支付工具，而發行者也跳脫了幾百年來，由政府和銀行寡占貨幣發行的局面。新環境下的貨幣控制問題，當然必須脫離傳統的窠臼。但是，貨幣發行數量不可太多，仍然是千古不變的事實。若中央銀行無法直接管理這些新式貨幣的發行，卻不能不密切留意其發行數量，資料蒐集與公告周知，將成為中央銀行的重點工作。此外，就如同黃金仍為人們在紛亂時期的最愛，政府貨幣仍然會保有其無可取代的地位。

11.5　結　語

　　政府為了維護政府貨幣的價值，而嚴格控制貨幣發行量，永遠使其處於稀有狀態。本章顯示商業銀行如何在現有準備金制度下，以顧客所存入的政府貨幣為基礎，利用放款與投資活動創造存款貨幣營利。當銀行所創造的存款貨幣數量逐漸增加後，身為貨幣主管機關的中央銀行同樣須要留意其數量，勿使過之或不及。

　　中央銀行除了運用法律所賦予的決定法定存款準備率為工具外，尚利用調節其資產的方式，改變經濟體系的貨幣基數，以實現控制總體貨幣供給量的任務。1970 年代時，銀行業利用業務創新，以規避法定存款準備的束縛。此後外在環境不斷改變，中央銀行控制貨幣供給的方式，亦一再改變。近年來許多國家已經取消法定存款準備制度，而採行合乎市場機制的廊道式融通制度管理貨幣發行量。

　　1990 年代的網路革命，更帶來了一種新式的電子商務活動，而配合網路交易所使用的專屬貨幣，亦逐漸流傳開來，甚且有跨出網路世界，進入傳統交易領域之勢。這些特種貨幣的出現，可能嚴重威脅由銀行所主導的款項收付系統與提供貨幣代替品的功能，惟政府貨幣永遠會是隱藏在後的主要工具。

複習題

1. 本章第一節所介紹的貨幣乘數的意義何在？若中央銀行將法定存款準備率調降為零，銀行是否即會無限制的擴大其信用創造？

2. 過去三十年來銀行業務創新的項目中有一大部分是以規避準備金為著眼點。假設銀行面臨法定準備不足時，除了向中央銀行與其他同業求助外，銀行尚可採行何種方式補足其法定準備金？

3. 何謂實證貨幣乘數？由貨幣控制的觀點，實證貨幣乘數應具備何種條件？

4. 試比較總準備金、貨幣基數、自由準備與非借入準備四種準備金之差異。由控制貨幣總數的觀點，非借入準備有何特殊處？

5. 何謂公開市場操作？其優點為何？中央銀行與銀行進行附買回交易的著眼點為何？

6. 何謂重貼現？其與中央銀行的短期融通有何不同？

7. 何謂沖銷？通常用在何種場合？其優缺點為何？

8. 我國中央銀行接受金融機構轉存款的理由何在？

9. 近年來若干國家已經取消了法定存款準備制度，而改以廊道式融通方式管理貨幣。試述何謂廊道式融通制度？其與我國的金融機構轉存款制度有何異同？

10. 試在網路中尋找一種網路貨幣，仔細說明其內容、當前的適用範圍與使用方法，並為其規劃擴大使用範圍之道。

Chapter
12
執行貨幣政策

以自利為出發點的資本主義市場經濟，其最大的優點即是具有自我調節並趨向安定的能力。自從亞當史密斯 (Adam Smith) 於《國富論》(*An Inquiry into the Nature and the Causes of the Wealth of Nation*) 一書中首先闡述此一理念後，至今仍為廣大的經濟學家族群所共同接受。《國富論》中強力主張，政府除了建立並執行維持社會秩序與安全的法律，以及統攬國防與外交等涉外事務外，對於經濟活動的干涉，應該降至最低程度。在自由市場經濟中，任何經濟問題皆可由價格機能這隻「看不見的手 (invisible hand)」指引，自動達成最佳境界。

1930 年代影響及於全球，更拖延長達十年之久的大蕭條 (Great Depression)，令人懷疑傳統經濟學那隻看不見的手藏在何處。1936 年英國經濟學家約翰凱因斯 (John Maynard Keynes) 所發表的《就業、利息、與貨幣的一般理論》(*General Theory of Employment, Interest, and Money*) 一書中，揭櫫政府政策可以用作治療經濟低迷的藥方。凱因斯以有效需求不足 (ineffective demand) 診斷出大蕭條的原因，並以總體經濟需求面為核心，建立一套反傳統的經濟學，主張利用政府的財政支出填補民間需求不足的缺口，以規避因需求不足所引發的經濟衰退。此後，經濟政策成為經濟研究的主流，亦成為政府施政的重點。後繼的凱因斯學派學者，亦致力於建立供給面理論，以修補原始凱因斯理論的不足處。就經濟政策而言，他們主張權衡式政策，亦即，視經濟情勢的演變，或以消除經濟波動，或以促進經濟成長為目的，採取各種因應之道。

1960 年代另一支堅持傳統論點的經濟思潮再度興起，由美國芝加哥大學的密爾頓弗利德曼 (Milton Friedman) 帶領，根據其長期精闢研究的成果，撰寫《美國貨幣史》(*A Monetary History of the United States*) 一書，強調貨幣的重要性，並建立了貨幣學派 (monetarist)。他們認為經濟過程非常複雜，不相信人們有能力全盤掌握並了解經濟病徵所在，因此主張一

切政府政策皆須依公開與透明的法則行事。

凱因斯學派與貨幣學派對於政策的爭論，最後停留在二者對總供給面的觀點不同上。凱因斯學派的供給理論，直接引自英國經濟學家菲利普 (A. W. Phillips) 所發現的負斜率菲利普曲線 (Phillips curve)。在通貨膨脹率與失業率反向變動的關係中，直接導引出正斜率的總供給曲線。貨幣學派則由長期的觀點，論述當通貨膨脹預期置入經濟行為中後，菲利普曲線隨預期改變而移動，長期下形成一個位在自然失業率處的垂直線，並依此引出長期總供給曲線為位在充分就業所得水準下的垂直線。

本書下一章分析這些總體經濟問題以及適當的政策，基於本書的目的，討論以貨幣政策為限。本章先介紹貨幣政策的內容。以下第一節說明貨幣政策的目的與內容，並引述其執行時所面臨的難題與因應之道。第二節針對第一節所引介的中間目標，詳加介紹。第三節討論中央銀行實施貨幣政策的操作目標。第四節說明我國中央銀行當前推動貨幣政策所採行的方式。第五節簡單陳述權衡式與法則式政策的爭論，以及近二十年來對於此一主題影響最為深遠的時間一致性理論。

12.1 貨幣政策的目的與內容

重・點・摘・要

貨幣政策為經濟政策的一種，以促進經濟成長、提高國民就業、穩定物價水準以及安定金融市場為最終目的，惟近年來各國有將貨幣政策最終目的縮減為穩定價格水準一項的趨勢。

貨幣政策泛指政府的貨幣主管機關 (中央銀行或財政部)，利用改變貨幣面的各種金融變數為手段，達成推動、穩定或扭轉總體經濟情勢的目的 (goal)，其內容與一般經濟政策所強調者完全相同，計有促進經濟成長、提高國民就業、穩定各種價格與整體物價水準以及安定金融市場四項。四種目的彼此息息相關，有時出現相互衝突的困境，都需要一套特定的政策加以調和，茲分別說明如下：

1. 促進經濟成長

經濟成長為提升生活水準的不二法門，亦為經濟活動的核心所在。在整個交換經濟中，貨幣扮演潤滑的功能，過多或不及皆足以妨礙經濟成長持續進行。如何提供適量的貨幣，即為貨幣政策的重心所在。景氣循環導致經濟活動上下起伏，影響

生活水準至巨，適當的運用經濟政策，可抑制循環波動的不利影響，提供有利的經濟環境，可以促進經濟成長，改善國民的生活福祉。

2. 提高國民就業

國民就業水準與經濟成長息息相關。所有科學研究的目的，莫不以提升人類福祉為依歸。由政府所主導的經濟政策，更當如此。失業問題除了對個人造成無可彌補的痛苦外，更成為整個社會不安定的主因。經濟學將失業分為四類：摩擦性失業、季節性失業、結構性失業、與循環性失業。前三者受到自然因素所影響；例如，人們為了更換較好的工作以及受到節令影響而暫時失業，多屬人們依其意志所決定者，而且多屬短期現象，無庸政府插手。政府對於結構性失業，經由提供教育訓練救濟措施，即可縮短失業期間。因景氣循環所導致的失業，屬於總體經濟失衡的問題，可能延宕多時，造成失業者身心俱創。政府運用適當的反制景氣循環政策，抑制循環波動，即可解決這種失業現象。此外，為了因應人口增加，就業問題亦隨經濟成長而獲得改善。因此，就業問題與經濟成長問題實為一體之二面。

3. 穩定各種價格與整體物價水準

貨幣為金融體系的核心，亦為各種商品的交易中介，擔負商品的計值單位與交換中介的功能。適量的貨幣供給，為穩定整體物價水準的必要條件。價格的種類大致可分為一般商品的綜合物價水準、金融商品的利率水準以及兌換外國貨幣的匯率。三者密切相互關聯，牽一髮而動全身，而一般商品的物價水準更居首位。物價水準波動，經由購買力平價條件影響匯率；通貨膨脹帶動通貨膨脹預期，進而引發名目利率水準上升，又經由利率平價條件影響匯率變動的預期；匯率變動影響進出口物價水準，導致經濟活動與物價水準變動。利率又經由改變投資與耐久財的消費活動，而影響實質經濟活動。在資本主義的市場經濟體系內，政府主管當局可以利用買賣各種金融資產的方

式，穩定其價格；並以適度控制貨幣供給量的方式，穩定一般物價水準。

4.安定金融市場

金融交易以其資訊不對稱的本質，以及交易成本的低廉，先天上即為不安定的市場。然而，其所提供的融通功能，則為現代經濟體系所不可或缺者。金融資產價格穩定，必須建立在金融市場安定的前提上。安定金融市場首重建立制度，以維持秩序，此屬於立法問題。政府執政態度的一致性，勿使政策執行前後不一成為禍亂的根源，則為政策執行者應特別留意處。無論是權衡式的措施或依據法則行事，皆應公開透明化並貫徹實施以昭公信，並收事半功倍之效。

貨幣政策的特殊任務，主要是藉由在經濟體系的金融面製造有利的環境，以利實現上述目的。所謂金融面的有利環境，不外乎提供穩定的環境（例如，穩定利率、股票價格、匯率等金融資產的價格）以及建立市場秩序。金融市場在受到突發的供給或需求變動後，往往因金融商品價格波動所產生的金融面不安定，進而擴大及於整個經濟體系。為求得金融面的穩定，中央銀行可以藉融通性或抵消性的操作達成目的。此外，現代的貨幣體系中，商業銀行扮演重要的角色。中央銀行為防患未然，往往負有監督銀行營運狀況的權力，此項功能藉金融檢查制度，以及在必要時作為銀行的最後貸款者來達成。

以上貨幣政策的四大目的中，前二者與物價穩定目的往往相互衝突。為了提升經濟成長與促進就業，往往即須犧牲物價穩定；一昧的追求物價穩定，往往又妨礙前二者的進展。通常在景氣衰退與蕭條時期，寬鬆的貨幣政策，有助於提升經濟活動。然而，若經濟衰退原因來自供給面時，需求面的刺激措施，可能非但無濟於事，反而造成更大的傷害。在景氣繁榮時期或充分就業時期，或遇到供給面的衝擊時，貨幣政策較難拿捏，稍有不慎即引發嚴重的通貨膨脹，或造成由盛而衰的局面，引人垢病。這種難以拿捏的問題，主要涉及時間的掌握。以下對

於貨幣政策乃至所有政策執行時,所遭遇的時間問題分別說明。

1. 目的變數的統計資料蒐集緩慢 (information lag)

　　貨幣政策無法直接影響國民所得、物價水準、就業量等政策目的變數。以上各目的變數的統計資料蒐集費時,加上經濟體系所具有的自我調整作用,使得問題發生到偵測確定之間,產生時間落差。此一落差的存在,往往導致因延誤時機而過度「用藥」的結果。此外,貨幣政策實施後,其成效難以精確估計,必須隨時掌握新的發展,以進行微調。此作為微調依據的統計資料,同樣受到資料蒐集延遲所影響。

2. 效果發生的時差 (impact lag)

　　貨幣政策泛指中央銀行利用改變貨幣供給量為手段,以求影響目的變數。現代貨幣體系中,由商業銀行所創造的信用貨幣,佔有非常高的比重。商業銀行固然可以主動創造信用,最終仍賴其他民間團體願意配合。民間團體的反應,一方面受到官僚體制循序漸進所影響,一方面亦須俟對當前情勢確定後,方告實現。當民間團體開始改變消費與投資決策後,又須經過長短不一的時日,方始反映於各目的變數。

3. 官僚體系行政程序緩不濟急 (administrative delay)

　　當上述經濟變數變動,政策的因應措施亦經擬訂妥當後,尚須經由各主管人員或機關批准方得正式實施。行政批准的過程,難免受到各種政治因素所影響。推動財政政策通常須動用龐大資金,因此須先編製預算並取得民意監督機關審查與同意,審查期間內各方政治力交互運作,所得到的結論往往是一種經政治妥協下的產物,不僅延誤推動的時機,有時甚至將原設計全盤改變,以致窒礙難行。最糟糕的是,其一經批准後,又不得不付諸實施,而此時傷害多半已經造成,政策推動反而成為經濟不安定的來源。此即何以財政政策不為人們期待的原因之一。貨幣政策傳統上即由少數專家主持,可以免除官僚體系在行政推行上的掣肘。又基於其影響多屬間接性質,政治力較少介入。然而,當其影響力逐漸擴大後,難免為有心人士所覬覦。

近三十年來，爭取中央銀行獨立地位的呼聲不斷，許多國家中央銀行總裁力排政治力干擾以及依賴其優異表現下，逐漸建立起中央銀行的獨立地位，提高了人們對貨幣政策的信心與依賴。

　　基於以上所述種種困難，中央銀行逐漸發展出一套推行貨幣政策的模式。這套模式如下面圖 12.1 所示。

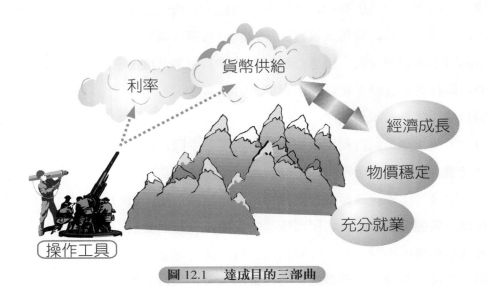

圖 12.1　達成目的三部曲

　　圖 12.1 中顯示，橫互於經濟政策的目的變數（圖中右側的三項目）與中央銀行操作工具或目標（圖中左側的大砲與彈藥）之間者，為綿延千里的崇山峻嶺，嚴重的影響中央銀行觀察的視野。中央銀行實施貨幣政策時，唯一可以迅速觀察者，為高山頂上的中間目標（圖中所示貨幣供給與利率）。若中央銀行能預先知悉中間目標與目的變數間的相對關係與地位，則可以精心控制其操作目標與工具（包括選定火砲種類、調整砲口方向與投射砲彈的種類與用藥量），瞄準中間目標，以遂行命中目的變數的任務。

　　在既定的政策目的下，中央銀行依次選定與特定目的保持密切關聯的中間目標，然後，選定供其直接操控的操作目標或操作工具，最後，依據試驗與尋錯的過程 (trial and error)，確定適當的「用藥量」。以下第二節先說明可供貨幣政策選用的中間

中間目標 (intermediate target)

與政策最後目的變數保持密切關聯，而又為中央銀行得能精確觀察與控制的金融變數。

目標。例如，若欲提高總產出 5% 時，須增加貨幣供給量 8%，而此又須總準備額增加 6%，則中央銀行可以運用其能夠直接控制的法定準備率、公開市場操作等工具，促使總準備額增加 6%，以實現其目的。

12.2 執行貨幣政策的中間目標

中間目標指非由中央銀行所能直接控制，但是與政策的最後目的變數保持密切關聯的經濟變數，如圖 12.1 中所列示之貨幣供給與利率水準。中間目標與政策目的間的關聯性，即為貨幣理論的主題；例如，貨幣數量學說主要闡述貨幣數量與物價水準間的長期關係；短期總體經濟學則探索貨幣供給量與國民所得間的關係。依據理論的推演，貨幣與最後目的變數間的關係，須經實證估計，估計結果大致上須滿足以下三點條件，方得以視為適當的中間目標。

重·點·摘·要

貨幣政策執行者選定與政策最後目的變數密切相關的中間變數為目標，以實現精確控制的目的。中間目標因時、因地，以及因技術改進的程度而異，各國曾經採用的中間目標計有利率中間目標、貨幣總數中間目標、匯率中間目標、通貨膨脹中間目標、名目所得中間目標五種。

⑴中間目標與目的變數間須保持穩定而可加以預測的關係。

⑵中間目標資料須易於取得。中央銀行無法直接控制最後目的變數而選擇中間變數的主要原因，即為相關統計資訊難以蒐集。

⑶中間目標須易於控制。既然中間目標非政策的目的，而是通往最後目的的中間流程，為了精確控制，必先確實控制中間目標。

以下逐一說明各種曾經或當今為各國中央銀行所採用的貨幣政策中間目標。

12.2.1 利率中間目標

名目利率具有反應靈敏以及易於精確觀察與控制的特徵，

早自 1950 年代政府開始留意貨幣政策的重要性以來,除了通貨膨脹嚴重扭曲利率作為經濟指標功能的 1970 年代外,名目利率中間目標 (interest rate targeting) 始終皆為各國中央銀行所鍾愛。

首先, 金融市場以其交易成本低廉與訊息傳播迅捷, 對於各種外來衝擊迅速反應。這種反應經常出現過度調整的現象, 因此先天上具有不安定的性質。其次, 因為訊息傳播快捷, 中央銀行亦得以於極短的時間內掌握其變動情況。最後, 中央銀行利用公開市場操作直接於金融市場買賣有價證券, 或自行開發各式長短期金融工具,可收立即控制各種長短期利率的效果。名目利率目標應屬各種中間目標中最簡單而易操作者。

此種以穩定金融市場為基準的中間目標, 最大的功能是消除來自貨幣需求面的不安定, 例如, 新興支付工具導致對貨幣需求減少, 並引發利率下降, 利率中間目標可以防止利率水準下降, 從而收穩定貨幣市場與所得水準的結果。貨幣市場安定的確是穩定經濟的前提條件, 亦為許多國家設立中央銀行的最原始原因。因此, 許多中央銀行至今仍視名目利率目標為貨幣政策的中間目標。

然而, 倘若經濟衝擊來自實質面的自發性需求變動, 例如, 因為對經濟前景樂觀而致消費與投資需求增加, 導致所得上升或物價水準上漲的壓力。此時透過貨幣需求增加, 造成利率水準上升, 產生抵消性的需求減少, 即可自動恢復穩定的均衡狀態。但是, 在利率中間目標下, 中央銀行展開降低利率行動, 破壞了經濟體系的自我療傷功能, 促成經濟活動進一步擴張, 最後可能導致通貨膨脹的惡果。

1970 年代通貨膨脹問題嚴重的期間內, 已經形成的預期高通貨膨脹率, 促成名目利率居高不下, 而中央銀行為穩定利率而實施的寬鬆措施, 又被解讀是進一步提高通貨膨脹率的信號, 不但無助於將居高的通貨膨脹率壓低, 反而促成其不斷上升。此時, 名目利率目標無以為繼, 應不難理解。各國中央銀行於

此一時期，以壓低通貨膨脹率為政策的第一優先目的，改以嚴格控制貨幣總量為手段。此一措施固然成功的將通貨膨脹率由二位數字壓低至 5%，但是亦引發嚴重的經濟蕭條。因此，自從引發 1970 年代通貨膨脹的石油等原物料價格止漲回跌，以及通貨膨脹預期於經濟蕭條中逐漸消散後，於 1982 年以後再恢復採用利率目標。1970 年代的經驗，使得經濟學家與中央銀行家開始體認貨幣政策並非萬能，而是有其限制。換言之，本質上屬於需求面政策工具的貨幣政策，無能消除來自經濟體系供給面衝擊的影響。

1990 年代中期後，因網際網路興起所帶來的經濟過熱、以及 1997 年以後開發中國家經濟金融風暴與 2001 年隨網際網路泡沫破滅所引起的經濟蕭條與通貨緊縮現象，皆使利率手段束手無策。許多國家開始修改中央銀行法，不再賦予中央銀行推動經濟成長的目的，僅賦予其穩定物價水準的單一任務。此一趨勢已經形成風氣，畢竟物價穩定為整個經濟體系乃至金融體系穩定的先決條件。

此外，有人主張將長短期利率差作為貨幣政策的中間目標，此一方面可以避免選擇何種利率作為中間目標的困擾；另一方面則因為利率期限結構理論中，長短期利率差實為對未來利率的預期，此一中間目標可以防止利率預期發生變動。

12.2.2　貨幣總數中間目標

1970 年代在石油危機的陰影下，通貨膨脹日趨嚴重，西德、瑞典、加拿大、英國、日本、與美國先後採用貨幣總數中間目標 (monetary aggregate targeting)，期以嚴密控制的貨幣供給量，打破原有通貨膨脹的預期，並將經濟活動引入正軌。因此，貨幣總量中間目標主要是針對通貨膨脹問題而引用。

決定採行貨幣總量目標前，首先須掌握何種貨幣總數與特定目的間之關聯性。英格蘭銀行自 1973 年開始釘住 M3 貨幣總

數目標，後來因為 M3 與國民所得間的關聯難以掌握，而自 1985 年以後，改採 M0（貨幣基數）為中間目標。加拿大銀行自 1974 年開始控制 M1 的成長率，同樣因為 M1 難以掌控，而自 1978 年以後與此漸行漸遠，並於 1982 年底完全放棄此中間目標。西德與瑞士二國皆於 1974 年開始採用貨幣總數目標，並成功的降低通貨膨脹率。1974 年時以其所稱的中央銀行貨幣 (central bank money)（指流通中的通貨加上依 1974 年法定準備率加權的銀行存款總和）為目標，此後於 1988 年改採 M3 總數目標。瑞士國民銀行先以 M1 為目標，後來於 1980 年改以較狹義的貨幣基數為目標。日本銀行於 1978 年開始以 M2+CDs 為中間目標，並成功的壓抑通貨膨脹；然而，1987～1989 年期間為了阻止日圓升值，而擴大貨幣供給成長率，引發土地與股票等資產價格暴漲的泡沫經濟；1989 年又為了壓抑經濟泡沫化，改採緊縮政策，將日本經濟帶進了歷時十年以上的衰退期。1979 年 10 月美國聯邦準備亦為了壓低通貨膨脹預期，而採行降低貨幣供給成長率的中間目標，雖然成功的將通貨膨脹率壓低，卻帶來了 10% 以上的失業率，到了 1982 年中期通貨膨脹率穩定後，迅即恢復利率目標。

綜觀以上各國的經驗，除了西德與瑞士的貨幣總數目標堪稱成功外，其餘包括美國在內的各國經驗並不愉快。然而，德國與瑞士的成功，指其成功壓制通貨膨脹這一主要而唯一的貨幣政策目的。在實施此一中間目標的二十年期間，二國中央銀行並未能真正的釘住所擬訂的目標，反而是借助於不斷的與民眾保持密切溝通，強調並承諾其打擊通貨膨脹的決心，而成功的降低通貨膨脹率。1984 年當西德將其通貨膨脹率降至 2% 以後，即奉該比率為「規範式的物價上漲率」。爾後於東西德統一後，雖然在財政緊迫下，國內物價上升程度仍能保持此一水準，並成為歐洲經濟聯盟會員國的入會資格標準。英國則於放棄貨幣總數中間目標後，先實施匯率中間目標釘住德國馬克，並成功的降低通貨膨脹率；爾後於 1993 年退出歐洲貨幣體系後，改

實施通貨膨脹目標。瑞士亦於 2000 年採行通貨膨脹目標。

　　實施貨幣總數中間目標的主要優點，在於其允許中央銀行針對國內的經濟問題調整貨幣政策。採行此中間目標時，允許一國的通貨膨脹率異於他國，使其得以對所得水準波動有所反應。貨幣供給的統計資料通常於一至二週內即可蒐集齊全，並立刻公諸於世，供各界作為預測中央銀行政策的參考。西德與瑞士的經驗顯示，當中央銀行貫徹其穩定物價水準的決心經彰顯出來後，其公信力即告建立，此更有利於爾後政策之推行，形成良性循環。

　　貨幣總數中間目標的缺點是其與目的變數間的嚴密關係並不穩定，而且難以估計。既然無法準確估計貨幣供給與所得或物價水準間的關聯性，堅持釘住既定貨幣總數目標，而不顧經濟情勢日漸惡化，反而招致究竟所為何來的質疑。此一期間的經驗，亦改變了許多經濟學家與政策制訂者對於貨幣政策的觀點，因此，自從 1990 年代以後，許多國家不再賦予貨幣政策繁重而不可及的任務，要求其以穩定物價水準為唯一的目的；例如，1997 年修訂的英格蘭銀行法中，賦予其獨立執行穩定物價水準的權力。

　　除了貨幣總數外，中國與俄羅斯政府亦採用銀行信用中間目標 (bank credit targeting)，直接針對銀行放款與投資有價證券的總額加以控制，期能由此控制貨幣供給量。此種中間目標與貨幣總量中間目標相同，主要是以抑制需求過熱，避免引發通貨膨脹而發。

12.2.3　匯率中間目標

　　以一國貨幣兌換外國貨幣數量的匯率作為貨幣政策的中間目標，由來已久。早自金本位時代到後來的固定匯率制度或可調整的釘住制度，皆強調貨幣當局的自制力 (self discipline) 為成功實施匯率目標的先決條件。將匯率釘住另一個物價穩定國

家的貨幣，得以彰顯此一自制力，並將外國的穩定物價水準輸入國內。

實施匯率目標 (exchange rate targeting) 的優點如下：

1.控制通貨膨脹率

將本國貨幣釘住一物價穩定國家的貨幣，維持貿易財貨的國內外價格一致，對一個為通貨膨脹所苦的國家而言，可以降低其國內的通貨膨脹率。1987 年法國政府決定參加以釘住西德馬克為中心的歐洲貨幣體系 (European Monetary System, EMS)，其通貨膨脹率於五年內即由 3% 下降為 2%。英國自 1990 年開始加入 EMS 後，其通貨膨脹率隨即由 10%，下降到 1992 年的 3%。墨西哥政府自 1988 年開始將其披索兌美元的匯率固定後，通貨膨脹率由 100%，下降到 1994 年的 10%。凡此皆為活生生的例子。

2.成為規範貨幣政策的自動法則

在固定匯率制度下，當一國的國際收支呈現逆差時，貨幣供給自動減少，而形成緊縮局面；當國際收支呈現順差時，貨幣供給自動增加，而形成寬鬆局面。凡此緊縮與寬鬆的貨幣政策，皆非貨幣當局所刻意營造，卻有助於經濟調整，因此，成為自動式的權衡措施。

3.簡單而清晰明確的政策意圖

1990 年代法國政府以建立強勢法郎 (franc fort) 為目標而強力推行與德國馬克的固定匯率，採行緊縮貨幣政策。法國民眾了解政府的意圖，亦展現支持的態度，主要即是政策簡單清晰所致。

實施匯率中間目標的缺點如下：

(1)在資本自由移動下，難以推動獨立自主的貨幣政策：假設政府為了壓抑上升中的物價水準而採行緊縮政策，結果導致國內利率上升。在資本移動自由化下，國外資金大量湧入，破壞緊縮政策的實施，影響獨立自主的貨幣政策。

(2)引進國外不安定的經濟衝擊：正如同固定匯率可以將國外

優良的環境引進來，同樣可以將國外的不安定環境引進國內。1990 年東西德統一後，德國政府財政擴張，導致利率上揚與物價上漲等現象，隨即傳進英法二國，使得各該國內的物價水準蠢蠢欲動。高利率又阻礙經濟成長，使得原已偏高的失業率更加惡化。英國終於在 1993 年退出 EMS 以求自保。

(3)易成為投機客攻擊的對象：實施固定匯率國家的匯率，只有在國際收支惡化到嚴重程度時，方可能有所調整。而其調整方向也僅限貶值一途，此自動賦予投機客只贏不敗的有利局面。換言之，匯率不動則已，一經變動必定朝貶值的方向變動，投機客拋售本國貨幣買進外幣，最壞的情況就是依原價買回本國貨幣，僅只是損失利息。因此，構成投機的誘因，鼓勵外匯投機。1992 年 9 月 EMS 危機，即是在德國利率高漲，使得英、法、義三國經濟陷入困境中，投機客強烈感覺固定匯率制的 EMS 不保，而三國貨幣必定貶值下，發動投機攻擊。

(4)降低決策者的可信賴性：固定匯率制度下，貨幣政策的獨立性難以維繫，民眾難以知悉貨幣主管當局的意向，市場亦缺乏觀察中央銀行行動的指標，有時導致過度擴張的政策。1997 年引發亞洲金融風暴的泰國，即是在此種情況下，步向過度擴張的後果。

■ 12.2.4 通貨膨脹目標

前述貨幣供給中間目標的實施經驗並不成功，許多國家將貨幣政策的任務改為維持物價水準穩定。既然貨幣供給量與通貨膨脹率間的關係並不明確，何不直接改為通貨膨脹目標 (inflation targeting)？上述匯率目標即為實現穩定物價水準的可行措施，然而許多大型經濟體並無釘住匯率的目標可供採行。此外，為了推動獨立自主貨幣政策，近年來許多國家紛紛加入

此一行列。紐西蘭於 1990 年宣稱採行通貨膨脹目標後，加拿大自 1991 年緊隨其後，此後英國於 1992 年、瑞典與芬蘭於 1993 年，澳洲與西班牙自 1994 年開始，緊隨在後的尚有以色列、智利、巴西等國。

依據前述德國的成功經驗，以下因素為成功推動通貨膨脹目標的關鍵所在：

(1)公開聲明中期通貨膨脹目標的明確數值。

(2)建立制度承諾將通貨膨脹列為貨幣政策的長期的優先目的。

(3)貨幣政策的決策過程須參考許多其他訊息，而非僅止於貨幣總數。

(4)經由隨時與民眾和市場溝通貨幣政策的目的與規劃，提高其透明度。

(5)加強中央銀行維護通貨膨脹目標的公信力。

紐西蘭於 1989 年修改中央銀行法案，使其成為世上最具獨立性之中央銀行，負責執行維持物價穩定的唯一任務。法案中明訂財政部長與中央銀行總裁協商通貨膨脹目標，並公告周知。倘若執行失敗，中央銀行總裁即須辭職。此後在失業率暴升下，通貨膨脹率得以下降至 1992 年的 2% 水準，此後經濟體系亦恢復常態，經濟成長率提高到 5%，失業率亦快速下降。

加拿大於 1991 年開始採行通貨膨脹目標，並逐步下調到 1998 年以後的 1～3% 水準。此一期間內國內失業率遽升達 10% 以上，然而當通貨膨脹率於 1998 年達成穩定的目標後，失業率亦於隨後獲得改善。

在通貨膨脹目標下，中央銀行通常將下列訊息，明白告知相關社會大眾：(1)貨幣政策的目的與限制，其中包括選擇通貨膨脹目標的理由；(2)通貨膨脹目標的確實數值，以及其決定過程；(3)在當前經濟情勢下，如何實現目標；以及(4)偏離目標的原因。最重要的是，以通貨膨脹作為目標，顯示貨幣政策的層面擴大及於所有涉及導致通貨膨脹的因素，而非將之完全歸為

貨幣總數一項。因此，以調整貨幣供給為主要武器的貨幣政策，可以更靈活調整貨幣供給，以遂行實現物價穩定。

綜觀通貨膨脹目標的優點如下：

(1)與匯率目標相較下，通貨膨脹目標允許貨幣當局針對國內經濟衝擊事件，有權衡反應的機制。

(2)與貨幣存量目標相較下，通貨膨脹目標並非一成不變，而是由貨幣主管當局參考所有可能影響通貨膨脹的訊息，所訂定出的最佳貨幣政策。

(3)通貨膨脹目標簡單明瞭，其明確的數值提高民眾對中央銀行的信任。同時引導政治人物關注中央銀行實現長期物價穩定的能力，而非一味的要求其追求不可能實現的永遠經濟成長。中央銀行在目標明確與單一任務下，亦得以全力發揮其應有的功能。

(4)在通貨膨脹目標下，中央銀行任務明確，主管官員必定願意加強與民間溝通，以提高政策的透明度。如此有助於民間精確規劃財務計劃，並免於不確定的影響。民眾對中央銀行更加信任，此非常有利於爾後的政策推動。

一般對通貨膨脹目標的批評計有以下四點：

(1)通貨膨脹不僅不容易控制，其資料編製亦有嚴重的時間落後性，因此無法及時發送有關經濟現況的信號。藉由網際網路，將具有指標作用的市場連線，隨時掌握市場的動態，當可克服此一困難。

(2)以通貨膨脹作為貨幣政策的唯一目標，可能導致太過僵化而忽略當前情勢的需要。然而，如同前述，此種批評完全是基於過去克服通貨膨脹問題的刻板印象而來。實務上，通貨膨脹目標不再僅以貨幣存量為手段，而是綜合各種資訊，隨時調整最適貨幣存量而得，要求貨幣政策更加靈活運用。

(3)緊釘通貨膨脹可能導致產出水準過度波動的結果。然而，採行通貨膨脹目標的國家，通常允許適度的通貨膨脹，並

無完全消滅通貨膨脹的意圖。如此，非但控制了可能惡化的通貨膨脹問題，同時亦使得導致經濟情勢惡化的通貨緊縮 (deflation) 現象不致發生。事實上，所有目標制訂的決策者，少有不關心經濟不穩定者，他們不會因為急於達成穩定物價水準的中長期目的而犧牲經濟的短期安定，究竟經濟不安定方為物價持續上升或持續下降的原凶。他們通常選擇於中期內逐漸達成任務。

(4)通貨膨脹目標會導致低度經濟成長與就業。在降低通貨膨脹率的過程中，確實如此。然而，一旦低度通貨膨脹目的達成後，產出與就業不久即恢復到正常水準。1970 年代晚期的經驗顯示，在通貨膨脹居高不下的狀況下，因為寬鬆的貨幣政策立即反映在物價水準上升，對於刺激經濟活動毫無助益，欲求貨幣政策發揮作用，只有先求降低通貨膨脹率。

此外，有人主張以黃金、白銀等特定商品的價格，或一籃商品的價格指數作為貨幣政策的中間目標。此一主張無異於回到過去的商品貨幣本位制，主要是經由較易觀察的商品價格作為指標，以實現整體通貨膨脹目標的目的。

■ 12.2.5　名目所得目標

針對通貨膨脹目標可能造成所得波動的缺失，經濟學家主張乾脆直接釘住名目所得。在名目所得或 GDP 目標 (nominal income or GDP targeting) 下，中央銀行須明白告示擬訂之名目所得成長率。此種目標的優點是，一旦推估之實質所得水準下降，即隱喻中央銀行應調高其通貨膨脹目標，因此會採行寬鬆政策並間接的有助於刺激支出與提升實質所得。換言之，名目所得目標實際上屬於一種內建的所得穩定機制。

然而，在當前對潛在所得的估計與預測能力受限下，欲正確決定名目所得目標，絕非易與，亦易招致政治上與興論上的

壓力。若貨幣當局低估潛在產出水準，易遭質疑為反成長；若高估潛在產出水準，易引發難以控制的通貨膨脹問題。此外，以當前各國蒐集統計資料的能力，名目所得資料統計事務，遠較通貨膨脹資料統計困難且費時。此不僅造成中央銀行與民眾間的溝通困難，一旦估計錯誤，亦容易傷及其公信力，並使得政策效果大打折扣。

■ 12.2.6   1990 年代以來美國聯邦準備的前瞻性與先期式的綜合式操作策略

鑑於貨幣政策的效果具有時間延遲性；例如，弗利德曼長期的研究結果顯示，貨幣政策推動後須時一年方始影響總產出，而須時二年方對通貨膨脹有顯著的影響。這種長時間的延遲特徵表示，政策制訂者不可能等待通貨膨脹發生後，方啟動緊縮性的抵銷措施。因此，若欲順利實現穩定的作用，貨幣政策必須具有前瞻性 (forward-looking) 與先期式 (pre-emptive)，不容許通貨膨脹發生。

近十餘年來，在葛林斯潘的指揮下，美國聯邦準備體系將前瞻性與先期式的策略發揮到了極致，成功的壓制了 1994～1995 年繁榮期間的通貨膨脹。爾後他又在網際網路泡沫化期間股市狂飆的 1990 年代後期，不時的告戒民眾留意股市泡沫化的危機。1997 年發生在亞洲並影響及於全世界的金融風暴期間，審慎的因應其對經濟的衝擊，緊密的防守著美國這個全世界金融安定所繫之處。葛林斯潘成功的完成任務，為他自己博得全世界的讚響。仔細觀察聯邦準備近期所採行的策略，許多經濟學家以「做了再說 (just do it)」策略稱之，並無明示的通貨膨脹或經濟成長目標。

這種缺乏透明度的「做了再說」策略，完全依賴中央銀行

主事者的個人偏好、熟稔的操作技術、與民眾對其之信任感。葛林斯潘所領導的團隊確實於 1990 年代晚期成功的達成了所賦予防止通貨膨脹發生的任務。然而，2001 年後隨著網路泡沫破滅而來的經濟蕭條與通貨緊縮時期，聯邦準備唯一可行的降低利率刺激措施，似乎並未發揮足夠的作用。利率已經下降至前所未有的低點，卻依然無助於經濟復甦，反而造成許多依賴利息收入作為活動經費來源的經濟活動無以為繼。許多人批評，聯邦準備並未能事先預測景氣突然轉向及早因應，是造成經濟蕭條的原因。葛林斯潘亦難掩其對經濟蕭條的無能為力感，轉而向國會請求修法，將聯邦準備的多重責任單一化，並以穩定通貨膨脹為主。

12.3 貨幣政策的操作目標

重·點·摘·要

選定中間目標時，除了注意其與最後目標間的關係程度外，尚須留意其可控制性。貨幣政策當局運用其所能直接操控的工具作為操作目標，以控制中間目標。操作目標有依綜合式操作策略訂定者，有選定特定變數訂定者；除了過去曾經廣泛被選用的總準備與貨幣基數操作目標外。短期利率與非借入準備成為近代中央銀行為求精準執行貨幣政策時所普遍採用者。

第十一章討論貨幣供給的創造過程時，曾經介紹過貨幣政策的操作工具：公開市場操作、重貼現率、各種融通方式、以及法定存款準備率。所有上述工具運用後，立即影響的變數是銀行體系的總準備與各種不同定義的準備金餘額。再經由貨幣乘數關係與貨幣供給保持聯繫。此外，公開市場操作更直接影響某種特定的名目利率水準，再經由利率的期限結構，影響及於全部金融資產的利率。

無論是早期中央銀行依賴利率與貨幣總量中間目標的時期，以及近期中央銀行直接針對貨幣政策最後目的進行控制的時期，操作目標以其得以被直接控制與可以立即被觀察到的特徵，皆扮演重要的政策角色。如圖 12.1 所示，這些操作目標同樣必須與被選定的特定中間目標或最後目的變數間，保持穩定的關聯。

第十一章介紹貨幣供給創造過程中，對於若干操作目標，

例如，總準備、貨幣基礎、自由準備、借入準備、非借入準備等，已有部分說明，本章以下分別就短期利率操作目標與非借入準備操作目標詳細說明。

12.3.1　短期利率操作目標

1970 年代當經濟學家發現貨幣的所得流通速度，亦即國民所得除以貨幣總量的商數所表示的貨幣周轉率非常穩定時，中央銀行選擇以 M1 或 M2 作為貨幣政策的中間目標，並以短期利率作為控制貨幣供給量的操作目標。以下圖 12.2 說明其操作過程。

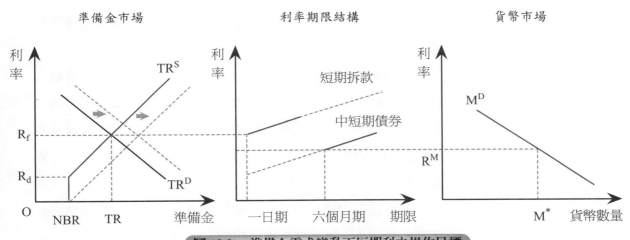

圖 12.2　準備金需求變動下短期利率操作目標

圖 12.2 中最右邊的圖為貨幣需求曲線，顯示中央銀行研究人員估計與達成政策最後目的所需的貨幣供給量所對應的利率，假設此為六個月期利率。中間的圖中分別繪製短期拆款與中短期政府債券市場的利率期限結構，受到期限結構與流動性影響而呈一般上升狀。因為短期借貸市場的風險高於國庫券或中短期債券的風險，故前者的收益曲線位在後者的上方。圖中二條曲線的虛線部分是經外插法所推估者。最左邊的圖為中央銀行擬進行操作的準備金市場或銀行同業拆款市場。圖中當市

場利率低於貼現率 R_d 時，銀行體系不會向中央銀行借貸資金，準備金供給等於零，銀行體系的總準備金等於非借入準備。當利率愈高時，準備金供給亦愈高，因此準備金供給曲線為上升的直線。準備金的需求依存款金額高低與銀行願意持有的超額準備所影響；前者為貨幣需求的一部分，後者則與景氣循環有關。市場利率愈高時，民眾持有貨幣餘額的機會成本愈大，因此願意持有的貨幣餘額愈小，而銀行對準備金的需求即愈低，故準備金的需求線為下降的直線。

假設經推估欲達成最後目的所對應的貨幣總數為圖中的 M^*。由貨幣需求曲線知中央銀行必須將六個月期利率釘在 R_M 的水準。若中央銀行擬利用隔夜拆款市場操作，因此由短期收益曲線中訂定操作目標為 R_f。最後，運用如公開市場操作等操作工具，針對準備金需求狀況估計實現 R_f 所須之隔業拆款利率。

假設銀行體系對超額準備的需求增加，TR^D 向右方移動，如圖中虛線所示。在短期利率操作目標下，中央銀行可以執行公開市場操作，注入與需求增加等額的準備金，TR^S 線向右方等額移動，以維持短期利率目標不變，並實現穩定最後目的變數的任務。

綜合以上說明，短期利率操作目標確實可以穩定因準備金市場與貨幣需求變動所造成的影響。然而，由最後目的到準備金市場之間，必須經由穩定而可預測的貨幣需求與收益曲線二道關卡，其中任何一項出現不穩定時，皆導致此一操作目標無法完成所賦予的任務。這種情況確實於 1970 年代金融自由化與通貨膨脹嚴重的時期內發生。

■ 12.3.2　非借入準備操作目標

所謂非借入準備或基礎，指總準備與貨幣基礎中扣除借入準備後的淨額。借入準備，則指銀行體系向中央銀行借貸的款

項，其借入的多寡取決於銀行的意願，而非中央銀行所能主動控制者。1979 年 10 月到 1982 年 6 月間，當美國聯邦準備決心消除居高不下的通貨膨脹預期時，曾以此作為操作目標。

　　圖 12.3 說明中央銀行如何利用非借入準備操作目標 (non-borrowed reserve operating target)，達成控制貨幣總數的目的。假設經評估最後目的變數與貨幣總數間的關係已經確定，中央銀行必須將貨幣總數控制在右圖中的 M^* 水準，而依據貨幣乘數所訂定的非借入準備額為左圖中之 NBR^*。此後中央銀行僅須維持左圖中之準備供給曲線為 TR^S 即可達成任務，長短期利率分別為 R_M 與 R_f。

　　假設貨幣需求發生變動，導致需求曲線 M^D 向右方移動，如右圖中虛線所示。因為貨幣需求增加，刺激銀行體系的授信活動，銀行存款與貨幣總數同時提高到 M_1 水準。準備金需求亦隨之增加，導致 TR^D 向右方移動，如左圖中虛線所示。在非借入準備操作目標下，NBR^* 不變，TR^S 亦同樣停留在原處。因此代表隔夜拆款之短期利率上升至 R_f^1。當金融市場參與者體認到非借入準備操作目標下，短期利率隨貨幣需求增加而永遠上升後，短期利率的收益曲線即向上方移動。若長短期利率的風險結構不變，則長期利率收益曲線同樣向上方移動（見中間圖的虛線部分），因此與貨幣需求函數所採用的六個月期中期利率亦上升至 R_M^1，如此導致貨幣需求沿著新的需求曲線上向左上方變動，均衡的貨幣總數亦由 M_1 下降為 M_2。請注意，M_2 未必會等於最適貨幣總數 M^*。

　　綜合上述，在非借入準備操作目標下，利率水準隨貨幣需求變動而大幅變動，為不可避免的結果。此外，圖 12.3 亦顯示，非借入準備操作目標並不保證貨幣主管當局得以精確的控制作為政策中間目標的貨幣總數。在 1979 年 10 月到 1982 年 6 月期間內，負責執行貨幣政策的紐約聯邦準備銀行為此叫苦連天，最後迫使負責決策的聯邦準備理事會只能夠訂定貨幣總數目標區間，交由執行單位採用。然而，到了 1981 年時，經濟學家發

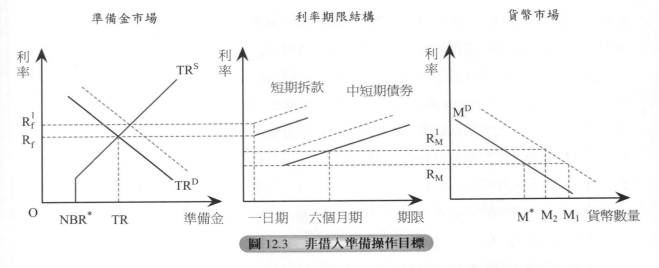

準備金市場　　　　　　　　利率期限結構　　　　　　　貨幣市場

圖 12.3　非借入準備操作目標

現,原本顯示名目所得與貨幣總數間穩定關係的所得流通速度,突然出現不規則變動, 使得貨幣總數中間目標與名目所得目的變數間不再保持密切聯繫,遂於 1982 年實現壓低通貨膨脹的目的後, 隨即取消貨幣總數中間目標,改以利率目標為操作變數,用以釘住借入準備。

採用貨幣總數中間目標時, 除了須密切掌握中間目標與目的變數間的關係外, 亦須留意長短期利率收益曲線的移動。基於此一理由, 中央銀行乃自行開發各種期限的短期工具,例如發行各種期限的可轉讓定期存單, 進行各種天期的附買回協定交易, 期能使其影響觸角遍及各種天期的貨幣市場工具。

12.4　我國中央銀行貨幣政策的執行

重·點·摘·要

我國中央銀行目前運用以穩定金融市場為目的的利率中間目標,以及以穩定物價水準為目的的貨幣總數中間目標為主。

我國中央銀行自民國 81 年起,以貨幣總數 M2 作為貨幣政策中間目標,於每年年底利用計量方法估算次年的貨幣需求, 經審慎評估後, 交由理事會核定次年之成長目標範圍,並刊布於《中央銀行季刊》,供各界參考。設定貨幣總量成長目標區間,

給予中央銀行較大的操作空間，並得以同時兼顧利率與匯率等其他金融變數的波動幅度。此後，於年中檢討目標區間達成的情況。若未能達成，則研究原因與因應對策，並對外說明。

自民國 81 年至 92 年間 M2 成長目標區間的設定如下：民國 81 年至 84 年配合經濟復甦，將年成長區間訂為 10%～15%；民國 85 與 86 二年景氣過熱期間調降為 9%～14%；民國 87 年在亞洲金融風暴期間，國內景氣受到波及，不確定因素擴大，乃將目標區間調降，並擴大區間範圍為 6%～12%；民國 88 與 89 年恢復為 6%～11%；民國 90 年國內景氣衰退，隨著貨幣需求減弱，調降目標區間為 5%～10%；民國 91 年進一步降為 3.5%～8.5%。民國 92 年受到股市衰退影響，債券型共同基金興起，規模擴大並取代部分銀行存款，嚴重影響 M2 的可靠性，除了 M2 外，另行增列 M2 加債券型基金的成長區間，分別為 1.5%～5.5% 與 3%～7%。

綜觀中央銀行的貨幣總數成長目標區間的設定變動，以及其變動依據貨幣需求變動而調整，我國當前的貨幣政策應屬兼具穩定金融市場的利率中間目標與穩定物價水準的貨幣總數中間目標。

我國中央銀行執行貨幣總數目標時，以準備貨幣（貨幣基數）作為操作目標。第十一章曾經顯示我國貨幣供給總數與準備貨幣間的關聯性。中央銀行相關單位於每月初召開貨幣估測會議，決定該月準備貨幣的目標值，並運用各種操作工具使準備貨幣達成目標。

中央銀行亦隨時參考特定經濟與金融指標的變動，作為制訂政策時之參考。這些指標計有各種短、中、長期利率、匯率、超額準備、銀行存放款、各種貨幣總計數、國際收支、以及進出口貿易、工業生產、經濟成長率、通貨膨脹率、與失業率等。中央銀行亦利用各種座談會與實地訪談方式，以便及時掌握經濟金融情勢與展望。

12.5　由權衡到法則

重・點・摘・要

對於權衡式或法則式政策執行原則的
爭辯,由來已久。二者優劣互見,難分
軒輊。近年來焦點已經轉移到施政者公
信力的重要性。

1950 年代凱因斯理論利用政府的支出面政策
為手段的反制景氣循環主張,開啟了權衡式政策的
先河。自第二次世界大戰結束到 1970 年代的重建
復原時期,權衡式的措施確實發揮了穩定並加速經
濟成長的功能。此一期間內,許多經濟學家甚至於
樂觀的認為,過去令人困擾的景氣循環現象將永不
再現。

同一個時期內,若干打著傳統旗幟的經濟學家,仍然努力
不懈的推動法則式貨幣政策,一方面主張利用貨幣法則訂定經
濟競賽的規則,另一方面則以政策認知落後、反應落後、與效
果落後三項原因,抨擊權衡式政策的不當。然而,主張伺機而
動的權衡式政策經濟學家則以「倘若法則真正有用,權衡式的
政策終必趨向該法則,同時仍然保留權衡的彈性」作為回應。

時序進入 1970 年代以後,景氣繁榮導致原物料價格上漲,
這種主要影響供給面的衝擊,使得以利率為目標的貨幣政策進
退失據,中期以後停滯性膨脹現象出現後,終於迫使各國中央
銀行正視依法則嚴密控制貨幣供給成長率,以穩定物價水準。
經濟家探索何以貨幣主管當局在此一期間內先任由通貨膨脹率
提高到二位數字後,方始採取行動。經濟學家基得蘭 (Finn Kyd-
land) 與普利斯考特 (Edward Prescott) 於 1977 年利用動態不一
致 (dynamic inconsistency) 的理論,對此現象所提出的解釋具有
高度代表性❶。

---

❶ Finn Kydland and Edward Prescott (1977), "Rules Rather Than Discre-
tion: The Inconsistency of Optimal Plan," *Journal of Political Econo-
my*, vol. 85, pp. 473–491. 二人因為本篇論文的貢獻獲得 2004 年諾
貝爾經濟學獎。

　　在基德蘭與普利斯考特的理論中，假設一個仁慈的政府當局，在認定民間部門對未來通貨膨脹率的預期不會受到政府政策影響而保持固定不變下，極力設法尋求使社會福利最大化的政策措施。他們利用製造超出預期之外的非預期通貨膨脹，將失業率降到低於中期自然失業率的水準之下。然而，一個理性的民眾於感受到政府此種施政措施之際，隨即將其對通貨膨脹水準的預期提高，使得失業率再度恢復到自然失業水準。此時，政府再度故技重施，製造更高的非預期通貨膨脹，而理性的民眾亦不斷提高其對通貨膨脹的預期，如此雙方不斷拉鋸，直到民眾與政府對通貨膨脹的不滿情緒，超越了短期暫時性降低失業所獲得的歡欣為止。

　　在這個故事中，「一個依據最初認定為最佳計劃的未來政策決定，即使在並無新資訊加入下，於爾後時間內即不再是最佳決策」，正是文獻中所謂的動態不一致性。此時欲達成預期上一致性的均衡 (expectational, consistent equilibrium) 所採行的權衡式政策，不如一種經由政府預先承諾不干擾產出與就業，僅致力於維持物價水準穩定的法則。雖然理論中政府認為民眾的通貨膨脹預期固定不變，本身即為不理性。但是，政府終必了解，當其違背了維持物價水準的承諾後，終必招致公信力折損的傷害。此一認知，引發出多種名譽上的多重均衡 (reputational equilibria)，需要進一步引用競賽理論加以分析。

　　基德蘭與普利斯考特的理論影響深遠，他們主張政府必須提出更多事前承諾並嚴格遵循，以建立公信力。此一論述終於促成英美二國繼任的保守派政府，自 1980 年代開始採取行動，並依緊縮性的策略進行操作。雖然，這種策略於通貨膨脹問題獲得解決後，即告取消，但是此時貨幣總數與名目所得間的統計關係，亦變得較前更不穩定。然而，貨幣主管當局重言諾的認知已經形成，並成為中央銀行家們的行事準則。此外，以上基德蘭與普利斯考特所述權衡式政策的動態不一致性問題，被經濟學家稱為時間一致性問題❷。因為利用控制通貨膨脹以獲

時間一致性問題 (time consistency problem)

又稱時間不一致性問題，泛指政策執行者有能力於未來推出與其最初宣稱的意圖並與民間個人意願或策略不一致的政策。

得令人歡欣結果的貨幣政策，皆無法持久，又被稱為時間不一致問題 (time inconsistency problem)。在政策的時間不一致影響下，利用貨幣政策釘住名目變數的法則式主張應運而生，此即為本章前述匯率目標、通貨膨脹目標與名目所得目標之由來。

 ## 12.6　結　語

　　凱因斯的革命性主張，終於打破了長久以來經濟學界堅信的理念：「一隻看不見的手會將經濟體系引領進入最佳境界」。財政與貨幣二種政策交相運用下，為第二次世界大戰後的重建階段製造了順遂的環境，亦消弭了戰後經濟蕭條的宿命。然而，這種好景到了 1960 年代開始面臨新的考驗。在經濟體系接近充分就業以及物價水準蠢蠢欲動之下，凱因斯學派的政策是否依然有效？

　　1970 年代的二次石油危機，終於使得貨幣政策的重要性突顯出來。中央銀行執行貨幣政策時面臨許多不確定性與未知性，他們發明了中間目標這個名詞，不斷的尋找各種最適的中間目標，並不時的更換之。先是利率目標，然後選擇貨幣總數目標、匯率目標等等。到了 1980 年代後，被選作目標的變數愈來愈接近政策的最終目的變數。到了 1990 年代時，通貨膨脹目標終於脫穎而出，成為中央銀行執行貨幣政策的唯一或最優先目的。

---

❷　參閱 Guillermo Calvo (1978), "On the Time Consistency of Optimal Policy in the Monetary Economy," *Econometrica*, vol. 46, pp. 1411–1428, Robert J. Barro and David Gordon (1983), "A Positive Theory of Monetary Policy in a Natural Rate Model," *Journal of Political Economy*, vol. 91, pp. 589–610; Robert J. Barro and David Gordon (1983), "Rules, Discretion, and Reputation in a Model of Monetary Policy," *Journal of Monetary Economics*, vol. 12, pp. 101–122.

複習題

1. 何謂權衡式的貨幣政策？何謂法則式的貨幣政策？試析述之。

2. 試分析說明經濟政策四大目的之間彼此的相依性與互斥性。

3. 試說明執行貨幣政策時所面臨的時間問題。

4. 經濟學界與實務界如何克服上述時間問題？

5. 試分別說明政策最後目的變數、中間目標變數與操作目標變數三者間之關聯性。

6. 利率中間目標之優劣為何？

7. 貨幣總數中間目標之優劣為何？1980 年代以後貨幣總數中間目標不再為中央銀行採用的主要理由為何？

8. 何謂匯率中間目標？其主要著眼點為何？實務上的成效如何？

9. 通貨膨脹目標何以異軍突起成為當今各國中央銀行的主要目標？

10. 1990 年代美國聯邦準備理事會在主席葛林斯潘的領導下，創造了輝煌的成就。試評述葛林斯潘主政之道有何優缺點。

11. 本章第三節介紹的短期利率目標與非借入準備目標，以及第十一章第二節所介紹的廊道式融通制度中，皆以非借入準備為貨幣政策的操作目標。何謂非借入準備？其與總準備間之關聯性為何？其何以優於總準備目標？

1. Elton, Edwin J. and Martin J. Gruber, (1991), *Modern Portfolio Theory and Investment Analysis*, 4th *ed*. (New York , N.Y.: John Wiley and Sons).

2. Goodhart, Charles Albert Elbert, (1988), *The Evolution of Central Banks* (Cambridge , MA.: The MIT Press).

3. (1989), *Money, Information and Uncertainty*, 2nd *ed*. (Cambridge , MA.: The MIT Press).

4. Houthakker, Hendrik S. and Peter J. Williamson, (1996), *The Economics of inancial Markets* (Oxford , N.Y.: Oxford University Press).

5. Hubbard, R. Glenn (1999), *Money, the Financial System and the Economy*, 3rd *ed*. (Reading , MA : Addison Wesley).

6. Koch, imothy W. and S. Scott MacDonald (2003), *Bank Management* (Mason , Ohio : South-Western).

7. Macho-Stadler, In è s and J. David P è rez (1997), *An Introduction to the Economics of Informatio: Incentives and Contracts* (Oxford , NY.: Oxford University Press).

8. Miller, Roger LeRoy and David D. VanHoose (2001), *Money, Banking, and Financial Markets* (Cincinnati , Ohio : South-Western College).

9. Mishkin, Frederic S. (2004), *The Economics of Money, Banking, and Financial Markets*, 7th *ed*.

10. Sinkey, Joseph F. Jr. (1989), *Commercial Bank Financial Management*, 3rd *ed*. (New York , N.Y.: Macmillan).

11. Smith, Roy C. amd Ingo Walter (1997), *Global Banking* (Oxford , N.Y.: Oxford University Press).

12. Van Horne, James C. (1990), *Financial Market rates and Flows*, 3rd ed.(Englewood Cliffs, N.J.: Prentice-Hall).

期貨與選擇權　　陳能靜、吳阿秋／著

　　本書以深入淺出的方式介紹期貨與選擇權之市場、價格及其交易策略，並對國內期貨市場之商品、交易、結算制度及其發展作詳盡之探討。除了作為大專相關科系用書，亦適合作為準備研究所入學考試，與相關從業人員進一步配合實務研修之參考用書。

財務管理　　戴欽泉／著

　　全球化經營的趨勢下，企業必須對國際財務狀況有所瞭解，方能在瞬息萬變的艱鉅環境中生存。本書最大特色在於對臺灣及美國的財務制度及經營環境作清晰的介紹與比較，並在闡述理論後，均有例題說明其應用，以協助大專院校學生及企業界人士瞭解財務管理理論、財務分析、財務決策，以及財務有關的企業經營之內容。財務管理是動態的，本書融合了財務管理、會計學、投資學、統計學、企業管理的觀點，以更宏觀的角度分析全局，幫助財務經理以全盤化的思考分析，選擇最適當的財務決策，以達成財務（企業）管理的目標──股東財富極大化。

財務管理──觀念與應用　　張國平／著

　　財務管理所討論的內容，就是成本與效益分析。成本是當下的，效益是未來發生的，因此在折現未來收益使之與成本在同一時點上做比較時 ， 就需要考慮未來不確定的影響。本書由經濟學的觀點出發，強調人們合作時的交易成本，藉以分析公司資本結構與控制權的改變對公司市場價值的影響。本書另外的著重點是強調事前的機會成本與個人選擇範圍大小的概念，並以之澄清許多迄今仍似是而非的觀念。書中引用並比較了經濟大家 (亞當斯密、馬歇爾、熊彼得、凱恩斯、科斯等) 的看法，每章還附有取材於經典著作的案例研讀，可以幫助讀者們更加瞭解書中的內容。

財務管理──原則與應用　　郭修仁／著

　　本書內容有別於其他以「財務管理」(Financial Management) 為書名的大專教科書之處，在於跳脫傳統以「公司理財」為主的仿原文書架構，而以更貼近國內學生對「財務管理」知識的真正需求編寫。內容包括基礎觀念及國內金融環境介紹、證券評價及投資、資本預算決策、資本結構及股利決策、證券技術分析、外匯觀念、期貨及選擇權概念、公司合併及國際財務管理等主要課題。

總體經濟學　　楊雅惠／著

　　總體經濟學是用來分析總體經濟的知識與工具，而如何利用其基本架構，來剖析經濟脈動、研判經濟本質，乃是一大課題。一般總體經濟學書籍，皆會將各理論清楚介紹，但是缺乏實際分析或是案例，本書即著眼於此，除了使用完整的邏輯架構鋪陳之外，另外特別在每章內文中巧妙導入臺灣之經濟實務資訊，如民生痛苦指數、國民所得統計等相關實際數據。在閱讀理論部分後，讀者可以馬上利用實際數據與實務接軌，這部分將成為讀者在日後進行經濟分析之學習基石。

國際貿易原理與政策　　王騰坤／著

　　本書採取國際多元化教學目標來撰寫，除了一般國際貿易理論的架構外，輔以貿易政策執行與國際經貿組織的探討，並系統性地說明國際貿易發生的問題，從古典二分法的觀點到現代國貿理論。本書特色：(1) 理論完備，面面俱到：特別的納入了國際政治經濟學之相關概念，同時提供國際貿易新理論觀點，完整無遺漏。(2) 創新架構，宏觀思考：本書將相關理論融會綜合比較各個思維觀點下理論模型的變化情況，以更宏觀的角度帶領讀者瞭解理論基礎。(3) 資訊匯總，知識導引：將目前國際貿易組織及貿易體系架構資訊完整的呈現，同時讓讀者理解其中過往由來以及目前最新發展情勢，各國各式貿易爭端之處理方式，並以系統性及具比較性的方式整理歸納。

國際貿易實務詳論　　張錦源／著

　　買賣的原理、原則為貿易實務的重心，貿易條件的解釋、交易條件的內涵、契約成立的過程、契約條款的訂定要領等，均為學習貿易實務者所不可或缺的知識。本書對此均予詳細介紹，期使讀者實際從事貿易時能駕輕就熟。國際間每一宗交易，從初步接洽開始，經報價、接受、訂約，以迄交貨、付款為止，其間有相當錯綜複雜的過程。本書按交易過程先後作有條理的說明，期使讀者對全部交易過程能獲得一完整的概念。除了進出口貿易外，對於託收、三角貿易、轉口貿易、相對貿易、整廠輸出、OEM 貿易、經銷、代理、寄售等特殊貿易，本書亦有深入淺出的介紹，為坊間同類書籍所欠缺。

國際貿易實務　　張盛涵／著

　　國際貿易實務是一門以貿易操作實務為基礎，經由業界長期間的摸索歸納，形成的一套協助貿易進行的相關商業慣例與法律。本書於各章節之貿易實務主題中，展示其運作原理，協助讀者瞭解貿易實務規範的背後原理，培養讀者面對龐雜的貿易事務時，具有洞悉關鍵，執簡馭繁的能力。此乃本書主要特色之一。本書第二個主要特色的形成，則係來自於重要性與日俱增並已成為我國主要貿易對手的中國大陸，本書文中對於兩岸用語有差異的貿易術語，均予標示並陳，以利讀者明悉對岸用語，彌縫雙方差異。

國際商務契約　　陳春山／著

　　本書旨在供從事商務人士或在學者瞭解國際商務契約之理論與實務，並就契約書之架構做簡要、實際之說明，並提供各種中、英對照範例，做深入之分析，足供讀者參考應用。

管理學　　張世佳／著

　　本書係依據技職體系之科技大學、技術學院及專校學生培育特色所編撰的管理用書，強調管理學術理論與實務應用並重。除了各種基本的管理理論外，亦引進目前廣為企業引用的管理新議題，如「知識管理」、「平衡計分卡」及「從 A 到 A+」等。透過淺顯易懂的用語及圖列式的條理表達方式，來闡述管理理論要義。此外，本書配合不同章節內容，引用國內知名企業的本土管理個案，使學生在所熟識的企業情境下，研討各種卓越的管理經驗，以強化學生實務應用能力。

行銷研究──觀念與應用　　黃俊堯、黃士瑜／著

　　行銷研究旨在協助行銷者瞭解顧客及潛在顧客的態度與行為，以掌握競爭市場的動態，進而提升行銷資源配置的效率，協助評估行銷策略的實效。不同於一般的行銷研究教科書，本書以實務操作導向出發，強調行銷研究的主要概念與分析方法，並以大量業界的實例配合理論說明，希望能讓所有對行銷研究有興趣的讀者可以比較完整地瞭解行銷研究的原理與實作。全書內容可供大專院校行銷研究課程作為教材，亦可提供行銷研究業界或企業組織行銷部門在新進人員訓練或者內外部溝通時參考。

策略管理學　　榮泰生／著

　　本書的撰寫整體架構是由外（外部環境）而內（組織內部環境），由小（功能層次）而大（公司層次）。使讀者能夠循序漸進掌握策略管理的整體觀念，見木又見林；並參考了最新版美國暢銷「策略管理」教科書的精華、當代有關研究論文，以及相關個案，向讀者完整的提供最新思維、觀念及實務。目前資訊科技及通訊科技在策略管理上所扮演的角色日益重要，因此在有關課題上均介紹最新科技的應用。為了增加讀者的學習效果及實際應用能力，本書在每章中均有複習題可幫助讀者徹底瞭解該章的重要觀念，以及練習題讓讀者就所選定的公司做實際運用，使得讀者能夠「實學實用」，並訓練讀者的判斷、思考及整合能力。